U0673080

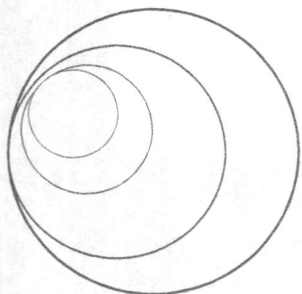

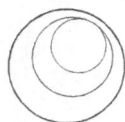

本书系浙江省哲学社会科学规划课题研究成果

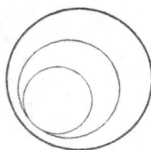

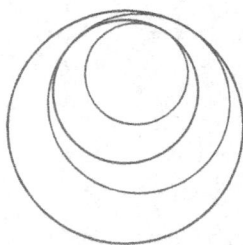

求索区域经济转型样本

兰建平 /著

ZHEJIANG UNIVERSITY PRESS
浙江大学出版社

图书在版编目（CIP）数据

求索区域经济转型样本／兰建平著. —杭州：浙江
大学出版社，2016.12（2018.6 重印）

ISBN 978-7-308-16422-1

Ⅰ.①求… Ⅱ.①兰… Ⅲ.①区域经济－转型经济－
研究－浙江 Ⅳ.①F127.55

中国版本图书馆 CIP 数据核字(2016)第 280021 号

求索区域经济转型样本

兰建平 著

责任编辑	陈佩钰(yukin_chen@zju.edu.cn)	
责任校对	姜井勇　姚　嘉	
封面设计	春天书装	
出版发行	浙江大学出版社	
	（杭州市天目山路 148 号　邮政编码 310007）	
	（网址：http://www.zjupress.com）	
排　版	杭州中大图文设计有限公司	
印　刷	虎彩印艺股份有限公司	
开　本	710mm×960mm　1/16	
印　张	30.25	
字　数	406 千	
版 印 次	2016 年 12 月第 1 版　2018 年 6 月第 2 次印刷	
书　号	ISBN 978-7-308-16422-1	
定　价	79.00 元	

版权所有　翻印必究　印装差错　负责调换

浙江大学出版社发行中心联系方式：0571－88925591；http://zjdxcbs.tmall.com

序　一

金　碚[*]

　　自 1978 年实行改革开放 30 多年来,我国从人均国民生产总值只有 230 美元
的贫困落后国家发展成为世界第二大经济体。改革开放焕发的巨大能量推进了我
国经济高速增长,其巨大成就显著地提升了我国的国际地位和国际话语权。30 年
前,"中国人"是"穷人"的代名词,而今天,"中国人"几乎成为"有钱"的代名词。可
以说,全世界的国家都在盯着中国的"钱袋子"。2015 年,中国 GDP 总量达 67 万
亿元,如此"财大"的国家,经济发展的质量和效益究竟如何? 党的十八届三中全会
以来,中国进入全面深化改革的新时期,确定了以"创新、协调、绿色、开放、共享"为
内容的新发展理念,进一步探索新形势下改革发展的可行道路,寻求经济持续发展
的新动力。这不仅是中国发展的重大理论进展,也是引领区域经济转型升级实践
的指导思想。

　　进入 21 世纪,特别是 2008 年国际金融危机以来,中国经济发展的内外部环境

---

　　*　中国社会科学院学部委员、中国区域经济学会会长。

发生了深刻变化。21世纪初到2007年的高速经济增长被2008年爆发的国际金融危机打断,经济发展进入"新常态"。全球经济形势复杂变幻,发达国家实行重振制造业政策,更多发展中国家以更低成本的比较优势吸引制造业投资、扩大制成品出口,都对我国传统发展模式形成挑战,经济转型升级的压力日益凸显。同时,中国经济发展也面临新工业革命的新机遇和新挑战。

当前所面临的一系列现实问题和突出矛盾表明,必须实现产业转型升级,中国经济才能继续保持活力,实现健康和可持续发展。"十一五"期间,中青年学者兰建平同志主持开展了以浙江省为重点的区域工业化问题研究,形成了《浙江省工业化发展阶段分析及对策研究》一书,对于深入了解和深刻认识中国经济发展尤其是区域工业化的现实状态提供了一个很有价值的研究成果。他们的研究表明,打造中国经济升级版,不仅要有国家层面的战略规划,更要有地方层面的创新实践。两年前,我曾有幸拜读了兰建平同志《问道中国经济转型升级》一书,并应邀为该书作序。两年后的今天,作者再次邀请我为他主编的同系列新作作序,我倍感欣喜。兰建平同志主编的这部专著围绕现阶段我国经济发展的主要问题,以浙江工业经济发展实践为重点,进行了进一步的有益探索和深入思考,其中对于浙江省工业经济发展中存在问题的分析以及对策建议具有独到见解。作者从浙江省的经济发展方向、战略重点到结构变迁、企业应对,从产业的转型升级到整个经济的转型升级,从经验总结、问题剖析到政策评估、对策建议等都进行了较广泛讨论。全书内容不仅密切联系浙江省的实际,而且具有全国视野,对我国其他地区的经济发展也很有参考借鉴意义。

根据作者的观点,浙江省是中国改革开放的前沿,很大程度上是中国经济晴雨表。作为全国民营经济最发达、市场化程度最高、国际化影响最大的区域之一,浙江省经济结构较轻,即相对广东、江苏、山东等经济大省,浙江省的服务业、轻工业比重较高,中小企业比较多,因而对市场变幻的敏感度比较高。"十二五"以来,浙江省认真贯彻中央"四个全面"战略布局，以"八八战略"为总纲，围绕干好"一三五"、实现"四翻番"，建设"两富"、"两美"浙江，针对制约浙江发展的一系列突出问题，以坚定的意志和决心，打出了一套以治水为突破口，以浙商回归、"五水共治"、"三改一拆"、"四换三名"、"四边三化"、"一打三整治"、创新驱动、市场主体升级、小微企业三年成长计划、七大产业培育等为主要内容的转型升级组合拳。从当前全国各省、市、自治区的发展状况来看，浙江省想要继续保持全国领先地位和率先发展的势头，就必须在转变经济发展方式、加快转型升级上抢占先机。正是对这种发展形势的深入观察和思考使本书作者收获了丰硕的研究成果，这不仅对浙江省经济发展具有启示意义，而且对其他地区也有参考价值。

改革开放 30 多年来，浙江省一直是在全国经济发展中处于率先地位的地区之一。浙江省由于经济发展领先全国，所以也总在发生新情况、遭遇新问题、面临新挑战时首当其冲。浙江省工业化虽有其特点，但工业化的基本路径同其他省份也有共性。在全国经济发展中浙江省往往"春江水暖鸭先知"，观察浙江经济发展率先发生的新情况对于其他地区具有前瞻的价值。因此，在祝贺兰建平同志及其研究团队取得丰硕成果的同时，我更特别期待他们将有关研究继续深入，进一步拓展，将这一系列著作续写下去。

2016 年 11 月 8 日

序 二

汤黎路 *

"十一五"以来,面对浙江经济发展在全国率先表现出"中等收入陷阱"的种种矛盾,浙江省委、省政府提出"前有标兵、后有追兵"的问题,力求准确把握浙江经济发展所面临的机遇和挑战。从 2009 年开始,浙江经济保持持续健康发展的压力不断加大。现阶段,浙江经济发展正处在由传统工业化道路向新型工业化道路"变轨"的重要关口,又一次面临如何发展的重要抉择。从宏观经济形势看,我国仍处于可以大有作为的重要战略机遇期、结构调整的关键期和经济增长速度的换挡期。同时,发达国家再工业化拉开序幕,全球经济面临新一轮的调整复苏。新的形势和压力迫切要求我们加快转变经济发展方式,努力培育走在全国前列的新动力。作为中国方案的鲜活样本,按照党的十八届三中全会精神的要求,寻求区域经济发展的新的竞争优势,是浙江经济社会发展的重大战略问题。兰建平同志的这本专著,紧密结合现阶段浙江省经济发展的主题和特点,凝聚了作者对中国经济特别是浙

---

* 浙江省政协副主席、党组成员。

江工业转型升级的深度思考。

纵观浙江工业30多年的发展历程可以发现,在2008年全球金融危机以前,浙江依托民营经济活跃、轻纺工业发达、块状经济明显、专业市场丰富、制度相对先进等优势,实现了工业经济的跨越式发展。但随着改革开放的深入推进,以及兄弟省市在经济体制、发展方式等方面的逐渐完善,浙江在这些方面的优势已趋于弱化。同时,浙江经济在发展中存在的素质性、结构性、体制性矛盾日渐凸显。正是基于这样的背景,本书探讨了浙江如何在转型期加快推进经济转型升级的进程,更好地实现平稳、较快、可持续发展这一主要问题。

作者认为,求索区域经济转型样本应牢牢把握新常态的逻辑。新常态,关键是新理念。构建新理念,一是要把新常态的国家意识转变成为全民意识。所谓"上下同欲者胜",适应新常态,要努力把这种国家经济意识变成各级基层干部的工作理念和百姓的生活心态;二是要把单一思维转变为多元思维。经济社会发展是多元化的,短缺经济时代已经结束,单一经济思维显然是不够的,在进入中等收入社会后,民众的需求必定是多元的。我们应综合考虑经济、社会、生态、文化等多种因素,形成多元性思维;三是告别旧常态,进入新常态,是过程而不是拐点。从旧常态到新常态,是一个循序渐进的过程,甚至是一个长期的过程。提质增效,不会立竿见影,要付出经济代价,更要付出时间代价;四是新常态的关键仍然是坚持工业化。新常态决不是不要工业,相反地,更要把工业作为国民经济的核心内容加以发展。

作者论及供给侧改革时,提出中国经济发展迫切要求制造业提升中高端供给能力,以真正满足已经进入中等收入水平的中国社会需求,解决中高端需求"新短缺经济"。浙江应以七大万亿产业为重点,抓住智能制造这个核心环节,继续大力推进以"四换三名"为重点的转型升级组合拳,努力促进制造业发展进入中高速、中高端,实现从制造到创造、速度向质量、产品到品牌的跨域,努力实现新常态下浙江工业发展的新跨越。

作者在书中多次强调创新驱动的重要性。以"创新综合百强"为典型样本的案例研究,全面展示了样本企业在规模、行业和区域等方面的分布情况,深入分析了研发投入、创新人才和创新平台等创新资源要素的配置,总结得出"创新综合百强"企业创新发展的七大路径创新模式:学习创新、购买创新、模块创新、参与创新、联合创新、并购创新和管理创新。

此外,作者提出未来一段时期,随着网络强国战略、国家大数据战略以及"互联网+"行动计划等一批国家战略计划的实施,中国将继续走在数字与网络经济时代的世界前列。从经济发展来看,以网络经济为代表的新经济,已经成为国家创新发展的主要动力。要坚定不移地实施新"四化"工程,努力写好"大、云、物、移"四篇大文章。

本书第五篇中收录的探讨性短文也体现了作者善于抓社会热点、勤于理性思考的优秀品质。从整体上看,本书观点切合浙江实际,抓住了浙江经济发展过程中的主要问题,也提出了针对性的对策,集中体现了作者入微的观察和缜密的思考。应该说,作为对浙江经济转型升级的有益探索,本书的出版恰逢其时。

是为序。

2016 年 11 月 14 日

前　言

引领区域转型的浙江路径

一、回顾历史看浙江：中国经济的晴雨表

浙江省是中国改革开放的前沿，是中国经济的晴雨表。浙江经济结构比较轻巧，相对广东、江苏、山东等经济大省，浙江服务业、轻工业、中小企业等比较多，对市场的敏感度比较强。

（一）研究经济周期有助提升科学谋划水平

2015年10月在杭州举行的"英国《金融时报》2015年度中国高峰论坛"中，许多专家提出，"中国经济处于改革开放以来最困难周期"。经济周期波动特征研究的目的主要是通过观察经济后期波动的峰位、谷位、波幅和持续时间等特征，得出我国经济周期波动的总体特征。

无论企业还是政府，都无力决定它的外部环境，但可以通过内部条件的改善，

来积极适应外部环境的变化。同时,充分利用外部环境,并在一定范围内,改变自己的小环境,以增强自身活力,扩大市场占有率和竞争力。因此,通过把握经济周期波动规律、剖析当前发展阶段、探寻未来的趋势与方向,为各部门及时制订相应的对策、主动适应周期的波动提供指引和借鉴,具有重大意义。

(二)浙江经济运行周期符合全国总体趋势

通过对国家统计局公布的我国 1993 年以来的 GDP 增速分析,可以清晰地看出自 1993 年以来,我国经济可划分为三个阶段:1993—2007 年的高速增长阶段、2007—2010 年的剧烈震荡阶段和 2010 年至今的中高速发展阶段。

从图 1 可以看出全国及浙江等主要省份经济周期变化呈现以下明显特征:(1)经济周期的时间跨度缩短,调整变动能力增强;(2)经济周期波动的幅度趋缓,增长的稳定性提升;(3)经济周期分布对称性提高,逐渐步入稳定发展阶段。从图 1 中可以清晰地看出,自 2007 年金融危机以来,浙江省 GDP 增速的变化与全国经济的发展保持着高度的一致性。

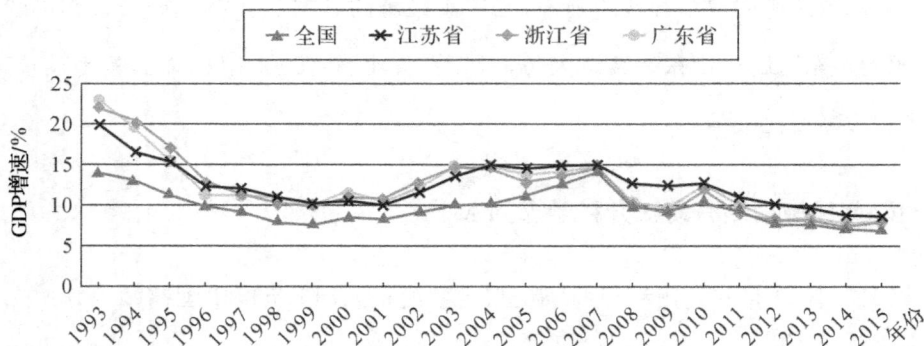

图 1　1993—2015 年全国及主要省份 GDP 增速比较

数据来源:国家统计局,年度数据 & 分省年度数据。

(三)浙江经济变化率先反映全国经济动向

对 2007—2015 年浙江 GDP 增速与全国的数据进行进一步对比分析,可以看出在过去的近十年中,浙江经济不仅与全国保持较高的一致性,并且在经济变化的节点(转折点)上领先于全国(见图 2)。

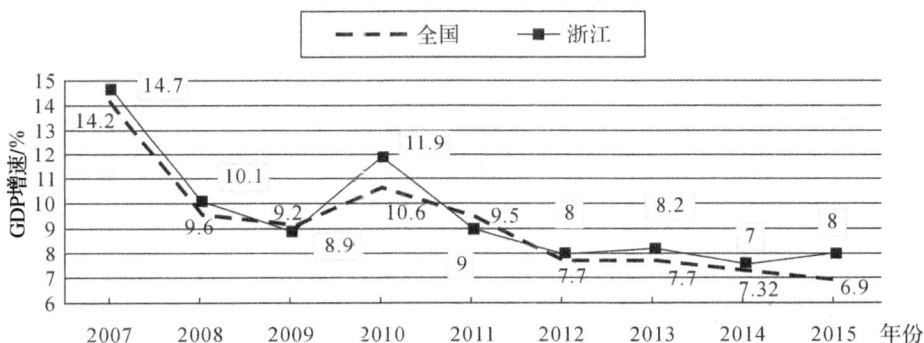

图 2　2007—2015 年浙江和全国 GDP 增速比较

数据来源:国家统计局,年度数据 & 分省年度数据。

在 2007—2010 年这个剧烈震荡的阶段,GDP 增速前三年极速下降,然后以较快的速度回升。上述现象的产生主要是受金融危机的影响,经济增长速度快速下滑;而此时全国上下实行了扩内需、保增长、调结构、惠民生等一些宏观政策,使得经济下行压力有所遏制。具体的,在下滑阶段,浙江在 2009 年 GDP 增速为 8.9%率先触底,低于全国平均的 9.2%;在上升阶段,浙江 GDP 增速以较快的速度反弹,2010 年为 11.9%,高于全国平均 1.3 个百分点。

2010 年以来的中高速发展阶段,全国经济下行压力进一步增大,基本延续了下降的趋势,而浙江于 2012 年左右基本实现企稳发展,率先全国进入增速换挡、动力更替、质效改善、模式转变的经济发展新常态。进一步分析浙江所处的发展阶段,明晰各方面趋势性特征,将有助于对全国经济的判断。

二、立足当前看浙江:转型升级的排头兵

"十二五"以来,浙江认真贯彻中央"四个全面"战略布局,以"八八战略"为总纲,围绕干好"一三五"、实现"四翻番",建设"两富"、"两美"浙江,针对制约浙江发展的一系列突出问题,以钢铁般的意志和决心,打出了一套以治水为突破口,以浙商回归、"五水共治"、"三改一拆"、"四换三名"、"四边三化"、"一打三整治"、创新驱动、市场主体升级、小微企业三年成长计划、七大产业培育为主要内容的转型升级组合拳。以下基于浙江 2011 年来的季度数据,从五个维度总结分析经济发展情况。

(一)地区生产总值:增速下降趋势放缓

生产总值是所有常驻单位在一定时期内生产的所有最终产品和劳务的市场价值,是国民经济核算的核心指标,也是衡量一个国家或地区总体经济状况的重要指标。从图 3 中可看出,"十二五"浙江地区生产总值增速总体呈下降趋势,从初期的 11% 左右下降至 7% 左右。从各季度同比增速下降幅度来看(见图 4),"十二五"前期浙江 GDP 增速的下降幅度明显快于后两年,并基本稳定在 7%～8% 的水平波动。可以看出浙江的转型升级、结构调整已初见成效,无论是新兴产业,还是传统优势产业,均已实现了重大突破和提升,逐渐支撑浙江经济企稳发展。特别是从 2015 年以来的数据可以看出,浙江 GDP 各季度的同比增速分别为 7.4%、7.1%、5.7%、7.1%、7.2%,全省经济在此期间经历了探底的艰难过程,回升趋势在徘徊中有所显现。从横向来看(见图 4),2012 年以来,浙江第一季度 GDP 增速基本维持在 7%～8% 波动;从纵向来看(见图 5),2016 年第一季度全国主要省份 GDP 都有回暖趋势,浙江也呈现较为明显的回升趋势。

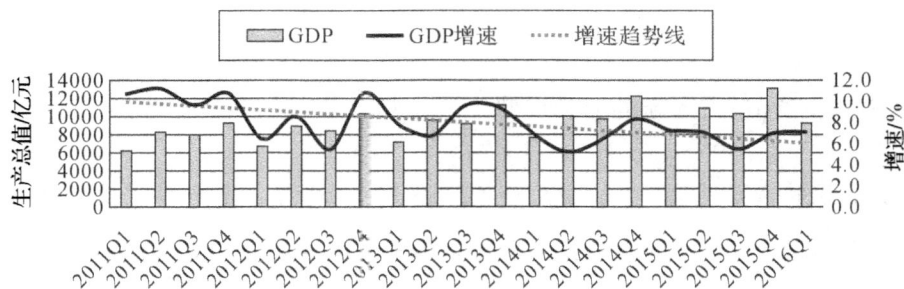

图3　"十二五"浙江生产总值及增速

数据来源:浙江省统计局,进度数据。

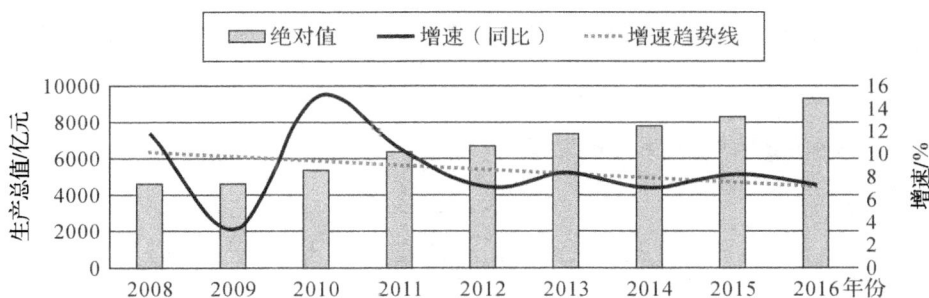

图4　2008—2016年第一季度浙江生产总值及增速

数据来源:浙江省统计局,进度数据。

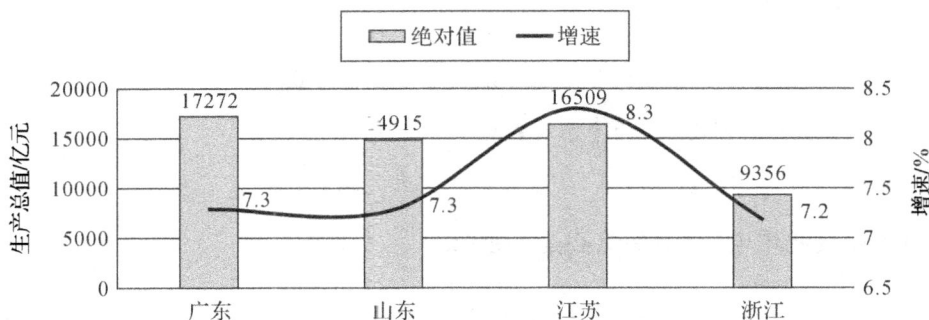

图5　2016年第一季度浙江等省生产总值及增速

数据来源:各省统计局,进度数据。

(二)出口交货值:进入新的上升周期

出口交货值是衡量工业企业生产的产品进入国际市场的一个重要指标,是现阶段衡量我国大型工业企业融入世界经济的一个主要参数。受国际消费市场、贸易保护协定、浙江省出口结构升级等多种因素影响,浙江出口交货值增速波动较为明显(见图6)。2011年以来,浙江出口交货值增速总体来说经历了两个波动周期:2011年第一季度到2013年第一季度的完整周期和2014年第三季度开始的不完整周期。就第二个波动周期来看,出口交货值增速自2014年第三季度以来一直快速下滑,从正增长7%下降到2015年第三季度的负增长5%;在经历新一轮波谷之后,于第四季度开始出现回升迹象,2016年第一季度由负转正,增长0.1%。

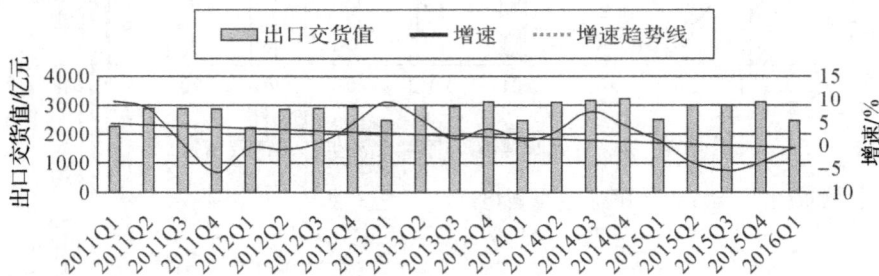

图6 "十二五"浙江出口交货值及增速

数据来源:浙江省统计局,快报数据。

(三)工业企业用电量:市场信心逐渐重拾

工业企业用电量是衡量工业经济发展的"温度计",是反映经济走势的先行指标。从总量上来看(见图7),工业企业用电量维持小幅增长,2015年增幅较2014年开始呈现上升态势。浙江在以信息经济、现代服务业等为主导的产业结构调整升级加快,在此背景下,工业企业用电量仍呈现明显回升,说明以实物生产为方式的供给能力明显增强。

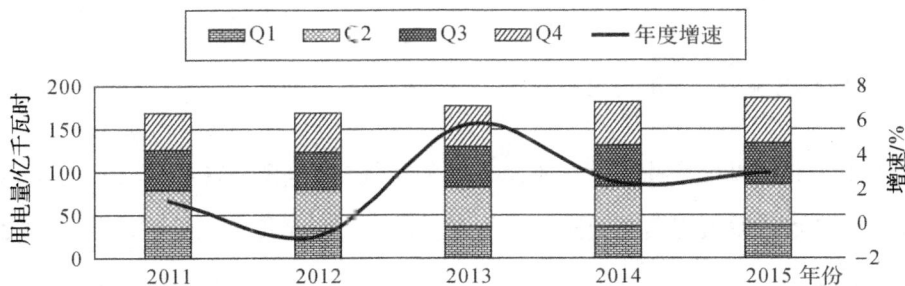

图 7　"十二五"浙江工业企业用电量情况

数据来源:浙江省统计局,快报数据。

(四)规上企业主营业务收入:整改踏上新征途

工业企业的主营业务收入主要包括销售商品、自制半成品、代制品、代修品,提供工业性劳务等实现的收入,是衡量企业经济效益的主要指标。"十二五"期间,浙江规上企业主营业务收入也出现了较大波动性(见图8),头两年受金融危机的影响依旧较大,增长速度下降较快;此后经过调整有所回升,维持在中低速的增长区间;2015年以来规上企业主营业务收入变得更加严峻,在下降周期中下降速度处

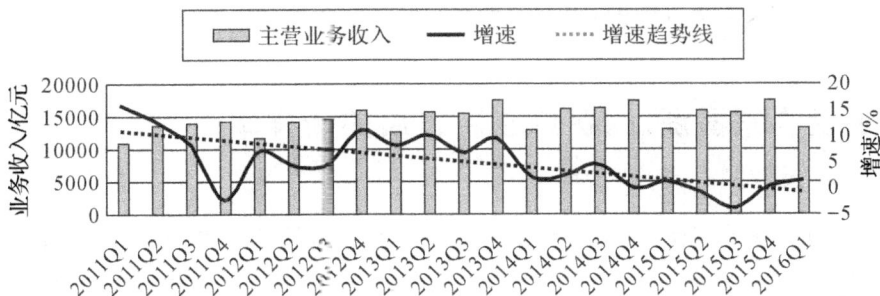

图 8　"十二五"浙江规上企业工业主营业务收入及增速

数据来源:浙江省统计局,快报数据。

于较快水平;于 2015 年第三季度达到－3.7％的最低水平后,开始逐渐回升,2016 年第一季度实现正增长 1.49％。

(五)规上工业税收:提升凝聚新优势

规上工业税收也是反映企业效益水平的重要指标,企业盈利能力提升对政府税收和自身财富积累都具有明显推动作用。从图 9 所示规上工业税收增速波动曲线可以看出,虽然"十二五"期间规上工业税收经历了较为频繁的震荡,但总体均处于正增长,可见广大工业企业正积极通过加大科技投入、增强"内功"、加快转型,以进一步凝聚新的市场竞争优势。

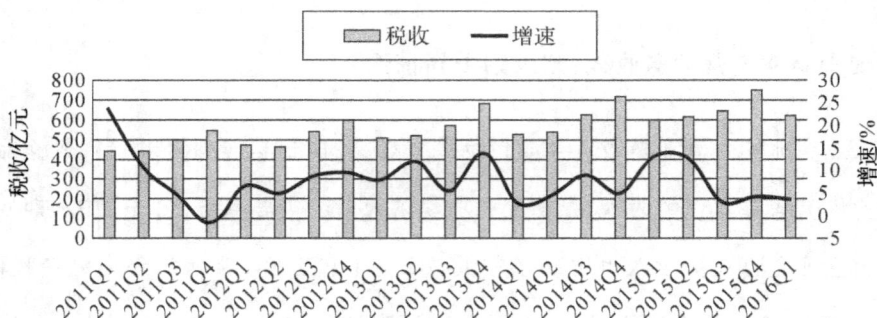

图 9 "十二五"浙江规上工业税收及增速

数据来源:浙江省统计局,快报数据。

三、展望未来看浙江:区域创新发展的新样本

2015 年,备受期待的《中国制造 2025》出台,以供给侧结构性改革为突破口,去产能、去库存、去杠杆、降成本、补短板,着力在提高经济发展的质量和效益上下功夫,贯彻五大发展理念,突出创新驱动发展,努力使浙江成为中国制造区域创新发展的新样本。

(一)制度改革领跑者:注重打造制度洼地提升经济发展活力

浙江行政审批制度改革一直走在全国前列,牢牢抓住加快推进浙江全面深化改革、再创体制机制新优势的"牛鼻子"和"切入点"。浙江全力打造行政审批速度最快的省份,省级政府投资项目行政审批时间从 200 多天缩短到 60 天,已经成为全国"管制最少、门槛最低、服务最好"的省份。

展望未来,浙江要成为制度改革的领跑者,必须把握"三个着眼点":一是优化审批流程,简化审批程序,创新服务方式,规范中介机构行为,完善事中和事后监管的配套制度,充分调动企业的积极性。二是深化机构改革,构建服务"制造业强省"的高效政府、有为政府,增强服务非公有制企业健康发展的主动性,完善决策权、执行权、监督权,形成信息沟通顺畅、管理服务顺畅的行政运行机制,加强办理非公有制企业案件的风险评估。三是完善公共服务,必须适应经济社会现代化的基本趋势和要求,以基本公共服务能力建设和均等化为重点,加快建立健全基本公共服务体系,以经济制度的洼地,支持我省再次成为自主创新的高地。

(二)产业创新领跑者:注重运用新思维解决产业转型升级问题

经过 30 多年的快速发展,浙江已经成为全国经济发展最快、发展活力最强和人均收入最高的省份之一。面对新一轮科技革命浪潮,浙江积极打造信息经济大省和全国信息经济发展示范区,全面构筑塑造以信息产业为主导、以信息技术跨界融合为导向的信息经济发展体系,并成功推进轻工产业、医药化工等传统产业向时尚产业、生命健康产业提升,七大万亿产业已经成为新常态下推动并促进浙江经济社会转型升级的主要动力。

展望未来,浙江要成为产业创新特别是信息经济的领跑者,必须深挖"三个切入点",即"两化融合"、智慧城市和信息消费。"两化融合"方面,要以"三名"企业,特别是以协同制造的龙头、总部型企业为重点,开展贯彻"两化"深度融合管理体系国家标准试点,形成示范带动效应。智慧城市方面,要着力建立统一的地理空间信息平台及建筑物数据库,大力发展智能交通、智能电网、智能水务等智慧工程建设,实现城市基础设施智能化、社会治理精细化。信息消费方面,要紧抓"两化"深度融合国家示范区,创造机遇,激发企业信息消费活力;推进网络购物、电子银行、互动媒体等信息消费应用示范,改善消费体验、增强消费意愿、释放消费需求。

(三)产业主体领跑者:注重运用新知识、新理念武装创业人才

"大众创业、万众创新"的"台风"已经来临,浙江创业者队伍中,既有宗庆后、王水福等一批宝刀不老、与时俱进的老浙商,也有以浙大为代表的高校系,以阿里巴巴为代表的阿里系,以"千人计划"人才为代表的海归系,以创二代、新生代为代表的浙商系所组成的"新四军",实现了农民企业家向知识型企业家的蜕变。

展望未来,浙江要成为创新主体的领跑者,必须深挖"三个着力点":一是构建协同创新体系,充分发挥政府统筹规划、制度保障、公共服务等调控主导作用,建设遵循创新规律、符合创新驱动需求的协同创新体系;二是搭建多元化创新平台,积极培育国家级、省级企业技术中心、工程(技术)研究中心、工程实验室、重点实验室和试验基地等,引导和支持高端创新要素向企业集聚;三是培育自主创新人才,通过设立海创园、科技园、高新园区(基地)等形式吸引人才聚集,支持其前行开展探索性、原创性研究;鼓励科技型企业发展,注重科技成果的转移转化。

(四)智能制造领跑者:注重运用智能化的新技术转变制造方式

以智能制造为主攻方向的信息化和工业化的深度融合是中国工业经济"弯道超车"的最佳路径。浙江率先在全国开展"机器换人"试点,建立"分类指导、典型示范、资金扶持、机制保障"的市场化推进机制,成立"机器换人"专家服务指导组和工程服务公司,分行业开展"机器换人"试点。到"十二五"末,全省已累计减少低端劳动用工近 200 万人,提高劳动生产率近 30％。

展望未来,浙江要成为智能制造的领跑者,必须把握"三个突破口":一是加强企业梯队建设,重点培育一批掌握核心关键技术、自主创新能力强、主业突出、经营状况良好、带动作用明显的大企业,引领全市智能制造产业发展;二是培育一批浙江智能制造标志性产品,着力破解产业"缺芯少魂"的弊病,力争抢占产业发展制高点;三是面向机器人、3D 打印、智能传感与智能系统、自动化生产线与装备、智能可穿戴设备等产业领域,打造一批智能制造特色基地,构筑良好产业发展格局。

(五)特色小镇领跑者:注重通过发展平台升级提升制造供给能力

特色小镇建设是新常态下浙江经济发展的新引擎,推进供给侧结构性改革的新实践,也是新一轮产、城、人三者融合的重要平台。2015 年以来,浙江多地已经开始探索特色产业集聚的新业态,并且取得了不少成果,积累了一些经验,部分特色小镇已经探索出一条比较适合自身发展的道路。

展望未来,浙江要继续成为特色小镇的领跑者,必须把握"三个关键点":一是要在产业定位、技术支撑、制度创新等多方面,加以综合的谋划和推进,努力把科学理念引导好、产业基础培育好、技术支撑提供好、制度创新保障好;二是小镇建设要瞄准七大万亿产业培育目标,深刻研究,着力提出这些产业发展的生产力分布目标,各个特色小镇的发展,要因地制宜,切忌千篇一律;三是要牢记特色小镇绝不是"一顶帽子一笔票子",地方政府在规划特色小镇、规划建设目标的时候,必须把眼光放到市场中去考量,正确理解省委、省政府提出的特色小镇背景和内涵。

目　录

第一篇

观　点

第二篇
思　考

第三篇
路 径

第四篇

漫　谈

第五篇

专　题

第一篇

观

点

新常态的逻辑

新常态,也许是现在媒体最流行的词汇,也是各级领导讲话、大小文件中频频出现的话题。顾名思义,新常态是相对于旧常态而言的,为什么中央会提出新常态?那是因为旧常态已经不能适应新形势。理解新常态,逻辑起点是旧常态。什么是旧常态?在过去的 30 多年,中国始终坚持以经济建设为中心,以发展为硬道理,持续不断地推进工业化进程,GDP 实现了两位数字以上的增长,到 2010 年经济总量超过日本成为全球第二大经济体。根据国务院发展研究中心的报告,到 2014 年,中国经济占全球经济的份额达到 27%。诺贝尔经济学奖获得者斯蒂格利茨在《名利场》撰文《中国的世纪》指出,中国在 2015 年会取代美国成为世界第一大经济体。

我们姑且不去评论 2015 年中国是否真正可以成为第一大经济体,即使中国成为第一大经济体,美国仍然是世界第一强国,这是毋庸置疑的。必须指出的是,党的十八大以来中国社会开始从工业化中期迈入工业化后期,并逐步开始进入后工业化社会,中国经济发展当前面临着一系列新的问题,产能过剩、环境代价、路径依赖、政府领导和驾驭经济发展的能力不足,所有问题的集中体现使中国工业化进程明显受阻。

其实这些问题和矛盾的显现，也并不是"突然"的。早在中国加入 WTO 的后5—10 年内，中国经济就开始面临"成长的烦恼"，土地不够、劳动力短缺、人与自然的矛盾凸现。各类环境污染事件屡见报端，过去的 5—10 年，是新中国成立以来环境污染事件最高发的历史时期。姑且不去评论各类 PX 项目问题，2007 年的太湖蓝藻事件，是中国经济最发达的长三角地区在工业化过程中人和自然之间矛盾的最集中表现。政府开始意识到单纯追求 GDP 目标的工业化道路，是不可持续的。于是政府在以"发展为第一要务"的口号基础上，加上"科学"两个字，并且又进一步提出了"和谐社会"的观点。

然而，这种希望改变经济增长方式的指导思想，似乎并没有在多大程度上改变工业化进程中强大的 GDP 惯性导向，特别是 2008 年全球危机之后通过金融刺激政策，这种惯性非但没有改变，反而形成了新的路径依赖。在以速度型为主导的经济发展模式下，石油、煤炭、铁矿砂等资源、能源的消耗前所未有，以至出现中国企业在全球市场中"卖什么，什么跌；买什么，什么涨"的局面，这个时期成为历史上最疯狂的十年。这种发展模式，不但使中国失去了进入后工业化社会的良机，而且在政治、社会上产生了一系列重大的问题。发生在 2014 年的山西官场地震是这种疯狂的最好证明。

在新常态作为一种国家经济的意识提出以前，我们政府已经意识到，如果政府层面过分强调 GDP 导向，企业层面过分强调赚钱导向，那么中国经济发展是不可持续的，原有的这种发展模式可以简单看成一种旧常态。旧常态在人们的心态上，非常典型地体现出经济效率优先的导向，一俊遮百丑，只要经济发达了，其他都没有问题了。实践证明这种单一思维，已经过时了，也不符合当前中国经济发展的实际。虽然提了多年的转型升级，但效果却不尽如人意。

新常态，关键是新心态。构建新心态，一是要把新常态的国家意识转变成为全民意识。所谓"上下同欲者胜"，适应新常态，要努力把这种国家经济意识变成各级基层干部和百姓的工作心态。二是要把单一思维转变为多元思维。经济社会发展是多元化的，短缺经济时代的结束，单一经济思维显然是不够的，在进入中等收入社会后，民众的需求必定是多元的。要综合考虑经济、社会、生态、文化等多种因素，形成习惯性思维。三是告别旧常态，进入新常态，2015年绝不是拐点。从旧常态到新常态，是一个循序渐近的过程，甚至是一个长期的过程。提质增效，不会立竿见影，要付出经济代价，更要付出时间代价。四是新常态的关键仍然是坚持工业化。新常态绝不是不要工业，相反更要把工业作为国民经济的核心内容加以发展。以工业经济为主体的实体经济是大国的脊梁。美国珍珠港事件发生时，只有2艘航母，但是2年后，很快增加到50多艘，关键是因为美国拥有强大的制造业。德国经济之所以能够在欧洲一枝独秀，关键也在于其扎实的制造业基础。

适应新常态，关键是调整政府经济工作的指导思想，改变企业成长的理念，真正把经济发展落实到质量和效益上，这是落实中央和浙江省委、省政府经济工作会议精神、做好经济工作的逻辑起点。

（原载《浙江经济》2015年第2期）

迎接"工业 4.0"时代

  自人类历史从农业社会进入工业社会以来,工业化一直是推进社会文明进程最重要的途径。从以蒸汽机为代表的第一次工业革命、以电动机为代表的第二次工业革命,再到以计算机为主导的第三次工业革命,工业化为人类社会物质生产的极大化提供了最大的支持。规模化生产、标准化制造、低成本扩张等,几乎成为工业社会经济发展的模板。随着第三次工业革命的不断深入,以电子技术为主导的产业演进开始向以信息技术、网络技术为主导转变,特别是以"互联网+"为核心的产业变革,已经成为传统产业改造和新兴产业培育的重要路径选择。

  已经开始由工业化中期向工业化后期迈进的中国经济,在"互联网+"时代的创新和发展,突破的重点在哪里?从国际路径上看,以德国为代表的发达国家,提出的"工业 4.0"概念,成为了欧洲国家工业经济转变发展方式、打造工业升级版的重要路径,对中国工业经济的转型升级,具有很好的借鉴意义。

  "工业 4.0",本质是工业。无论是对于一个国家还是一个地区来说,以制造业为主体的工业经济,是国家和地区经济实现可持续发展的核心。"互联网+"对工业经济来说,不是一种替代,而是一种技术升级。正所谓没有淘汰的产业,只有落后的技术。进入信息经济、互联网时代,传统的"大批量、低成本、少品质"式为主导的传统工业经济,开始逐步走向"小批量、高附加值、多品质"时代。人们称之为"工业 4.0",而不是其他"X.0",这也意味着经济发展的核心仍然在工业上,改变在于"4.0"上。

"工业 4.0",关键在于智能化。智能制造,从机械化、自动化,到现在的智能化,是技术进步的结果,更是产业演进的结果。这种结果的体现,不仅仅在智能化的制造方式上,更体现在产品设计、生产制造、关键装备、企业管理、市场营销的全方位改变上。所谓的"产品数字化、生产自动化、装备智能化、管理精细化、营销网络化"体现在工业经济发展与方方面面的电子、信息、网络等技术广泛渗透、深度融合,而不仅仅是在制造一个环节上的智能化。在一个信息化、网络化、数据化的社会中,工业已经不是简单的加工单元、生产车间、制造工厂的概念,越来越多的数字化产品、柔性化制造、规模化定制,使传统的工厂成为任何网络社会节点的"端"。将来的工厂,就是分布在人类社会活动中心的一个个数据中心、成型中心、配送中心等。以各种数据挖掘为基础的精细化、精准化管理,开始从 IT 时代向 DT 时代迈进。大数据开启了一个新时代,伴随着新一代数据技术的进步,经济行为都开始被数据化。大数据为人类认识世界、理解世界打开了新的大门。"数据收集—知识形成—智慧行动",已经成为当下经济行为分析判断的重要路径。智能化的制造,使得传统的制造,变得越来越精准越,来越敏捷。从这个角度上讲,到了真正的智能化制造时代,产能严重过剩的问题将不再存在。

"工业 4.0",重点在于"两化融合"。党的十八大提出的"两化深度融合",是具有中国特色的工业经济升级版的重要路径选择。在全球化时代,不可能出现如一些网络上、微信上所讲的"德国工业 4.0、美国工业物联网不和中国玩"的情况。任何一种新范式的出现,都不是孤立的。中国的工业经济如何转型升级发展?实践证明坚定不移地推进两化深度融合发展,是最佳路径选择。从 20 世纪 80 年代初期，奈斯比特在《大趋势》中第一次提出"信息化"三个字以来，信息化的概念就不断被充实和完善，内涵不断地丰富，和经济社会发展各方面的融合更是不断推进。正在产生的越来越多的专业化公司，是助推信息经济"走在前列"的重要力量和加快区域经济转型升级的强大引擎。浙江是国家确定的唯一一个"两化融合"试点省份，大力推进工业化与信息化的全方位、多层次的深度融合，是走向"工业4.0"时代的重要通道。

借鉴"工业4.0"，要注重工业经济、智能制造、"两化融合"等技术路径层面上的应对，更要注重在"互联网＋"时代，一种新商业模式和新文化的形成。从"工业1.0"到"工业4.0"，最简单的理解就是一种产业形态从低级到高级演进的过程。工业转型升级发展，不是简单的二、三次产业结构的比例变化问题，而是如何从"标准制造"到"制造标准"的改变。今天的中国市场，已经进入"中等收入"时代，简单的产品生产，已经无法满足市场。要实现经济的可持续发展，必然要从"产品时代"迈入"品牌时代"，从简单适应市场、满足市场向创造市场、引领市场的发展方向改变。这种改变，要依靠科学技术，更要形成一种新常态下的新商业文明和新文化氛围的支撑。而这种形成和支撑，是不会在3—5年里形成的，可能需要10年、20年，甚至是更长的时间，这是我们在把握"工业4.0"的问题上要更加清楚和明白的。

作为一个发展的新时代，"工业4.0"已经大步向我们走来，唯有准确地把握它，才能够顺应它。我们应当努力做到顺势而为，实现浙江经济在中国经济百年崛起的第二个30年，使浙江继续勇立潮头、引领中国经济版图，走在前列。

（原载《浙江日报》2015年4月20日）

在"浙"里看中国经济的风景

从经济总量上看,2014 年浙江的 GDP 为 4 万亿元,全国为 63 万亿元,浙江仅仅是全国经济的 6.35%。但是,作为全国民营经济最发达、市场化程度最高、国际化影响最大的区域,浙江是党的十八届三中全会提出的"市场对资源配置起决定作用"最典型的省份。解读浙江经济,是读懂中国经济最佳的案例。浙江是中国模式的重要样本,是中国特色社会主义的重要代表。正所谓在"浙"里,可以清楚地看到中国经济的风景。

始终坚持富民导向是这种风景的最重要的看点。努力改善城乡二元结构,是国家宏观经济管理的重要目标。除北京、上海、天津这种城市经济结构区域外,以省、自治区为代表的二元经济结构中,无论是从改革开放 30 多年看,还是从 21 世纪前 15 年看,在二元经济结构背景下,哪一个省、市、自治区老百姓最富? 浙江!统计资料显示,无论是城市居民的人均可支配收入,还是农村居民的人均可支配收入,在最近的 10—15 年中,浙江始终引领各省、市、自治区。以经济建设为中心,落到实处,就是让普通老百姓富裕起来。这是国家社稷治理的第一要务,是和谐社会建设的最基本的目标,正如历史名言"仓廪实而知礼节"。党的十一届三中全会曾指出，不断满足人民群众日益增长的物质文化生活需求是经济建设最主要的任务，可以这样说，浙江是改革开放30多年来，完成这一任务最好的省份之一。始终坚持富民导向政策，是浙江经济能够走在前列的重要原因。

把振兴民族产业作为区域经济发展的国家情怀。一个国家和民族的经济成就，不仅仅是国家的GDP有多高、老百姓有多富裕、对外国际支付能力有多强、对内国家财政收入有多高，更是这个国家有些什么非常值钱的"东西"，这些东西就是民族产业！民族产业的竞争力是国家和民族竞争力的重要体现。浙江的发展，始终把本土化的产业培育放到十分重要的战略位置加以实施。30多年的改革开放，浙江以民营经济为主体，在农村基础上的工业化，培育起了全国三分之二的块状经济、产业集群和一批代表民族复兴的本土化国际企业，成为中国崛起的重要标志。21世纪初，在国家公布的全国最佳100个产业集群中，浙江占了三分之一以上。在年度公布的中国民营企业500强中，浙江军团始终是第一方阵。一些民营企业如今已经成为中国梦的重要标志公司。如万向集团专注汽车零部件，奋斗十年添个零，成为中国制造配套全球汽车最佳的案例。西子联合通过和世界500强的合资、合作，成为了全球最大的电梯零部件供应商。2008年以后，在那场百年一遇的金融危机中，浙江吉利以18亿美元收购沃尔沃100%股权，成功实现了中国车企从"最便宜"向"最安全"的跨越。2014年，阿里巴巴成功赴美上市，融资超过2300亿美元，超过葡萄牙的经济总量，成为"大众创新、万众创业"最好的注解。每隔一段时间，总会诞生出一批崭新的本土化的企业，成为标志每个时代的"国家企业"，这已经成为浙江的常态。总结这些公司的发展，他们都有一个共同的观点，那就是都为这个国家做了"一点事"。

从"一遇雨露就发芽"的野蛮生长，到打造"先进制造业基地"，再到转型升级、创新驱动，发展内源经济，振兴民族产业始终是浙江的使命。如果说国家实施《中国制造2025》是对中国经济改革开放30多年来，经济政策从需求导向主导开始向供给与需求双向引导转变的话,浙江是较早意识到这种转变的省份之一。浙江省委、省政府大力实施浙商回归工程,是这种转变典型的路径。

"走出去",在省外创造一个浙江,输出的不仅仅是资本。浙江"七山一水二分地",在传统的经济发展模式上,地少、空间有限,是浙江最大的痛点之一。面对中国加入 WTO 后经济快速的增长,大批的"浙商"开始走向全国,甚至全球,"走出去"经商、办企业,在省外再创了一个浙江。据统计,浙江超过 640 万人在省外投资创业,创办企业超过 26 万家,投资总额超过 4 万亿元。有人曾说,20 世纪三四十年代在全球的中国人主要是讲闽南话的福建人,五六十年代主要是讲粤语的广东人,六七十年代主要是讲客家话的台湾人,那么到八九十年代,在全球的中国人主要是讲各种吴越方言的浙江人。浙商,作为全球的浙商,在"走出去"发展的同时,也和当地经济社会发展建立起一个又一个命运的共同体,为自己发财,更为地方发展。在国内,云南、安徽等省,纷纷把浙商评为"最佳投资商",就是"我为发财,但更为你的发展"最好的证明。在国外,以上市公司为例,2010—2014 年,浙江 24 家上市公司实施了 37 宗跨国并购,数量占全国的 10% 以上。从"中国资源、全球市场"式的发展,浙江已经开始逐步走向"全球资源、全球市场"。从"老四千精神",到"新四千精神",从属地企业到全球公司,浙江已经走向全球化发展的时代,输出的是资本、是模式,更是一种理念、一种文化!

浙江为全国提供了最大的就业渠道。中国最大的国情是什么?13 亿人口!如何在大力发展经济的同时,解决老百姓的社会就业问题,也是党和政府的重要责任。稳定的就业,是和谐社会建设的重要前提。"无事"就会"生非",无论是过去,还是现在,国内还是国外,都是一样的,在经济下行的时候,尤其要引起高度重视。从经济学上看,什么样的产业结构,决定了什么样的就业结构。浙江由于传统产业结构占比比较大,大量的劳动密集型产业,决定了浙江在中国劳动力就业市场中举足轻重的地位和作用。根据浙江省政府咨询委的研究报告,在 21 世纪的前十多年,浙江每年吸引外省劳动力 2000 万人以上,浙江很多块状经济、产业集群区,成为了解决中国社会就业的主渠道。更难能可贵的是,在全国各省、市、自治区劳动力市场中,浙江省以 1860 元的最低工资标准,位列全国各省、市、自治区中最高的省份之一。安置的劳动力最多、社会的报酬最高,是浙江对全国的贡献。如果说 20 世纪,珠三角是解决中国社会就业的主渠道,那么 21 世纪的前 15 年,长三角已经成为中国就业市场的主渠道,而浙江是这种渠道的重要组成部分。

还值得进一步指出的是,围绕全要素生产力的提升,浙江在"腾笼换鸟"、"机器换人"的过程中,十分重视劳动力素质的提升,通过企业、地方政府的共同努力使"农民工"成为现代产业工人。在相当程度上,浙江已经成为全国重要的职业培训和现代产业工人转化中心。

浙江是新经济培育方式和新商业模式的输出中心。盘点最近 3—5 年来中国新经济最大的亮点,毫无疑问是以"互联网+"为代表的信息经济的风起云涌。2013 年,浙江被国家确定为"两化融合"综合试点省,2014 年在全国率先制定了全国各省、市、自治区第一个《信息经济规划》,引领中国经济版图。从"两化融合"到信息经济,到"互联网+",这是浙江省基于新一代信息经济形成的新经济范式,浙江由此成为较早在新常态背景下实现经济回升发展的代表省份。从 2014 年第一季度到 2015 年第二、三季度,浙江已经连续 6 个季度实现了全省经济的连续上升,表明全省经济已经基本走出经济低谷,开始企稳回升发展,在全国经济版图中再现了风景这边独好的趋势。即使在经济最萧条的时候,也会有较好的区域经济;即使在经济衰退的时候,也会有很好的公司,这是浙江经济在改革开放多个经济周期中,已经得到充分证明的一个轨迹。

回顾应对金融危机以来的这些年,为推进产业结构调整,国家提出发展七大万亿产业,浙江企业紧紧抓住了新一代信息技术所带来的产业变革的机会,以"互联网+"为突破口,大力推进制度创新和商业模式创新,培育了阿里巴巴这样的市场主体,成为新常态下企业创新发展最佳的案例。2014年阿里巴巴成功赴美上市,无疑是这一年最大的经济事件。这一年,浙江也迎来了新常态下中国首届世界互联网大会,乌镇成为中国第一个石开世界级盛大经济会议乡镇。桐乡也由此成为了"互联网+"背景下浙江第一个"经济特区"。

2015年8月,经国务院批准,杭州成为中国第十个自主创新示范区试点城市,同时是全国第一个以"互联网+"为主要内容的创新试点,成为新常态下,国家"互联网+"行动计划下,创新驱动发展的最大试验地。在大力培育和发展新经济、形成新商业文明的同时,浙江把传统产业的新型化放到十分重要的位置。没有淘汰的产业、只有出局的企业。在"四换三名"、"五水共治"等转型升级组合拳的推进下,浙江围绕块状经济的转型升级,以特色经济为切入点,一手抓丝绸小镇、黄酒小镇、茶叶小镇等经典产业发展,一手抓梦想小镇、云栖小镇、互联网小镇等新兴产业发展,着力打造100个特色小镇,成为了新时期统筹城乡发展、实现产城融合发展的最佳实践。

忆江南,最忆是杭州。曾吸引乾隆皇帝六下江南的浙江,在过去就是封建王朝重要的经济台柱。在历史的长河沉进21世纪的今天,面对国内外经济发展的新趋势,浙江经济是否仍然是一种又一种新商业文明创新发展的重要发源地?毫无疑问,回答是肯定的。这种响亮的回答,更多是体现在市场里、工厂中,而不仅仅是报告里、文章中。

浙江的中国价值,不仅仅体现在富民导向上、民族产业上、走出去发展上、解决社会就业上和新商业文明上,浙江是中国经济社会转型升级发展最经典的案例,在"浙"里,是人们了解、理解中国经济最佳的窗口。

对于浙江这样的价值体现,我们应该有更多的期待!

（原载《浙江日报》2015年10月23日）

把握新常态　践行新理念
努力做好"发展"这篇大文章

实现中华民族的百年崛起、圆国家复兴之梦,是当下中国最大的精神动力和共同追求,也是贯彻"十三五"规划精神、践行五大发展理念的重要任务。中国的百年复兴之路,是一个长期的战略任务,分"三步走"实施。第一步,改革开放第一个 30 年:在第一个 30 年,从国家和民族来讲,主要解决的是"生存"问题;从个人和家庭来讲,主要解决的是"活着"问题。第二步,改革开放的第二个 30 年:在第二个 30 年,从国家和民族来讲,主要解决的是"发展"问题;从个人和家庭来讲主要解决的是"生活"问题。第三步,改革开放的第三个 30—40 年;在这 30—40 年,从国家和民族来讲,主要解决的是"崛起"问题;从个人和家庭来讲主要解决是"品质生活"的问题。

改革开放,我们实现了三步走战略中的第一步,2010 年中国的 GDP 总量超过了日本,经济总量达到全球第二。2014 年人均 GDP 超过 7000 美元,成为中等收入社会国家。改革开放取得了巨大的成就。党的十八报告在总结改革开放 30 多年的实践经济的基础上,明确指出坚持走中国特色社会主义道路,是实现"中国梦"

必须坚持的"道路之信、制度之信、理论之信"。

然而，从 2010 年以来，特别是党的十八大以来，中国经济表现出与第一个 30 年明显不同的走势。新常态特征十分明显，经济发展放缓，2015 年 GDP 增速为 6.9%，是 1990 年以来首次破"7"。如何保持经济在第二个 30 年的良好发展态势，对于中国这样一个经济底子薄、区域差异大、社会阶层多的大国，贯彻党的十八大以来的中央精神、践行五大发展理念是重要归宿。复兴之路的第二个 30 年，是百年伟绩最中坚的支撑、最关键的时段，只有中国经济能够在第二个 30 年继续实现持续、健康、协调发展，我们才能够有资格、有可能谋划第三个 30—40 年，才有可能圆"中国梦"，否则就是白日做梦。

从国外看，2008 年全球金融危机以来，国内外市场环境异常复杂，既有发达国家经济发展明显趋缓、带来中国经济外需明显减弱的因素，也有专门针对中国"崛起威胁论"所导致的种种人为因素的影响。如经过长达 10 多年艰辛的谈判，2001 年中国终于加入 WTO，过渡期 15 年，从 2016 年起，中国正式成为 WTO 的成员国，发达国家再也不会指责中国是非市场经济国家了。但是，似乎 WTO 离我们渐行渐远，倒是 TTP、TTIP 等新规则热闹非凡。发达国家的"再工业化"、"制造业复兴计划"、"决不允许中国制定规则"等言论经常见诸报端、网络。和过去的 20 年相比，今天的中国和平利用国际资源的最佳机会已经过去，国人必须保持清醒的头脑。

从国内看，中国经济如何解决发展中"不平衡、不协调、不可持续"的问题，是中国经济在第二个 30 年实现持续发展必须要破题的。突出问题导向，精准发力补短板，以达到事半功倍的效果，是新常态下做好经济工作的重要指导思想。问题在哪里，创新就在哪里；解决问题的多少，就是创新价值的大少。查找短板，着力解决，必须科学分析中国经济的三个"不"字——"不平衡、不协调、不可持续"。

所谓的不平衡，主要体现在国家之间、地区之间经济的失衡。"十二五"期间，中美两个有个"G2"的说法。所谓"G2"就是中国供给(生产)、美国市场(需求),中国大量地出口,美国大量地进口,导致中美贸易失衡,基本上保持贸易顺差在3500亿~4000亿美元。美国没有钱,中国再去购买美国的国债,借钱给美国,继续维持中国的出口型经济,显然这是不可持续的买卖。事实上,今天的中国,已经是全球最大的市场。巨大的市场机会,是全球所有企业最稀缺的资源。得到了中国的市场,就站在了世界经济舞台的中央。解决中国经济的这种问题,关键在于提高"供给"的能力,而不是继续花大力气去扩大市场,要让"Made in China"成为牢牢抓住中国市场的主力军,这也是贯彻实施《中国制造2025》和中央供给侧改革的重要切入点。

而关注国内区域经济之间的差异,保持省、市、自治区经济之间适度均衡发展,这是中央宏观经济调控的重要目标。这种均衡性,不仅仅是各省、市、自治区,而且包括香港、澳门等经济特区,甚至包括台湾地区。市场经济中"看不见的手",会让区域经济率先体现效率优先,但如何兼顾公平?这是政府这只"看得见的手",必须要解决的问题。要通过两只手之间的密切配合,保持中国经济区域之间的差距在"合理之间"。21世纪初的西部大开发,更多体现的是人、财、物的直接转移,市场机制还有待于进一步培育。事实上,"一带一路"战略就是新常态背景下,解决中国经济版图中区域失衡的重要顶层设计。站在全球看中国,中国经济版图的东南西北,都是改革开放的前沿阵地,通过全方位的改革开放,解决中国经济的区域失衡,是党中央、国务院重构中国经济版图的重要指导思想。

所谓的不协调,主要是产业内的不协调、产业间的不协调。产业内的不协调,主要表现在我们一产、二产、三产的水平上。

一产主要指农业。我们的农业发展水平,如何评价?中国历来就是一个农业国。保持粮食安全,是中国农业的最高使命,我国现在每年仍然进口3000万~5000万吨粮食,从业人员5亿~6亿人。从制度环境上讲,党的十七大取消了农业税,几千年的"皇粮国税"从此退出历史舞台。从这个意义上讲,中国的农民由此真正成为了土地的主人。政治制度意义上的价值,要远远超过土地家庭联产承包责任制。但是中国农业,如何从满足"吃得饱"向满足"吃得好"转变?从农业面临的污染问题,到愈演愈烈的转基因农业,再到新常态背景下如何实现统筹城乡发展,仍然有很长的路要走。作为对照,美国只有2%的农业人口,不但很好地满足了本国的粮食需求,而且还大量出口农产品,值得我们学习。

二产主要是指工业。中国是全球少数工业体系基本完整的国家。在所有工业39个大类、525个小类中,只有中美两个国家工业体系是完整的。这是新中国成立以来,我国奉行"独立自主、自力更生"原则所取得的了不起的成就。在一些关系到国家安全、经济民生领域,中国已经拥有了一批"大国重器",正是这些国之利器,使得中国能够在世界民族丛林中安全生存。但是,必须要看到,根据《中国制造2025》课题研究,我国工业存在大而不强、急需转型的阶段性矛盾,依然存在发展方式粗放、结构不合理、核心技术受制于人、资源要素环境约束强化等深层次问题。突出表现在制造业面临"三明治"陷阱挑战,关键核心技术缺失,产品质量水平滞后于制造业增长规模,知名品牌企业数量不多、竞争力不强,制造业产能过剩问题突出,成本快速上升,资源环境承载能力和要素供给接近极限,全球化经营能力不足,制造业与信息化的结合度不够,生产性服务业支撑力度不够,让中国制造在全球化背景下,面临着巨大的考验。

三产主要是指服务业。中国社会已经开始由工业化中期向工业化后期转型,根据罗斯特的理论,工业化时期典型的特点就是三产快速发展,并开始超过二产。中国大概只用了三分之一的时间,走过了发达国家工业化的路径。从2010年开始,中国三次产业结构的比例就体现在三产超过二产的发展趋势。但是,我们必须清楚地看到,虽然在增长值上,三产业超过了二产业,但并不表示中国已经完成工业化。在文化创意、工业设计、物流服务、资本市场等现代服务方面,中国和发达经济体国家相比,差距仍然很大。我们已经有了自己的工业设计队伍,但是没有德国"红点"那样的精致、那样的有影响;我们已经有了自己的软件和信息服务业,但没有硅谷那样始终充满着吸引力。从 2015 年第一季度的数据看,中国经济在全球回暖不确定的背景下,仍然保持了 7.2% 的增长,主要在于产业结构性调整,服务业有了较好的发展,贡献了三分之二的力量。而服务业比例中,生产性服务的比重占了三分之二。努力提高服务业的现代元素,大力发展各类生产性服务业,至关重要。

所谓的不可持续,主要是经济和环境、社会两者之间的不可持续。从新型工业化发展,到资源节约型、环境友好型两型社会建设,到生态文明,到十八大的美丽中国,再到绿色写入"十三五"五大发展理念,必须要解决的是在工业化过程中的"三高一低"的问题。早在 2005 年习近平总书记在浙江担任省委书记期间,就提了著名的"两山"理论,明确指出"绿色青山就是金山银山"。绿色发展的本质还是发展,但一个雾霾严重、土地资源污染、水资源严重浪费的发展模式一定不可持续,GDP再高,老百姓也不会有幸福感,降耗和减排,是两篇必须做好的大文章。

另外一个十分重要的方面,就是高度关注社会阶层的分布。社会结构的转型,就是由"哑铃型"向"橄榄型"转变,社会发展就会逐步走向"稳态",而不是"暂稳态"。维稳维出来的"稳",永远是"暂稳"。要实现治国理政的长治久安,必须努力建设"橄榄型"社会。需要高度重视"改革开放初期让一部分人先富起来,以先富带致富"的政策制度的进一步修正。中国社会的基尼系数已经达到 0.462,大大超过国际公认的 0.4 的警戒线,社会财富的分配不公,特别是"权力寻租"等行为,往往成为引发社会矛盾的主要因素。人的能力有大小、资源的禀赋有优劣,但是必须保持各社会阶层都能够享受中国特色社会主义所带来的制度红利,这是分享发展必须要努力实施的目标。

无论是投资、出口、消费的"三驾马车论"还是 2015 年开始提出的"供给侧改革论"，进入经济新常态，逻辑起点都是着力解决中国经济在新时期所体现出来的新特征。

党的十八届五中全会，明确提出新常态背景下，中国经济发展的新"五大发展理念——创新、协调、绿色、开放、共享"。创新是一面旗帜，在新常态下，求变是经济发展必然的选择。以创新引领五大发展理念，就是深化供给侧改革，不断调整生产关系，不断解放和发展生产力，着力要解决的是经济增长的动力机制转换问题，为区域经济的发展提供新的动力，持续推进中国经济实现创新、协调、绿色、开放、共享发展。

高举发展这面大旗，按照五大发展理念，不断把改革推向深化，用制度的洼地，最大限度地支撑中国经济在第二个 30 年的发展，成功跨越"中等收入陷阱"，努力做好发展这篇大文章，讲好中国故事，这是当下中国特色社会主义事业百年基业的重要使命。

（2016 年 4 月 30 日）

一、二、三、四、五，打造区域经济升级版

世界金融危机以来，浙江作为外向度最高的省份之一，在外需市场迅速萎缩、国内要素成本快速上升、发展空间相对不足等多重因素的叠加下，经济发展受到巨大挑战。如何再创经济发展的新优势？当前，浙江正以新的实践积极开拓经济转型升级的崭新路径。

一、以创新驱动为根本

传统产业占比高，产业组织方式"低小散"，劳动密集型产业为主导，是过去浙江区域经济的主要特征。转变发展方式，就是要实现经济从资源开发型向效率提升型，再向创新驱动型转变。以民营经济为主要方式的浙江经济，是效率型经济的主要代表。然而发展环境总是在变化之中，中国曾经作为全球的"世界工厂"，如今已经是全球的"世界市场"。现在有句话："中国市场的低端产品什么都过剩，高端产品什么都有缺口，进口的产品什么都贵。"是继续发挥效率高、低成本的优势，和东南亚等新兴市场国家PK全球中低端市场，还是顺应全球新科技革命的机会，尤

其是第三次工业革命的机会、努力实现发展方式的转变？中央浙江省委十三届三次全会作出了关于全面实施创新驱动发展战略加快建设创新型省份的决定，强调以创新驱动打造浙江经济升级版，重点围绕技术创新、管理创新、市场创新、商业模式创新、政府服务方式创新等，形成浙江经济发展的新模式。以技术创新为例，新科技革命所带来的"新技术成为新机会，新经济成为新亮点"，全省战略性新兴产业发展成为产业结构调整的重要突破口。2013年全省战略性新兴产业超过2500亿元，占工业经济的比重超过25％，成为浙江最靓丽的风景线。如在数字安防领域，浙江经过10多年的发展，已经成为全球重要的先进制造业基地。

二、以"两化"融合为动力

"两化"融合即以信息化带动工业化、以工业化促进信息化。当前，信息化发展正进入新的历史阶段，以大数据、云计算、物联网、移动互联网为代表的新一代信息技术广泛应用，正加快推动生产方式、生活方式、消费方式的深刻变革，日益成为经济发展方式转变的内在动力。可以说，走新型工业化道路，在相当大程度上就是不断提高信息技术价值在现代工业经济中的价值占比的过程，即"信息化"的过程。能不能抓住以"计算机＋信息化"为主要标志的第三次工业革命的机会，打造浙江经济的升级版，关键就是两化能否融合发展。以产品设计的数字化、生产过程的自动化、关键装备的智能化、企业管理的精细化、市场营销的网络化等"五化"为路径，信息技术已成为浙江省传统产业改造提升的主引擎，高技术产业发展的主渠道。2013年10月，国家工信部批复浙江省为全国第一个"信息化与工业化深度融合国家示范区"，要通过3—5年时间的努力，形成具有中国特色的两化融合发展的技术范式。这不但为浙江经济打造升级版提供有力支撑，而且将为实现"工业化、信息化、城镇化、农业现代化"四化联动发展、中国经济升级版提供样本案例。

三、以"三名"工程为引领

名家（大企业家）、名企（著名公司）、名牌（公认名牌）是市场经济发展的重要微观构成，三者之间的逻辑是一个以企业家为驱动和支撑，企业为载体和平台，品牌为终极表现和价值形式的有机整体。在市场经济发展过程中，尽管有先发或后发优势、政策和制度差异，但是通过市场竞争实现优胜劣汰，必然会有一批企业、品牌和企业家相比其他的企业更具竞争力、品牌更具认同度、企业家更受社会尊重，在市场中具有更好的表现、更佳的知名度和更广的影响力，在经济社会发展中起到示范带动作用。

未来5—10年，是浙江经济由大到强转变的关键时期，"干好一三五，实现四翻番"以什么来标志？除了经济指数，笔者认为，能够涌现出若干家全球500强企业，是经济强省建设取得成功的重要标志。不论是纵向垂直整合，还是横向链式整合，要着力培育和打造全球世界500强企业，使其成为浙江经济发展的"地理标志性"企业和转型升级的"火车头"。当前，要以培育和扶持100家百亿级企业作为重要契机，按照十八届三中全会提出的大力发展混合所有制经济的要求，积极推进产业兼并重组，把"资本优势＋市场优势＋政策优势"结合到一起，在一些优势产业领域积极推进产业整合发展，促进经济转型和跨越。

四、以"四换"战略为路径

腾笼换鸟、机器换人、空间换地、电商换市是浙江产业结构调整的新路径。在腾笼换鸟上，加强"腾笼"与"换鸟"的统筹，尤其是出台"投资负面清单"。一方面严格执行国家产业政策和产业结构调整指导目录，坚决淘汰落后产能；另一方面，全面推进产品换代，"换鸟"提质。以培育科技型初创企业、成长型中小企业、高新技术企业为目标，抓好"孵鸟"、"育鸟"，防止"腾笼空鸟"。2014年全省将淘汰落后产能企业1000家以上，力争新增高新技术企业1000家、科技型中小企业2500家以上。

在机器换人上，据不完全统计，浙江自2000年以来，引进外来务工者已经达到2000万人以上，外来人口超过本地人口的工业园区、特色经济专业区比比皆是。经济发展对劳动力的过度依赖，已经成为转型升级发展必须解决的问题。大力推进机器换人，向设备要红利，向技术要效益，不断推进企业减员增效，成为经济工作创新的"顺势而为"之举。2013年全年，全省工业经济领域换下的劳动力超过60万人，从人口红利为主导转向机器红利为主导正在逐步变成现实。

在空间换地上，浙江土地资源的先天性不足在很大程度上制约了全省经济的发展，甚至成为导致浙江产业外流的重要诱素。如何让有限的资源得到最大限度的利用？"以亩产论英雄"成为产业结构调整的重要风向标。浙江以加快低效用地再开发为突破口，大力推动土地空间综合利用，鼓励和引导企业加大地上地下空间开发利用，掀起了新一轮的用地革命。当前，"三改一拆"既成为推进新型城镇化的重要途径，也成为"新用地革命"的重要抓手。同时，全省开始探索要素市场化改革试点，在海宁、平湖等地以提高土地使用效率、节能降耗等为主要目标，把产业政策与市场配置资源机制有机统一起来，引导企业从"三高一低"向"两型产业"转变。

在电商换市上，浙江紧紧把握电子商务起步早、发展快、规模大、业态齐的优势，从规划引导、政策推动入手，全面推进电子商务产业发展。全省电商产业发展水平全国领先，涌现了淘宝网、阿里B2B、支付宝三个全球最大的网络零售、企业间交易、网络支付平台。全面推进浙货网络销售，到2013年有7500多家企业在天猫开设旗舰店、专卖店，实现零售额800多亿元，增幅超过100％。全省企业网络零售额达到2441亿元，与全省社会消费品零售总额增量基本相当。如果说，过去30多年浙江是有形市场大省,那么大力推进电商换市就使浙江成为了无形市场的大省。

五、以五水共治为突破口

浙江是名副其实的水乡,但粗放型的产业发展模式对全省水域的可持续发展构成了严重的挑战。城镇生活污水无节制地乱排,正成为越来越多的黑河、臭河、垃圾河的幕后黑手。为了保障浙江水资源体系对社会发展的支撑作用,并率先在全国实现水资源的可持续发展,建立治水的典范,浙江省委、省政府提出:以治污水、防洪水、排涝水、保供水、抓节水为突破口,倒逼浙江的产业转型与升级。为了实现"治水"的目标,浙江在全国率先成立"河长制",创造了河流治污的新模式。通过治水,将有力带动有效投资,估计 2014 年全省涉水产业投资将达到 5000 亿元,成为推动全省经济增长的重要突破口。

(原载《浙江日报》2014 年 5 月 9 日)

做"实"求"准"迈新步

回顾 2015 年的浙江经济,可以说是岁月难忘、难忘岁月。所谓岁月难忘,是指面临经济下行的巨大压力,浙江经济似乎再现"风景这边独好"。从 2015 年一季度的 8.2%、上半年的 8.3%,再到前三季度的 8%、全年可以保持 7.7% 以上的增速,浙江经济呈现出"三高"的特征:高于全国、高于去年同期、高于社会预期。浙江经济在中国经济版图上,似乎又站在了时代的"风口"上,给社会留下了深刻的印象。所谓难忘岁月,这一年,有太多的大事,让社会刻骨铭心。一些县区,曾经是全国经济百强县(市),开始渐渐失去光芒,经济部门整天开始忙于化解"两链(资金链、担保链)"问题;一些曾经代表了中国制造的行业,开始陷入困境;一些曾经的著名企业、企业家,开始进入兼并破产程序。而且,这些难忘记忆会继续带入 2016 年。从 2015 年到 2016 年,经济空间、产业领域、企业平台等将进入一个发展趋势分层、产业跨界融合的大时代。

面对经济发展的新趋势,中央和浙江省委经济工作会议做出了战略性的部署,概括起来可以用"降"、"增"、"稳"三个字来表达。所谓"降",主要体现在企业的政府税负、五险一金、生产成本、融资成本、流通成本和产能、库存、杠杆,一句话:最大限度为企业松绑,为市场主体提供最低的门槛。在一定程度上,2016年有可能成为改革开放30多年来,创业成本最低的年份,以此来激发"大众创业、万众创新"。所谓"增",主要体现在增加适当财政赤字、加速推进兼并重组、继续加快基础设施建设、增加城镇人口的比重,用有效投资和有效市场的手段,为经济发展注入新的动力。所谓"稳",主要体现在要守住金融的风险,确保稳定的增长。把三个字连起来就是一句话"八降四增两稳",在"降"中守住底线,在"增"中稳定发展。可以说这样的指导思想,根本目的就是为经济的发展提供最好的制度供给,努力用制度的洼地来支撑中国经济的新高地,这也是"供给侧改革"指导思想的重要体现。

指导思想、"顶层设计"要真正转化为经济发展的动力,需要科学的基层实践,才能做到"上接天线,下连地气",真正把中央和浙江省委的要求落到实处。高层之所以花费这么大的力气,是要告诉我们,2016年的经济形势仍然是复杂的。根据著名的经济学家陈志武教授的观点,"十三五"全球经济增长的动力在美国,不在中国;新兴市场的增长动力在印度,不在中国。中国经济的增长从速度上看,也许就在6.5%左右,中高速已成为定局,是否能够进入高速,仍需要观察。2015年浙江在全国经济版图中率先走出低谷,难能可贵,2016年是否仍然能够保持"风景这边独好",依然存在不确定因素,需要加倍努力。

全面贯彻中央和浙江省委、省政府的战略部署,2016年经济工作,要在"实"字上做文章,在"准"字上下功夫。

在"实"字上做文章。要突出体现"抓实业、出实招、做实事"。2015年,国家出台了《中国制造2025》发展战略,这是新常态下,国家经济社会发展的重大战略。制造业,是经济之本,制造业兴,则经济兴,这是从古到今、从国内到国外被反复证明了的真理。2008年金融危机以来,美国的最大政策就是把制造业放到了国家突出的位置。以智能制造为标志的工业化进程,是未来一个时期经济发展的必然选择。2016年是国家实施《中国制造2025》的第一年,要认真谋划,精心组织。中央经济工作会议把"供给侧改革"作为解决经济发展的重要"良方",关键在于大力发展以制造业为主体的实体经济。

浙江以制造业为主体的实体经济,面对新科技革命和产业变革的趋势,要紧紧抓住"两化深度融合"、"互联网＋'的机会,把传统产业的改造提升和新兴产业培育发展两篇文章做好,出实招、做实事。传统产业,特别是经典的历史文化产业,要借鉴德国制造业转型升级的经验和做法,大幅度提高现代信息技术在传统产业改造提升中的主导作用,实现"数字化、信息化、智能化"的改造,把技术改造作为提质增效的重要突破口。新兴产业,要紧跟时代步伐,努力在"大(数据)、云(计算)、物(联网)、移(动互联网)"上做功课。浙江要紧紧抓住世界互联网大会、G20、杭州国家自主创新示范区建设的有利时机,以应用促发展,开发新产品、培育新模式、发展新经济,实现新发展。

在"准"字上下功夫。党的十八大以来,从中央到浙江省委、省政府,在经济发展上,可以说是出台经济发展政策历史上最多的阶段之一。经济形势纷繁复杂、瞬息万变。经济发展的环境、背景等与改革开放初期,已经完全不同。在抓住科技革命机会的同时,制度供给要力求精准再精准。

如在产业发展上,七大万亿产业是我省经济发展的主跑道,但是七大万亿产业发展的路径、方式、内容绝不是省政府出台一个产业规划、开一个大会就可以解决得了的。如何让七大万亿产业真正落地,在市场中提升产业发展的竞争力,体现市场对资源配置的决定性作用,考验着地方官员新智慧。面对新形势、新要求,在各种服务经济发展的大比拼中,如何根据中央和浙江省委、省政府的要求,更好体现"降"、"增"、"稳",必须在精准上下功夫。政策要更加聚焦、举措要更加给力,只有这样,中央和浙江省委、省政府的要求才能真正落实到工厂里、园区中、市场上。

2016年,是"十三五"规划的开局之年,常言道,良好的开端是成功的一半。2015年浙江已经走过了一段难忘岁月,无论记忆是"痛苦"的还是"甜蜜"的,均已经成为过去。英国诗人雪莱在《西风颂》中曾说过"冬天来了,春天还会远吗?",我们同样坚信,浙江经济的春天脚步会越来越近的。

这是一种时代的期待,也是我们共同的期望!

（原载《浙江日报》2015 年 12 月 30 日）

"水十条"框架下打造"五水共治"升级版

2015年4月16日,国务院正式颁布《水污染防治行动计划》(以下简称"水十条")。这是继《大气污染防治行动计划》发布实施后,环境保护领域的又一重大举措。

国家出台"水十条",是新常态背景下发展水经济、确保水安全的战略部署。对于浙江来说,贯彻"水十条",就是继续大力推进"五水共治",深入抓好美丽浙江、智慧城市、特色小镇等三大载体建设,实施万众治水、智慧治水、依法治水等三大工程,创新水环境改善、水经济发展、水文化传承的体制机制。

治水就是为民。"身执耒锸,以为民先"的大禹治水主要是防治洪涝,而浙江的"五水共治"则被赋予了更广泛而深刻的内容,成就了新时期治水的"浙江样本"。进一步贯彻落实"五水共治"和"水十条",要紧密结合浙江省转型升级的组合拳。一要加强顶层设计,在美丽浙江、智慧城市、特色小镇建设中,规划好、落实好、营运好治水工作。二要有效改善人居环境质量和水环境质量,完善排涝管网设施、防汛防台抗旱设施、城镇污水处理设施,健全饮用水源安全保障、水质监控预警、水污染应急处置机制。三要形成错位发展,注重特色小镇、智慧城市、都市经济圈与美丽浙江的衔接。杭州都市圈,围绕杭州推进"美丽中国"先行区建设,围绕绍兴、嘉兴、湖州推进"美丽浙江"江南水乡典范;宁波都市圈,围绕宁波、舟山推进"美丽中国"港口特色市、海上花园城建设;温台都市圈与金华—义乌都市圈,围绕温州、台州、金华推进"美丽浙江"环境综合整治示范区,围绕衢州、丽水建设成为"美丽浙江"重要生态屏障。

治水必须依法。"水十条"的出台,将治水纳入到法治轨道。"水十条"的各项任务可实施、可考核、可追责,并明确指出"对不顾生态环境盲目决策,导致水环境质量恶化,造成严重后果的领导干部,要记录在案,视情节轻重,给予组织处理或党纪政纪处分,已经离任的也要终身追究责任"。浙江继续深入推进"五水共治",要把"依法治水"执政履职的理念,落实到万众治水、智慧治水的工作细节当中,创造性地开展治水工作。一要从一个试点、一批项目做起。推进"智慧水务"试点,借助新一代无线网络、物联网、云计算等信息技术,加强水环境、水安全和水资源的信息化监测、智能化管理,提升"依法治水"履职水平。二要从一项法律、一支队伍做起。完善《浙江省水污染防治条例(2013)》,理清部门权责利,明确执法主体与执法监督,形成部门、区域和省际治水合力。三要积极参与国家《全国沿海港口布局规划》修编工作,做好《浙江省水功能区水环境功能区划分方案》修编工作。四要切实加强水行政执法队伍建设,着力打造一支高素质水政监察队伍。

治水更要兴业。国家实施"水十条",就是要实现环境效益、经济效益与社会效益多赢。据环保部预测,实施"水十条"将拉动 GDP 增长 5.7 万亿元,累计增加非农就业约 390 万人。浙江推进"五水共治",是要倒逼产业转型升级、引领新经济发展。要抓住"水十条"实施的机遇,打好"治水兴业"组合拳。一要发展水产业、培育水经济。加强对发展水产业的引导,创新水经济的发展方式,积极探索设立水经济产业投资基金,提升"治水兴业"资金配置效率。二要大力推动水经济高端要素的新集聚。面向海内外,集聚水研发、水联盟、水信息、水人才、水教育、水文化等高端要素,抓好水标准、水品质、水名牌.创新水商业模式,拓展水市场领域,引导水行业企业上市发展、创新发展、集聚发展。三要努力实践以水为主要构成元素的经济社会发展新方式。依托水资源丰富区域、用水大区等,规划建设水经济产业园、国际治水产业园等,带动水产业集聚发展、促进水经济集群发展。

(原载《今日浙江》2015 年第 9 期)

适应新常态　发展新工业　实现新跨越

——2014 年浙江工业经济回顾及 2015 年展望

一、回顾

2014 年是党的十八届三中全会确定的全面深化经济体制改革元年,在全球经济温和、差异化复苏和国内经济向新常态转变的宏观背景下,浙江工业经济以"韧、稳、新"适应新常态,着力"强、智、绿"发展新工业,通过"放"和"大"实现新跨越,为实现全省工业经济从量的扩张为主导向以质的提升为主导转变奠定了良好基础。

(一)在"韧"字上适常态,发展进入新阶段

攻坚则韧,迎难而进,积极适应经济新常态。发展不图一时之快,也不忧一时之慢,既要有战略定力,更要有发展韧性。2009 年,浙江工业经济结束连续 19 年的两位数增长,此后由高速进入中高速的换挡期。2014 年 1 月至 10 月,全省规模以上工业增加值同比增长 6.7%,与全国规模以上工业增加值增速的差距由年初

的 2.5％缩小为 1.7％。从月度来看,2004 年全省规模以上工业增加值增速多在 6％以上,10 月份 8％的增速为 2004 年以来新高,首次超过全国平均水平,工业总体呈现出稳中有升的趋势。

(二)在"稳"字上求发展,规模迈上新台阶

工业稳,经济就稳。2014 年 1 月至 10 月,全省实现规上工业增加值 10120.38 亿元,突破万亿元规模,增幅比前三季度回升 0.1 个百分点;实现工业销售产值 52035.42 亿元,同比增长 5.9％,其中出口交货值 9872.95 亿元,同比增长 5.5％,增幅比前三季度回升 0.4 个百分点。从出口增幅看,1 月至 10 月,浙江出口规模 2255.32 亿美元,同比增长 11.2％,出口增速分别比全国平均、广东、江苏、山东高 4.4、12.0、7.6、2.1 个百分点。工业经济在浙江省经济发展中的中流砥柱作用依然显现。在房地产下行、GDP 增速下行的大背景下,工业经济基本稳住了,半壁江山的风采依旧。

(三)在"新"字上去努力,结构调整新进展

新兴产业,就是工业倍增的新力量。传统工业在浙江工业体系中仍占主导地位,但浙江省的新兴产业稳步推进,增长迅速。2014 年 1 月至 10 月,装备制造业、高新技术产业、战略性新兴产业增加值同比增幅均高于规上工业,占规上工业的比重分别有所提高。其中新能源汽车、物联网、生物医药、电子商务、信息经济、互联网金融等新兴产业竞争优势明显。产业的演进由传统经济为主导开始向新兴产业为主导转变的趋势明显,特别是基于新一代信息技术的信息产业发展跃上新的水平。

(四)在"强"字上下功夫,效益达到新水平

企业效益强,工业就强,没有效益的发展不可持续。2014 年 1 月至 10 月,浙

江规上工业企业实现利润2765亿元,同比增长9%,高于全国平均水平2.3个百分点,比上海、山东分别高1.6和3.6个百分点。盈利能力更强的背后是高效率。全省2014年劳动生产率同比增长9.0%,人均创利税增长10.3%,每百元资产实现主营业务收入为100.8元,比一季度和上半年分别提高11.8元和2.7元。2014年是浙江省工业企业效益在2004—2014年间最好的年份。浙江省委、省政府提质增效的部署在工业战线上表现突出。

(五)在"智"字上做文章,创新驱动新突破

创新引智,工业智造,浙江制造就有出路。一是创新投入不断加大,创新成果产业化成效显著。2014年1月至9月,浙江企业科技活动经费支出总额为530.8亿元,同比增长7.8%,增速比主营业务收入高3.1个百分点。2014年1月至10月份,浙江省以"机器换人"为重点的技术改造投资增幅为15.2%,比工业投资增幅高6.3个百分点。截至2014年10月底,浙江规上企业当年实施限上"机器换人"技改项目比例达到20.9%。大幅度、全方位的机器换人,还为浙江下一阶段以机器人产业为主要特点的装备制造业发展留下了巨大的想象空间。

(六)在"绿"字上求持续,绿色发展新转变

青山绿水,就是金山银山。不唯GDP,要求工业更加绿色发展。2013年底浙江取消对开化、淳安的GDP考核后,杭州在区、县(市)综合考评中,调低了2项GDP相关考核比重,新增的创新型指标,既利于"创新驱动"发展,更利于工业绿色发展。工业治水、工业治气、节能降耗倒逼工业绿色发展。节能降耗工作在2014年取得突破性改变,浙江八大高耗能行业增加值仅增长3.4%,是历史上最好的水平。虽然2014年天气很帮忙,但是和浙江坚持绿色转型要求不放松直接相关。

这些变化的实现,要归因于"放"与"大"。在"放"字上谋高效,政策激发新活力。简政放权,政策放开,经济发展就有活力。政府的政策创新与服务创新不断加

强,工业转型升级活力不断释放。市场配置资源的决定性作用得以进一步发挥,也因此充分激发了各类市场主体、消费主体、创新主体和社会组织主体的活力。在"大"字上见实效,投资涌现新热点。今天的投入,就是明天的产出。狠抓投入,是2014年浙江工业经济发展的大动力。

但是,我们也要清醒地认识到,工业复苏的压力依然存在,浙江工业生产者出厂价格指数(PPI)已持续34个月(截至2014年10月)同比在下降且降幅有扩大趋势,企业盈利的压力依然存在。2014年1—10月,三项费用(管理费用、销售费用和财务费用)合计3939亿元,同比增长7.9%,增速比主营业务收入高3.2个百分点,资金周转的压力依然存在。"两项资金"(应收账款资金和企业产成品占用资金)占比提高,应收账款和产成品存货分别增长9.3%和9.6%,占流动资产比重为35.3%,同比增加1.9个百分点。截至2014年第三季度,全省商业银行的不良贷款余额为7669亿元,不良贷款率为1.16%,比第一季度提高了0.12个百分点。企业的还款意愿下降和恶意逃废债现象时有发生,资金链断裂风险加大。同时由于企业之间互保、联保引发的银行抽贷、压贷事件频发,民间金融信用体系进一步恶化,导致部分企业面临较大的金融风险和破产清算的风险。

二、展望

2015年,工业经济外部处于增长乏力、贸易变革、产业革命与金融风险的复杂环境中,内部处于改革挖潜、稳定出口、创新驱动与稳固信心的关键时期,同时要密切注意由于资金链、担保链断裂而引起的企业经营困难,努力预防和化解新一轮金融风险。浙江必须适应新常态、培育新业态、壮大新产业,努力发展智慧新工业、绿色新工业、都市新工业和现代新工业("四新工业"),努力在新一轮产业革命、贸易变革、技术革命、制度变革中抢占新机遇,实现工业经济的新发展。

根据当前工业经济的内外部环境变化和产业技术革命趋势,预计2015年的浙江工业经济将呈现出"低开、企稳、回升"的趋势,全部工业增加值将处于 6.5%～7.5%的中速增长区间,规模以上工业增加值增长高于全部工业增加值 0.5 个百分点。工业固定资产投资增速估计增长 8%～10%,其中技术改造增长 18%～20%,增速在东部"第一方阵"各省中处于中等水平。

(一)在创新驱动中,壮大新产业

浙江省委、省政府近年来进一步明确了全省区域经济的核心产业、核心领域,全面实施创新驱动发展战略,积极推进产业转型升级、产城融合发展、两化深度融合等系列政策。顺应科技革命的发展趋势,以新一代信息技术、物联网技术、新材料技术、新能源技术、生物医药技术为代表,不断催生新的产业,嫁接提升传统经典文化产业。浙江在信息经济、时尚产业、环保产业、医疗健康、新能源汽车、机器人产业等领域的社会投资稳步增加,逐步形成了区域经济产业发展转型升级的新格局。以物联网和"互联网+"为代表的信息经济,形成了一批在全国乃至全球有名的行业龙头企业,是浙江区域经济发展产业结构调整的典型代表。

(二)在改革挖潜中,适应新常态

要以改革为突破口,落实十八届三中、四中全会精神,按照党中央、国务院各项改革部署,以要素市场化改革、混合所有制经济、民资进入垄断行业等为重点,激活民间投资的活力。2015 年加大政府扶持产业发展新模式上的探索,最大限度地改变政府直接"分钱分物"给企业的做法,减少政府对微观经济运行的干预。大力推进产业投资基金、并购基金、引导资金等平台类金融工具的设立,推进产业兼并重组、资源要素的优化组合。以"三名"工程的深入实施为抓手,大力推进产业组织方式的创新。按照"产业链、供应链、价值链"的方式,改变浙江企业"抱团"的方式,形成价值链再造的新模式。以行业龙头企业为引领,协作配套企业为依托,形成产业发展新的经济生态,使"铺天盖地"和"顶天立地"形成双轮驱动发展的新格局。

(三)在稳定出口中,再创新优势

抓住国家"一路一带"新经济战略深入实施的历史机遇,发挥浙江经济外向度高的优势,把国家战略和企业发展最大限度地交集起来,为外向型经济发展注入新的动力。外贸是浙江外向型经济发展的最大优势,2014年全省对全国外贸贡献达到18.3%。因此,要把"产品走出去"、"企业走出去"和"产业走出去"有机结合起来,推动外向型经济发展呈多元化、深层次、全方位发展的新优势。继续发挥新业态、新平台对出口贸易的拉动作用。深入推进"电商换市"工程,推进义乌国际贸易综合改革试点第二个三年实施计划,启动跨境电子商务综合改革,更加注重提高贸易便利化水平,更加注重应对和防范战略性新兴产业贸易摩擦。

(四)在稳固信心中,化解新风险

传统企业间互保而形成的担保链,在经济高速增长的时候,有力地提高了广大中小企业的融资能力,促进了经济增长。这种模式,在实际中导致银行界放松了对贷款企业和项目的风险审查和掌控,在经济调整时期,加大了金融风险。因此,要引领金融机构提高自身风险意识与掌控能力,最大限度地从项目和企业本身去分配金融资源。同时,积极推动区域金融改革试点、利率市场化改革,规范互联网金融发展,兴办民营银行,探索资产处置和管理方式创新,更加积极地预防和化解可能扩散化、复杂化的新一轮风险,稳妥地处理好资金链、担保链断裂而引起的各种问题,有效地应对银行抽贷停贷、企业跑路等现象,坚决地守住不发生大范围区域金融风险、系统性金融风险的底线。

三、运行建议

2015年是"十三五"规划的启动之年,也是发达国家实施"工业互联网"、"工业

4.0"的关键之年,国家也将推出"中国制造 2025"战略。浙江是中国区域经济版图中"走在前列"的省份,工业经济的转型升级直接关系到浙江经济的转型升级。做好 2015 年工业经济运行工作,实施"工业强省 2.0"战略,发展"四新工业"(智慧新工业、绿色新工业、都市新工业和现代新工业),在提质增效上下功夫,努力提高浙江工业的增长潜力、发展动力与产业竞争力,在新一轮工业革命、贸易变革、技术革命中抢占新机遇,实现新跨越。

(一)一个战略:即"工业强省 2.0"战略

以科学发展观和党的十八届三中全会精神为指导,贯彻落实"两创"总战略、"两富"总目标、"两美"总要求,学习德国"工业 4.0"、美国"先进制造业 2.0"新经验,坚持"工业强省"一张蓝图绘到底,实施浙江"工业强省 2.0"战略。以两个强区①为主题,以"四个全面"②为动力,推进四个深度融合、走四化道路、发展"四新"工业(智慧新工业、绿色新工业、都市新工业和现代新工业③),持续推进从制造大省向"智造强省"的跨越发展。

(二)两大主题:即工业强县(市、区)建设、创新强县(市、区)建设

一是工业强县(市、区),要在大产业建设上率先取得突破。立足 20 个工业强县(市、区)建设,加快培育做优千亿级新兴产业,提升做强千亿级支柱产业。围绕六大传统产业(纺织、汽车、电子通信、电气设备、钢铁五金、鞋革),通过"建链、补链、延链、固链",加快形成一批以优势龙头企业为依托,示范效应强、紧密型、稳定型的产业链联盟。

---

① 推进工业强县(市、区),创新强县(市、区)。
② 全面深化市场经济改革、全面参与国际贸易变革、全面把握国家战略机遇、全面推进新兴产业革命。
③ 《国务院关于加快发展生产性服务业促进产业结构调整升级的指导意见》(国发〔2014〕26 号)中提出,推进工业制造现代化。

二是创新强县(市、区)。要率先在新生代知名企业家、创新型(科技型)知名企业、高新型知名品牌培育上取得突破。优先在科技新城、高新技术开发区中,选择创建一批创新强县(市、区),加快新兴技术孵化、新兴企业壮大、新兴产业扩张。围绕新能源汽车、信息经济、互联网金融等领域,通过掌控"技术标准权、行业话语权、市场主动权",加快形成一批引领新兴大市场、引爆消费新热点、具有国际战略新思维的新生代名企、名品、名家。

(三)四个动力:即投资动力、出口动力、国家战略动力、科技创新动力

一是全面深化市场经济改革,优化商业环境,激活投资动力。追求经济更加有效率,要重点推进工业用地产权改革(分割、使用年限、交易)、用能权市场改革(有偿使用与交易)等。追求经济更加公平,要重点推进劳动力市场、再就业培训、社会保障领域、创新成果分配改革等。追求经济更加可持续,要重点推进自然资源资产负债表、不唯 GDP 考核、生态文明制度等方面改革。

二是全面参与国际贸易变革,优化出口环境,增强出口动力。积极应对可能的高标准贸易、高度自由化投资,着力推进贸易便利化、知识产权、劳工标准、政府采购、环境产品等方面的适应性改革。充分发挥我省出口产品需求弹性具有一定刚性的优势,加大对高端市场,尤其是美国等市场的开拓。抓住美国经济复苏的有利时机,加大贸易推广,强化市场动力。

三是全面把握国家战略机遇,转化发展动力。深度参与新时期我国三大新国家战略实施机遇,特别是"长江经济带"、"一带一路"的新布局,加大产业走出去的步伐,通过地区之间、国家之间经济合作的框架,把国家战略和浙江制造业走出去最大限度地结合起来。争取形成新一轮经济全球化条件下参与国际经济合作和投资的新优势,重点推进义乌国际贸易综合改革试点、自贸区、舟山群岛新区、跨境电子商务平台建设,加大对"一带一路"、APEC、TPP、TTIP、TISA 成员国的跨境

投资、境外工业园区投资等。

四是全面推进新兴产业革命,优化创新环境,激发创新动力。推进重大科技攻关清单,知识创新清单和技术创新清单,集中力量突破一批新兴领域的核心关键技术。集中力量、优先发展、突破发展若干个战略性新兴产业,努力在新一轮科技革命和产业革命中赢得发展先机。积极引进和培养新兴产业亟需的高端人才,完善社会创新体系,有效激发各类市场主体创业创新活力。

(四)四新工业:即智慧新工业、绿色新工业、都市新工业、现代新工业

一是推进工业化与信息化深度融合,走制造智能化道路,发展智慧新工业。抓住智能制造和智慧服务两大应用,探索两化深度融合推进载体、机制和模式。围绕重点制造业(纺织、电器、汽车、通信设备、机床、工程机械、航空等)和重点生产性服务业(云计算、大数据、移动互联网、工业互联网、智慧物流、互联网金融),发展智能装备(智能制造单元、智能生产线、高档数控机床、工业机器人等)与智慧服务(整体解决方案、精准营销、众包众设、在线监控诊断等),探索智造模式(大规模个性化定制、云制造等),推进机器换人、智能车间、智能工厂、智能企业试点。

二是推进工业化与低碳化深度融合,走制造低碳化道路,发展绿色新工业。发展绿色经济、低碳技术、清洁能源、新能源已成为国际社会的共识。① 舍得放弃,综合运用法律、经济、技术以及必要的行政手段,加快淘汰炼钢、建材、造纸、制革、印

---

① 2007年7月,美国参议院提出了《低碳经济法案》,将发展低碳经济列为美国未来工业经济的重要战略选择;2014年6月2日,奥巴马政府提出到2020年美国将削减电厂25%的二氧化碳排放,到2030年减少30%;美国能源部投资31亿美元用于碳捕获及封存技术研发。2010年欧盟发布《欧盟2020战略》,提出二氧化碳排放量在1990年基础上削减20%,可再生能源占最终能耗来源的比重达到20%,能耗下降20%;到2020年,欧盟必须再投资低碳技术500亿欧元。2009年12月,中国政府在哥本哈根气候变化大会提出到2020年单位GDP碳排放比2005年下降40%～45%的目标;2014年11月12日,美国总统奥巴马和中国国家主席习近平就气候变化减排目标达成一致,美国宣布到2025年美国要实现温室气体排放量比2005年减少26%至28%的目标;中国宣布到2030年中国的可再生能源比例要提高到20%。

染、化纤等重点行业落后生产能力的步伐。舍得投资，深入实施节能降耗工作，大力发展低碳经济，加快推进低碳技术和标准的推广应用，扶持发展一批低碳产业、环保产业、节能产业，加快低碳经济示范区建设。积极关注国际贸易新准则，积极突破环境产品、绿色关税、绿色技术标准、绿色检疫等绿色壁垒。

三是推进工业化与都市化深度融合，走产城融合化道路，发展都市新工业。围绕杭州、宁波、温州、金华—义乌四大都市区的拓区发展与功能布局，依托周边工业大县（市、区）、工业园区的产业基础，实施"智慧新城、产业新城、美丽新城"建设。以大数据挖掘和开发利用为核心，大力促进各级工业平台、各类园区的智慧化改造、绿色化改造，大力提升高效管理能力和智慧服务能力，实现工业化与城市化、低碳化协同发展，构建形成一批新的区域增长中心。

四是推进工业化与现代服务业深度融合，走工业制造现代化道路，发展现代新二业，以显著提升工业发展的现代素质和满足消费者的现代需求为重点，围绕全产业链的整合优化，运用互联网思维、现代设计理念、现代工程技术、新一代信息技术，充分发挥生产性服务业在研发设计、流程优化、市场营销、物流配送、节能降耗等方面的引领带动作用。建立与国际接轨的专业化生产性服务业体系，推动云计算、大数据、物联网等在生产性服务业的应用，鼓励企业开展科技创新、产品创新、管理创新、市场创新和商业模式创新，发展新兴生产性服务业态。

（原载《经信参阅》2015 年第 2 期）

把握新引擎　提升首位度　发展新业态

——2014 年浙江信息经济回顾及 2015 年展望

以信息技术为核心的新一轮科技革命正在孕育兴起,互联网日益成为创新驱动发展的先导力量。伴随着互联网和信息技术的快速发展,信息经济的浪潮正澎湃而来,成为驱动世界经济增长的新引擎,引发人类生产方式、生活方式、消费方式前所未有的深刻变革。大力发展信息经济已经成为世界各国抓住新一轮科技革命和产业革命机遇,抢占未来发展制高点的战略选择。2014 年 11 月,中国政府主办首届世界互联网大会,标志着互联网经济已经成为中国经济适应新常态的国家意志。

一、回顾

(一)浙江信息经济开启发展元年

从党的十六大提出信息化带动工业化、十七大提出"两化融合"、十八大提出

"两化深度融合"以来，"两化"一直是中国经济结构优化、转型升级发展的重要战略。2014 年初，经国家批准，浙江省成为全国第一个"两化"深度融合示范区，这可以看成是浙江省在"十二五"期间国家批准的"四大地方国家战略"（义乌商改、温州金改、舟山群岛新区、海洋经济示范区）以来的第五个"地方国家战略"。在国家大力支持和地方的积极努力下，浙江全省以前所未有的力度推进"两化"深度融合国家示范区建设，着力实施产品与装备智能化开发、"机器换人"、绿色安全制造、"电商换市"等十大专项行动。这是我国近十年来，第一次相对全面系统地回答了信息化和工业化到底"融合"在哪里、"深度"在何处。浙江"两化"深度融合之路是国家顶层设计和地方实践的生动结合，是浙江按照十八届三中全会要求充分发挥市场的决定性作用和更好地发挥政府作用的一个样本案例。

从工业化、信息化、"两化融合"再到"两化深度融合"，在路径上清楚了，但是融合的最终结果是什么？方向比努力更重要！2014 年 5 月份，浙江省在全国率先出台了《关于加快发展信息经济的指导意见》（浙政发〔2014〕21 号），与 2002 年浙江省人民政府出台的《关于加快推进企业信息化若干意见的通知》（浙政办发〔2002〕第 56 号）刚好是一个轮回。新科技革命和产业变革，标志着浙江省已经重新开始谋划布局经济新形态。2014 年 8 月，浙江组织召开了全省发展信息经济工作暨"两化"深度融合推进工作会议，拉开了全省在新时期发展信息经济的大幕。浙江省委书记夏宝龙多次专程调研信息经济，认为浙江大力发展信息经济是适应新常态，使浙江继续走在全国前列的必然选择。时任浙江省省长的李强提出全省各地区要提高对信息经济的认识，信息经济是能支撑未来浙江发展的大产业，更是浙江经济转型升级的重要拉动力和新的动力源。浙江省人民政府已经把信息经济列为支撑浙江未来发展的七大万亿级大产业之首。2014 年 10 月，阿里巴巴在美国成功上市，创下了美国史上融资额最大 IPO，引起全球轰动；同年 11 月，首届世界互联网大会在浙江乌镇召开，并永久落户乌镇，使乌镇这个千年水乡成为互联网的

"达沃斯",为浙江信息经济发展带来更广阔的世界舞台;同年12月底,浙江省信息经济创业投资基金成立,初期规模20亿元省级母基金,助力全省信息经济发展。浙江省会城市杭州市以"产业的智慧、智慧的产业化"为突破,大力发展智慧产业、信息经济,将信息经济作为城市经济的第一产业加以培育,得到了李克强总理的充分肯定,并以此积极申报杭州国家自主创新示范区。宁波、嘉兴、金华等市也在机器换人、互联网产业、电子商务等领域积极推进,形成了浙江全省发展信息经济的高潮。

从20世纪80年代初期人们最早从奈斯比特先生的《大趋势》中第一次正式听到"信息化"这三个字,经过近30年的发展,浙江省终于基本"化"成正果,从"两化融合"为主导的时代开始走向信息经济时代。2014年,是浙江信息经济发展的元年。

(二)解码浙江信息经济的成长密码

正所谓年年岁岁花相似,岁岁年年人不同。在全国经济版图上浙江区域的信息经济可谓一枝独秀,总量处于全国第一方阵,水平位居全国前列。回顾其发展历程,浙江信息经济的成长具有良好的基础条件,形成了独特的竞争优势:

1. 信息化发展优势突出

2013年,浙江"两化融合"发展水平指数达到78.69,信息化发展水平位列全国第三,信息经济产业规模位居全国各省前列。互联网宽带接入端口全国第二,4G网络全国领先。

2. 信息技术产业结构特色明显

浙江已初步形成通信、计算机及网络、电子元器件及材料、信息机电、应用电子,以及软件与信息服务业等多个较具特色优势产业。新兴产业快速崛起,新一代信息技术领域涌现出一批电子商务、现代物流、互联网金融等领军企业。电子商务全球领先,2013年浙江省电子商务交易额突破1.6万亿元人民币,占全国的1/6。

据不完全统计,全国 85％ 的网络零售、70％ 的跨境贸易和 60％ 的 B2B 交易是在浙江的电子商务平台上完成的。

3. "两化融合"发展"腹地"宽广

信息化是结构调整的转换器、经济发展的倍增器、转型升级的推进器,以信息技术为主导的社会必要劳动时间在浙江已经逐步形成。浙江工业经济基础良好,2013 年全省规模以上工业增加值 11701 亿元。块状经济特色鲜明,拥有 7 个 500 亿元以上的产业集群和世界最大的小商品批发市场。良好的产业基础为这种融合提供了广阔的"腹地"。"两化融合"发展,形成了电商领域的"阿里模式"、数字内容发展的"华数模式"、安防发展的"海康模式"、农产品电商的"遂昌模式"等,这些模式是走"两化融合"发展、再造产业竞争的典型路径。

4. "互联网基因"强大

浙江人创业创新意识浓厚,与互联网精神相吻合。互联网精神的本质是开放、民主、平等,浙江人普遍表现出求实、重商、通变、坚韧等行为特征,具有敢为人先的品格。改革开放以来,浙江人发扬"敢为人先、特别能创业"的独特精神,走创业创新道路,催生了一批草根创业者,形成了浙江富有激情的创业生态体系,是"大众创业、万众创新"的典型代表省份。浙江人的创业精神为浙江发展信息经济植入了"互联网基因",浓厚的创业创新氛围为信息经济发展提供了良好的土壤。

5. 政策环境良好

浙江各级政府简政放权,市场机制灵活,是我国民营经济最具活力的地区之一,而民营企业经营管理体制具有较强的灵活性,能快速响应市场需求,能够有效促进信息经济发展。浙江省委、省政府高度重视信息经济发展,把发展信息经济作为经济转型升级的重要内容,先后出台"两化融合"、信息经济、电子商务等一系列重要举措,为信息经济发展提供了良好的政策环境。无论是 2002 年前的"加快推进企业信息化的工作意见"还是 2014 年的"信息经济发展意见",在政策与制度创新上,浙江都是全国该领域的第一省份。

(三)"互联网+"时代的到来是重大机遇

当前,以云计算、物联网、大数据为代表的新一代信息技术突飞猛进,正在全面改变人类的生产方式和生活方式,把人类带入互联网时代。"互联网+"时代的到来为浙江经济转型升级注入了强大动力,通过互联网在各个行业的渗透、融合、颠覆,既能实现对传统产业的转型升级,又能催生各种经济新业务新业态,实现"腾笼换鸟"和"凤凰涅槃"。大力发展以互联网为核心的信息经济,既能规避浙江人多地少、自然资源匮乏的劣势,又能放大浙江在电子商务、互联网金融、电子信息产业等方面的优势,在新一轮发展中赢得先机。作为国家唯一试点省,浙江适应新常态要有新思路,要逐步从"两化融合发展"向"信息经济时代"迈进。国家层面高度重视信息经济发展,习近平总书记在中央网络安全和信息化领导小组第一次会议上指出,要"形成实力雄厚的信息经济"、要"向着信息经济全面发展的目标不断前进"。国务院和相关部委相继出台了"两化融合"、智慧城市、信息消费等一系列政策文件,为信息经济发展带来了政策新东风。

在新形势下,浙江完全有可能抓住互联网崛起的历史机遇,顺势而为、因势利导、乘势而上,大力发展以互联网为核心的信息经济,给浙江经济再次腾飞插上新翅膀。为适应经济发展新常态,浙江要积极拥抱互联网,加快发展以互联网为核心的信息经济,努力打造中国信息经济发展先行区、示范区。

二、展望

面对来势汹汹的信息经济浪潮,浙江正在加快推进信息经济发展,不断提高全省信息经济综合实力,形成信息经济"引领全省、领跑全国、闻名全球"的新格局,使信息经济成为新常态下推动并促进浙江经济社会实现转型升级的第一力量。

(一)明确"三个第一",全面提升浙江信息经济"首位度"

第一技术是信息技术。经济社会的发展离不开信息技术搭建的"桥梁",而新一代信息技术更是未来经济社会进步的重要支撑。云计算、物联网、大数据等新技术、新应用不断取得创新突破,将成为变革经济社会发展的中坚力量。浙江要加强新一代信息技术研究,突破一批自主可控核心关键新技术,力争在高性能集成电路技术、物联网和嵌入式软件技术、通信网络技术、数字音视频与新型显示技术、云计算与大数据技术等方面取得重大突破。

第一产业是信息产业。信息产业已成为国民经济的重要组成部分,信息产业对于转变经济发展方式、调整产业结构具有十分重要的作用。浙江要积极推进电子信息产业转型升级,加快发展集成电路、高端电子功能材料、新型电子元器件、新型通信及网络设备、应用电子等,打造"有芯"电子信息制造业。发挥安防监控、工业控制、金融等行业应用软件优势,推动浙江软件产业高端化发展,不断壮大"有魂"的软件业。推进基础通信服务业转型,加快发展下一代互联网、移动互联网、物联网等环境下的新兴服务业态,培育"有活力"的网络服务业。

第一经济是信息经济。作为经济先发地区,浙江经济已经悄然进入发展新常态。从增速来看,"十二五"前三年和 2014 年上半年,浙江 GDP 增速均低于 10%,浙江经济已经由高速增长向中高速增长换挡。速度的换挡意味着新常态下浙江经济面临提质转型的迫切需求。在未来一段时间,传统道格拉斯生产函数指引下的发展模式必然让位于信息经济、知识经济的发展道路。面对增长速度换挡器、结构调整阵痛期、前期刺激政策消化期"三期叠加"的发展新常态,浙江要紧紧抓住新一轮科技革命和产业变革的历史机遇,以改革创新激发全社会发展新经济的积极性,使信息经济成为浙江在新常态下再创竞争优势的第一经济形态。

(二)加快"云＋网＋端"建设,修好信息经济基础设施这条"路"

基础设施是一个时代经济发展的先行资本,承载了各项经济与社会活动。新一代信息经济基础设施可以概括为"云＋网＋端"三部分。"云"是指云计算、大数据基础设施;"网"包括了互联网、物联网等;"端"则是用户直接接触的个人电脑、移动设备、可穿戴设备、传感器,乃至软件形式存在的应用。新一代信息经济基础设施正叠加于原有农业基础设施(土地、水利设施等)、工业基础设施(交通、能源等)之上,成为承载信息经济发展的重要之"路"。浙江发展信息经济首先要把基础设施这条"路"修好。"云"设施方面,积极实施"云化浙江"建设,科学规划浙江全省云计算数据中心选址布局,统筹省内云计算数据中心发展,积极探索跨区域共建共享机制和模式,布局建设一批公共服务、互联网应用服务、重点行业和大型企业云计算数据中心和远程灾备中心。"网"设施方面,加快"宽带浙江"战略实施,统筹推进骨干网、城域网和接入网建设,加快推进宽带网络升级改造,深化农村地区网络覆盖力;部署全面感知的"物联浙江",积极有序推动设施农业物联网、制造企业物联网、各类工程物联网的发展,并接入互联网,形成遍布全省的基础设施物联网络。"端"设施方面,对重要建筑设施、景点景观、古树名木、管网管线、珍贵文物等城市部件广泛部署自动感知终端,实现对部件的实时性、无人化、精准化、全天候监控和自动感知。

(三)发展"互联网＋"新业态,以互联网思维铸就信息经济之"魂"

互联网思维在颠覆与创造、裂变与融合中,加快推动了传统产业改造,去中心化、重视连接、无边界、开放共赢等理念对传统产业发展产生了深刻影响。伴随着信息经济的发展,大规模协作将逐步走向主流,并对原有社会组织体系形成新一轮冲击。平台经济将重塑商业新生态,并演变升级为信息经济发展的主导力量。众创、众包、众需等不断涌现,全面构筑创新驱动的新思维、新模式。迅速崛起的信息经济浪潮引领人类社会进入了"互联网＋"的时代,以互联网为代表的信息技术在各行业渗透、融合、颠覆,既改造传统产业实现升级,也催生了新兴产业实现转型。浙江信息经济发展要注入互联网思维,加快发展"互联网＋"新业态。一是"互联网＋商务",适应新型消费需求,积极发展智慧旅游、居家养老服务等新型生活消费电子商务;努力开拓新领域,积极发展生产供应类、租赁服务类,以及技术、劳务等要素交易类电子商务;引导专业市场有序建设电商平台,实现线上线下、市场融合发展;积极开展跨境电子商务试点,构建跨境电子商务生态服务体系;围绕农村消费、农产品销售、农村青年创业和城乡一体化,加快发展农村电子商务。二是"互联网＋金融",加快信息技术在金融领域的应用,支持互联网企业与银行、证券、保险等金融机构合作,鼓励基于互联网的金融产品、技术、平台和服务创新,发展基于互联网的新金融。推进建立网络银行,拓展第三方支付、网络支付、网络借贷、小额信贷、网络众筹、网络理财、网络保险等相关业务。三是"互联网＋物流",提升物流行业信息化应用水平,推进物流信息化顶层设计,全面融入国家交通运输物流公共信息平台,推进港口、铁路、机场、货运站场等交通枢纽和仓储基础设施智能化,构建海铁联运、铁水联运、公铁联运、陆空联运等多式联运体系,形成覆盖城乡、联通全球的物流配送体系。

(四)推进智能制造和智慧城市建设,撬动浙江信息经济发展新支"点"

随着信息化浪潮席卷全球,发达国家纷纷提出以重振制造业为核心的"再工业化"战略和建设智慧国家、智慧城市等一系列发展战略。美国提出工业互联网发展战略,旨在强力推动"制造业回归";德国推出"工业4.0"发展战略,旨在支持工业领域新一代革命性技术的研发与创新;还有新加坡的"智慧国"计划、德国的T-CITY、日本的"i-Japan(智慧日本)战略2015"等。智能制造和智慧城市建设将引领新一轮全球科技和产业革命,成为撬动信息经济发展的重要支点。浙江发展信息经济,要着力围绕智能制造和智慧城市建设两条主线,以应用促发展。在智能制造方面,引导企业建立信息物理系统(CPS),集成软件、感知和通信系统,实现资源、设备、产品、人的无缝连通、相互识别和高效交流,推进制造企业物联网;通过在产品中嵌入传感器、数控装置及软件,丰富产品功能,升级产品性能,提高产品的智能化水平;优先发展智能制造装备产业,突破一批面向国民经济支柱产业的智能成套制造装备;鼓励发展基于互联网的个性化定制、众包、云制造等新型制造模式;引导和支持制造业延伸产业链条,加快发展服务型制造,实现服务型制造业和生产性服务业融合发展。在智慧城市建设方面,要着力建立统一的地理空间信息平台及建筑物数据库,大力发展智能交通、智能电网、智能水务、智能管网、智能建筑等,实现城市基础设施智能化;加快社会保障"一卡通"的全覆盖,推动社保卡、市民卡和金融 IC 卡等"一卡多用"。运用信息技术,创新发展城市教育、就业、社保、养老、医疗和文化等服务模式,加强在市场监管、环境监测、信用服务、应急保障、治安防控、公共安全等社会治理领域集成应用,促进社会治理精细化,提高城市科学管理水平。

(五)打造"信息经济丛林",构筑浙江信息经济发展生态"圈"

浙江信息经济在某些领域独具特色,并领跑全国。加快浙江全省信息经济发展,要积极打造一种"丛林"式的经济形态。所谓丛林,也就是既要有大树,也要有灌木。浙江信息经济的发展不仅具有阿里巴巴、海康威视这些世界级的"大树",同样也会涌现一个个小阿里巴巴、小海康这些成长型的中小微创业企业,成为经济丛林中的"灌木"。而"信息经济丛林"的繁茂需要营造良好的互联网经济生态环境,构筑信息经济"生态圈"。首先,要打造更加高效"政务生态系统",加速"四张清单一张网"改革,建立"负面清单管理模式",激发社会创业创新活力。其次,要建设更具活力的"产业生态系统",加强技术研发支持,打通产业链核心关键环节,促进产业链向多领域、多模式、多业态发展。最后,要打造更有激情的"创业生态系统",推进一大批有浙江特色的创业创新平台建设,以"互联网创业小镇"、"移动互联网小镇"、"云计算产业小镇"、"天使投资小镇"、"基金小镇"等特色小镇建设为载体,建立新一代信息技术产业的创业集聚地和孵化平台,培育扶持更多成长型的中小微创业企业,构建具有浙江特色的"信息经济丛林"。

（原载《经信参阅》2015 年第 2 期）

推进智能制造　建设制造强省

——2015 年浙江工业经济回顾及 2016 年展望

2016 年是浙江实施《中国制造 2025 浙江行动纲要》、创建新常态下制造强国示范省的起步之年,是深化五大发展理念、推进供给侧结构性改革的发轫之年,也是"干在实处永无止境、走在前列要谋新篇"的担道之年。在宏观经济环境稳中有进的情况下,创新驱动、供给优化、智能制造、开放合作和绿色发展趋势明显,预计 2016 年浙江工业经济将有望保持中速增长、结构持续优化、质效有所改善的运行态势。建议浙江实施"制造强省创建 12345"工程,即战略上做好打持久战的准备,树立"制造强省建设"一面大旗,开辟两大战场(供给侧结构性改革、经济体制改革),打响三大战役("浙江智造"、"浙江创造"、"浙江质造"),用好四大战术("加减乘除"),统帅五级队伍。

一、回顾

2015 年,面对工业下行压力持续加大的困难和挑战,浙江着力实施转型升级十大组合拳,以智能制造(S-M-A-R-T)为引领,推进集约节约发展(save)、融合协同发展(mix)、提升升级发展(advance)、倒逼转型发展(reverse)、创新驱动发展(technology)。2015 年 1—11 月,浙江实现规上工业增加值 11830.7 亿元,工业投资 7931.9 亿元,工业利润 3292.4 亿元,分别同比增长 4.3%、10.2% 和 6.2%。

(一)Save:集约节约发展

“两山理论”深入人心,集聚集约发展加快。加快推进绿色工业发展,以“五水共治”、“四边三化”为抓手。2015 年 1—11 月,浙江单位规模以上工业增加值能耗下降 2.1%;前三季度单位 GDP 能耗下降 3.8%,万元工业增加值工业用水量和废水排放量同比降低 5% 以上。完善能源“双控”长效机制,积极推行以终端用能产品和高耗能行业为主要对象的能效“领跑者”制度,能源消费总量增长得到有效控制,完成全省“十二五”能源消费“双控”目标任务。构筑一批集聚高端要素的产业发展大平台,形成以 15 个省级产业集聚区和 42 个产业集群转型升级示范区以及各类工业功能区为支撑的产业发展平台体系。

(二)Mix:融合协同发展

协同合作渐成主流,融合发展成效显现。浙江大力发展信息经济,2015 年前 10 个月,信息经济核心产业营收和利润分别增长 13.1% 和 16.4%,远高于 GDP 和面上工业增速;同年 1—11 月电子信息制造业增长 9.1%,1—10 月软件业主营业务收入增长 21.3%,高出全国软件行业平均增幅 4.9 个百分点。“两化融合”示范增强,82 家企业被列入工信部“两化融合”管理体系贯标试点、17 家成为工业信息工程省级重点企业研究院、8 个县(市、区)被评为“两化”深度融合示范区。都市工业引领产城融合,围绕四大都市核心区,推动设区市有关城区大力发展都市工业,大市、大县、强县在全省工业稳增长中的支撑作用不断显现。浙商回归推动产业与资本融合,浙民投、浙商成长基金的成立,代表了浙商回归形成了从产业回归到"技术、产业、总部、资本"相融合的新格局。

(三)Advance:提升升级发展

质效理念不断加深,企业梯队优化明显。"三名工程"带动明显,2015年1—10月,浙江首批38家"三名"培育试点企业利润增长16.7%,高于全省规模以上工业利润11.9个百分点。"三转一市"效果突出,截至2015年11月,浙江共有境内外上市公司372家,总市值达5.3万亿元,其中境内297家,2015年新增31家,占全国首发上市企业的16.06%,与广东并列第一。小微企业成长加快,专业化、规范化、集中化提升明显,全省205个小企业创业基地(省级101个)入驻企业2.2万。

(四)Reverse:倒逼规范发展

科学发展认识提高,增长空间加快释放。实施机器换人、开展电商换市,浙江累计召开百场"机器换人"现场会。2015年1—10月,规模以上工业同比减少约54万低端简单用工;推进工业企业和专业市场电商应用,工业企业电子商务销售金额和采购金额的比率分别达到17.6%和20.2%。加快"腾笼换鸟",淘汰落后产能,开展"腾笼换鸟"综合性及行业性试点,2015年前三季度,累计整治淘汰"低小散"企业(作坊)1.9万家,超额完成万家目标任务,淘汰落后产能涉及企业1500家左右,共腾出用能144万吨标准煤。深化"三改一拆"、腾出发展空间,在大力推进旧厂房拆除的同时,拆建并举,推进标准厂房建设,2015年前三季度,新建(改扩建)标准厂房面积520万平方米,提前超额完成年度目标任务。

(五)Technology:创新驱动发展

创新战略稳步推进,发展方式加快转变。构建完善技术创新体系,截至2015

年 11 月底,浙江共有国家级企业技术中心 93 家,居全国第四位;新增国家技术创新示范企业 6 家,入围数列全国第一;全省共有 150 家省级工业设计中心,新增 3 家国家级工业设计中心。创新成灵产出加快,2015 年 1—11 月份,浙江规上工业科技活动经费支出 704.3 亿元,同比增长 5.1%,比主营业务收入增幅高 6.3 个百分点,占主营业务收入的比重为 1.25%,比 2014 年同期提高了 0.07 个百分点;新产品产值 18835.7 亿元,同比增长 12.1%,新产品产值率 31.3%,比 2014 年同期提高了 2.5 个百分点。

在充分肯定成绩的同时,我们也要清醒地看到,当前浙江经济稳中向好的基础并不牢固,经济增速继续面临下行压力,全省经济和信息化发展仍然存在一些突出问题:一是实体经济困难加剧、成云高企企业盈利能力薄弱,金融风险仍未得到有效控制;二是自主创新能力仍然较弱,掌握关键核心技术、具有核心竞争优势的大企业、大集团仍然偏少;三是传统产业产能总体依然过剩,新兴产业总量占比仍然较小,产业结构调整有待进一步加快;四是体制机制创新步伐依然较慢,部分政策落实力度有待加强。

二、展望

2015 年 12 月,联合国预测,2016 年全球生产总值会略有改善,增长 2.9%,其中发达国家经济增长预计继续处于周期性的上升阶段,发展中国家经济增长有望从下滑趋势中企稳。国际经济"五低一高"[①]特征较为明显,宏观环境依然严峻,工业经济发展将面临自主创新能力不足、产能过剩的挑战、实体经济困难加剧、新兴

---

① 2016 年,世界经济形势可以用"五低一高"的特征来概括。"五低"指:低经济增长、低国际贸易流量、低通货膨胀、低投资增长和低利率。"一高"指各国债务水平普遍处于高位,其中,发达国家主要是政府债务高企,而不少新兴经济体的企业债务水平在过去几年大幅度上升(引自联合国经济与社会事务部于 2015 年 12 月 10 日在纽约发布的《2016 年世界经济形势与展望》)。

产业推广应用不足等问题。

根据当前工业经济的内外部环境变化和产业技术革命趋势,预计 2016 年的浙江工业经济将有望保持中速增长、结构持续优化、质效有所改善的运行态势,规上工业增加值在 5％以上,高端装备和时尚产业增加值在 8％左右,工业技术改造投资增速和信息经济核心产业增加值增速或可达到 12％,工业增长动力和产业结构有望发生积极变化。

从中长期发展趋势来看,浙江的工业经济发展必然在政府宏观管理、经济增长动力、制造业发展模式、开放合作战略和经济发展方式五个方面加快转变,力争在新的历史起点上抢占新机遇,实现工业经济的新发展。

(一)政府宏观管理加快从短期需求管理转向中长期供给管理

展望 2016 乃至"十三五","供给理论"将深入到经济社会的方方面面,宏观调控将进一步偏重于供给管理,逐步弥补前期需求管理造成的经济领域若干显性与隐性失衡问题。2015 年底的中央工作经济会议将"推进结构性改革"列为 2016 年经济工作的重点,特别是强调着力加强供给侧结构性改革。当前,中国经济面临严重的"结构性产能过剩"问题,在工业领域尤其突显。推进供给侧结构性改革,是浙江寻求改革发展新思路,适应中国经济新常态的必然选择。具体地说,从宏观上看,浙江要以做精做强七大万亿级产业为重点,瞄准市场需求,培育新兴产业;从中观上看,要以"制造业＋互联网"为重点,推进"两化"融合,精准对接需求侧;从微观上看,要以打造"三名企业"为重点,不断提升产品竞争力和质量水平,推进"浙江制造"标准引领,加大品牌建构力度,培育真正站稳供给端的浙商团队。

(二)经济增长动力加快从要素驱动转向创新驱动

展望 2016 年乃至"十三五",中国制造必须从价值链低端向高端跃升,经济增长动力将加快由要素驱动向创新驱动转变,推动实现浙江从制造大省向制造强省转变。2016年,浙江要把创新驱动列为首位战略,摆在发展全局的核心位置,加快把创新梦想化为新的经济增长点,打造更多引领产业发展的特色小镇,集聚国内外心怀梦想的创客,延揽更多高层次人才到浙江创新创业。要牢牢把握制造业转型升级和创新发展迎来的重大机遇,围绕信息经济、时尚产业、环保产业、医疗健康、新能源汽车、机器人产业等领域,重点开展行业基础和共性关键技术研发、成果产业化等工作,突破一批重点领域关键共性技术。大力推动跨领域跨行业的协同创新,运用最具时代创新精神的互联网思维,提升重点领域和行业的自主创新能力,以创新驱动改造提升传统产业,加快培育战略性新兴产业。

(三)浙江制造模式加快从传统制造转向智能制造

展望2016年乃至"十三五","两化"进一步深度融合是"浙江制造"转型升级的必然趋势,浙江将积极实施"中国制造2025"和"互联网＋"行动计划,以智能制造为主攻方向,助推浙江制造抢占未来产业制高点,开启发展新格局。全方位推进智能制造,首先,要体现创新引领,通过大数据、云计算、物联网和移动互联网等技术的应用,推动技术创新、产业创新、业态创新和商业模式创新,显著提升产品质量、功能和附加值。其次,要发挥平台优势,围绕"两化"深度融合国家示范区建设,打造"数字浙江2.0",开展智能制造试点示范,建设一批高质量的工业云服务和工业大数据平台。最后,要实现互联互通,通过"制造业＋互联网＋服务业",推进制造企业、用户、智能设备、全球设计资源以及全产业、全价值链之间的互联互通与高效协同,逐步形成各环节紧密协作、服务链与价值链快速联动的新态势。

(四)开放合作战略加快从被动跟随转向主动引领

展望2016年乃至"十三五","一带一路"和亚投行等国家战略已经预示,我国的开放合作战略将从以往的被动跟随向主动引领转变。党的十八届五中全会明确提出,支持沿海地区全面参与全球经济合作和竞争,培育有全球影响力的先进制造基地和经济区。对接"一带一路"和长江经济带等国家战略,担起走在前列的"浙江使命",争做国际竞争的探路先锋,浙江责无旁贷。实施全面的对外开放战略,必须以基础设施互联互通、产业协调发展、港口一体化发展、公共服务共享等领域为重点,进一步整合区域内外资源,加强内引外联。必须加快推进中国(杭州)跨境电子商务综合实验区建设;促进宁波舟山融合发展,打造临港先进装备制造基地、面向环太平洋经济圈的浙江海洋经济发展示范区;大力助推温州企业加快在"一带一路"沿线国家布局产业基地、商业网络;着力推进"义新欧"国家级新平台建设。最后,形成区域协调发展新格局,提升浙江制造国际竞争力,抢占对外开放的新高地。

(五)经济发展方式加快从资源消耗型转向绿色文明型

展望 2016 年乃至"十三五",资源消耗型的经济发展方式不利于经济的均衡发展和国家的战略安全,必然发生转变。对于资源紧缺、环境约束加大的浙江,发展低碳经济、绿色经济显然是非常必要的重大选择。坚持绿色发展,要主动适应新常态,把工业绿色低碳转型、可持续发展作为建设制造强省的重要着力点。要牢固树立绿色发展理念,大力推进绿色制造,发展生态工业,着力完善生态经济发展机制,注重建设低消耗、高产出、少排放的循环经济体系,使生态经济逐步成为浙江经济产业发展转型升级的新模式,成为人人都可参与、都有共鸣、都能获益的富民经济。2016 年,必须加快发展绿色产业,大力增强节能环保、新能源汽车、新材料等战略性新兴产业的支撑作用,着力推动石油化工、纺织服装、家电家居等传统产业绿色化改造,加快迈向产业链中高端,大幅提高工业绿色化、低碳化水平,努力破解资源约束和缓解生态环境压力,加快形成经济社会发展新的增长点。

三、发展思路与重点工作

2016 年是实施《中国制造 2025 浙江行动纲要》、创建新常态下制造强国示范省的起步之年,是深化五大发展理念、推进供给侧结构性改革的发轫之年,也是"干在实处永无止境、走在前列要谋新篇"的担道之年。2016 年,浙江必须进一步把思想和行动统一到"制造强省建设"的决策部署上来,在趋势和变化中因势而谋,在机遇和挑战中顺势而为,在优势和短板中乘势而上。善于运用马克思主义政治经济学分析经济指导实践,全面把握结构性改革的新要求,推动浙江工业干在转型升级、创新驱动的实处,走在建设"制造强国"示范省份、践行"两山"重要思想的前列。

建议实施"制造强省创建 12345"工程,即:战略上做好打持久战的准备,树立"制造强省建设"一面大旗,开辟两大战场(供给侧结构性改革、经济体制改革),打响三大战役("浙江智造"、"浙江创造"、"浙江质造"),用好四大战术("加减乘除"),统帅五级队伍。

(一)树立一面旗帜,即"制造强省建设"

贯彻落实"四个全面"战略布局,以"八八战略"为总纲,按照"干在实处永无止境、走在前列要谋新篇"的要求,抓住实施"中国制造 2025"的重大机遇,顺应"互联网＋"发展趋势,借鉴"德国工业 4.0"、"美国先进制造业 2.0"新经验,坚持走新型工业化道路,以"建设制造强省"为目标,以"促进制造业创新发展"为主题,以"提质增效"为中心,以"加快新一代信息技术与制造业深度融合"为主线,以"推进智能制造"为主攻方向,加快提高集群化、绿色化和国际化发展水平,积极培育制造业创新文化,全面提升制造业核心竞争力,努力推动"浙江制造"向"浙江创造"、"浙江智造"、"浙江质造"迈进。

（二）开辟两大战场,即"供给侧结构性改革领域"和"经济体制改革领域"

一是在以企业为主的正面战场上,要努力化解消费需求不断升级与生产力相对落后所形成的矛盾。发挥"供给侧结构性改革"的推进作用,着力加强对年产值10亿元以上企业和"三名"试点企业的重点服务与指导。加快从注重需求侧管理转向注重供给侧管理,转变中低端产品品质不足,高端产品供给不足的局面,努力实现由低水平供需平衡向高水平供需平衡升级。现有的供给结构,主要是满足中低收入水平需求的中低端产业结构,已经无法适应不断升级的品质产品需求、品质服务需求与品质生活需求,导致消费者海外狂购马桶盖、药品、奶粉等。在正面战场上,宏观政策要"求稳",微观政策要"求活",社会政策要"兜底",做到稳增长、调结构、促转型,从供给端和生产端的既有产能和新增产能、传统产业与新兴产业、制造业和服务业入手,推进产品升级换代,优化技改投资结构,化解中低端过剩产能,淘汰偏低端落后产能,推动"互联网＋"、智能制造、服务制造、协同制造等制造方式创新,推动众筹、众包、众创等商业模式创新。

二是在以政府为主的后方战场上,要努力缓解由生产关系相对稳定与生产力相对活跃所形成的矛盾。发挥经济体制改革的牵引作用,切实抓好"4＋6"国家改革试点和省级各类改革试点,加快从注重政府管理为主转向精准服务为主。现有的产业政策,主要是鼓励产业平台整合、硬投资(厂房设备)、产能扩张、产品走出去的政策,难以满足产城融合发展、投资结构优化、产业转型升级、企业创新发展、投资服务走出去等新需求,导致企业用人难、创新难、经营难、融资难等。在后方战场上,改革政策要"突破",刺激政策要"精准",试点政策要"先行",努力通过经济体制改革激发市场活力、释放发展潜力、化解潜在风险,促进经济稳中有进和提质增效升级。加快推出既具有年度特点,又有利于长远制度安排的改革,适时总结推广,重点围绕构建有中国特色、浙江特点的社会主义市场经济体系,推动各项改革向纵深推进,使社会主义市场经济理念全面渗透到"制造强省建设"的各个环节。

(三)打响三大战役,即"浙江创造"、"浙江智造"、"浙江质造"

一是打响"浙江创造"进攻战。创新发展是制造强省建设的第一动力。强化创新引领,建立以制造业创新中心为核心、创新队伍为支撑、科技大市场为平台的创新网络,努力争取1家制造业创新中心进入国家培育计划。壮大浙江特色创新队伍,着力发挥浙大系、阿里系、浙商系、海归系的人才优势,努力建设100支左右的新生代创业队伍、创客队伍,形成大众创业、万众创新"浙江版本"的重要力量。加快建立展示、交易、共享、服务、交流"五位一体"的科技大市场,发展"众创空间"等互联网服务平台,力争新增100家以上省级以上重点企业研究院、企业技术中心、工程(技术)研究中心等企业研发平台。高度重视企业、政府、高校、科研院所、服务中介之间的协同创新,以更为开放的心态共同组建协同创新网络。

二是打响"浙江智造"进攻战。信息经济、"互联网+"、机器换人是浙江推进制造强省建设的鲜明标识。着力开发一批智能制造关键核心产品和装备,发展智能专用装备、新型传感器与智能仪器仪表、自动化柔性流水线、自动控制系统、3D打印、工业机器人等。加快"宽带浙江"建设,加强信息基础设施建设,组织开展第二批大数据产业应用示范企业培育试点工作。培育壮大与"互联网+"深度融合的信息经济,推动移动互联网、云计算、大数据、物联网等与现代制造业结合。推进跨境电子商务示范区建设。办好第三届世界互联网大会,开展全国信息经济发展示范区和乌镇互联网创新发展试验区建设。启动第三批行业"机器换人"工作,推进20家区域性行业"机器换人"综合试点建设,举办百场"机器换人"现场交流会和技术对接会,争取省级"机器换人"工程技术服务公司达到50家以上。

三是打响"浙江质造"进攻战。推进产业集群区域国际品牌试点(产业集群区域品牌建设试点)、"浙江制造"、"浙江制造精品"等能够展现"浙江质造·中国好产品"的良好形象。加快培育形成一批拥有自主知识产权和核心竞争力的知名产品品牌、企业品牌、区域品牌等,支持企业开展商标国际注册、收购国际品牌,创建产业集群区域品牌建设试点。制定和实施"浙江制造"标准化提升战略,参与国际标准和国外先进标准制修订,推广先进质量管理技术和方法,健全食品、药品、婴童用品等重点产品质量追溯体系。发展与"名企名品名家"深度融合的"四基"研究中心,组织实施工业强基示范工程,制定工业强基发展指导目录和实施方案,构建"四基"产业联盟,推进核心基础材料、零部件(元器件)和基础工艺实现自主保障。

(四)用好四大战术,即"加"、"减"、"乘"、"除"

一是加法。加大互联网、服务、文化与制造业的融合,做好优存量、强增量。制定"互联网+"工业实施意见,深化"电商换市",继续开展"中国质造·浙江好产品"行动,大力发展电子商务、互联网金融、智慧物流、信息消费等"互联网+"新业态,建设一批高质量的工业云服务和工业大数据平台。推动发展"服务+"制造,实施服务型制造行动计划,鼓励制造业企业增加服务环节投入,发展个性化定制服务、全生命周期管理、网络精准营销和在线支持服务等。工业设计方面,发展"设计+",扎实推进省级特色工业设计基地建设,提升工业设计管理和工艺水平,推动优秀设计产品产业化,发展装备制造、智能互联汽车、医疗器械、智能家电、时尚纺织服装等工业产品的创新设计与开发。以"投资+"优存量、强增量,强化企业技术改造投资,明确企业实施技术改造的政策方向,颁布重点产业技术改造导向目录,支持传统优势行业在重复劳动特征明显、劳动强度大的应用先进适用设备,支持新兴产业领域引进培育一批面向未来发展、产业带动力强的重大制造和高技术项目。

二是减法。在减轻企业负担、减量重组、减碳排放上下功夫。进一步减轻企业负担,研究制订"企业减负三年行动计划",组织实施"企业减负'春风'行动"。实施涉企收费清单制度,加强监督检查和问责。推进减量重组,开展"腾笼换鸟"11个综合性试点及一批行业性试点,加快淘汰落后产能,稳步化解严重过剩产能,推进"低小散"块状行业整治,提升"十百千万"计划。推动重点企业、重点行业兼并重组,加快建立省市县联动推进兼并重组的机制,在绍兴市上虞区和天台县开展区域试点。推进减碳排放,构建完善绿色制造体系,继续实施工业循环经济"733"工程,开展国家低碳工业园区试点,推进园区清洁生产审核示范试点,大力发展生态工业,全力推进舟山绿色石化基地建设,落实推进国家低碳园区试点,杭州经济技术开发区、温州经济开发区和浙江嘉兴秀洲园区国家低碳试点园区实施方案。

三是乘法。发挥经营运作、资本运作的乘数效应。加强工业企业和管理创新的结合。全面开展"135"企业管理创新工程,培育一批精细化管理、卓越绩效管理、信息化管理的标杆企业。强化企业家素质提升工程,全年培训 20 万人次企业经营管理人员。开展第三批省"三名"培育试点企业的遴选工作,努力完成省级 100 家、市级 200 家、县级 300 家"三名"培育试点企业的遴选目标。加强工业经济和资本、金融对接,举办全省经信领域重点行业企业对接资本市场活动、成长型中小企业投融资大会和军民融合发展大会,拓展企业融资渠道。着力发展一批上市型知名企业、全球 500 强企业,推进更多企业在主板、中小板、创业板、新三板等上市。培育和推进 10 个左右新兴产业投资发展平台建设。

四是除法。破除用能、用电、用水等资源要素供给的障碍。深化资源要素市场化配置改革。在全国率先实行以亩产效益为导向的资源要素差别化配置改革。深化用能权有偿使用和交易试点,逐步建立存量用能分类核定、新增用能有偿申购、节约用能上市交易制度,推动利用市场化手段推进能源"双控"目标完成。切实改善制度环境。继续推进经信系统审批制度改革,全面落实"零土地"技改审批方式改革,落实经信系统项目备案权限省级"零保留"、备案办理"零前置"。着力解决地方改革中遇到的主要障碍和突出问题,力争有实质性突破。建立健全事中事后监管制度,推动依法行政,健全浙江强制性标准体系,加强对强制性标准实施的监督、检查和执法。

（五）统帅五级队伍，即"都市工业区"、"工业强县（市、区）"、"生态工业试点"、"产业集群"、"特色小镇"

一是四大都市圈，加快大都市工业核心区建设。依托杭州、宁波、温州、金华—义乌四大都市圈建设，促进生产要素合理配置和资源共享，加快打造引领未来产业发展、面向全球开放发展的四大都市工业核心区。支持浙江全省8个工业大市发展，把绿色低碳融入产业集聚、规划布局、设施提升、环境营造等各方面，创建生态文明示范市、循环经济示范城市。

二是20个新型产业园区建设。以杭州滨江区、宁波鄞州区为标杆，依托20个省级工业强县（市、区）试点单位、省级以上高新区建设，积极打造一批新型产业园区。积极推进工业创新发展战略，加快建成一批国家、省级新型工业化产业示范基地。以20个工业强县（市、区）、39个工业大县（市、区）为重点，坚持分类推进，加强精准指导，深化工业强县（市、区）建设，推进工业大县（市、区）创建新型产业园区。

三是加快生态工业发展省级试点建设。以"绿色发展、生态富民、科学跨越"为目标，依托淳安等26个县，进一步选择部分生态工业发展基础好、决心大、措施实的地方开展生态工业发展省级试点，推进工业绿色发展战略，加快工业绿色改造升级，大力发展循环经济，推进资源高效循环利用。

四是加快现代产业集群向智慧产业集群转变。实施"互联网＋"产业集群建设行动，开展智慧集群试点。重点依托15个省级产业集聚区和42个产业集群转型升级示范区，开展智能制造试点示范，培育形成一批智能加工装配设备、智能生产线制造企业或基地，满足集群发展需求。

五是加快特色产业小镇建设。重点围绕信息经济、时尚、高端制造业以及部分历史经典产业，加快实施"百镇百项"工程，重点抓一批符合即期需求、产业带动力强的特色小镇建设。加快推进特色小镇产业集聚、功能集成、要素集约,集聚创新资源、激活创新资源、转化创新成果,实现产业发展向创新驱动转变,走特色发展之路。加快特色小镇重点项目建设,突出投资强度,谋划好招商项目、金融(基金)项目和"互联网＋"项目。

(原载《经信参阅》2016 第 1 期)

2015 年国内外工业经济发展环境分析

2015 年,全球经济处于经济改革、贸易变革、产业革命与金融风险的复杂环境中并呈现"中速经济复苏"、"中高贸易规则"、"新产业演进"、"高风险运行"的局面。

一、经济增长:迫切需要实施经济改革,提高经济增长潜力

世界经济继续温和复苏 2014 年世界经济增长 2.6%,增速与 2013 年持平。一是发达经济体中,美国经济逐步回归稳定增长轨道,英国经济增速加快,欧元区经济持续低迷、通缩压力凸显,日本经济大幅波动、自主增长动力不足。二是新兴经济体受外部环境不利、自身经济结构调整的双重影响,经济延续 2013 年下半年以来的中低速增长态势。地缘政治危机和突发事件对一些国家经济增长造成严重干扰,特别是乌克兰危机和中东局势动荡不仅影响区域内国家经济稳定发展,还一度对全球金融市场和商品价格形成冲击,埃博拉疫情阻碍了部分西非国家经济复苏。

如表 1 所示,预计 2015 年全球经济增长将回升到 3.8% 左右。一是发达经济体增速分化态势可能更加明显。美国、英国经济活力不断提升,增长前景看好,宏观

表 1　2012—2015 年世界经济增长趋势　　　　　　　单位:%

年度	2012 年	2013 年	2014 年	2015 年
世界经济	3.4	3.3	3.3	3.8
发达国家	1.2	1.4	1.8	2.3
美国	2.3	2.2	2.2	3.1
欧元区	−0.7	−0.4	0.8	1.3
日本	1.5	1.5	0.9	0.8
新兴市场和发展中国家	5.1	4.7	4.4	5.0

注:2014 年和 2015 年为预测值。

资料来源:IMF,《世界经济展望》,2014 年 10 月。

经济政策开始向危机前的常态回归,预期可以实现增长 3.1%、2.7%。欧元区、日本的经济增长仍面临较大制约,结构性改革前景不明朗,预计增长 1.3%、0.8%。二是新兴经济体经济增速将普遍超过 2014 年。南非经济前景有所改善,一些新兴大国经济转型压力增大、金融风险上升。新兴经济体和发展中国家预计增长 5%,增速高于 2014 年的 4.4%,其中印度增长 6.4%,但俄罗斯、巴西、南非仅增长 0.5%、1.4%和 2.3%。

先进经济体、新兴市场和发展中国家普遍需要实施经济改革,以提高增长潜力或保持增长可持续性。一是先进经济体潜在增长低迷,可能影响当前的复苏步伐。先进经济体为加快增长,需要继续通过货币政策改革,同时以适当的步伐和结构实施财政调整,达到既有助于当前复苏,也有利于长期增长的目标。二是新兴市场潜在增长减缓,2014 年新兴市场的经济增长率低于金融危机前的繁荣时期和金融危机后的复苏时期的水平,可能无法以同样的程度继续惠及其经济发展。新兴经济体之间"南南贸易",以每年超过 18%的速度增长,需要开展提高金融开放的经济改革。我国的人口红利已经走到了尽头,中央经济工作会议提出 2015 年是改革落实年,对经济增速目标做出明确定调,提出"合理确定经济社会发展主要预期目标,保持区间调控弹性……围绕解决发展面临的突出问题推进改革"。

二、国际贸易:迫切需要制定全球贸易新规则,重构国际贸易治理格局

2014 年全球贸易受欧元区拖累,增幅不大。世界银行 2014 年年初预计 2014 年全球贸易增幅将从 2013 年的 3.1% 增长到 4.6%,从 2014 年前 10 个月贸易情况来看,世界银行下调年初 2014 年全球贸易增幅预测值至 3.1%,低于 5.3% 的近年增速均值(见图 1)。

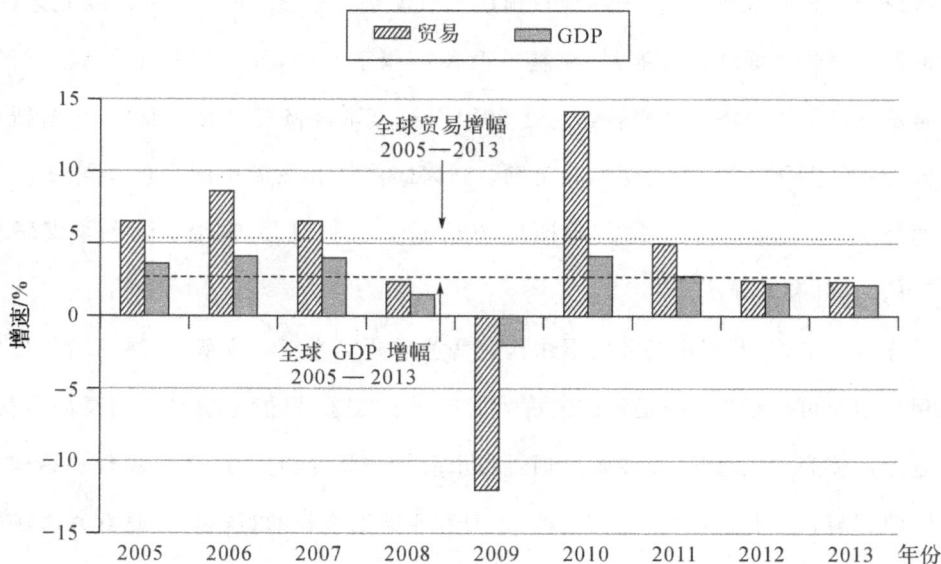

图 1　2005—2013 年全球贸易增幅与经济增速

资料来源:WTO 秘书处。

2014 年 9 月,世贸组织预计 2015 年全球贸易量增长 4%(见表 2)。一是 2015

表2　2012—2015年世界贸易增长趋势

单位:%

年度	2012年	2013年	2014年	2015年
世界货物贸易量	2.3	2.2	3.1	4.0
出口:发达国家	1.1	1.5	2.5	3.8
发展中国家	4.1	3.9	4.0	4.5
进口:发达国家	0.0	-0.3	3.4	3.7
发展中国家	5.4	5.3	2.6	4.5

注:2014年和2015年为预测值。

资料来源:WTO,《贸易快讯》,2014年9月23日。

年美国的贸易数据将持续好于其他发达经济体。截至2014年10月,密歇根大学消费者信心指数初值、咨商会消费者信心指数分别连续36个月、24个月高于60。当时美国决定未来5年投资1.3亿资金,以改善商业环境。二是我国贸易转型步伐加快。我国正加快从出口制造和基建型经济转向内需经济、消费经济。中美贸易赤字正在缩小。我国资本管制逐步放松,有利于增强出口竞争力。三是俄罗斯、泰国两国贸易下滑严重,仍需关注。西方国家的制裁和俄罗斯的反制裁行动威胁到了俄罗斯的贸易,随着中俄贸易加深,这一情况将得到缓解。另外一个进口严重下滑的国家是泰国,主要受国内政治动乱影响。此外,中东、亚洲和东欧的内战和领土争端,也会对全球贸易往来形成较大影响。

全球贸易走向中高规则。一是当前严峻的国际贸易环境,需要加快制定全球贸易新规则。近年来,国际贸易作为此前全球经济增长的重要驱动力,出现了大规模下降,严重阻碍全球经济复苏。各国都在积极寻找重振经济的新动力,对"贸易救国"寄予厚望,希望制定全球贸易新规则,促进贸易增长,实现经济稳定复苏、可持续增长。二是美欧努力主导新规则制定权,掌控国际经济新秩序的话语权,试图重整贸易关系、重塑游戏规则、重新瓜分经济利益。美欧发达国家搭建引领全球贸易新规则的区域贸易框架体系,着力通过跨太平洋伙伴关系协议(TPP)、跨大西洋贸易与投资伙伴关系协议(TTIP)、诸边服务贸易协议(TISA)等谈判,推动国际经贸规则向高标准、边境内①推进。三是中国必须在全球贸易治理中采取更加主动的态度。党的十八届三中全会提出"适应经济全球化新形势,必须推动对内对外开放相互促进、引进来和走出去更好结合,促进国际国内要素有序自由流动、资源高效配置、市场深度融合,加快培育参与和引领国际经济合作竞争新优势,以开放促改革"。我国需要从负责任的大国角色出发,统筹好、协调好促进全球贸易增长与满足广大发展中国家利益诉求的发展。

全球掀起新一轮自由贸易区谈判热潮,进入了从边境开放向境内体制性开放的新阶段,国际贸易格局面临重构。全球区域经济合作的再繁荣,将加强成员间的经济融合程度,大大提升区域内贸易比重,推动世界贸易稳定增长,推动世界贸易格局重塑。我国提出要全方位互联互通,推进亚太地区自由贸易区建设,为世界创造需求和投资。跨境电子商务的发展,为中国成为新时代全球跨境贸易中心,提供了可能。

三、产业结构:迫切需要强有力的新增长点,加速新一轮产业革命步伐

新一轮科技革命将催生众多新兴产业。信息技术、生物技术、新能源技术、新材料技术、互联网、大数据、云计算等技术交叉融合正在引发新一轮科技革命,将催

---

① 传统的贸易谈判重点是边境措施,如关税、非关税壁垒、市场准入等。而正在进行的 TPP、TTIP、TISA 等谈判将贸易新规则所规范的领域从边境延伸到边境后,试图在竞争中立、贸易便利化、知识产权、劳工标准、政府采购、环境产品等议题上形成新规则,力求实质性地提高全球市场的相互开放程度。

生众多新兴产业,如信息经济、生物医药、新材料、能源和医疗健康等。信息技术成为率先渗透到经济社会生活各领域的先导技术,催生形成以信息生产、信息服务为主导的信息经济产业。生物学柜关技术将创造新的经济增长点,基因技术、蛋白质工程、空间利用、海洋开发以及新能源、新材料发展将促进生物医药产业的创新发展。低碳技术、能源技术发展将为解决能源问题提供主要途径,推动新能源产业的发展壮大。页岩气技术是 2014 年全球油价波动的主要因素之一。

新一轮能源革命将构筑五大基础产业。根据杰里米·里夫金《第三次工业革命》研究成果,以石油和其他化石燃料为基础的第二次工业工业革命时代,正逐步走向以可再生能源为基础的第三次工业革命时代。据国际能源署(IEA)的预测,到 2035 年可再生能源将占据全球发电新增能力的近 50%。其中,以风能和太阳能光伏为主的间歇式供电占比将达到 45%,我国将成为可再生能源发电绝对量增幅最高的国家,超过欧盟、美国和日本增长的总和。对照里夫金描绘的五大支柱①,第三次工业革命将建立在新能源产业、智能电网产业、新型建筑产业、智慧交通产业、新能源汽车产业的五大产业率先发展的基础之上。

各国都在积极寻求新一轮经济增长动力,培育一批潜力优势产业。2014 年 10月,美国最新发布《加快美国先进制造业发展(2.0 版)》提出培育发展复合材料、生物材料等先进材料、制造业所需的先进传感器及数字制造业等产业。制造业创新中心重点关注纳米技术、先进陶瓷、光子及光学器件、复合材料、生物基和先进材料、混动技术、微电子器件工具开发等领域,打造先进制造新优势。德国政府围绕"工业 4.0",着力培育智能制造、智能装备(机器人、3D 打印等)、智能物流、智能网络(物联网、务联网)、智能工厂、云计算等产业,打造智能制造优势。我国制定的

---

①　五大支柱是指:(1)转向可再生能源并制定相应的制度;(2)改造各大洲的建筑为微型发电厂,以即时收集可再生能源;(3)在每个建筑物上部署获取氢和其他能源的技术,用来存储间歇性能源;(4)利用互联网技术把从各大洲搜集而来的能源构成能源互联网,就像互联网一样;(5)把运输车辆过渡为电动插件和燃料电池汽车,可以在一个智能的、交互式的电网上购买和出售绿色电力,实现运输零排放。

《中国制造 2025》，围绕八大重点突破产业、五大战略必争产业①，打造制造强国优势。

四、金融风险：迫切需要应对控制潜在风险源，稳定全球复苏局面

2014 年，全球金融进入分化期。一是发达国家货币政策出现分化。发达国家宽松的货币政策截至 2014 年已经持续了 6 年，美联储在年内开始退出量宽政策。欧洲中央银行、英格兰银行和日本中央银行等在内的其他主要发达国家的中央银行仍继续推行量宽措施。二是新兴市场金融市场出现分化。受西方制裁、国际油价下跌和外汇投机活动等因素共同作用，俄罗斯卢布汇率出现暴跌，土耳其、泰国、韩国实施低利率政策应对。我国着眼于金融服务促进实体经济发展，上海自贸区、深圳前海等改革开放试验区域在金融改革方面取得初步成果，互联网金融异军突起，首批民营银行挂牌成立，中国人民银行实施定向降准，信用风险压力上升，但整体可控。

2015 年全球经济面临两大潜在风险源。一是美国货币政策，引发新兴市场金融风险。西方量化宽松政策以来，涌入新兴市场的游资总量高达 4 万亿美元。美国利率上升，容易引发热钱迅速离场，造成新兴经济体融资环境收紧，部分金融市场不稳定、政府债务高、经常账户赤字、出口换汇能力弱的国家可能发生局部金融

---

① 八大重点突破产业，即选择与国际先进水平较为接近的 8 大产业，包括航天装备、通信装备、发电与输变电装备、工程机械、轨道交通、钢铁、石油炼制、家用电器等方面，进行重点突破，力争到 2020 年实现又大又强；五大战略必争产业，即大力支持和优先发展国民经济、国防建设和人民生活休戚相关的 5 大战略必争产业，在集成电路及其专用生产装备，数控机床与基础制造装备，航空装备，海洋工程装备及船舶，汽车等领域，要掌握核心技术，缩短与国际先进水平的差距，能基本满足国内需求。

危机。二是影子银行①规模上升,其高杠杆率、成熟期及流动性错配,系统性风险加大。《2014 全球影子银行监测报告》研究发现,2014 年全球影子银行(广义)规模达到 75 万亿美元,同比增长 7％;影子银行对美国系统性风险中的贡献度从 2009 年的 23％上升到 33％,高于其他发达市场;新兴市场特别是中国的影子银行规模较大(占 GDP 的 35％～50％),增长迅速(年增长率超过 20％)。一般认为,影子银行依靠短期融资,当热钱临时撤资时,该国(地区、行业)将被迫出售资产,资产价格呈现螺旋下降,系统性风险大幅增加。

(原载《经信参阅》2015 年第 3 期)

---

① "影子银行",是指金融市场把银行贷款证券化,通过证券市场获得资金或进行信贷无限扩张的一种融资方式。广义的影子银行,指银行体系之外的信用中介体系;狭义的影子银行,有可能引发系统性风险的银行体系之外的信用中介机构,最为相关的业务活动是信托基金和理财产品。

第二篇

思　考

追求有灵魂的工业化

所谓有灵魂的工业化,就是要把"工匠精神"渗透到每一个产业工人和管理者的心灵深处,把一丝不苟、精益求精的自我要求,体现到每一个环节、每一件产品中去。培育和践行工匠精神,促进构建新型的劳资关系,形成基于工业精神的社会共同精神价值,这是工业化使命,也是当今社会价值重构最为迫切的任务。尽管中国经济总量已经全球第二,跻身中等收入国家行列,但是还不能够说中国已经进入工业社会。弘扬工业精神,倡导工匠文化,是加快推进工业化进程,建设现代工业社会的重要任务。从当前经济社会发展的实际看,这种弘扬和倡导,需要大力推进以下几个方面的实质性转变。

一、弘扬工匠文化需重塑发展理念

在指导思想上,由相对注重当前利益向更加注重长远发展转变。"不谋战略不足以谋一役",过去大多数民营企业的发展,往往习惯于把当前利益作为企业的第一战略,习惯"赚今天的钱、今天就赚钱"。但现在这个"今天"已经变了。一个战略缺失、不注重长远利益的企业，注定是不会有明天的，也是不可能成就百年品牌的。企业家要借鉴"德国制造"、"瑞士制造"等成功的经验，面对社会浮躁，要耐得住寂寞，经得起诱惑，着眼于企业的长远发展，要从"一年磨十剑"向"十年磨一剑"转变，要从"今天努力赚钱"向"明天更加值钱"转变，把企业长远的发展放到更加重要的战略中去考虑。

在发展路径上，由数量扩张向质量提升转变，努力实现提质增效。实践证明，量质并举往往是一种可望而不可即的想法。有舍才有得。浙江块状经济的发展，在生产方式是典型的"多、齐、低"，品种多、门类齐、价格低，数量扩张型路径突出。客观地讲，绝大多数"工业品"离"工艺品"还差很远。从大多数工业化国家发展的实践去看，更加精准地专注在更少范围内的制造业上，减少产品门类，提高产品品质，努力实现从"标准制造"向"制造标准"转变，是提升产业竞争力的重要途径。要在"少（门类少一点）、精（品种精一点）、高（附加值高一点）"上下功夫，努力使每一件工业品都能够做到"匠心独运"、"形似神更似"。浙江42个块状经济向现代产业集群转型升级示范区建设的意义就在于此。

在社会期待上，"由隐性知识创新向'隐性—显性'创新并举"转变。科学技术的发展，首先体现在大量的隐性知识创新上，这是必须的。坚持快速创新、集成创新的同时，更要注重原始创新、知识创新，这是国家科技、教育事业永恒的目标。从整个国家去看，中国社会尚处于工业化的中期，浙江也没有进入后工业化社会。由工业化中期向工业化后期迈进，是实现中国梦的必由之路。国家的竞争力培育，要注重隐性知识的研究，更要注重知识显性化的能力。培养各行各业高水准的现代工匠，这是时代对中国职业教育的呼唤，更是产业对教育界的期待。

二、现代工匠不是流水线制造出来的

当然培育这种现代"工匠"，需要全社会的耐心。转型升级发展需要大批的现代"工匠"。但是,"工匠"不是流水线可以制造出来的。培育工匠要靠职业教育,更要依靠全社会去营造一个良好的氛围。

在生产力要素上,"人"这个层面,工业化要化"物",更要化"人"。企业主要由"争当老板"向"争做企业家"转变 工人要由"做一般员工去打工"向"争当现代工匠"去转变。在以赚钱为主要目标的社会背景下,无论是什么方法和手段,让一部分人先富起来,由此我们的社会诞生了一大批老板,也产生了全球最大的"打工"大军。老板雇佣打工者,打工者出卖劳动力,大家为了一个共同的目标走到一起。真正的和谐劳动关系,业主和一线员工不仅仅是一张劳动合同确定的"主"、"仆"的雇佣关系。一个充满工业精神的现代企业组织,企业赚钱不应是唯一的追求。工业转型升级,老板要努力向企业家转变。而对一线大量的员工而言,打工只是谋生的手段,而不是人生的目的。对任何一个人来说,只要认认真真、兢兢业业在一个岗位工作 10 年、20 年,一定是个岗位专家,甚至是现代工匠。

三、"有情怀"的工匠制造"有人文"的产品

还需要指出的是,工业精神和工匠文化首先表现在企业家与员工的共同价值观上,是一种文化与思想上的共同追求。企业家是社会的"大工匠",员工是产品的"小工匠"。企业家要把社会责任担当起来,围绕改善制造业形象、满足消费升级需求,来集聚有情怀的工匠,制造"有人文"的产品。一线员工、打工一族要把个人职业成长和企业发展战略联系起来.构建命运共同体,正所谓"以老板的心态去打工"。

工业化不论对于一个国家,还是一个区域,都是不可逾越的阶段。这是我们这几代人的使命。实现工业化,是物质层面的,更是精神层面的;是知识与科技层面的,更是人文与能力层面的。未来的经济,需要一流的创新产品、一流的消费体验;

需要一流的工厂、车间和设备,更需要一流的现代工匠。

浙江是中华民族数千年文明的重要发源地之一,把中国悠久的传统文化和现代科技融合起来,根植于浙江量大面广的终端消费品生产,让广大消费者在享受到中国制造、浙江制造的价值实现的同时,更能够体会到中华文化、浙江魅力的体验,才是我们转型升级的最高目标。

(原载《浙江日报》2015 年 9 月 2 日)

产能过剩 VS 境外狂购

——浙江制造要适应消费升级

2015 年春节期间,45 万中国游客在日本狂购 60 亿,中国香港特区限制内地游客自由行(陆客狂购),以及马年美国政府放宽公民赴美签证(一次签证 10 年往返),这些事情的本质是发达国家(地区)的高品质产品吸引了中国的购买力。作为全球第二大经济体,有着"世界工厂"之称的中国,为什么常会爆出国人在海外疯狂采购的新闻? 这说明,财富日益积累的中国消费者已经迈入对中高端产品迫切需求的时代。面对消费升级的时代,"浙江制造"也应顺势而为,告别"低小散",走向"中高端"。

回顾 2008 年以来的中国经济,两篇文章一直是中国经济的两条主线——一篇文章是如何解决产能过剩,一篇文章是如何扩大内需。产能过剩,不但在传统制造业领域,甚至在新兴产业发展领域,似乎都已经成为了经济发展的最大资源占用者。而扩大内需,从家电下乡,到新能源汽车补贴等一系列措施,几乎均已经到了政策的边际效应。截至 2015 年 3 月,中国 PPI 指数已经连续 36 个月处于负增长状态。不少经济学家都认为,2015 年是中国经济最困难的一年。如何使中国强大的市场购买力，成为拉动经济发展的真正动力，是实现"十三五"中国经济持续发展的重大问题。

解铃还须系铃人。客观地分析产能过剩，是大量的、低端的、一般产业的产能过剩，而不是全部产业的产能过剩。高端化、品牌化、个性化的产品拥有强大的市场潜力。为什么中国游客要到香港地区、日本、美国去购买手纸、马桶盖、剃须刀？不是我们没有这些产品，而是国内产品的品质适应不了中高端市场的需求，这是目前产能过剩的根本原因。

解决产能过剩，不是简单地依靠渠道创新、销售方式创新、互联网思维，而是要在产品的内涵上、品质上下功夫。目前中国在一般产品上已很好地解决了供给短缺的问题，满足了市场，但是并没有引领市场，也没有创造市场。这几年在中国市场上，消费者深夜排队购买苹果手机，就是供给创新、创造市场的最好案例。

真正的创新型经济，不是在消化产能过剩上动多少脑筋，而是要在生产一流的产品上下功夫。换句话说，中国今天产能过剩的问题，不是工业经济发展太快，而是工业现代化的水平不够。中国经济发展的本质问题，是如何实现工业现代化，而不是简单地去工业化、工业服务化。

如何扩大内需？发消费券、家电下乡、产品补贴，这些做法都是头痛医头、脚痛医脚的治标性举措，无法从根本上解决中国经济可持续发展的核心问题。内需规模与两个因素有关，第一个是企业的供给因素，即企业能向市场提供的商品数量规模，以便更好地适应消费需求；第二个是消费者的购买因素，即人们物质文化生活水平提高后，多样化、多层次的消费需求所转化的购买规模。

以往我们在扩大内需中，只关注消费者的购买因素，是因为供给因素似乎已经随着短缺经济时代的逝去成为过去时。但海外狂购告诉我们一个不争的事实，我们依然处于一个满足消费者更高需求的"新短缺经济"时代。庞大的内需，中国消费者的境外采购热数据已为之佐证。2012 年中国海外消费额高达 850 亿美元，相当于消费了 1 个苹果公司；2013 年，中国境外人均消费额 1508 欧元，是欧美国家公民的 3 至 5 倍；2014 年境外奢侈品消费额 810 亿美元，是国内消费的 3.2 倍，境内外奢侈品消费额高达 1060 亿美元，占全球市场总额的 46%。"内需不足"的国内消费者，为什么跑到国外就成了"购物达人"？ 这只能证明一个事实：我们正处于一个"新短缺经济"时代，这个时代下中国国内消费能力还是很强劲的！ 在"新短缺经济"时代，对消费者的临时性刺激，只能让消费需求暂时缓和，国人仍会跑向境外大肆购物。 只有从企业端、产品端发力，生产更优质的产品，才能满足日益丰富的消费内容、日益提高的消费质量、日益扩展的消费领域；只有着力加强供给侧结构性改革，提高供给体系质量和效率，增强经济持续增长动力，才能从根源上解决"内需不足"的问题。

"行有不得，反求诸己"。 在全球化时代、互联网时代，千亿美元的旅游消费不可能被"关"在国内，十万亿美元的财富也不可能被"关"在国内。 抱怨境外狂购刺激他国内需求，是产业不自信、企业不自信、商品不自信的表现。 我们要相信，只要产业部门千方百计地转型升级，企业群体千方百计地给予消费者信任，商品市场千方百计地更新换代，百姓就不必再舍近求远，甚至还可让更多的全球消费者"走进来"消化国内过剩产能，"走进来"拉动中国的需求。 这才是大国应有的自信，产业应有的自信，市场应有的自信。

（原载《今日浙江》2015 年第 8 期）

浙江工业化的三重使命

工业化是国家现代化不可逾越的阶段,没有工业的现代化,就不会有经济的现代化。必须坚定不移地坚持推进工业现代化进程,努力实现由工业大国向工业强国转变,是实现中国梦道路上必须始终坚持的指导思想。国家出台的《中国制造2025》是这一指导思想的重要体现。

需要达成共识的是,未来国家和民族之间的竞争,仍然在抢占科技和产业的制高点。以制造业为主的工业经济,不是要不要的问题,而是如何面对美国"再工业化"、德国"工业 4.0"以及国内"两化深度融合"趋势,如何提高工业化实现程度,努力实现工业现代化,这是党委、政府和企业家必须十分清楚的问题。工业化,无论对于国家还是浙江来说,都是一个远未完成的任务。工业也必应该仍然处在历史舞台的中央。发展代表经济脊梁的工业化,是新时期浙江工业化的第一重使命。

国家层面的工业化,当然建立在区域经济工业化的基础上。"十三五"乃至今后更长一段时期,必须明确工业化仍然是浙江经济发展的大问题。一个不容否认的事实是,30 多年的改革开放,浙江之所以能够从经济小省实现向到经济大省的跨越,始终不变的一条主线就是工业化,从资源小省、面积小省、人口小省到成为中国经济的"第一方阵",最主要的是浙江抓住了改革开放初期,短缺经济时代强大的市场需求,走农村基础上的工业化,为区域经济的发展注入了强大的动力。工业化为浙江实现从计划经济向市场经济、封闭经济向开放经济、块状经济向产业集群发展,奠定了坚实的物质基础。按照"干在实处永无止境、走在前列要谋新篇"的要求,浙江在中国百年崛起的第二个三十年,要继续引领中国区域经济版图,从区域竞争的逻辑上看,始终不变的核心主线仍然是工业化。没有工业的现代化,就没有浙江的现代化;没有浙江工业的转型升级,就没有浙江经济的转型升级。

如果说在改革开放的第一个 30 年,浙江通过大力推进工业化,实现了从小省向大省的跨越;那么,在改革开放的第二个 30 年,浙江要继续成为中国模式的样本,必须要实现由工业大省向工业强省转变。这种转变的核心问题是树立现代工业精神。工业化是工业产品层面的"物化",更是产业工人层面的"人化"。随着现代科学技术的迅速发展,工业生产的劳动效率已经呈现数量级的提高,特别是随着信息技术的发展,大规模协作、个性化定制、批量化生产,在现代生产中均已经能够完全实现,工业化体现在"物质"数量的增加上,可以说已经是淋漓尽致。但这并不表示我们已经完成工业化。真正的工业化,是充满现代工业精神的工业化。合作与契约精神、效率与质量意识、科技与创新文化等,是企业家对工业精神的充分体现,也是消费者对工业产品的殷切期待。汪求真先生在《中国需要工业精神》中做过精彩的描述。呼唤充满工业精神的工业化,这是新时期浙江工业化的第二重使命。

工业化的主战场在工厂车间。过去是这样,现在是这样,未来仍然是这样。注重工厂和车间的变革,永远是工业化的主基调,工业变革首先是工业生产的变革、工厂车间的变革。从人类工业化的轨迹上看,人类文明迄今经历了三次工业革命:以蒸汽机大量使用、机械化迅速推广的第一次工业革命,以电动机的大量使用、自动化的迅速推广的第二次工业革命,以计算机的大量使用、信息化的迅速推广的第三次工业革命。分析每次工业革命的起点、演化,经济学家威廉·拉佐尼克在《车间的竞争优势》中指出,历次工业革命都是从车间开始的;从人的角度上看,都是从一线生产工人开始的。每一次工业革命,改变的不仅仅是一个产品、一条流水线、一个企业,更改变的是一个国家和民族在世界格局的地位。人类已经进入21世纪,随着新一代信息技术的发展,我们将迎接第四次工业革命。以德国"工业4.0"、美国"再工业化"、"中国制造2025"为标志的工业化发展,将会推动工业化进入一个新的时代。在这场革命中,中国要抓住机会,推动"中国梦",实现中国制造业进入第一梯队,变革的重要场所仍然在车间。要善于抓园区、开发区的大平台,更要善于抓工厂、车间。

工厂车间是工业化的变革起点。工厂车间作为工业的基本组成单元,在"工业1.0"时代,工厂车间以机械制造设备代替纯手工劳动,实现了机械化;"工业2.0"时代车间内实现了电气化与自动化;"工业3.0"时代实现了车间之间的管理、制造的信息化;"工业4.0"时代将实现车间内制造与车间外设计、消费的互动化。工厂车间的一小步,见证了工业化大变革的一大步。2013—2015年,中国已经成为全球最大的机器人市场,就是一个很好的证明。根据权威数据,浙江全省的机器人市场已经超过2000亿,可以说发生在车间的这场变革已经开始。一个可以预见的场景是,大量现代化装备已经开始大规模进入工厂车间。浙江是全国乃至全球著名的终端消费品市场大省,这是浙江工业化进程中最大的省情之一。建设引领智造变革的工业化,是新时期浙江工业化的第三重使命。

(原载《浙江日报》2015年9月1日)

制造业强国：工业思维 PK 贸易思维？

——从杨林之争、雷董之赌看制造业强国的路径选择

中国梦，就是强国梦，就是要实现国家富强、民族兴旺、人民幸福。国家富强主要体现在物质文明极大丰富和精神文化的高度发达上。制造业强国是物质文明极大丰富的必要基础，更是强国梦的必由之路。目前德国"工业 4.0"和美国"工业互联网"都是在制造业上做文章，中国政府也积极筹划"中国制造 2025"，努力抢夺制造业创新发展的新优势。围绕"制造业如何实现创新发展"这一重大问题，前有杨小凯、林毅夫的后发劣势、后发优势之争，今有雷军、董明珠的集成创新、自主创新之赌。理论界、企业家的这些争论与 PK，既有对"中国制造业"前后夹击的深切忧虑、无可奈何，也有对"制造业强国"的迫切盼望、成功探索。在第三次工业革命风起云涌的大背景下，按照中国梦、亚太梦乃至全球梦的战略构想，探索这一问题的理论价值和实践意义在于证明工业思维和贸易思维（互联网思维），谁将主导未来、成就制造业强国之梦。

一、问题:"前后夹击"下的中国制造业何去何从?

国际金融危机爆发后,制造业再次成为世界各国竞争的战略焦点。发达国家纷纷推出"再工业化"、"先进制造业计划"、"工业 4.0"、"先进制造业 2.0"等战略,以此打造信息化背景下国家制造业新的竞争优势。而新兴经济体也试图提高其在中低端制造业领域的比较优势,以此谋划承接国际产业转移。在"前后夹击"之下,中国制造业该如何选择创新路径,才能获得新一轮国家制造业的竞争优势,抢占制高点,实现突围?

对这一问题的回答,我们可以来看看在 2013 年"中国经济年度人物"的颁奖典礼上格力董事长董明珠和小米创始人雷军之间的"10 亿元"的豪赌。两人就"5 年之内,小米的销售额能否超过格力"对赌。也是在这个颁奖典礼上,2012 年阿里集团创始人马云和万达集团创始人王健林也就"电商能否超过线下零售"进行了一次 1 亿美元的豪赌。虽然这是电视台导演有意安排的意图提高栏目关注度的把戏,但引起如此多关注和热议的深层次原因是"传统经济与互联网经济,工业思维与贸易思维,谁将主导未来"。两次豪赌的区别是:2012 年赌的是零售业,2013 年赌的是制造业。

姑且不管两人最终谁会赢得赌局,其实这件事情本身,体现了当代企业家对未来中国制造业的发展方向的判断。在我国制造业创新发展的路径探索上,格力和小米是两个发展模式的典型代表。格力代表着以工业思维为主导,强调制造能力和强大的技术支撑;而小米代表着以贸易思维为主导,突出互联网思维,强调商业模式创新。

二、路径

(一)工业思维,引领制造业强国?

　　仅有工业思维,中国的制造业能有未来吗? 董明珠女士在得知小米与美的合作的时候,曾公开表示:"格力有 1.4 万项专利,目前在中国企业里面,我们排在第十名……我从来不拿别人技术,我也不偷别人技术,我一定要自己创造。"可见其为自主研发而骄傲,是工业思维为主导领域发展的典型体现。那么,这是否意味着制造业企业应该拥有更多的专利技术、更强的创新能力? 回答当然是肯定的。格力在很多家电退出历史舞台的时候,依然能够表现出强大的发展后劲,就是最好的证明。但是仅仅追求技术水平的领先的企业,就一定有未来吗? 比如 1994 年到 1999年,宝洁的产品全部自有研发,研发能力很强,同时拥有非常多的专利,但其业绩却连续 6 年下滑,其中很多专利也并没有真正用到宝洁的产品中去。再比如柯达相机的失败,追求技术的绝对领先,却由于对技术发展方向的误判,申请破产。再如 ipod 对 Walkman 的替代,小灵通的消失等。

(二)贸易思维,带动制造业强国?

　　那么我们是否应该坚持贸易思维(互联网思维)为主导,用商业模式的创新来赢得未来呢? 小米没有自己的工厂,小米的产品不是自己制造,而是与富士康、英华达等制造工厂合作,小米认为应该让最专业的人做最专业的事情。在硬件上,小米没有自己的专利。

　　但这样是否真的是从"中国制造"向"中国智造"进行了转变呢? 或许可以从著名的互联网公司谷歌(Google)的战略布局来看。近年来,谷歌不断收购摩托罗拉、Nest等具有工业精神的传统工业企业,显示了其并不仅仅局限于互联网的思维。

的确,中国改革开放的30多年,强大的市场需求有力地带动了制造业发展,实现了中国制造业的大跨越、大发展。但是,无论是出口市场还是内需市场,30多年后,已经发生了质的转变,短缺经济时代已经结束,过剩经济时代已经到来,继续强调贸易带动、互联网购物等在渠道上的创新,边际效应越来越明显。2014年中央经济工作会议上,中央明确提出要更加注重"供给创新",是对这一边际效用的明确暗示。

三、结论:制造业强国＝工业思维×贸易思维

如何实现制造业的强国梦?我们可以用"制造业强国＝工业思维×贸易思维"这一方程式简要回答。制造业强国是工业思维、贸易思维的乘积。仅仅只有工业思维,或仅坚持贸易思维(含互联网思维)都是有失偏颇的。小米曾先后投资优酷、土豆和爱奇艺;在云计算领域,小米与金山、淡马锡联手以2.95亿美元入股互联网基础设施服务提供商"世纪互联"。2014年底,小米又宣布与美的进行战略合作,来布局智能家电,营造智能家居。同时,格力也表示不排除与马云合作的可能性。这表明,小米与格力都认识到仅仅靠单条腿走路是不现实的,否则将会与这个以信息化为背景的时代脱节。

建设创新型国家,我们首先应明确自主创新并不是指自我创新,技术水平一定要达到高精尖,自主创新也并不仅仅与专利等挂钩,而是以企业为主体,以掌握核心技术知识产权、高附加值价值链活动为目标,通过原始创新、集成创新、引进消化吸收再创新,实现技术创新、商业模式创新、管理创新、制度创新等有机结合,有效整合创新资源,全面提高创新能力。

　　对于单个制造业企业来说,注重技术创新从而实现制造能力的提升,进而获得收益,或者是依靠组合创新实现盈利再进一步投资技术研发都是可行的方案。然而,对于整个国家的制造业来说,技术创新是制造业发展的灵魂,要想从"制造大国"向"制造强国"转变,必须将技术创新摆在制造业发展全局的核心位置。在重大技术创新面前,任何商业模式创新都将显得苍白无力。要实现中国梦、亚太梦,对中国这样的大国来说,不能沉浸在互联网思维中。要充分利用好国际和国内的创新资源,提高创新能力;更加注重基础前沿、关键共性技术研发和支撑服务体系建设,以此来提高我国制造业企业的技术创新能力,实现向"制造强国"的转变。

　　从政府层面而言,提升制造业,我们需要一种现代"工业精神"的文化重构;从企业家层面而言,我们需要一种传统"工商精神"的文化重构;从企业层面而言,我们更需要一种经典"工匠精神"的文化重构。这是新常态下,中国制造业转型升级、创新发展的重要路径选择。

（原载《浙江经济》2014 年第 24 期）

关于"十三五"时期浙江省工业发展的若干思考

"十三五"时期是浙江省工业发展的全面升级期。浙江工业发展,事关浙江经济综合实力和国际地位,事关浙江全面建成小康社会,事关建设"两创"、"两富"、"两美"浙江目标的实现。面对当前错综复杂的国内外形势,"十三五"时期浙江省工业发展应坚持创新驱动、坚持智能引领,充分发挥工业发展对国民经济和社会民生的基础保障和发展引擎作用,加快推进浙江从工业大省向工业强省、从制造大省向制造强省转变。

一、现阶段浙江工业的发展形势

当前浙江工业发展总体呈现平稳向好的发展态势,工业增加值、工业出口等主要指标企稳回升,产业结构、自主创新、企业效益和投资结构呈现积极变化。但是浙江工业发展的内外部形势日益复杂,发展难度和不确定性不断增加,工业经济运行仍面临较大压力和问题。

(一)从外部看,浙江工业发展面临新的压力和挑战

从全球形势来看,欧债危机与金融危机的后续影响相互叠加,传统外需市场难以继续扩张。新一轮科技革命和产业变革影响加深,发达经济体纷纷推进"再工业化"政策吸引中高端制造业回流,低收入国家凭借成本优势加速吸引劳动密集型产业,这使得浙江制造业在国际分工中面临发达国家和低收入国家的"双重"挤压,给浙江工业带来前所未有的增长压力和转型压力。

从国内形势来看,国内经济发展进入以"经济增速放缓,结构调整加快"为主要特征的新常态。经济增长从高速增长转为中高速增长,经济增长动力源亟待从要素驱动、投资驱动向创新驱动转变,国内资源、环境和人口老龄化"三重制约"更加严峻。外部环境的挤压和潜在增长率的下降,对"十三五"浙江工业发展形成新的挑战。

(二)从内部看,浙江工业发展存在突出的问题和矛盾

1. 工业结构不够合理,部分行业产能过剩严重

从产业结构看,浙江工业仍呈现产业结构低端化特征。2013 年浙江高技术制造业占比 9.45％,中高、中低和低技术制造业分别占比 38.18％、24.13％ 和 28.24％,高技术产业比重较低,传统低技术产业比重较大;从行业产能看,浙江部分行业产能过剩问题突出。2014 年浙江工业中约有五至六成的行业产能利用率不足 80％,其中钢铁、水泥、玻璃、化纤等行业产能过剩问题尤为突出,将影响"十三五"浙江工业增长。

2. 企业创新能力不强,持续投资信心不足

企业自主创新能力较弱,创新投入不足,2013 年浙江工业企业研发费用支出仅占销售收入的 1.08％,创新公共服务平台少,创新成果转化效率较低。工业投

资增速有所下降,2014年浙江工业投资增速为12.2％,增速同比降低3.7个百分点。民间投资增幅同比增长2.8％个百分点,但增幅较小,反映企业持续投资信心不足。

3.市场需求相对不足,企业经营存在困难

从外需看,短期内世界经济复苏态势未稳,欧州、日本经济依然低迷,人民币汇率升值,国际大宗商品价格下跌,浙江全省规模以上工业出口仍处于低位增长区间;从内需看,2014年浙江规模以上工业中,水泥、平板玻璃、钢材、电视机、电冰箱产量增速比上年分别回落7.9、3.2、6.4、32.5和21.3个百分点,内需对生产贡献力减弱,消费增长缺乏新热点。受融资成本、劳动力成本等因素影响,部分行业企业生产经营仍然困难。2014年末,浙江规模以上工业有4926家企业亏损,亏损面为12.8％,亏损企业亏损额增长18.2％。

二、"十三五"浙江工业需要进一步研究的几个转变和关系

浙江进入"十三五"发展的新时期,科学认识并积极应对新常态,推进工业发展再上新台阶,需要实现四个转变,处理好五大关系。

(一)实现四个转变

1.从注重速度向提质增效转变

在经济新常态下,浙江工业发展应从"速度率先"向"质效领先"转变,注重经济增长的质量和效益。应制定浙江工业发展的中长期战略规划,发挥创新在经济增长中的驱动作用,把提升创新能力和扩大有效投资作为优化工业增长动力结构的重要举措,避免出现短期政绩经济。

2. 从要素驱动向创新驱动转变

浙江工业存在较突出的深层次矛盾,根本问题在于沿袭了原有依靠要素驱动的发展方式。新阶段破解深层次矛盾和问题、打造浙江经济"升级版",要把科技创新摆在更加突出的位置,大幅度提升科技创新能力,提高科技进步对经济发展的贡献率,推动浙江工业发展从"要素驱动"向"创新驱动"转变。

3. 从低端产业向高端产业转变

发展高端产业是突破制约产业转型升级的关键,是引导产业结构战略转型的重要之举。应加快高端产业发展,建设现代产业体系,优化产业结构,促进创新要素流动和科技成果转化,实现工业产业结构从低附加值的低端产业向高附加值的先进制造业和高新技术产业转变。

4. 从政府推动向市场推动转变

浙江经济发展需要从政府推动经济增长向依靠市场机制推动转变。政府要转变职能,进一步简政放权,尊重市场规律,在竞争性领域要更多发挥市场配置资源的基础性作用。树立区域和全局的发展观,鼓励产业和要素跨地区流动,促进区域经济协同发展。

(二)处理五大关系

1. 大与小的关系

这是指要处理好大企业培育和中小企业孵化的关系。坚持"抓大扶小、大小并举",既要培育大企业,增强大企业对产业链的引领和带动作用,又要孵化创新型、科技型中小企业,支持其向"专、精、特、新"方向发展。

2. 内与外的关系

这是指要处理好企业"引进来"和"走出去"的关系。主动"引进来"发展和"走出去"发展,更好地利用国内国外两种资源、两个市场,在更广阔的空间里进行经济结构调整和资源优化配置，提升经济实力和经济运行效率。

3. 新与旧的关系

这是指要处理好发展新兴产业和传统产业的关系。现代工业体系是一个包括传统产业和新兴产业的系统化体系，传统产业与新兴产业是相互支撑、相互补充的互动发展关系，而不是"非此即彼"的替代关系，要通过发展新兴产业推动传统产业的优化和技术提升。

4. 实与虚的关系

这是指要处理好实体经济与虚拟经济的关系。实体经济与虚拟经济是关系到现代市场经济建设的重大问题。坚持"求实养虚、以虚促实"，既要大力发展以制造业为核心的实体经济，千方百计加大制造企业的扶持力度，又要大力鼓励虚拟经济领域的金融创新，增强虚拟金融资本对实体经济的支撑作用。

5. 陆与海的关系

这是指要处理好陆域经济与海域经济的协调发展关系。浙江发展海域经济具有得天独厚的资源组合优势和经济区位优势，浙江经济发展的区域载体不应局限于陆域，还要扩展到海域，形成陆域与海域双向互动的经济格局。实现陆域经济与海域经济的协调发展，也是世界经济发展的必然趋势。

三、"十三五"浙江工业发展的主要抓手

围绕"十三五"浙江经济发展目标，"十三五"浙江工业发展要在企业、技术、人才、产品、产业和区域六个层面，明确主要抓手。

(一)实施"161"企业培育工程

企业是工业经济发展的主体，培育"161"企业，可以壮大浙江工业经济实力，提

升浙江工业发展的质量效益。

1.培育 10 家全球 500 强企业,打造浙江企业航母平台

全球 500 强企业对其行业、地区乃至全球经济具有较大影响力。"十三五"是浙江经济强省建设的关键时期,打造 10 家全球 500 强企业,是浙江经济强省建设取得成功的重要标志之一,也是推进名企培育扶持的首要任务。

2.培育 600 家上市公司,打造浙江制造融资平台

上市公司经营管理水平较高,对行业和区域经济的带动作用明显。截至 2015 年,浙江有 372 家境内外上市公司,推进更多企业在主板、创业板、中小板等上市,到"十三五"期末,全省上市公司数量将达 600 家,促使浙江经济再上一个新台阶。

3.培育 10000 家成长型小微企业,打造浙江工业创业平台

小微企业是经济社会发展的重要基础,具有扩大就业、增加收入、改善民生、促进稳定等作用。"十三五"时期,浙江重点扶持培育 10000 家成长型小微企业,并通过税费减免、资金扶持、融资服务助推其"小升规",夯实工业发展基础。

(二)推行"四清单"技术攻关工程

以推行四张清单为抓手,提高"浙江制造"技术含量。

1.推行企业技术需求清单,提高技术攻关能力

立足企业重点发展领域、重点攻关方向,加快推出企业技术需求清单。完善网上专业技术市场,梳理网上技术需求清单,着力健全市场功能,实现供求交互。支持围绕技术需求清单,切实开展科技发明创造、新产品研发和技术攻关活动。

2.推行技术研发成果清单,促进研发成果产业化

深化"产学研"信息对接与联系,加快推出技术研发成果清单。大力建设科技成果转化平台,支持科技成果信息服务、分析测试、技术转移、工程化应用、创新孵化、区域服务、融资服务。切实开展创新团队与企业、银行、风险投资、科技孵化器的对接活动。

3. 推行研发平台建设清单, 提高企业自主创新能力

加快创新平台建设, 引进和建设与产业发展密切相关的创新载体。"十三五"时期, 重点培育 200 家企业研究院, 建设 100 个工程中心、100 个国家实验室、100 个博士后工作站, 发展 1000 个国家认定的企业技术中心和 1000 个"两化融合"示范企业。

4. 推行技术专利管理清单, 加强知识产权保护

鼓励企业申报核心技术专利、商标和版权登记, 支持企业主持参与行业标准的制定。加强知识产权保护, 鼓励企业在高新技术产业、战略性新兴产业领域掌握一批核心技术专利, 扩大浙江高新技术产业的知识产权空间。

(三)实施"三支队伍"人才培养工程

以建设"三支队伍"为抓手, 实现创新型人才队伍在重点龙头骨干企业全覆盖。

1. 建设一支新生代企业家队伍

企业家是推动浙江经济走在前列的重要力量。目前, 浙江企业家群体面临代际传承的问题, 培养具有国际视野、较高素质、较强社会责任感的新生代企业家, 使其成为新时期浙江经济社会发展的新代表, 成为创新创业的引领者和发展方式转变的开拓者, 是"十三五"时期人才工作的重点。

2. 建设一支创新领军人才队伍

创新领军人才对于浙江实施创新驱动战略、建设创新试点省份具有关键作用。应围绕"十三五"产业发展重点, 面向海内外, 集聚一批达到国际先进水平和具有较强转化能力的科技创新团队、一批行业地位突出的创业创新领军人才、一批专业技术发展潜力较大的后备领军人才, 增强浙江工业发展的内生动力。

3. 建设一支高技能人才队伍

高技能人才是技术工人队伍的核心骨干, 在促进产业结构升级、提高企业竞争力、推动技术创新和科技成果转化等方面具有重要作用。"十三五"时期,针对产业转型升级的需求,应通过大力引进、同业交流、联合攻关、培训深造、出访考察等方式,向企业培养和输送大批高技能人才。

(四)实施"浙江制造"产品升级工程

1.实施产品升级,提升美誉度

推进"100项新材料升级计划",重点支持电池材料、电子信息材料、新能源材料领域的产品升级。推进"1000项先进装备升级计划",重点推动机器人、数控机床领域的产品升级。推进"10000家企业产品质量升级计划",对10000家重点工业企业产品质量实施分行业分类监管。

2.培育知名品牌,提升知名度

培育10个具有国际知名度和影响力的区域品牌,打造成为"浙江制造"全球化的形象代言;培育300个国内外拥有较高市场占有率和较高消费者满意度的产品品牌,打造成为"浙江制造"升级版的形象代言;培育品牌企业1000家左右,支持开展跨国并购,实施跨地区联合,发展成为具有较强国际竞争能力的知名企业集团。

3.提升产品标准,提高认同度

建立健全重点产业、行业、产品的国际标准、国家标准、行业标准、地方标准和企业(联盟)标准,建成国际化的"浙江制造标准"先进标准体系,提升产业竞争力和自主创新能力。重点制定实施一批拥有核心技术和科技创新成果的产品标准,加快提高标准的转化率。

(五)实施千亿级现代产业集群工程

建设现代产业集群是增强区域经济综合竞争力、推动工业转型升级的重要内容。到"十三五"期末,建设20个千亿级产业集群,为建设万亿级现代产业集群奠定坚实的基础。

1. 打造千亿级传统优势产业集群

2015，浙江已有 8 个超千亿的产业集群，6 个 500 亿～1000 亿的产业集群。"十三五"时期，围绕浙江船舶、装备、电子信息、有色金属、轻工产业、纺织工业、建材工业、医药产业等传统优势产业，做大做强千亿的产业集群，推进其向万亿级迈进；推进千亿下产业集群规模上千亿，提升质量效益。

2. 培育千亿级战略性新兴产业集群

培育产业特色鲜明、产业链完善、创新能力突出的战略性新兴产业集群，有利于资源要素的交换融合和产业结构合理布局。聚焦发展速度快、带动性强的 9 大战略性新兴产业，以 15 个省级产业集聚区、高新技术产业园区、经济开发区（工业园区）、产业集群示范区为重点，加快培育一批千亿级战略性新兴产业集群。

（六）实施"411"区域工业化工程

1. 建设 4 大都市工业核心区

依托杭州、宁波、温州、金华—义乌四大都市圈建设，加快建设万亿级都市工业核心区，布局建设一批千亿级次增长中心。支持杭州、宁波两大都市圈深度融入长三角经济圈发展，支持温州都市圈、金华—义乌城市群，参与建设海西经济区、21世纪海上丝绸之路、长江经济带，为培育新兴产业提供强大的空间平台和服务基地。

2. 建设 10 个新型产业区

推广杭州国家高新区（滨江）和鄞州区发展新兴产业的成功经验，依托 20 个省级工业强县（市、区）试点单位，加快打造以 10 个县（市、区）为单位、以新产业新业态为主导的新型产业区。加快建设产城融合的新型产业区，完善科技新城的城市功能。

3. 培育 100 个特色小镇

规划建设特色小镇是浙江制造特色化发展的重要战略支点和节点。重点建设一批聚焦七大产业,兼顾丝绸和黄酒等历史经典产业,具有独特文化内涵和旅游功能的互联网创业小镇、云计算小镇、基金小镇、旅游风情小镇等百个特色小镇,实现产镇融合发展。

四、"十三五"浙江工业发展的对策建议

(一)着力增强企业发展活力

大力实施创新驱动战略,支持企业加强研发机构建设,增强企业自主创新能力,提高科技型企业在浙江全省企业中的比重。加强企业"两化深度融合",提高企业信息化水平,支持企业在研发设计、生产制造、经营管理、市场营销等核心业务环节的信息化应用,推动企业提升发展、创新发展和集约发展。推进企业"国际化"与"本土化"融合发展,更好利用国内国外两种资源、两个市场,加大政策扶持,推动企业开拓国际市场,开展国际合作研发、跨国并购等国际业务。多措并举,争取各行业龙头骨干企业将总部留在浙江。完善多层次资本市场,缓解以工业经济为主体的实体企业融资难和融资贵问题。

(二)推进产业共性技术创新

加强"政产学研"协同创新,以关键共性技术攻关、科技成果转化为重点,通过技术入股、股份合作、改制重组、技术外包、委托开发、购买成果等形式,促进高校、科研院所、中介服务机构和最终用户之间建立多种形式的战略联盟。搭建创新驱动多元化平台,重点培育智能制造领域的国家级、省级企业技术中心、工程技术中

心、公共重点实验室等创新平台,引导高端创新要素向行业企业集聚,大力培育技术评估、技术转移、产权交易等中介服务机构,完善科技市场服务体系。分领域推进智能化制造。围绕 15 个产业集聚区、20 个工业强县(市、区)试点、42 个产业集群转型升级示范区和 146 家工业龙头企业等智能制造需求,建立区域性智能制造应用服务中心,率先推广应用智能制造装备,加快"机器换人"步伐。

(三)加强创新人才队伍建设

鼓励引导企业加大对科技创新人才、创新团队和创新项目的创新性投资,广泛吸引各类创新人才特别是紧缺急需的人才,构建人才吸收和开发利用体系。着力强化人才激励机制,有效发挥税收优惠、股权激励等人才政策的杠杆作用,消除企业人才成长、引进和使用的体制机制障碍。健全现代教育体系,推进素质教育、职业教育和在职培训,提高创新人才培养质量。加快人才特区建设,以引进海外高层次人才为优先目标,以杭州未来科技城、青山湖科技城、宁波新材料科技城、嘉兴科技城等为载体,引进"带项目、带技术、带资金"的高端人才及创业团队。

(四)优化工业空间结构布局

推进规划、项目、土地和招商四个统筹,实现工业经济布局规划、城市规划、土地利用规划和生态规划"四规融合",推动产业链的垂直分工和各县(市、区)主导特色产业的横向分工。推进重点高新技术产业园区、产业集聚区和各类开发区(园区)错位提升,力求产业集群按区布局、特色产业按园布点,形成定位清晰、布局合理的发展新格局。促进产城联动发展,积极探索"以城带产、以产促城、三化互动"的发展模式,统筹城市建设与产业构筑的协调发展。

(五)推进工业领域体制改革

推进资源要素市场化配置改革。建立并完善以"亩均税收"为核心的效益综合评价机制、差别化的资源要素价格机制、"腾笼换鸟"激励倒逼机制、金融与人才要素支撑保障机制和便捷高效的要素交易机制,重点是推进土地、资金、人才、用水、用能等领域的机制改革。深化财税、科技体制改革。完善支持企业技术创新的税收政策,建立健全覆盖"研发—科技成果—产业化"全链条的政策支持体系;完善创业创新的制度条件,加强知识产权保护,建立精准服务企业技术创新的科技体制。加快政府职能转变。以简政放权为突破口,推进"四张清单一张网"建设,以优化投资环境为目标,下放审批权力、提高审批效率,推进经济建设型政府向公共服务型政府转型。

(六)推动工业绿色低碳发展

加快"腾笼换鸟",着力实施资源节约型、环境友好型的绿色工业,积极培育战略性新兴产业、高新技术产业和现代装备制造业,转移、淘汰低端产业。鼓励工业企业发展绿色经济、循环经济,加强节能技术、清洁生产技术、低碳技术等绿色工业发展支撑技术的攻关,建设一批节能环保产业园区,推进各类开发区(园区)的循环经济改造。完善节能体制机制,建立健全淘汰落后产能的政策体系、标准认定体系、监督管理体系和技术服务体系。

(2015 年 10 月 26 日)

新经济　新认识　新理念　新作为

——新形势下对信息经济的再认识

信息经济是继农业经济、工业经济后的一种新型经济形态。随着新一代信息技术在各个领域的广泛应用和创新突破，信息经济已成为近年来带动经济增长的主要引擎和重要动力，成为未来新的经济增长点。根据《2015 中国信息经济研究报告》相关测算表明，2014 年我国信息经济总量达到 16.2 万亿元，同比名义增长超过 21.1％，增幅显著高于 GDP 增速，占 GDP 的比重超过 26％。信息经济的快速崛起，对传统经济的形态和理论体系形成了强大冲击和挑战。互联网时代的兼容共享、关联互动、协同普惠将重新塑造信息社会经济形态的新特征和新内涵。

一、新经济：信息社会新经济形态开始崛起

人类社会形态历经了三次递进与演化，从农耕时代到工业时代，再到当前的信息时代，三种社会形态的要素资源、生产力特征、经济形态不同（见表 1）。农业社会，土地等物质要素是主要的要素资源，生产方式呈现分散的个体化特征，是以自然

104

表 1　人类社会形态的三次演进及其特征

社会形态	要素资源	生产方式	经济形态
农业社会	土地等物质要素	生产方式呈现分散的个体化特征	是以自然经济为主的农业经济形态
工业社会	物质和能源（石油、煤炭、资本等）	生产方式呈现集中规模化特征	是以商品经济为主的工业经济时代
信息社会	信息资源上升为重要的战略资源	生产方式呈现分布式多元协同化特征	是以数据驱动的信息经济时代

经济为主的农业经济形态；工业社会，物质和能源（石油、煤炭、资本等）是主要的要素资源，生产方式呈现集中规模化特征，是以商品经济为主的工业经济时代；信息社会，信息资源上升为重要的战略资源，生产方式呈现分布式多元协同化特征，以开发和利用信息资源为目的信息经济活动迅速扩大，逐渐取代工业生产活动而成为国民经济活动的主要内容。习近平总书记指出："信息技术成为率先渗透到经济社会生活各领域的先导技术，将促进以物质生产、物质服务为主的经济发展模式向以信息生产、信息服务为主的经济发展模式转变，世界正在进入以信息产业为主导的新经济发展时期。"信息经济是以信息资源为基础，以信息技术为手段，以信息产业为主导，通过研发与生产知识密集型的信息技术产品和服务，促进经济增长、社会进步和劳动就业的一种新型经济形态，它包含了信息基础设施、信息技术产业、信息技术在社会和经济各领域的融合应用等相关内容。当前，人类正步入信息经济时代。

信息经济是经济社会发展到一定阶段的必然选择，它不是虚拟经济，其以信息产业为主导和以信息技术在社会和经济各领域融合应用的两大本质，决定了它是对传统实体经济的提升发展。而以互联网技术为代表的信息技术，成为信息经济发展的重要载体，具备了传统经济所欠缺的跨界渗透能力，并显示出对传统产业的颠覆性影响，有效激发了传统产业的发展活力。譬如，智能制造就是通过"两化深度融合",充分提高传统制造业的生产效率,促进生产方式和产品设计的智能化;电子商务将传统产业的大批量生产的模式转变为需求拉动型的生产,在生产过程中实现柔性化管理,大大提高了企业资源的优化配置及合理的使用,也相对减少了社会产能过剩;互联网金融的发展重塑了社会的金融生态体系,网上银行、第三方支付、网络融资等形式的新型模式打破了传统银行业的时空界限,突破了传统金融服务业的发展瓶颈与障碍,极大地增强了金融市场的活力与创造力。因此,信息经济发展的落脚点仍然是传统经济,它是传统经济转型升级的突破口,是新常态下传统经济的新的增长点。

二、新认识:信息经济与传统工业经济的主要区别

信息经济作为一种新的经济类型,脱胎于传统工业经济。面对经济新常态,2014年浙江率先举起信息经济大旗,将信息经济作为全省七大万亿级产业之首,全面部署信息经济工作,掀起了浙江信息经济发展的热潮。但在贯彻信息经济发展战略中,很多人对信息经济的认识还是停留在传统工业经济时代,需要进一步解放思想,重新认识信息经济与传统经济的区别和差异。

从主要生产要素来看,传统经济时代主要强调的是物质与能源等社会资源,主要目的在于提高社会的劳动生产率;而信息经济时代则将信息和知识上升为经济活动中最为活跃的一个基本生产要素,并逐渐形成了以信息、材料与能源为核心的信息经济"资源三角",创新及知识要素的重要性逐渐显现。信息经济是绿色的、可持续发展的,是发达地区转型升级的重要战略选择,是欠发达地区重要的突破口。信息经济不是发达地区的专利,各地都可以有所作为,越是欠发达地区越要大力发展信息经济。譬如,贵州大力发展大数据产业,安徽积极引进集成电路产业,各个欠发达地区应该结合自身实际,努力寻找信息经济发展的重要突破口,通过借助信

息经济的东风,实现弯道超车。

从支撑的基础设施来看,任何一种新的经济形态都是建立在日益完善的基础设施之上的。传统经济要求社会配备诸如电力、交通、通信网络等传统基础设施,而信息社会的基础设施则主要依托以"云＋网＋端"为代表的信息基础设施。"云"基础设施是信息社会的"大脑","云化浙江"就是要发展云计算、大数据、云服务等平台设施;"网"基础设施是信息社会的"神经与血脉","宽带浙江"就是要发展移动、宽带、无线(WIFI)、互联网接入等网络与通信设施;"端"基础设施是信息社会的"四肢","泛在浙江"就是要发展物联网络等感知、采集与控制终端。信息基础设施不仅提供了端到端的连接功能,而且其计算、控制和感知功能大大增强,将提供宽带和泛在的网络连接、智能化的运营、平台化的网络云服务。总体看,新的信息基础设施正叠加于原有农业基础设施(土地、水利设施等)、工业基础设施(交通、能源等)之上,发挥的作用也越来越重要。

从发展的动力源泉来看,传统经济是以电动机和制造装备等为生产工具,以机械化大规模生产作为支持经济增长的生产方式,目的在于实现产品的批量生产;信息经济是以融合应用培育经济新动能,其核心就是大力推进以互联网等代表的新一代信息技术在各行各业的融合渗透,推进各行各业的"互联网＋",促进传统产业的提质增效和转型升级。信息经济并非只是信息产业,而更多的是指信息技术的跨界融合应用。据中国信息通信研究院发布的"中国信息经济发展报告",信息经济跨界融合带来的溢出效应总量大约等于信息产业自身规模的3倍左右。信息经济开启了大众创业、万众创新时代,通过信息技术的跨界、融合应用,推动产业变革,形成新业态、新模式,为经济增长提供了新动力。

从政府引导的方式来看,传统经济往往是通过土地、减税、财政补贴等方式来引导发展;而信息经济更讲求自由开放的市场环境、良好的创业创新生态、完善的基础设施、健全的公共服务体系以及活跃的创投资本。随着信息技术融合应用的加深,制造业服务化趋势加速,第二产业逐步向第三产业转移,社会资本投入由机器设备投入向技术研发及人才等高端要素投入转移,由于物质与能源生产更多被信息的加工与生产替代,交通、运输、电力等传统经济晴雨表已经无法准确反映经济的运行状况。因此,对政府引导的方法提出了更新、更高的要求,在宏观决策上,发展信息经济必须重构评价指标体系,以适应新常态下新经济发展需要。

从要素资源的流动方式来看,传统经济时代,土地、人员、资金等要素资源的流动、交易、优化配置受到一定程度的限制。而在信息经济时代,各种要素资源的流动与汇聚极其迅速,特别是网络环境的开放、便捷和快速,推动了人才、技术和资金等要素资源向"政策洼地"集聚,从而形成了"先者占优,赢者通吃"的局面。因此,发展信息经济,要求企业主体创意快、启动快、扩张快,政府思考决策、办事效率要快,否则机遇稍纵即逝。

从推动发展的生产力要素来看,传统经济是由劳动者及生产资料构成生产力要素,要素之间没有形成有效的融合汇通。而对信息经济而言,信息生产力成为最重要的生产力要素之一,它代表的是一种创造、采集、处理、使用信息并获得信息的水平和力量。与传统工业生产力相比,信息生产力根源于新一代信息技术的力量,具有智能化、网络化、高渗透力、全球性等特征,它使信息服务从价值传递环节向价值创造环节渗透,并正在深度改造传统产业,带动了各行业的产业链重构。在信息经济时代,全社会更为注重发挥全要素生产率的提升,努力将各种要素资源进行垂直和横向整合。如在工业领域,已不仅仅满足于简单的"机器换人",而是追求全产业链的提升和效率要素的发挥,以实现"工业4.0"的发展。另外,传统经济时代所强调的需求侧改革与管理的弊端日益凸显,而信息经济则更多强调供给侧结构性改革,主张从供给、生产端、效率入手,更加注重了经济的长期发展。

从经济发展的重点来看,传统经济时代,制造业是国民经济发展的脊梁,是实现国家工业化和现代化的重要支撑。而在信息经济时代,正如习近平总书记所说的："当今世界已经进入以信息产业为主导的新经济时代"，信息产业成为经济社会发展的先导产业，以信息资源开发应用的信息产业在世界经济或国家国民经济中成为极其重要的基础和支柱产业。信息产业的发展为信息技术创新以及信息化应用提供了良好基础和重要支撑，浙江省政府已经明确将信息经济列为能支撑浙江未来发展的七大万亿级产业之首。

从经济发展的模式来看，传统经济是以物质和能源为基础的交换经济，重视的是对资源的独享和组织内部研发的过程，并充分强调价值链上下游的分工，以追求自身利润最大化为最终目标。而信息经济则是以信息和知识为基础的共享经济模式，它所强调的是经济发展过程中社会对资源的使用和共享，提倡的是经济体在价值网络上的交互与协同、生产链上的零边际成本的实现，追求的是全社会以及组织内部每个生产环节的协作、共享、共赢（见表2）。如 IBM、波音、GE 等国际大型企业，都已经充分认识到信息时代经济发展模式的转变，正努力将产品升级为服务，抢先探索共享型企业的发展模式。杰里米·里夫金认为，协同共享是一种新的经济模式，将成为人类社会主导的经济形态。在此大背景下，大规模协作成为趋势，数十亿人既是消费者也是生产者，在互联网上共享能源、信息和实物，所有权被使用权代替，"共享价值"代替"交换价值"成为信息经济时代新的发展模式。

表 2　信息经济和传统经济的比较

	传统经济	信息经济
生产要素	土地、能源等物质要素	数据等信息资源
基础设施	铁路、公路等交通基础设施	"云＋网＋端"构筑了新一代信息基础设施
发展动力源泉	机械化大规模生产，电动机和制造装备等为生产工具	以融合应用培育经济新动能，强调生产中技术的融合渗透
政府引导方式	土地、减税、财政补贴等方式	投入转向到技术研发及人才等高端要素，轻资产运营成为主流

续表

	传统经济	信息经济
要素资源流动方式	要素资源流动受限	集聚效应和快速效应
推动发展的生产力要素	劳动者及生产资料	信息生产力,追求全要素生产率
经济发展重点	制造业	信息产业
经济发展模式	以物质和能源为基础的交换经济	以信息和知识为基础的共享经济模式

三、新理念:发展信息经济是践行"五大发展"理念的重要体现

党的十八届五中全会的召开为"十三五"勾勒出清晰蓝图,提出了"创新发展、协调发展、绿色发展、开放发展、共享发展"的新发展理念,这"五大发展"理念相互联系,是一个有机统一的整体,相互支撑,并与信息经济发展的特征不谋而合。

(一)创新是信息经济发展的动能

党的十八届五中全会提出,坚持创新发展,必须把创新摆在国家发展全局的核心位置,不断推进理论、制度、科技、文化等各方面创新。创新是引领发展的第一动力,信息经济强调的是信息技术与社会经济各领域的融合、应用与创新,不仅需要源源不断的新思维和新理念,更需要鼓励大众创业、万众创新的大环境。政府要围绕阻碍创新发展的"堵点",大力简政放权,用权力"减法"换取创新"乘法",通过推动新一代信息技术在经济社会各领域的融合应用,促进新技术、新产业、新业态孕育壮大,使创新驱动逐步替代要素驱动成为信息经济发展的主动力。

(二)协调是信息经济发展的基调

全会强调,坚持协调发展,重点促进城乡区域与经济社会协调发展,促进新型工业化、信息化、城镇化、农业现代化同步发展。发展信息经济,深入实施"互联网＋"行动计划,有利于促进信息技术与传统产业融合发展、减少流通成本,同时对拉动消费、改善和服务民生、打造智慧城市新生活具有重要意义。发展信息经济将信息化引入了社会发展的方方面面,不仅提升了城市治理体系和公共服务能力,而且消除了信息鸿沟,实现了城乡信息文明的均等化,促进了城乡及区域经济协调发展。

(三)绿色是信息经济发展的底色

党的十八届五中全会指出,坚持绿色发展,必须坚持节约资源和保护环境的基本国策,加快建设资源节约型、环境友好型社会。绿色发展是遵循自然规律的可持续发展,也是实现生态文明的根本途径。信息经济强调的生产要素是信息与知识,而不是物质与能源,因此是一种绿色经济。信息经济是以信息产业为主导,信息产业作为一种绿色产业,支撑信息技术的跨界融合应用,从而推动经济社会发展方式变革,实现健康可持续发展。

(四)开放是信息经济发展的大势

全会强调,坚持开放发展,必须顺应我国经济深度融入世界经济的趋势,发展更高层次的开放型经济,构建广泛的利益共同体。信息经济是以互联网为核心的,具有开放性特征。它强调通过互联网等开放性平台有效整合内外部资源,打造良好的生态环境。因此,信息经济是一种以互联网为核心的开放型经济,它通过移动互联网等新一代信息技术将现实空间向虚拟空间延伸,并形成互联互通的网络空间,实现中国与世界的无缝对接。

(五)共享是信息经济发展的模式

全会要求,坚持共享发展,必须坚持发展为了人民、发展依靠人民、发展成果由人民共享。信息经济重在信息的生产与服务,不是传统的物质生产与交换经济。信息经济中开放、包容、协作、共享、共赢的特征,其共同的交集是普惠性。它以提高全社会所有人的福祉为目标,让更多人从信息经济的发展和带来的机遇中受益,实现以人为本、连接到人、服务于人、人人受益,因此,信息经济也是共享型、普惠型经济。

当前,世界经济发展格局深刻调整,新一轮科技革命和产业变革正在孕育兴起,全球正进入空前的创新密集与产业变革时代。与历史任何一个时期相比,当前发展信息经济的机遇更为突出。如果说蒸汽机的发明和电气时代的到来引发了第一次和第二次工业革命,那么以互联网为核心,以云计算、大数据为代表的新一轮科技革命将推动产业变革,形成"第三次工业革命"的百年机遇。面对新一轮的全球浪潮,发展信息经济已经势在必行。信息经济作为一种新的经济形态,体现了创新、协调、绿色、开放、共享的发展理念和方向,它将通过串联其他产业,成为推动社会与经济发展的核心动力。

四、新作为:信息经济时代浙江的战略选择

自习近平总书记提出建设网络强国要向着信息经济全面发展的目标不断前进之后,党的十八届五中全会中再次重申网络强国发展战略,明确推进"互联网+"行动计划、发展分享经济和实施国家大数据战略,信息经济将成为今后一段时期我国创新发展的核心动力和大众创业的主战场。面对新一轮科技革命浪潮,浙江率先

举起信息经济发展大旗,以"七大中心一个示范区"建设为着力点,积极打造信息经济大省和全国信息经济发展示范区,全面构筑塑造以信息产业为主导,以信息技术跨界融合为导向的信息经济发展体系,使信息经济成为新常态下推动并促进浙江经济社会转型升级的战略选择。

在战略地位上,要全面提高信息经济发展的首位度。要把信息经济作为"一号工程",明确"三个第一",即第一技术是信息技术,第一产业是信息产业,第一经济是信息经济。全面加强对浙江全省各层面的信息经济宣贯,尤其是提高企业和政府部门最高领导、业务骨干以及部门负责人对信息经济的认识和理解,形成领导层对信息经济发展的主体驱动力。采取各种手段广泛宣传加快推进信息经济发展的重要性和紧迫性,为全省信息经济发展提供强大的舆论支持。

在战略重点上,围绕信息经济基础设施、核心产业发展、信息化应用创新、平台载体建设等方面,着力突破新技术、壮大新产业、强化新应用,大力发展智能工业、建设智慧城市,全面提升信息经济基础设施水平,为浙江信息经济发展赢得先机。在路径选择上,全面实施以"一二三四发展模式"为核心的战略举措,即夯实"一个基础",狠抓"二个重点",深挖"三个切入点",强化"四个支撑点"。

首先,夯实"一个基础",即积极推进"云+网+端"新一代信息基础设施建设,推动"云化浙江"建设,科学规划云计算、大数据及公共服务平台建设,积极探索跨区域共建共享机制和模式;加快"宽带浙江"战略实施,统筹推进骨干网、城域网和接入网建设;部署全面感知的"泛在浙江",积极有序推动设施农业物联网、制造企业物联网、各类工程物联网的发展,并接入互联网,形成遍布全省的基础设施物联网络;对重要建筑设施、景点景观、古树名木、管网管线、珍贵文物等城市部件广泛部署自动感知终端,实现对部件的实时性、无人化、精准化、全天候监控和自动感知。

其次,狠抓"两个重点",即大力发展"互联网+"新业态,培植信息经济核心产业。在"互联网＋"新业态方面,不断深化信息通信技术在经济、社会等各领域的广泛应用,促进互联网跨界融合渗透,创新发展"互联网＋商务"、"互联网＋金融"、"互联网＋物流"、"互联网＋健康"、"互联网＋教育"、"互联网＋旅游"等新业态。在信息经济核心产业方面,着力发展集成电路设计与特色集成电路制造、物联网和嵌入式软件技术、通信网络领域技术、数字音视频与新型显示技术、云计算与大数据技术等一批自主可控核心关键新技术,以技术创新和突破引领信息经济核心产业发展,加快发展"有芯"的电子信息制造业、"有魂"的软件业和"有活力"的信息网络服务业,着力推进物联网、云计算产业和大数据等新一代信息技术产业发展,以产业为主导推动信息经济快速发展。以特色小镇、信息经济示范基地等建设为契机,优化加快信息经济核心产业发展载体和平台建设,吸引国内外互联网企业和配套服务企业入驻,建设一批电子商务、互联网文化创意等多功能、多业态为一体的信息经济集聚区,形成特色鲜明、布局合理、协同发展的信息产业发展格局。

再次,深挖"三个切入点",即"两化融合"、智慧城市和信息消费。"两化融合"方面,以"三名"企业特别是协同制造的龙头企业、总部型企业为重点,开展贯彻信息化和工业化深度融合管理体系国家标准试点,形成示范带动效应;实施千家规模以上工业企业"登高计划",推进企业信息化从基础应用、单项应用向集成应用、创新应用、产业链协同应用转变;针对中小微企业多样化、个性化需求,帮助中小微企业深化研发设计、生产制造、经营管理、市场营销等核心环节的信息化应用。智慧城市方面,着力建立统一的地理空间信息平台及建筑物数据库,大力发展智能交通、智能电网、智能水务、智能管网、智能建筑等,实现城市基础设施智能化;加快社会保障"一卡通"的全覆盖,推动社保卡、市民卡和金融 IC 卡等"一卡多用";运用信息技术,创新发展城市教育、就业、社保、养老、医疗和文化等服务模式,加强在市场监管、环境监测、信用服务、应急保障、治安防控、公共安全等社会治理领域的集成应用,促进社会治理精细化,提高城市科学管理水平。信息消费方面,全面实行政府部门以政府采购外包信息产品和服务为抓手,推进城管管理、公共服务、公共安全、公共资源等领域的智慧化信息消费,规范政府信息消费;紧抓"两化深度融合"国家示范区创建机遇,围绕企业设计数字化、装备智能化、生产自动化、管理现代化、营销网络化等"五化"目标,激发企业信息消费活力;通过加强资费监管,推进网络购物、电子银行、互动媒体等信息消费应用示范,改善居民信息消费体验,增强居民信息消费意愿,释放居民信息消费需求,催生新的经济增长点。

最后,强化"四个支撑点",即技术创新、体制创新、人才创新、安全保障。一是加强核心技术自主创新,以杭州国家自主创新示范区建设为契机,着力构建信息经济自主创新体系,采取政府引导、市场运作、社会和企业共同投入的方式,推进信息经济领域重大核心技术创新;加大对具有自主知识产权的新技术、新产品和新服务的政府采购力度,激励科技创新;提升企业自主创新的研发平台支撑,支持企业自办或与国内外大专院校、科研单位联办省级(重点)企业研究院、重点实验室、博士后工作站、工程技术研究中心和中试基地等研究开发机构合作,完善自主创新的基础条件和技术装备,实现科技成果的转化。二是强化人才创新支撑,积极引进信息经济复合型紧缺人才,加大对信息经济高层次人才,特别是行业领军人才和团队的引进,完善配套政策措施,提供良好的工作环境和生活条件;鼓励院校、企业紧密合作,培养高素质技能型人才,加快信息经济专业人才培养,强化在职人员技能培训;创新办学理念,探索建立"互联网大学"等新平台,优化高等院校学科和专业设置,加大复合型人才培养力度。三是营造良好创业创新环境,积极探索互联网产业发展"负面清单"管理办法,清理阻碍"互联网+"发展的不合理制度政策,放宽融合性产品和服务市场准入,鼓励通过先行先试、总结经验、逐步推广,促进"互联网+"的创新创业发展;进一步探索推进信息经济发展示范区(基地)建设,以及以特色小镇、众创空间等为载体,打造互联网创业集聚地和孵化平台,努力营造政策宽松、平台完善、创业氛围浓厚的最优环境。四是强化信息安全保障,完善行业标准规范和网络法治,加强法律法规体系建设,促进信息经济健康、有序发展;加强网络安全顶层设计,强化信息化项目安全审计,重点保障网络和信息安全;以世界互联网大会为平台,积极参与制定网络安全国际行为准则、互联网治理等国际规则和标准,组织开展全省"互联网+"新业态领域的安全标准建设,加强基础信息资源和个人信息保护,强化互联网信息安全管控。

(2015 年 12 月 23 日)

关于浙江创建国家信息经济示范区的若干思考

信息经济作为一种新的经济形态,正成为转型升级的重要驱动力以及新一轮国家竞争的战略制高点。2014 年,是中国信息经济发展的元年,党的十八大将"信息化水平大幅度提升"纳入全面建成小康社会的目标,习近平总书记、李克强总理将信息经济、"互联网+"视为网络强国、制造强国建设的重大战略举措之一。《中国信息经济研究发展报告》[①]指出 2013 年中国信息经济规模达到 2.18 万亿美元,已成为仅次于美国的全球第二大信息经济体,但我国面临着信息经济在 GDP 比重较低、信息经济资本效率较低两大难题。需要地方政府达成信息经济共识,催生信息生产力,加快电子商务、及时通信、搜索引擎等领域[②]的赶超发展,探索具有本国特色的信息经济发展之路。

创建国家信息经济示范区,是新时期下浙江肩负的新使命。2014 年,也是浙江信息经济发展的元年,浙江省委、省政府出台了国内第一份省级《信息经济发展规

---

① 《中国信息经济研究发展报告》由中国信息化百人会发布,工信部安筱鹏司长主笔。
② 浙江阿里巴巴的电子商务、广东腾讯集团的即时通信、北京百度的搜索引擎等,有可能率先走到世界的前列,广东、北京等地也是浙江申报信息经济示范区的潜在竞争者。

划》，浙江电子信息产业规模、电子商务交易额已经处于国内第一方阵，并成功申报了中国第一家"信息化和工业深度融合国家示范区"，成功召开了国际互联网领域的第一届"世界互联网大会"，拥有全球第二大互联网公司——阿里巴巴，在全国形成了"风景这边独好"的发展格局，成为中国信息经济突破发展的先行者。

加快创建国家信息经济示范区，将成为浙江对接"一带一路"国家战略构想的重要转折点。浙江与"一带一路"沿线国家（地区）的关系紧密、经贸往来频繁，但在"一带一路"方面的战略地位不够突出。而信息经济能够对沿线国家（地区）的沟通方式、组织方式、生产方式、生活方式产生重大变革，必然将在"一带一路"建设过程中发挥起举足轻重的作用。浙江要抓住"一带一路"与信息经济的结合点、关键点，集成扩大中国（杭州）跨境电子商务综合试验区、"两化深度融合"首创省、智慧城市"先行省"、温州市金融综合改革试验区等领先优势、示范优势，在网上贸易大通道建设、沿线城市建设、沿线丝路基金建设等方面，以独特优势积极参与、深度融入、引领推动"一带一路"建设。

建议浙江在全国率先提出争创"国家信息经济示范区"。浙江省创建国家信息经济示范区，具有明显的市场优势、产业优势、文化优势和政策制度优势，基础较好、亮点明显、作用较大，既是浙江提升信息经济综合实力、引领全省经济发展、努力实现四个翻一番的迫切需要，也是中国示范发展新一代信息技术、开启大众创业万众创新时代、引领全球信息经济新浪潮的必然选择。浙江要结合党和国家"四个全面"的最新精神要求，大力发展以信息经济为第一形态的区域经济，引领全省经济转型升级发展。积极探索新常态下区域经济发展的新模式、新路径，不但能为浙江继续"走在前列"提供经济支撑和制度保障，更能为全国各省、市、自治区经济发展提供新的样板。

一、为什么在浙江创建国家信息经济示范区？

浙江创建国家信息经济示范区,具有明显的市场优势、产业优势、文化优势和政策制度优势。

(一)产业信息化需求旺盛

产业信息化步伐的不断加快,形成了巨大的信息化市场。浙江块状经济发达,特色产业明显,拥有三分之一数量的全国百佳产业集群。步入"互联网＋"时代,以互联网为代表的信息技术正加速与块状经济融合发展,产业信息化(产业互联网化)的内在需求日趋旺盛。通过创建信息经济示范区,加快信息技术推广应用改造传统产业,实现存量提升,催动新兴产业实现增量发展,在产业信息化方面形成可推广、可复制的"中国(浙江)模式",这将是中国经济创新发展的重大尝试,意义非常。

(二)信息产业化发展迅猛

作为全国首个"两化深度融合"国家示范区,2014年的浙江省信息化发展指数达到84.8,位居全国第三;"两化融合"水平发展指数达到86.26,从2012年全国第七提升到2014年全国第三。浙江信息经济发展的制造业、软件业、物联网产业、网络零售额等信息经济主要指标均处于国内各省区第一方阵。此外,浙江新一代信息技术领域创新创业活跃,涌现出阿里巴巴、恒生电子、网盛科技、传化物流等一批信息经济国内代表的行业龙头企业,以及海康威视、大华电子、银江股份、华三通信、中控科技等一批智慧安防、智慧能源、智慧制造等物联网企业。杭州滨江、桐乡乌镇、余杭未来科技城在信息经济发展方面表现出了巨大的发展潜力,紧紧地吸引了国内外投资界的目光,形成浙江新经济的高地,制度创新的基地。

(三)创新型创业优势明显

随着社会主导技术的改变,区域经济发展已经从"创业型创新"开始走向"创新型创业",所谓从"创新 1.0"时代走向"创新 2.0"时代。这种创新型创业,在浙江已经形成了一种发展范式,涌现出像马云、孙德良等一大批"创客"型的新型企业家。这种新型企业家区别于传统创业者的最大特点是他们拥有强大的"互联网基因",这种基因也是浙江历史上"工商皆本、利义并举"的文化在新时期的传承和发扬。这种基因,正是未来信息经济发展的最大动力。可以说,浙江是全国"大众创新、万众创业"最典型的代表省份。

(四)政策与制度引导有力

经过改革开放 30 多年的发展,特别是 2008 年全球的金融危机洗礼,未来撬动区域经济发展的支点在哪里?按照习总书记建设信息经济大国和网络强国的战略部署,浙江省委、省政府在全国制定了第一份信息经济发展规划:产业发展和空间布局的"七中心一基地"将重构浙江的经济结构,信息经济引领发展将改变浙江区域经济"五个过度依赖",逐步形成以物联网、云计算、大数据、电子商务等新兴信息经济。创新信息经济发展的培育模式,需要市场和政府两只手共同使劲。面对信息经济的新模式、新途径和新要求,浙江省委、省政府积极研究各类重大经济政策,大力扶持信息经济发展,能大则大,能快则快;宜农则农,宜工则工。做到了产业发展和空间布局的全覆盖,开创了推进信息经济发展的新模式,浙江已经成为打造中国经济升级版的"制度洼地"。从党委、政府抓经济转型升级工作上看,这既是对党的十八届三中全会"更好的发挥政府作用"的生动实践,也是对习近平总书记"四个全面"的最好注解。

二、创建国家信息经济示范区重点做什么?

创建国家信息经济示范区,要在基础设施建设、产业链、产业布局、信息消费、关键推进环节等方面发挥带头引领作用,要重点做好"35713"工程("三个浙江"示范设施、"五业一体"示范生态圈、七大核心示范区、一批国家级消费示范城市、三大保障支柱)。

(一)加强信息基础设施建设,建设"三个浙江"示范设施

统筹布局下一代互联网、基础设施物联网络、云计算数据中心等设施建设,着力建设"三个浙江"(宽带浙江、泛在浙江、数据浙江),为全面推进信息技术在经济社会各领域的广泛应用提供基础设施支持。

1. 推进通信基础设施建设,建设"宽带浙江"

加快浙江信息"高速公路、高速铁路"的建设,形成信息流的"大通道"。支持在浙江建立国际出口直连点和区域互联网络交换中心,优化互联网网络架构和空间布局,提高互联互通质量,加快 IPv6 技术率先应用,逐步向下一代互联网过渡。加快推进无线浙江免费 WiFi 网络建设,力争率先建设第五代移动通信技术(5G)的商用试验网,打造网络高速覆盖的'宽带浙江"。

2. 推进智能化基础设施普及,打造"泛在浙江"

围绕智慧城市建设和"两化深度融合"的推进,基于可控性、安全性、可靠性的原则,加大物联网感知设备在城市公共基础设施、社区家庭、农业、工业等领域的推广应用,扩大 RFID 感知、位置感知、视频感知、参数监测等感知监控网络覆盖范围,形成遍布全省的基础设施物联网络,部署全面感知的"泛在浙江"。

3. 加快数据基础设施升级, 构建"数据浙江"

推动传统数据中心优化升级成高效、节能、安全、可拓展、分布式的云计算数据中心, 并完善网络与信息安全防护体系。同时, 加强资源数据的采集、规范、整理、挖掘和运用, 在安全可控的基础上, 建立数据获取和交易规范, 开放部分政务和公共数据, 推动大数据产业的发展, 构筑开放共享的"数据浙江"。

(二)打造信息经济产业链, 建设"五业一体"示范生态圈

围绕培育信息经济产业链, 统筹五业(电子信息制造业、软件服务业、互联网应用产业、信息服务业、网络安全产业)一体化发展, 打造健康、良性的新型生态圈。

1. 做大电子信息制造业

推进电子信息制造业向智能化、高集成度、超高速、超大容量、低成本发展。重点研制智能手机关键部件、北斗导航核心器件、智能网络机顶盒、超级计算机等终端设备及感知设备, 努力在高端传感器、通讯电子、汽车电子、集成电路上下功夫, 支持下一代网络的智能终端芯片等新型电子元器件的研发。围绕"中国制造2025"的国家意图, 积极争取更多的国家级电子信息制造业项目落户浙江。

2. 做强软件服务业

大力发展基础软件和关键应用服务, 重点研发大数据挖掘系统、移动智能终端操作系统、网络云操作系统、大数据资源管理系统等, 以及信息经济新业态、新模式的关键应用软件和信息技术支撑软件。大力发展信息系统集成服务、信息技术咨询和应用服务、设计开发服务等信息技术增值服务。依托杭州软件名城、国家服务外包基地等平台, 按照"一带一路"战略, 积极实施制造业与服务业"两业"互动发展, 促进浙江外向型经济从"产品走出去"向"产品服务并举走出去"转变, 并促进"产业走出去"成为中国崛起的重要标志。

3. 推广互联网应用产业

推进信息技术与三次产业融合发展,加快产业互联网化,鼓励"互联网＋管理"、"互联网＋产品"、"互联网＋服务"等应用创新,大力发展智能工业以及互联网金融、电子商务、数字内容等产业。加快信息技术在智慧城市建设中政务、交通、电网、城管、文教、健康、农业等关键领域的应用和示范。用"互联网＋"的路径,再造浙江特色经济新优势,探索可复制的成功商业模式,推动更多省份更快进入"互联网＋"时代。

4. 培育发展信息服务业

发展基于网络的即时通讯、视频娱乐 O2O、动漫游戏、视频监控、异地存储、搜索、定位等网络增值服务。发展云计算产业,建立支撑信息经济发展的政务云、工业云、民生云等。培育发展大数据产业,空域、海域、陆域以及物流、人流、商流等,努力实施"资源数据化、数据资源化",加强数据挖掘分析、商业智能、多媒体加工、可视化软件等自主技术创新,推动大数据产业链协同发展。

5. 加快发展网络安全产业

推进网络安全、入侵检测、身份验证、可信计算、数据安全等网络和信息安全产品的自主研发与产业化,提升信息安全服务保障能力,促进安全、自主、可控的信息技术产业体系建设。发展数据加密、电子认证、应急响应、容灾备份、安全测试、风险评估等信息安全服务。依托青山湖科技创新基地,规划建设国家网络安全产业基地。

(三)优化信息经济产业布局,建设七大核心示范区

突出特色,多点布局,打造七大核心示范区,再续浙江流通大省、民营资本大省、港航大省、文化大省的新辉煌,再造云计算、大数据、物联网的新优势。

1．"互联网＋"流通产业中心

充分发挥世界 500 强浙江物产的渠道优势,打造"流通 4.0",形成"工业 4.0"与"流通 4.0"融合互动发展的良好局面。充分发挥杭州电子商务发达的优势,以杭州为核心,建立国际电子商务中心。按照国家要求,重点建设中国(杭州)跨境电子商务综合实验区,力求 2~3 年见成效,可以向全国推广。以"互联网＋"为路径,大力改造传统专业市场,再造浙江流通大省的优势。

2．"互联网＋"金融创新中心

全面总结浙江近几年各层次金融改革的经验和做法,突出互联网思维嫁接金融服务业,以阿里巴巴为龙头带动互联网金融发展,积极探索建立全国互联网金融创新中心,为区域经济提供"没有网点的现代金融服务"为目标,打造浙江金融改革的 2.0 版,使浙江成为基于互联网金融创新的示范区,创造中国金融的另一个高地——浙江板块。

3．云计算产业中心

云产业是信息经济的主要内容,更是未来智慧时代的基础工程。依托云栖小镇,在杭州建成国际一流的云平台,打造全国云计算产业中心,支撑国家云产业、超算系统的发展,纳入国家"十三五""三重"工程。

4．大数据产业中心

对接央企(如三大电信运营商、中航工业等),加强战略合作,充分发挥产业的行业领先地位作用,打造全国优势产业大数据产业中心。以浙江全省重点 42 个现代产业集群为依托,实施产业数据化工程,培育大数据产业。

5．物联网产业中心

依托国家传感谷产业基地、国家物联网龙头企业、杭州滨江高新区国家物联网新型工业化示范基地,打造全国物联网产业中心。依托杭州钱江经济开发区,打造全国传感器产业基地。

6."一带一路"智慧港航物流中心

围绕海洋经济示范区建设,发挥海陆联动、江河联运优势,推进宁波—舟山港一体化,建设"一带一路"智慧港航物流中心,使浙江成为与沿线各国港口互联互通的信息流、物流的核心港航枢纽。

7.数字内容产业中心

发挥浙江文化资源优势,打造全国一流的数字媒体、数字阅读和数字出版产业基地,形成全国数字内容产业中心,为红红火火的互联网消费提供强大内容支撑。

(四)扩大基于用户需求的信息消费,建设一批国家级消费示范城市

高标准创建一批国家级信息消费示范城市[①],支持新型信息消费示范项目建设,合理引导个人、企业、政府三大消费预期,突出家居、旅游、商业、产业等地方特色。

1.挖掘个人信息消费内容

拓展动漫游戏、智能语音、网络影视、广告传媒、数字设计等数字内容服务,加快文化创意、数字音乐、网络教育、动漫游戏等创意产业发展。推进实施城市信息消费体验,积极探索网络营销和实体销售体验融合发展的消费模式。推进文化信息资源消费,推进数字图书馆、数字博物馆、数字文化馆等重点文化信息资源的共享。

2.引导企业加大信息资源开发利用

持续推进区域"两化深度融合"专项行动,提升区域"两化融合"总体发展水平和信息服务能力。实施高污染、高能耗行业"绿色两化深度融合"专项行动,加强生产流程改造和危险作业场所的集成化应用。以工业龙头企业为重点,实施信息化

---

① 2014 年国家工信部遴选出首批国家信息消费试点市(县、区)68 个,2015 年遴选出第二批 36 个。

"登高"计划,推进企业的生产自动化、产品智能化、设计数字化、营销网络化和管理信息化建设。

3. 推动政府加快智慧政务整合升级

整合各部门电子政务系统,建立智慧政务云平台,加强国家、省、市、县的电子政务云平台的信息对接、共享、交换。加快构建省、市、县政务云计算中心基本框架,明确各级政务云计算中心技术标准、改造条件。加强数据共享与开发利用,构筑全省统一的大数据政务应用体系。建立有效的网络安全防护体系和统一的网络信任体系,建立健全安全管理制度,确保政务云计算中心的安全可靠运行。

(五)把握信息经济示范区建设的关键推进环节,加强三大保障支柱建设

加强信用、监管、标准三大支柱建设,在关键推进环节上保障信息经济试验与示范的逐步拓展。

1. 建立互联网征信系统,强化信用保障

探索建立面向法人和自然人,线上与线下相结合的征信系统,为互联网金融、保险、电子商务等行业发展提供支撑,引导互联网企业规范化发展。积极推进网络信息安全、个人信息保护、网络交易监管、知识产权保护等方面的立法,加强基础信息资源和个人信息保护,强化互联网信息安全管控,规范网络市场秩序。

2. 创新互联网业务审核制度,强化监管保障

目前对外资尚未开放的信息经济投资领域,争取在浙江全省或市、县(区)范围内向混合所有制投资试行放开管制。以乌镇为核心,建设"中国互联网经济发展示范区",积极争取全国互联网经济管理的创新发展试验区,对接全球化进行"先行先试",探索建立互联网的"白通道"管理运行的日常机制。

3. 制定一揽子标准,强化标准保障

围绕信息经济示范工程、生态圈、示范区、示范城市等各项工作,制定一揽子标

准,以标准化提高创新效率、推广效率、合作效率、商业应用效率。在相关政策上给予更特殊待遇,支持在智慧城市、两化深度融合、通信、云计算、大数据、信息安全等领域率先突破,加快试验并应用新修订、试行的相关标准。积极对接工信部,争取在杭州设立国家级互联网骨干直联点,在嘉兴设立互联网国际出入口专用通道,满足互联网企业大容量业务数据进出口需要。

三、创建国家信息经济示范区该如何有效推进?

建设国家信息经济示范区,是浙江在全国"两化融合"试点省的基础上又一大体制机制创新,是浙江区域经济转型升级发展的"第五大地方国家战略"。积极推进示范区建设,建议重点抓好以下工作:

(一)加强信息经济规划研究

新问题、新情况急需新对策、新举措。从 IT 时代走向 DT 时代,无论技术还是管理的变革都是层出不穷,科学把握这种新经济的客观规律,要加大对信息经济的规划和研究,将其纳入"十三五"规划。要充分发挥信息经济管理和发展的专家作用,邀请信息经济领域国内外知名专家学者,组建示范区专家顾问团,充分发挥专家群体的"智囊"作用,充分了解"外情",吃透"上情"、摸透"下情",为示范区规划发展、落地实施建言献策。

(二)建立国家和省的协作机制

发展信息经济,要发挥市场的决定性作用,更要发挥党委、政府的作用。信息经济发展的很多高端要素,集中在国家层面。浙江要大力发展各种形态的信息经济,必须注重导入各种高端要素,实现集中、集聚、集群发展。要更加注重和国家信息经济管理和发展主管部门(中央网信办、国家发改委、国家工信部)、国家信息经济大型企业集团的战略合作,建立定期的会商制度、推进机制,找准交集,把国家部委年度工作和浙江信息经济发展重点工作,最大限度地结合起来。

(三)改革创新经济政策

新经济呼唤新制度。用改革和创新的思维,为信息经济发展提供制度保障,要明确规制、有"钱"办事、有事可做。借鉴国际互联网管理方式,结合经济社会发展实际,提出更加符合"互联网+"时代的党委、政府管理模式。如抓住国家设立各类产业引导资金的有利时机,积极引导社会资本参与省级各类信息产业投资基金的设立,重点支持以互联网、物联网、云计算、大数据等信息经济的示范企业、项目、重大平台项目建设。

(四)强化人才基地建设

发展信息经济,要在人才集聚、创客集聚、办学模式、基地级别上形成领先优势。创建高端人才集聚基地,加快引进信息经济领域的企业家、技术专家,以及创新创业领军人才、创新科研团队。创建信息经济创客基地,积极运用"国千计划"等政策,创新人才培养输送机制,集聚信息经济创客团队。争创新型互联网大学及培训基地,整合浙江大学等本地高校与国内外知名高校资源,汲取南方科技大学、湖畔大学先进经验,创新办学模式。争取设立国家互联网干部学院,争取国家网信办相关政策,借鉴延安学院、浦东学院、井冈山学院办学经验,加快在浙江建立第四个党的国家干部能力培训基地。

(五)整合全球战略资源

新机遇带来新资源。充分利用 2016 年杭州承办 G20 峰会的有利时期,超前谋划,精准对接,在全球范围内整合战略资源,引进一批重大信息经济项目,纳入国家经济、科技交流合作项目。重点梳理全球领先互联网企业、软件 500 强企业、电子信息 500 强企业、国内互联网龙头企业、软件百强企业、国内外信息服务业上市企业的情况,结合浙江省信息经济实际发展需求,实现定点招商。组织专门力量,精心设计招商计划,深入研究境外跨国公司和省外大企业特别是上市公司的发展动态及投资意向,选准目标,主动上门,确保"引得进、能落地、留得住"。

(六)加强舆论宣传引导

发展信息经济,需要构筑即时、个性、平等的新兴舆论生态。关注新焦点,借助三大新国家战略以及世界互联网大会等国内外重大热门事件,聚焦信息经济发展。营造新氛围,广泛宣传浙江经济社会发展的政策方针、"两美浙江"建设的生动实践、产业转型升级的良好条件,形成全社会普遍认同、积极参与的良好氛围。拓展新渠道,开通官方网站、微博、微信,与国内外知名媒体建立合作平台,发布新进程,展示新形象。

(2015 年 4 月 1 日)

《"互联网＋"行动指导意见》解读
及浙江的机遇与挑战

　　互联网,正在改变世界、颠覆世界、重构世界。互联网时代,每位消费者、每家企业、每个政府,都处于从传统社会向互联网时代大迁移、大洪流之中。2014年,全球总网民数达到28.9亿人,占全球总人口数的42.4%,同比增长6.2%。中国网民规模已达6.49亿人,占全球总网民数的22.5%。2014年,全球十亿美金移动互联网公司达68家,年增长超100%(排除了Facebook这样的互联网巨头,因为其超过2000亿美元的市值会扭曲增速分析结果),十亿美金公司总价值超过2600亿美元。全球互联网公司市值前10强中我国占据4席,前20强中我国占据6席。

　　2015年6月24日,国务院常务会议通过《"互联网＋"行动指导意见》(以下简称《"互联网＋"行动》),开启通往"互联网＋"时代的道路。贴近市场的"数据资产"将成为互联网企业有别于传统企业的核心竞争力,满足消费需求的"有温度的产品"将成为互联网企业在传统市场上快速扩张的重要撒手锏。互联网行业新业态、新模式层出不穷,正对全球经济社会发展产生颠覆式影响,为中国经济新常态注入新动能,是浙江经济转型、产业升级的大势所趋、方向所在。

一、解读：统筹全局、融会贯通的行动纲领

《"互联网＋"行动》是党中央、国务院在深刻认识和准确把握互联网发展规律的基础上，从现阶段具体国情出发，以"互联网＋"为接入点，对国民经济社会融合发展所做出的重大战略部署和顶层设计。在突出互联网产业基础性、开放性、前瞻性特点的同时，有效融入了宽带中国战略、制造强国战略、创新驱动战略等现有发展战略和重大方针，对处于大发展、大融合、大变革的经济转型期的中国具有重大意义。

（一）《"互联网＋"行动》与《中国制造 2025》，是中国智造的双引擎

互联网、智能制造是未来几年中国经济发展的两大新引擎。《中国制造 2025》是实现制造强国的战略目标"三步走"中的第一步，其主攻方向是智能制造。《"互联网＋"行动》强调互联网在制造业的融合和变革中的作用，明确以发展智能制造、大规模个性化定制、提升网络化制造水平、加速制造业服务化转型等为方向，提出"互联网＋协同制造"、"互联网＋人工智能"等具体行动，与《中国制造 2025》紧密呼应。2014 年 7 月，麦肯锡全球研究院发布《中国的数字化转型：互联网对生产力与增长的影响》报告，预计 2013 年至 2025 年间，互联网将帮助中国提升 GDP 增长率 0.3～1.0 个百分点，互联网将有可能在中国 GDP 增长总量中贡献 7%～22%。

互联网将改变中国制造的模式。中国制造模式的转型，必须善于运用互联网思维，从"制造 4.0"、"贸易 4.0"并举的角度出发。长期以来，中国制造业转型升级的误区，一个是沿"微笑曲线"，走品牌营销、研发创新的道路，向价值链高端延伸，一个是依靠"技术改造"，改善局部效率，提升整体效益。而实际上，没有与消费者的紧密互动，"微笑曲线"、"技术改造"都无法阻止订单的流失、市场的丢失。必须

以互联网思维,从"市场(需求)—生产(工业)—流通(贸易)—市场(需求)"的全局观、整体观出发,解决过剩经济下市场与生产的脱节、需求与供给的断崖。工信部部长苗圩指出:"目前,我国很多企业已经开始自觉或者不自觉地推进互联网在自身的生产、经营、管理、研发各个方面的应用,大大提高了生产效率,降低了成本,提高了产品的质量。总而言之,大大提高了企业的竞争能力。"

(二)《"互联网+"行动》与"宽带中国"一脉相承,是网络强国的大提升

"互联网+"进一步夯实宽带中国战略基础。国务院发布的"宽带中国"战略实施方案,将"宽带战略"从部门行动上升为国家战略,使宽带首次成为国家战略性公共基础设施。《"互联网+"行动》的提出,在网络基础、产业突破、安全保障、智力支持、合作渠道等多方面给予支撑,是宽带中国战略的具体落实。

"互联网+"进一步提升网络强国战略内涵。在继承宽带中国、网络强国战略的基础上,当前大数据、云计算等技术的飞速发展和普及,对网络提出了更高要求:如工业互联网领域,要适应各种极端恶劣环境,保证设备和数据的高可靠性和低时延性,各个环节的实时跟踪、连续记录对大容量、广覆盖等提出更高挑战,要覆盖产品全生命周期、嵌入生产全流程等。《"互联网+"行动》以更高要求、更深层次推进宽带中国、网络强国实施,必将使我国信息通信业基础设施、技术产业和应用水平实现全方位提升。

(三)《"互联网+"行动》与"创新驱动"深度融合,是产业发展的新生态

"互联网+"创新是现代企业发展的新基础。党的十八大明确提出"科技创新是提高社会生产力和综合国力的战略支撑,必须摆在国家发展全局的核心位置",强调要坚持走中国特色自主创新道路、实施创新驱动发展战略。"互联网+"创业创新不仅影响新经济互联网企业,更重要的是用信息化的思维与技术来改造我们

的传统产业。"互联网＋"创新作为《"互联网＋"行动》中 11 大专项行动之首,还深深融入其他 10 个行动之中,通过扫除互联网与各行业融合发展所遇到的法律、监管、体制机制障碍,鼓励新技术、新产品、新模式和新业态的发展,为创新驱动战略取得进一步实质进展。

众创空间是互联网时代促进创新创业的新平台。《"互联网＋"行动》鼓励支持创新驱动,促进互联网平台新经济成长壮大。"互联网＋"普惠金融、"互联网＋"协同制造等从资金链、创业创新链、产业链等多个维度,构建支持"创业、创新"的普惠性政策扶持体系,充分营造良好氛围、激发全民创业创新的热情。智能制造是互联网与传统产业的融合发展的突破点,并坚持融合发展,推动信息化和工业化深度融合,实现"弯道超车"。

二、三大机遇:风口浪尖、敢为人先的引领之路

经过 20 多年发展,互联网已经悄然渗透至各行各业,并诞生出诸多新兴业态。当前随着互联网加速从生活工具向生产要素转变,其与传统产业的结合日益紧密,以互联网为基础的新兴业态更加密集涌现,"互联网＋"模式将成为企业竞争、产业竞争乃至国家竞争的新常态。浙江作为全国唯一一个信息化和工业化深度融合国家示范区,只有充分发挥阿里巴巴等互联网巨头企业的引领作用,继续发扬浙江人"敢为人先、特别能创业"的独特精神,方能在"互联网＋"的风口浪尖继续引领发展。

(一)破浪前行的机遇:打造"移动互联网＋"动力,建设浙江"全核舰队"

浙江在全国互联网发展大潮中破浪前行。浙江是国内率先将发展信息经济作为一大战略提出的省份,并于 2014 年上半年出台《关于加快发展信息经济的指导

意见》,确立了信息经济在全省经济中的主导地位,为打造浙江经济"升级版"、助推浙江经济转型升级奠定了良好基础。"互联网+"的理念已得到越来越广泛的认可,要持续发挥浙江在互联网行业发展方面具备的良好基础和独特优势,保持第一方阵地位不动摇。

"移动互联网+"将成为浙江经济的核级动力。移动互联网的发展速度,起码是桌面互联网的3倍。全球移动通信系统协会(GSMA)发布报告称,到2020年全球将有一半人口(38亿人)接入移动互联网。当前,以"互联网+"为代表的信息经济已经为浙江培育出世界级航母企业集团。未来,以"移动互动网"为核心的"互联网+"将带动更多中小企业协同创新发展,形成独具浙江特色的"全核舰队",为浙江经济扬帆破浪、再度远航提供不竭动力。

(二)整装待发的机遇:塑造"创客互联网+"基因,加速浙商"万众创新"

浙商在互联网大军中整装待发。浙江人创业创新意识浓厚,与互联网开放、民主、平等的精神本质一脉相承、相辅相成。浙江人的创业精神为浙江植入了"互联网基因",使得互联网经济高速发展,而且形成了一定的比较优势。浙江人普遍表现为求实、重商、通变、坚韧等行为特征,具有敢为人先的品格。

互联网时代将是创客的时代。长尾理论和创客理论的发明者克里斯·安德森指出,互联网时代是创客的时代,创客互联网的时代。在创客互联网的时代,人与产品的关系不再是简单的"消费—被消费"、"生产—被生产"的关系,而是"创造—被创造"的关系。创客互联网,是更加人性、更加开放的互联网。在"大众创业、万众创新"的浪潮下,应继续发扬浙江人改革开放以来形成的"敢为人先、特别能创业"的独特精神,走创业创新道路,鼓励支持草根创业者,营造宽容失败的氛围,保持浙江创业创新热情不降温。

(三)系统变革的机遇:构建"万物互联网+"生态,倒逼浙企"涅槃重生"

万物互联新世界。未来的世界里,每一件物体都有传感器,都有一个单独的IP,一切物体都可控、交流、定位。互联网将大大削减产销之间的信息不对称,加速生产端与市场需求端的紧密连接,并催生出一套新的商业模式即消费者驱动的商业模式(C2B模式),从而实现大规模定制和个性化生产。当然,"互联网+"不是万能的解药,但其必将在不远的未来"连接一切",而且必将成长为未来企业适应的新生态、新环境。

浙企转型新方向。近年来,浙企效益长期低位徘徊、资产盈利水平偏低、制造低端化特征明显,亟须转型升级寻求发展新篇章。"两化深度融合"、"四换三名"给浙企带来转型升级与提质增效,形成智能制造等新业态、新模式,营造信息时代新型生态圈。紧抓浙江大力发展信息经济的契机,乘借"互联网+"的东风,是实现传统企业设计、制造、零售、物流、服务等蜕变提升的有效途径。

三、三大挑战:增速换挡、跨越发展的转型之痛

新常态下,浙江经济发展回归中高速,转型发展迫在眉睫,呈现出许多新的阶段性、趋势性特征:制造模式往智能化、绿色化发展,产业形态都市化、集群化显现,企业逐渐演变为所有者多元化的新型结构,产品消费高端化趋势明显,个性化定制、多品种大批量生产要求越来越高。这些都迫切要求企业主动融入"互联网+",将互联网思维和方式渗透到研发、设计、生产、营销、配送等各环节,并准确识别其中的关键与风险,趋利避害、谋求发展。

(一)"旧思维"VS"新颠覆"的挑战:创新思维与良好环境是关键

互联网将如何颠覆传统行业？传统行业如何应对互联网的颠覆？创新思维与

创新环境是"互联网＋"成败的关键,是被颠覆的传统行业自救的关键。互联网能显著降低创新门槛,创新的主体不再局限于企业内部,普通网民可以凭借移动应用软件平台,像专业人员一样开发出各类新型应用,进行草根创业创新。青年是网络的主体,也是网络创新的主体,他们凭借着张扬的个性、高涨的热情和"初生牛犊不怕虎"的闯劲在"互联网＋"的热潮下崭露头角,颠覆旧有行业。通过金融支持、财政扶持等政策为创业、创新者提供及时的帮助,努力构建良好的创新平台,打造梦想小镇、互联网小镇来集聚各类创新要素,大力营造敢为人先、勇于创新、公正公平、宽容失败的良好氛围。

(二)"老经验"VS"大数据"的挑战:创新模式与管理模式要突破

在 IT 时代向 DT 时代过渡的大背景下,以往依靠经验、因果逻辑的时代已经一去不复返,只有通过大数据分析、相关关系研究,才能够准确、及时掌握最新动态和趋势,否则将陷入疲于应对、苦苦追赶的尴尬境地。在技术创新的同时,应将互联网思维融入商业模式创新、开发模式创新和经营管理创新之中,构建"互联网＋"背景下开放、包容、群智的新产业、新业态、新模式。针对浙江制造面对的国际分工转移和国内梯度转移现状,应用互联网手段进行全球资源整合和优化布局,打造新时期的互联型经济,方能有效应对新时期的变革与挑战。

(三)"旧隐患"VS"新风险"的挑战:信息安全与网络风险需警惕

近年来,各类智能应用终端发展得风生水起、如火如荼,在传统的生产安全、质量安全被一次次推上风口浪尖的同时,信息安全与网络风险问题受到了前所未有的关注。腾讯《雷霆行动网络黑色产业链年度报告》数据显示,我国每日均有 54 万手机中毒;通过 WiFi 钓鱼工具获取用户信息、给消费者造成财产损失的手段更是层出不穷。另一方面,由于我国手机、PC 机和彩电等各类智能终端的核心芯片和操作系统等关键技术主要依赖进口,产业生态链并非由我国控制,也埋下了个人隐私、商业秘密甚至国家机密的重大安全隐患。各类互联网技术在方便广大消费者的衣食住行的同时,也在无形中暴露了个人的所有相关信息。如何制定合理规范、突破相关技术壁垒、完善监管体系已成为当前迫在眉睫的关键任务,否则"互联网＋"的所有行动就缺乏保障。

（2015 年 7 月 31 日）

从供给侧改革看经济转型

党的十八届五中全会提出"创新、绿色、协调、开放、共享"的指导思想，是在中国经济百年崛起的第二个"30 年"，党的经济工作方针的重大转变。"创新"力求解决动力机制的转换，"绿色"着重强调经济和环境的相容和统一，"协调"突出的是产业发展和空间布局的结构性优化，"开放"重点关注国际新贸易环境和条件下，如何打开"走出去"和"引进来"的新局面，"共享"意在加快提升民生服务、社会福祉的公平、公正性。这十个字形成了新常态下中国经济社会发展的崭新理念。

一

短缺经济背景下，发展经济就是着力解决供给问题。回想改革开放初期，中国共产党在十一届三中全会上确立了中心工作转移的指导思想。"一切以经济建设为中心"十个字，是那个时期全党上下最大的共识。当时中国经济社会发展最大的问题，是老百姓日益增长的物质文化需求（尤其是对物质的需求）和严重落后的社会生产之间的矛盾。换句话说，最大的问题是"没有东西"，最核心的任务是尽快解决"有东西（供给）"的问题。所以，在那个时期发展是第一要务，这个要务就是要"有东西"。

人类近五百年的发展历史，就是一部以提高供给能力为主导的工业化历史。从农业社会迈向工业社会、从工业社会迈向信息社会，这是历史的必然。这种历史的道路，先后经历了两次工业革命，现在正逐步向第三次工业革命转变。从生产率的标志看，第一次工业革命的标志是蒸汽机，第二次工业革命的标志是电动机，第三次工业革命的标志是计算机。之所以称之为"工业革命"，那是因为这种变化可以改变一个国家和民族在世界民族之林的位次。

值得注意的是，每一次科技革命都极大地提高了劳动生产率，改变了不同国家的命运，但"工业"这两个字始终没有改变。工业是什么？工业就是供给！工业生产就是供给侧！假如把十一届三中全会所提出的"有东西"的任务，理解为工业生产的话，中国经济百年崛起的第一个"30 年"，发展的重点就是解决"供给 1.0"的问题。

二

中国经济的第一个"30 年"后，中国 GDP 总量在 2010 年超过日本，从而成为全球第二大经济体。中国工业涵盖工业门类中全部的 39 个大类、525 个小类，是全球除美国以外唯一一个工业门类最齐全的国家。根据外媒报道，2012 年，中国的贸易总量达到 4.2 万亿美元，首次超过美国，成为全球最大的货物贸易大国。

十八届三中全会在总结 30 多年改革开放历史经验时指出，中国共产党坚持走中国特色的社会主义道路，取得了巨大的成就，这种中国经验理应具有"道路自信、制度自信、理论自信"。以浙江为例，30 多年来，浙江抓住历史机会，坚持走民营经济内源式发展道路，敢为人先，实现了从"计划经济到市场经济、封闭经济到开放经济、块状经济到产业集群、农业经济到工业经济、基本温饱到总体小康"的五个大跨越，成为中国模式的浙江版本，风景这边独好！可以这样说，浙江是"中国特色道路之信"的最佳样本。概括起来讲，经过 30 多年的发展，中国"有东西"的问题已经彻底解决了。中国经济"供给 1.0"的问题，已经得到了较好的解决。

三

国家和区域经济问题的分析观察，当然不仅仅是"供给"的问题，还有"需求"的问题。经济活动要完成最基本的周期，必须实现从"供给（生产）行为"到"需求（市场）行为"的转化。然而实践证明，这种转化也会存在较大的风险。如果不能够顺利地实现这种转化，经济活动也会随之停止和中断，从而造成巨大的社会资源浪费。马克思曾经形象地称这种从产品到商品的转化行为是"惊险的一跳"。

其实，中国经济在进入新世纪的十多年以来，一直十分重视市场端的问题。从"十五"计划开始，中国经济就一直在努力扩大内需，激活市场。无论是外需还是内需，都给中国经济的发展注入过巨大的动力。尤其是中国加入 WTO 后，世界市场向中国的开放，使得外贸成为拉动中国经济发展的"基础性力量"。但是，2008 年金融危机以后，外贸拉动中国经济的效用在下降，直接导致中国外向型经济的动力减弱，特别是外向化程度比较高的省份，如广东和浙江，在 2009 年后经济发展减速的趋势十分明显。浙江省在 2009 年到 2011 年的三年中，最低经济增速下降到 3.2%，被称为从"模范生"到"落后生"。

在此背景下，通过扩大内需来弥补外需带来的经济发展动力不足，成为近 3—5 年最大的经济政策导向。"家电下乡"等各种消费刺激政策，成为宏观调控最大的政策取向。但是，实践证明，这种政策取向对于中国经济的拉动效果并不明显。一方面从供给端看，截至 2015 年 10 月，中国 PPI 指数已经连续 46 个月负增长，中国经济供给持续萎缩，而且尚存在继续下行的可能；另一方面，中国市场已经成为全球的"稀缺资源"，尤其在终端消费品领域，几乎大多数品牌均为外国产品主导市场。从马桶盖、奶粉、书包，到 2015 年中秋和国庆期间，中国游客狂购日本商场，消费超过 1000 亿日元等标志性事件，让人们开始更加全面系统、精准科学地考虑宏观产业政策的走向。

四

今天的中国，已经成为全球最大的市场，关键是我们的供给能否成为满足这种市场的主导力量。为了实现中国经济的持续健康发展，我们不仅要注重需求端，更要注重从供给端突破。中国经济并没有完成工业化，没有供给端的转型升级，就不会有中国经济真正的转型升级发展。依托现代科技发展，人类社会将从第三次工业革命向第四次工业革命跨越，必须抓住计算机、信息化的历史机遇，借鉴德国"工业 4.0"、美国"工业互联网"的经验和做法，努力实现工业经济的创新驱动发展，在提质增效上下功夫，这是贯彻落实《中国制造 2025》的重要指导思想和根本路径。从适应市场、满足市场到引领市场、创造市场，必须从供给端发力，打造"供给2.0"，是理解供给侧改革的重要逻辑起点。

如果说近现代史告诉我们，中国文明的失落是供给端工业能力不足所致，那么2008 年金融危机以来，发达国家在重构世界经济新格局、再造世界经济新优势的过程中，同样依赖于的这种供给端的能力，这应该成为中国这种大国、浙江这种大省在谋划未来经济发展过程中需要形成的最大共识。工业兴，则经济兴；工业强，则经济强。

当然，必须要指出的是，理解供给侧理论创新，不仅仅是"物质"层面的供给能力提升问题，更应该包含制度层面的供给创新问题。物质层面的"供给 2.0"，主要推动力量是技术创新,而制度层面的"供给2.0",主要推动力量是改革。要最大限度地导入创新要素、激活创新元素、转化创新成果,必须在改革上下功夫。如果说《中国制造2025》是更加注重物质层面的发展战略部署,那么《"互联网+"行动计划》,就是更加注重制度层面的改革推进。"互联网+制造",使智能制造成为可能;"互联网+政务",使智慧政府成为可能;"互联网+服务",使智慧物流、电子商务、现代金融等成为崭新的业态。这种"+",不是以淘汰、消灭为主要价值导向,而是以创新、增值为主要价值导向。改革就是要最大限度地有利于经济的发展,社会效率的提升和政府管理能力的改善。

市场不接受次品,这是数学大师纳什的博弈论告诉我们的最基本的道理。供给侧改革,为中国经济转型升级指明了方向,迫切要求制造业提升中高端供给能力,以真正满足已经进入中等收入水平的中国社会,解决中高端需求"新短缺经济"。这是中国产业界在未来一段时间里最大的使命,也是党的十八届五中全会提出的供给侧问题的最大看点,更是中国经济崛起第二个"30年"的重要战略部署。

"十三五"是浙江经济社会发展十分关键的时期,贯彻落实供给侧改革的指导思想,就是要以浙江省委、省政府确定的七大万亿产业为重点,抓住智能制造这个核心环节,继续大力推进以"四换三名"为重点的转型升级组合拳,努力促进制造业发展进入中高速、中高端,实现从制造到创造、速度向质量、产品到品牌的跨越,努力实现新常态下浙江工业发展的新跨越。

(原载《今日浙江》2015年第23期)

遵循客观规律　化解过剩产能

　　"去产能"是当下经济界最热的话题之一。化解过剩产能,淘汰"僵死"企业,实现经济要素资源的优化和配置,把优质经济资源重心配置到有效供给中,是贯彻中央供给侧改革要求的重要体现。如何科学理解产能问题,遵循产能管理的客观规律,发挥市场在资源配置中的决定性作用,有效地化解过剩产能,是中国经济适应新常态的客观要求,也是"十三五"开好局、起好步的中心任务。

　　产能过剩是一个相对的概念。市场经济条件下,大多数情况下产能都是一定程度上过剩的;完全的产能和市场适配,基本上是不存在的。要针对浙江的实际,排查摸底,务求精准,才能对症下药,科学化解。

一、科学分析产能

　　产能是什么? 产能是指在计划期内,企业参与生产的全部固定资产,在既定的组织技术条件下,所能生产的产品数量,或者能够处理的原材料数量。产能是反映企业所拥有的加工能力的一个技术参数,它也可以反映企业的生产规模。可以这样说,产能是一个企业甚至是一个区域,乃至一个国家的经济核心能力。新中国成立后,在计划经济时代,我国奉行"独立自主、自力更生"的原则,经过30多年的努力后,终于基本建成了相对独立和完整的工业体系。中国是世界上少数拥有联合国公布的所有525个工业门类的国家之一。这样的产能,承载了新中国经济和社会发展最大的使命!

改革开放以来,为了解决人民群众不断增长的对物质文化生活需求和严重落后的生产力之间的矛盾,我国把扩大产能作为发展生产力的重要抓手,尤其在终端消费品领域,通过引进项目,"短、平、快"很好地满足了老百姓的一般需求,如当时的收录机、彩电、冰箱、化纤等一大批国外十分成熟而国内仍然需求较为迫切的技术和项目。巨大的需求能力,迅速拉动了国内这些行业的爆发式增长。廉价的劳动力、巨大的市场需求、地方政府强力的发展愿望等各种因素,成就了中国经济爆发的大时代。可以说,在很多领域,企业抓住改革开放的有利时机,产能的快速扩大,成为了中国经济发展最亮丽的一道风景线。产能指标也成为了中国工业化进入中后期十分重要的证明。

然而,随着国内工业化程度的不断提高、市场化进度的不断加快、国际化水平的不断提升,国内产能量的扩张和质的提升之间的矛盾日益严重,突出表现在两重结构性之间的矛盾:一是低端产能的不断扩大和高端产能的严重不足之间的矛盾;二是低端市场供给严重过剩和高端市场供给严重不足之间的矛盾。特别是2008年全球金融危机以来,随着国际经济逐步进入"平庸增长"时代,国际经济发展开始呈现出明显的长周期特点,国内以制造业为主体的工业经济产能过剩问题开始显现。以浙江为例,如缝制设备领域,据不完全统计,全省最高的年产能超过500万台,实际的产量已经超过300万台,而市场的实际需求不到100万台。而且由于产品质量、档次等多方面的原因,在最近的5—10年中,产品市场销售均价从2000~3000元/每台,一路下滑到1000~2000元/每台。一方面,企业的生产成本具有

"刚"的特点,无法下降;另一方面,生产收入价格明显下滑,必然的结果就是行业性、整体性、区域性的经济下行。而与此形成鲜明对比的是国外的高端品牌,以技术的先进性、功能的完整性、服务的卓越性,市场价格一路高歌猛进,引领市场潮流,甚至开始呈现垄断优势的发展格局。

"十二五"期间,根据工信部网站公开公布的信息,原材料工业,包括钢铁、有色、石化、化工、建材五大行业,产能过剩问题均比较突出,平均产能利用率在60%～70%之间。装备工业,包括机械、汽车、民用船舶三大行业,产能过剩问题相对较好,但船舶工业,尤其波罗的海干散货指数(BDI)一路走低,产能利用率仅30%～40%。消费品工业,包括轻工、纺织、食品、医药、家电五大行业产能利用也在50%左右。

从浙江的情况看,根据省工业经济运行监测数据,全省37.5%的企业设备综合利用率低于70%。而且越是大企业,产能的利用率越低。抽样调查数据显示,2015年四季度,全省有27.6%的大型企业、36.9%的中小企业、52.2%小微企业设备利用率低于70%。

总体上讲,产能的结构性过剩,已经成为制约当前经济发展的主要矛盾。2016年度中央经济工作会议把"去产能"作为重要的战略性举措,是在科学分析我国产能现状基础上所做出的科学判断。

二、产能问题产生的主要原因

结构型产能过剩。中低端产能尤其是低端产能的过剩,成为产能过剩问题的主要矛盾。如传统轴承制造行业,是国内机械加工行业的重要基础工业,国内大多数产品均为3万转/分钟以下的中低速轴承,浙江大部分轴承生产企业的产能,也是如此。然而,随着"工业4.0"时代的到来,特别是智能化加工设备,大量高速轴承成为市场的主流,7万~8万转/分钟的转速,才能满足新一代市场的需求。大量的中低速轴承产能过剩就成为行业的突出矛盾和问题。结构性的产能过剩,是当前产能过剩问题中最突出的矛盾。

外需下降型产能过剩。此类产能主要有两个方面因素,一方面是国际市场"潜在替代者"的涌现,所带来的产能过剩。东南亚特别是越南、印度等国家制造业低成本扩张,产能迅速提升,市场产品供给不断增加,使得国内制造业大量订单的流失,导致产能过剩问题突出。另一方面是2008年金融危机以来,全球贸易市场的萎缩,直接导致市场份额的减少,一定程度上就是第三次世界经济危机。危机发生以来,世界经济复苏缓慢是一个不争的事实,以油价为标志的大宗商品价格,跌至近50年来的最低,出乎大多数人的预期。以浙江为例,2015年1—11月,全省规模以上工业出口交货值同比下降3.6%。

技术性产能过剩。进入新世纪以来,新一轮的科技革命,大大加快了产业共性技术的提升。技术创新能力的提升,大大降低了产业进入的门槛,使得较多的制造业领域迅速从不完全竞争、高额利润时代迅速走向完全竞争甚至过度竞争的市场格局。在传统的石化、建材等领域,技术进步所带来的产业门槛降低,行业竞争迅速加剧,亏损企业不断增多,产能浪费现象严重。

渠道型产能过剩。21世纪,以互联网为标志的商业渠道创新成为经济转型升级发展的重要标志。习惯于"逐级批发、门店销售"的传统制造企业,在电子商务新商业渠道的颠覆性改变下,显得无所适从。以个性化需求为标志的新市场特点,直接导致原来排浪式生产、规模化制造所带来的严重供需失衡。传统制造企业,如果仅仅把电子商务、互联网作为工具来使用,而没有积极营造从客户到工厂(C2F)的经济生态,企业原有的产能很快开始变得严重过剩。特别是随着分享经济的崛起,以 Airbnb、Buer 等企业为标志的新经济形态的不断出现,大大加快了传统制造型企业的产能过剩。

政策型产能过剩。2008 年以来,为了加快经济发展方式转变,促进产业结构战略性调整,国家出台了 11 个领域的传统产业调整振兴规划和七大战略性新兴产业规划,并且配套出台了 4 万亿的产业投资计划。产业发展的良好前景、投资政策的有力扶持,加上地方应对危机的积极有为,很多经济领域的产能在短时期内呈现出爆发性增长。传统产业领域,如船舶产能,得到"倍增式"的发展。"十一五"造船的完工量迅速超过韩国、日本,"十二五"受世界经济低迷的影响,大量产能开始放空。新兴产业,如光伏产业,在无锡尚德神话的榜样影响下,几乎从各省、到各市、县、乡,都把发展光伏产业作为第一战略性新兴产业,形成了天量的光伏产能。

必须指出的是,产能过剩是一个非常复杂的问题。各种类型的产能过剩问题,往往交织在一起,而且由于企业规模、行业特点、技术水平、经营理念等方面的差异,不同领域的产能过剩问题,要区别对待、科学研究,才能采取积极的措施加以解决。

三、化解产能过剩的路径思考

在市场经济条件下,企业是市场经济的主体,应对未来经济的不确定性,必须让"看不见的手"来管理市场。从根本上讲,化解产能过剩要按照党的十八大精神提出的"让市场对社会资源的配置起到决定性的作用"。科学理解中央化解产能过剩问题的要求,结合当前经济运行的实际,要着力做好以下方面文章:

第一,要切实加强产能问题的研究,科学把握产能。产能过剩是一个相对的概念,市场经济条件下,大多数情况下产能都是一定程度上过剩的。完全的产能和市场适配,基本上是不存在的。要针对浙江的实际,排查摸底,务求精准,产能对症下药,科学化解。

第二,把创新驱动放到更加突出的位置。俗话说,没有淘汰的产业,只有落后的技术。化解产能过剩,要把改造放在首位,而不是把淘汰放在第一。产能过剩问题从本质上,是创新驱动不力所带来的,要把产业技术创新能力提升作为化解产能问题的重要抓手,从产业发展的战略视角来化解。

第三,顺应国际商业规则的新趋势,努力保持和扩大国际市场份额,化解产能。浙江经济的外向度高,国际外需市场尽管有所下行,但仍然具有潜力。"十三五"以"一路一带"为标志的国家改革开放新格局,将为国际市场拓展提供崭新的历史机遇。要针对重点国别、地区,加大市场开拓力度,创新市场开拓方式,为产能化解寻求新动力。要积极开展产能合作,加快产能转移。

第四,政府要加大产能信息的发布和导向,为企业扩大有效投资提供良好的服务。对企业来说,今天的投资结构就是明天的产业结构和产能构成。市场经济的信息发现,对于投资者来说,永远是滞后的。政府作为经济社会发展的组织者和领导者,要充分运用大数据等现代信息技术,开展有效的数据挖掘,最大限度地为企业投资提供科学的信息服务,有效引导产能发展。

第五,加快市场倒逼,淘汰落后产能,处置"僵死"企业。要因地制宜,制定化解产能过剩问题的系统政策。同时,要从当前最突出的问题入手,采取果断措施,加以淘汰式化解。转移一批、淘汰一批、处置一批,力求在较短的时间内取得实效,为产业的新发展提供新空间、新机遇。

（原载《浙江经济》2016 年第 2 期）

浙江工业经济的主要短板及对策建议

短板就是主要矛盾，就是矛盾的主要方面，短板并非相对"长板"，而是相对于整个木桶的装水能力而言。短板既是问题，也是方向，更是潜力。当前，工业经济的短板是影响浙江如期实现全面建成小康社会目标的主要因素。本文以问题为导向，着眼全局，拓宽视野，经过问卷调查、专家访谈、集中研讨等多种形式，宏观、中观、微观分析相结合，指出了浙江工业经济当前存在的技术创新能力不足、龙头企业实力不强、高新产业发展不快、工业优质项目不多、劳动生产率不高等五大主要短板。立足当前、面向"十三五"，提出突出七大产业、丰富浙商精神、实施创新驱动、聚焦优质项目、推进四破攻坚等五大补齐短板的对策建议。

一、短板问题的由来

2015 年 12 月，中央经济工作会议在北京举行，习近平发表重要讲话时明确指出，经济社会发展的关键点主要是抓好去产能、去库存、去杠杆、降成本、补短板五大任务。浙江省委书记夏宝龙强调，补短板是一个重大的理论和实践命题，要认认真真找准短板、扎扎实实补好短板。工业经济是浙江经济转型升级的主战场和决定浙江经济转型升级成败的主导力量。坚持问题导向,认认真真找准短板,扎扎实实补好短板,对于当前浙江做好经济工作具有十分重要的现实意义,也是"十三五"起好步、开好局的中心任务。

短板问题依据"木桶理论"提出,深度契合五大发展理念中的"协调"理念,意指制约系统能效发挥整体水平的关键决定因素不是长板,而是短板。究竟何为短板?简单地讲,短板就是主要矛盾和矛盾的主要方面,在不同的发展阶段,短板的表现形式不同。就当前浙江工业经济的主要短板而言,需把握三个要件:一是必要性,即短板必须是工业经济发展过程中的必要因素,是必须要有的,没有这块板浙江工业经济就难以为继;二是"可补"性,短板往往是长期矛盾积累的结果,是可以通过努力来改变的;三是整体效应性,即短板的提升带来的效果不仅仅是某一要素的升级,更重要的是提高了区域经济的整体发展水平和竞争实力,打通一处而全盘皆活。因此短板既可能是劣势,也可能是不够突出的优势;既是问题,也是方向,更是潜力。"短板"体现出差距和不足,因此往往就是最佳的突破口,"短板"又意味着发展的巨大潜力,补齐了短板,意味着更大的发展。当"短板"补齐之时,也应该是浙江工业经济成功转型和高水平全面建成小康社会之日。

二、浙江工业经济的五大短板

浙江工业经济经过多年的转型升级,虽然已经取得了较好的成就,但是和国际先进水平相比,和现代科技发展趋势相比,和兄弟省市相比,和"十三五"发展目标相比,仍然存在一些比较明显的短板。这些短板成为制约浙江工业经济创新发展的主要因素,突出表现在以下五个方面:

短板一:技术创新能力不足

2014 年,浙江研发投入水平居于全国前列,其中规模以上工业企业研发投入占主营业务收入的比重为 1.19%,全国排名第 2 位,仅次于上海;规模以上工业企业 R&D 经费支出为 768.15 亿元,全国排名第 4 位;R&D 人员全时当量①为 29.03 万人年,全国排名第 3 位。

"十二五"期间,浙江工业企业研发投入水平相较我国其他省市而言排位靠前,但相较于国际先进水平还有较大差距。2012 年,浙江研发支出占 GDP 的比重为 2.08%,低于世界平均水平的 2.2%,远低于美国的 2.8%。在 PCT 专利申请量方面,2014 年浙江申请 849 件,远低于广东 13332 件、北京 3606 件、江苏 1610 件,甚至低于华为(3901 件)、中兴(2801 件)、京东方(1145 件)等单个企业申请量,全省无一家企业入围国内企业 PCT 申请量前十。浙江规模以上工业企业拥有研发机构 9049 个,科技活动人员 51.32 万人,高中级职称人员(9.36 万人)仅占 18.2%,平均每个研发机构拥有科技人员 56.7 人,与广东、上海、山东相比存在较大差距;浙江人均技术市场成交额仅为 158.4 元,全国排名第 16 位,低于全国平均水平(627.1 元),远远落后于全国排名前三的北京(14580.7 元)、天津(2561.7 元)和上海(2442.4 元)。

自 2013 年浙江省委十三届三次全会做出浙江全面实施创新驱动发展战略、加快建设创新型省份的决定以来,浙江虽然已初步形成以企业为主体的自主创新体系,但长期以来由于多种原因所形成的科技创新能力不够强,科技与经济"两张皮"的状况并没有从根本上得到改变,已经成为制约浙江工业经济发展和进步的第一块短板。

---

① R&D 人员全时当量是由参加 R&D 项目人员的全时当量及应分摊在 R&D 项目的管理和直接服务人员的全时当量两部分相加计算,以反映从事 R&D 的实际人力投入量。

短板二:龙头企业实力不强

"十二五"期间,浙江工业大企业数量不增反降,从 2011 年的 621 家减少到 2014 年的 598 家,平均产值规模则由 27.5 亿元下降到 26.8 亿元。2014 年,世界 500 强企业中内地企业上榜 94 家,其中北京 52 家、上海 8 家、广东 7 家、山西 6 家,浙江仅有物产和吉利两家,分别排名第 345 和 466 位。全国 500 强企业中浙江上榜企业 42 家,比上年减少 3 家,其中没有一家企业进入前 100 强。跨入"千亿级俱乐部"企业也仅 5 家,入围企业营业总收入 2.45 万亿,低于广东、江苏、山东、上海,净利润 512.7 亿元,仅为广东、上海的 1/4。同时,广东、江苏入围企业平均主营业务收入分别是浙江的 1.8 和 1.2 倍,浙江入围企业平均资产仅为广东的 1/10 左右。

从品牌价值看,2014 年中国最具品牌价值 500 强中,浙江品牌价值最高的"娃哈哈"为 757.3 亿元,排在茅台、五粮液、洋河之后;浙江最大的家电奥克斯品牌价值为 155.4 亿元,仅为"格力"的 14.0%;吉利汽车品牌价值 289.4 亿元,为"东风汽车"的 63.4%。浙江前 10 位的品牌价值之和为 3982.4 亿元,仅为广东(9811.7 亿元)的 40.5%。

尽管"十二五"期间,浙江以"三名工程"为抓手,努力培养本土化国际公司、国家企业,但是和第一方阵各省市相比,浙江龙头企业不够大、不够强,已经成为制约浙江工业经济转型升级的第二块短板。

短板三:高新产业发展不快

"十二五"期间,浙江纺织、家具、皮革等传统产业在国内市场占比排前三位,但高新技术产业占比明显偏低。2014 年,浙江高新技术产业产值为 2.3 万亿元,占规上工业的 36.2%。浙江高技术产业企业数和从业人员占全国的比重分别为 8.9% 和 5.2%,远低于广东(21.6% 和 29.4%)和江苏(18.9% 和 19.0%),主营业务收入、利润总额、出口交货值、R&D 人员平均 R&D 内部经费支出等关键指标均低于广东、江苏和上海,表明浙江高技术产业的盈利能力、产品附加值、资产利用效益、技术研发投入、自主创新能力与兄弟省市相比,还存在较大差距。浙江高技术产业 R&D 经费投入强度和人员投入强度(3.2%,9.97%),与国际标准(7.1%,10%以上)还有较大差距。浙江作为全国首个提出"转型升级"战略的经济大省,又是全国首个转变经济发展方式的综合试验区,虽已开展了"四换三名"、七大产业培育等一系列转型升级组合拳,并取得一定成效,但浙江产业领域,尤其是高技术产业领域发展缓慢,已成为制约浙江工业经济转型升级的第三块短板。

短板四:工业优质项目不多

近年来,浙江工业领域的投资出现了增长趋缓、占比下降的趋势,全省工业投资增速从 2012 的 16.2% 下降为 2015 年的 11%,占全社会固定资产投资比重从 2011 年的 36.8% 下降为 2015 年的 32.8%,究其原因,是工业领域可投资优质项目不足。从项目单体规模来看,大项目偏少,近几年每年实施的 5 亿元以上制造业项目不足 400 个;从投资综合收益看,好项目不多,2014 年浙江工业投资效果系数(滞后两年)为 0.28,既低于同期浙江全社会固定资产投资拉动系数(0.32),也明显低于广东(0.65)、江苏(0.42)、山东(0.30)等兄弟省市;从项目分布来看,创新性强的高技术项目不足,2014 年,浙江省工业投资中高新技术产业投资额为 1828.8 亿元,占工业投资比重为 23.2%,远低于江苏省的 7172 亿元的投资额和 35.4% 的占比。

"大、好、高"工业项目的不足已开始影响浙江工业领域投资意愿和创业的导向。浙江省工业经济运行监测平台 2015 年 12 月对 12106 家工业企业的调查显示,未来 3 个月无投资意愿和抱观望态度的企业分别占 63.46% 和 31.38%,仅有 5.16% 的企业表示有投资意愿。从创业群体看,国家统计局杭州调查队 2014 年对 849 家新设立小微企业和个体经营户跟踪监测的结果显示,新设立制造业企业仅为 6.2%,工业领域创业动力明显偏低。

今天的投入就是明天的产出,今天的投资结构就是明天的工业结构。近几年,浙江将"浙商回归"作为推进转型升级,解决离制造化、离本土化等问题的重大战略。但据统计,"浙商回归"项目中制造业项目比重仅为三分之一左右,且单体规模大、产业层次高、经济关联度强的特大项目屈指可数,高端制造业项目比例偏低。工业领域优质项目的不足已经成为影响工业发展后劲的第四块短板。

短板五:劳动生产率不高

2011年,浙江人均工业增加值达2.69万元,排在全国第5位,相当于天津的67.06%、上海的87.51%、内蒙古的93.94%、江苏的95.29%。"十二五"期间,浙江大力推进"两化深度融合",通过实施"机器换人"工程有效提升工业企业劳动生产率。2014年,浙江人均工业增加值提高到3.05万元,赶超上海(3.04万元),但仍然落后于天津(4.67万元)、江苏(3.39万元)和内蒙古(3.16万元),排在全国第4位。

从国际比较来看,2013年浙江人均工业增加值约为0.47万美元[①],与波兰(0.48万美元)处于同一水平,但是和其他主要国家相比仍然存在相当大的差距,仅为德国的32.75%、新加坡的33.10%、美国的42.82%、日本的45.95%、韩国的46.59%、法国的55.10%、英国的55.39%,劳动生产率不高已经成为制约浙江工业企业参与国际竞争的主要因素之一。

加快转型升级、转变发展方式的核心是效率提升,劳动生产率水平不高的背后是浙江长期以来低层次产业比重过大、产品附加值过低、企业创新能力薄弱、制造方式传统等深层次结构性问题。没有高水平的劳动生产率,实体经济就很难摆脱"低端锁定",企业发展就很难实现高效益,供给侧改革就很难真正实施到位。劳动生产率不高的问题已经成为浙江工业经济的第五块短板。

---

① 2013年浙江省省人均工业增加值为2.88054万元人民币,当年人民币对美元平均汇率为6.1932。

以上五块短板是制约浙江工业经济转型升级、创新发展的主要因素。除这些因素外,民营企业的治理结构相对落后、"两化融合"的工业应用相对滞后、工业产品质量退化、企业家综合素质不适应新常态要求、工业发展环境相对弱化等问题,也需要引起足够重视。

三、有关对策建议

按照"十三五"规划的要求,抓住实施"中国制造 2025"、"互联网＋"行动计划的机遇,补短板、增优势,建议实施"五有"补短板工程,努力建成制造强省,为浙江高水平全面建成小康社会提供有力支撑。

对策一:突出七大产业,实现结构有升级

突出七大万亿级产业,补强高新技术产业、新兴产业短板,更加注重"加减"并举,加快低水平供给能力向中高水平供给能力升级。一是主动借力"互联网＋",发展七大万亿产业。实施好信息、时尚、节能环保、高端装备制造业等七大万亿产业发展规划,更加注重围绕"互联网＋"培育高新技术产业。二是坚决打好中低端产业"去产能"攻坚战,探索开展产业结构调整负面清单目录管理,系统推进国家、省级淘汰落后产能计划任务的完成。深入实施"低小散"块状行业整治提升"十百千万"计划。三是扎实推进高能耗行业"节能减排"。实施重点产业能效提升行动,发布一批重点用能行业"领跑者"标准,推广一批节能节水新技术、新产品,建设一批国家循环化改造示范试点园区和国家低碳工业试点园区,培育一批绿色工厂、绿色企业、绿色园区。

对策二:丰富浙商精神,实现名企有影响

补强知名企业短板,丰富"浙商精神"新内涵,支持企业家与时俱进、拥抱互联网思维、开拓国际视野,培育新常态下的名企名家,打造"浙江制造"新优势。一是提升企业家适应新常态的综合素质。鼓励企业家加强自我修养,不断更新观念、更新知识,摆脱旧的路径依赖,掌握认识发展趋势和准确分析经济形势。政府要积极创造名家培育的沃土,提炼浙商精神新内涵,提升浙商文化新高度,对企业家开展分领域、分层次、多形式的培训,加快新生代企业家成长,培养具有互联网思维和全球化视野的高水平现代企业家。二是培育具有国际竞争力的大企业、大集团。以培育"三名"企业为重点,开展精准服务,支持上市公司发挥资本市场优势开展并购重组,加快本土企业成长,力争上市企业翻一番,全球500强企业达到3～5家。抢抓国家战略实施机遇,主动对接央属企业、跨国公司和大型民营企业,积极引进一批大企业、大集团。鼓励有条件的大企业加强全球资源配置与整合,加快提升技术、研发、品牌、管理、营销的国际化水平,打造跨地区、跨行业、跨所有制的综合性国际企业。

对策三:实施创新驱动,实现名品有市场

补强技术创新能力短板,更加注重"供需"互动,加快从低水平供需平衡向高水平供需平衡跃升,增强"浙江创造"新优势。一是优化技术创新体系,加快突破核心关键技术。争取国家制造业创新中心布点,规划省级行业制造创新中心。全力建设杭州、宁波国家自主创新示范区,规划建设杭州城西科创大走廊,鼓励各地加快建设众创空间、省级企业研究院等创新平台。完善省级企业研究院、高新技术企业研发中心、产学研联盟、技术创新联盟、创新团队、中试基地等载体,支持加大重大科技基础研究专项、重大科技攻关专项、重大科技示范应用专项的攻关力度。二是打造中高端品牌,提高国内外市场竞争力。围绕消费需求升级,加快科技成果产业化、传统产品新型化、新型产品规模化,全面推进产品改造升级,提高中高端产品供给能力。加大国家品牌培育示范,加大对企业培育品牌的政策支持力度,构建品牌建设梯度提升体系。加强品牌整合,推进品牌国际化,推动出口结构优化,扩大国际市场份额,培育若干国际知名品牌。

对策四:聚焦优质项目,实现发展有后劲

补强优质投资项目和劳动生产率短板,提高投资有效性、针对性,谋划开放发展新篇章,要更加注重"上下"共进。一是紧密结合国家重大战略,积极谋划大项目。积极对接"一带一路"、"中国制造2025"等国家战略,加强省内资源整合,全力争取一批事关制造业转型升级的重大国家项目落户浙江。二是推进省内重大战略向工业领域倾斜。继续实施新一轮"浙商回归",进一步加大实体经济,特别是先进制造业"浙商回归"项目的扶持力度;在100个特色小镇甄选与培育中,确保制造类特色小镇占据主导地位。三是提升技改投资有效性,落实一批智能制造示范项目。以智能制造为主攻方向,加快推进企业技术改造,开展智能制造(数字工厂)示范,建成一批智能化工厂,培育一批工程技术服务公司,力争把浙江打造成为对接"中国制造2025"的国家智能制造示范区。四是挖掘"大众创业、万众创新"好项目。鼓励大众创业者应用新技术、开发新产品、创造新需求、培育新市场、打造新业态,为经济发展注入源源不断的动力和活力。充分发挥科技、中小企业专项资金和各类创业投资引导基金的作用,重点发掘和支持一批技术领先、带动性强的创业创新项目。

对策五:推进"四破"攻坚,实现政府有作为

凝聚合力补齐短板,增强"浙江模式"新优势,更加注重发挥市场在资源配置中的决定性作用,理顺政企关系,实现政府有作为。一是破解能源资源市场化配置难题。逐步取消土地供应"双轨制",完善差别化水价和惩罚性水价制度,探索推广用能权确权和交易制度,推行排污权市场化交易。二是破解产业资金供给不足难题。创新财政资金扶持产业发展的方式,统筹安排各类支持小微企业和创业创新的资金,加大对创业创新支持力度。积极争取国家扶持制造业发展的产业基金和各类专项资金。三是破解人才短缺难题。破解户口、编制、档案、子女上学、出入境管理等人才流动难题,引进、培育一批领军型企业家、创业创新型企业家、高素质职业经

理人、高技能人才队伍。四是破解企业负担过重难题。实施降低实体经济企业成本行动,全面落实中央出台的降低企业税费负担、社会保险费、电力价格以及清理规范中介服务、清理各种不合理收费等措施。制定涉企收费目录清单,实行"清单之外无收费"。

（原载《经信参阅》2016 年第 3 期）

输送"智造"源头活水

智能制造是"中国制造 2025"的主攻方向。主攻智能制造、推进"两化"融合、发展信息经济,是浙江践行五大发展理念、加快经济转型升级的新路径。"浙江制造"要抢占未来产业制高点,使浙江成为国内领先、有国际影响力的制造强省,要以智能制造为主攻方向。

从 2016 年一季度情况来看,浙江全省制造业数字化、网络化、智能化取得明显进展。尤其是机器换人、工业技改投资取得开门红,其中工业固定资产投资 1688.3 亿元,增长 8.4%;以"机器换人"为重点的技术改造投资,比工业投资增幅高 12.1 个百分点。这主要得益于浙江一直以来,在"取势、明道、优术"上,深入探索浙江"智造"之道。

第一,顺势而为,抢抓智能制造新机遇。近五年来,全球工业机器人销量年均增速超过 17%,发达国家机器人密度普遍超过 200 台/万人,高于我国 36 台/万人的平均密度,智能制造成为新一轮投资热点。2016 年一季度,浙江全省实施以"机器换人"为重点的技术改造投资 1210.2 亿元,增长 20.5%。全省智能制造主要产品产量同比增长 20.5%,随着自动化、智能化设备的广泛应用,浙江工业生产效率持续提升,支撑制造业智能化、专业化、精致化发展的技能基础进一步夯实。

智能制造满足了个性化定制需求,实现了劳动生产率的提高,浙江全省规模以上工业劳动生产率在连续多年较快增长的基础上又同比提高了8.4%。智能化制造稳固了网络化营销基础,网络零售领跑全国,2016年一季度全省实现了网络零售额1610亿元,同比增长31.3%。发展智能制造新模式,加快供给方式走向个性化定制、智能化制造、网络化营销,是浙江制造业创新发展的取势之举。

第二,把握规律,主攻新平台、新产业、新项目。率先培育智造类特色小镇,把智能制造作为特色小镇培育的一个亮点,高质量推进一批智能制造投资发展平台。其中,临安云制造小镇、萧山机器人小镇、嘉善归谷智造小镇、新昌智能装备小镇等已经列入省级特色小镇创建名单或培育名单。

浙江坚决贯彻落实"中国制造2025"和"互联网+"战略。如今,信息经济列居浙江七大产业首位,"浙江2025行动纲要"重点发展机器人与智能装备、通信网络与智能终端等产业,加快迈向产业中高端。浙江信息化指数和"两化融合"指数均居全国前列,拥有全国最大的B2B、B2C、C2C交易平台,拥有阿里巴巴、海康威视、华三通信等一批互联网企业和智能制造企业。

同时,浙江率先开展"机器换人"。浙江已经分行业开展三批"机器换人"试点,以"机器换人"为主的技改投资额占工业投资比重为71.7%,比2015年同期提高7.2个百分点。全省推进百项机器换人示范项目、百项产品升级与工业强基工程示范项目、百项新兴产业示范项目"三个百项"示范项目等,正泰等企业列入国家智能制造装备专项。目前浙江省使用的工业机器人总量占全国的15%,居全国各省、市、自治区第一位。

第三,创新方式,优化高效市场与有为政府的机制。从全省看,"智能制造"市场化推进机制是供给侧结构性改革的重要突破口。结合装备企业推广应用案例情况,浙江已经确定了三批省级"机器换人"工程服务公司名单,杭州凯尔达机器人科技有限公司、浙江陀曼精密机械有限公司等35家企业组成了智能制造系统的技术服务支撑体系。

　　"智能制造"是市场主体突破发展瓶颈的必然需求,同样也离不开政府的政策扶持。全省应加强规划统领,切实引导各地、各类市场主体统一到"中国制造2025"发展战略部署上来。如宁波出台的《关于加快发展智能装备产业的实施意见》指出,五年内,市财政每年将统筹安排1亿元专项资金为智能装备产业"加油",其他专项资金也将优先向智能装备产业倾斜。智能装备产业重点项目还被列入市工业和信息化产业基金直接投资重点,基金每年直接投资额原则上不少于5亿元。

　　第四,智能制造新产品开发推广机制不断完善。《浙江省产品升级与工业强基工程实施方案》和《浙江省重点产业关键共性技术指导目录》相继制定出台,用以探索智能装备新产品保险补偿机制。鼓励企业开展个性化定制、柔性化生产,增品种、提品质、创品牌,抓好中高端产品的开发营销,进一步提高优质产品供给的比重。根据《浙江省加快推进智能制造发展行动方案(2015—2017)》,2015年至2017年浙江将每年培育100项"浙江制造智能精品"。

(原载《浙江日报》2016 年 4 月 29 日)

第三篇

路 径

在创新驱动中走在全国前列

党的十八届五中全会指出："坚持创新发展，必须把创新摆在国家发展全局的核心位置，不断推进理论创新、制度创新、科技创新、文化创新等各方面创新，让创新贯穿党和国家一切工作，让创新在全社会蔚然成风。必须把发展基点放在创新上，形成促进创新的体制构架，营造更多依靠创新驱动、更多发挥先发优势的引领型发展。"这是党和国家在面临经济新常态背景下，把创新发展放到经济社会发展的更高高度。

发展创新型经济、建设创新型国家，是 21 世纪初党和国家在制定科技中长期发展规划时提出的一项战略任务。这是进入 21 世纪以来，我国经济转型升级发展的一个重大战略。根据这一战略，我国希望通过 10—15 年时间的努力，到 2020 年，基本建成创新型国家。此后，在研究制定"十五"、"十一五"、"十二五"发展规划中，创新始终都是一个主基调。但是客观地讲，从传统经济的发展方式到现代经济的发展方式，实现动力转换，将是较为漫长的过程，不可能一蹴而就。创新不仅仅是一个技术进步的问题，更多是一个经济的问题。世界文明演进的历史很好地告诉人们，创新是一个国家和民族进步的灵魂。创新强，则国家强；创新好，则经济好。

进入新世纪以来，新科技革命和产业变革日新月异，特别是近5年来，以新一代信息技术为代表的技术进步，引发了"美国工业互联网"、德国"工业4.0"等新一轮国际竞争热潮。我们国家也出台了《中国制造2025》、《"互联网＋"行动计划》等围绕产业变革的一系列重大产业经济政策，积极引导"大众创业、万众创新"，从目的上就是要使中国经济在百年崛起的第二个30年，能够抓住科技革命的机遇，改变传统经济增长的路径依赖，实现动力机制的根本性转变。

十八届五中全会把创新放到了更加突出的位置，十分重要的原因就是创新的方法和路径随着科技革命的变化发生了重大的变化。一个十分值得关注的现象是，在人类300—500年工业化的历史进程中，先后经历了蒸汽机时代的第一次工业革命、电气化时代的第二次工业革命、信息化时代的第三次工业革命，现在已经开始向第四次工业革命时代迈进，每一次工业革命间隔的时间越来越短，表现在产业演进的周期也越来越短。如果说在二次工业革命中，中国经济没有很好地抓住科技革命的机会，和世界经济的舞台中央失之交臂，那么在第三次工业革命日趋完善、正大踏步走向第四次工业革命的时期，中国必须努力站在时代的前列，顺应科技经济的发展趋势，使创新发展成为第一动力，推动中国实现伟大复兴，这是当今中国最大的历史机遇。因此，党的十八届三中全会就明确指出，实现"中国梦"最重要的力量就在两个方面，一是创新，二是改革。从这个角度上讲，十八届五中全会精神所强调的创新问题，和十八届三中全会精神是完全一致的。之所以十八届五中全会还要再次强调创新，是因为创新的本身也要不断创新。

回顾浙江经济的发展，改革开放之初，浙江是个资源小省、人口小省、面积小省，一言以蔽之，浙江是个小省。但是，30多年的发展历史表明，浙江抓住改革开放的历史机遇，发挥了"千山万水、千言万语、千方百计、千辛万苦"的创业精神，勇立潮头，敢为天下先，以创业创新闯天下的精神，实现了计划经济向市场经济、封闭经济向开放经济、块状经济向集群经济、农业经济向工业经济、基本温饱向整体小康的五个大跨越。"十二五"期间,浙江经济总量超过 4 万亿、人均 GDP 超过 1 万元,经济外向度高、区域协调性好,走在了中国区域经济的前列,被称之为"中国模式的浙江版本"。

但是必须看到,面对新科技革命的变化,浙江经济也面临着转型升级的巨大挑战。20 世纪中叶在拉美等国家出现的"中等收入陷阱",就是浙江面临的典型考验。在 2008 年金融危机中,浙江经济下行,一度成为全国跌幅最快的省份。2009 年一季度,浙江 GDP 增速仅为 3.2%,位列全国倒数。在 2014 年召开的首届世界互联网大会上,时任浙江省省长李强指出,浙江虽然取得了巨大的成就,但是经济发展"过度依赖低端产业、过度依赖资源要素消耗、过度依赖低成本劳动力、过度依赖传统商业模式、过度依赖低小散企业(五个过度依赖)"的问题仍然十分突出。如何实现浙江经济的持续、健康、稳定发展,从传统要素推动向创新驱动发展,实现动力机制的转换,是今后 5—10 年浙江经济必须要着力解决的重大问题。

面对经济新常态,面对风繁复杂的国内外经济形势,2013 年浙江省委十三届第三次全体会议提出全面实施创新驱动战略,是浙江在全面总结转型升级发展实践的基础上,全面部署浙江经济社会发展实现动力机制转换的总动员。2015 年浙江省委十三届八中全会上,按照中央十八届五中全会的要求,再次把创新驱动的战略放到全面建成小康社会、提前基本实现现代化的第一战略。如果说 2013 年的会议是关于创新驱动的一次总动员,那么,2015 年的会议就是关于这一战略的总实践,是贯彻十八届五中全会精神,对创新驱动战略、战术的精准布置。

2015 年颁布的《中国制造 2025》,是新常态下中国经济从相对注重扩大内需到更加注重供给侧管理的纲领性文件。以制造业为主体的工业经济,是实体经济发展的重中之重。"十三五"期间是浙江工业经济实现"由大向强"转变的关键时期,工业经济的发展实现动力的转变势在必行。2014 年 9 月浙江省委专题学习会指出,没有浙江工业的现代化,就没有浙江经济的现代化;没有工业经济的转型升级,就没有浙江经济的转型升级。无论是老牌资本主义国家英国发展的轨迹、还是美国百年一遇的金融危机,都告诉我们,工业是创新的主战场、经济的主阵地。引进创新元素、激活创新要素、转化创新成果是"十三五"期间浙江工业经济创新驱动发展的重要战略路径。

浙江工业领域的创新,不但要抓住科技革命的机会、继续大力推进"机器换人"、"两化"深度融合等,努力实现智能制造,而且还要在现代创意、研发设计、企业管理、市场营销等各个领域,全方位体现创新驱动,实现工业经济方式由传统制造向全要素提升方向转型。如此,才可以为浙江区域经济的全面转型升级、全方位创新驱动发展奠定坚实的制造业基础,有力地支撑浙江经济社会发展继续走在全国前列。

(原载《宣传》2016 年第 2 期)

"一软一硬"加快浙江"制造强省"建设

"一软"指"互联网＋"，代表一种新的经济形态，是发挥互联网在生产要素配置中的优化和集成作用，提升实体经济创新力和生产力的经济发展新形态。"一硬"是指《中国制造 2025》，是我国实施制造强国战略、推进智能制造和提质增效升级的第一个十年行动纲领。"一硬一软"的本质是抓住《中国制造 2025》实施的重大机遇，顺应"互联网＋"发展趋势，将以云计算、物联网、大数据为代表的新一代信息技术与现代制造业、生产性服务业等融合创新，发展壮大新兴业态，打造新的产业增长点，增强新的经济发展动力，推动浙江由制造大省向制造强省迈进。

一、浙江制造强省建设面临的挑战和机遇

(一)浙江制造强省建设面临的挑战

随着全球新一轮科技革命和产业变革、我国经济"三期叠加"阶段性变化，浙江经济发展，特别是制造业发展进入新常态。浙江制造业增长速度逐渐从高速增长

向中高速增长转变,制造业增长动力逐渐从要素驱动向创新驱动转变。今后一段时期,浙江制造业发展将面临国际竞争加剧、资源环境约束趋紧、低端产能过剩严重等挑战,同时又存在自主创新能力不足、融合绿色发展亟待深化、新兴产业支撑亟待加强、企业家适应新常态步伐亟待加快等突出问题,这对"十三五期间"浙江制造业发展提出了新的要求。

(二)浙江制造强省建设面临的机遇

《中国制造2025》是浙江制造业转型升级的重大机遇与挑战,也对浙江经济发展和企业管理提出了高水平要求。其实质是通过制造业转型提高投资效率,以创新驱动替代投资驱动,强调创新驱动、智能制造、绿色发展、结构优化和人才为本,这对推进浙江制造强省建设、解决自主创新能力不足问题具有重要的引领作用。同时,随着"互联网+"的深入发展及企业发展理念的加快转变,制造业生产方式逐渐从传统生产方式向制能制造、协同制造、绿色制造等先进生产方式转变,自动化、数字化高度融合的管理理念逐步融入到产品的研发、制造、销售环节,以及企业创新管理、人力资源管理和文化管理中,这将有力地促进企业技术创新、人力资源、企业文化、产业支撑体系等方面共同发展,推动浙江从制造大省向智造强省转变。

二、"一软一硬"加快浙江制造强省建设的路径选择

瞄准制造业发展重大需求,依托浙江现有产业基础,根据《中国制造2025》和"互联网+",集聚国内外高端创新要素,突破发展一批战略产业,着力提升传统优势产业智能化水平。

(一)围绕重大需求和关键技术,大力提升制造业创新能力

《中国制造2025》的实质是通过制造业转型,实现创新驱动替代投资驱动,这

为浙江攻克产业关键核心技术、加快科技成果产业化、完善协同创新网络提供了契机。

首先,加强关键核心技术研发。围绕制造业发展重点领域,加大关键核心技术攻关力度,重点整合龙头骨干企业、高等院校和科研院所等创新资源,共同组建协同创新网络和产业技术创新联盟,开展协同创新和集成创新,集中攻克一批事关浙江重点产业竞争力提升的关键共性技术。

其次,完善技术创新服务体系。支持企业建设高水平工程(技术)研究中心、重点实验室等研发机构,加快培育检验检测、技术评价、质量认证等专业公共服务机构,重点围绕制造业重大共性需求和关键技术,加快形成一批可复制、可推广的行业制造创新中心,形成为行业提供关键共性技术开发的战略支撑平台。

最后,加快科技成果产业化。积极搭建科技成果信息交互平台,培育一批科技中介机构,完善科技成果交易、服务和共享交流的科技大市场,促进科技成果转化,支持社会资本参与科技成果产业化。完善知识产权保护体系,构建产业化导向的专利组合,加快培育一批具备知识产权综合实力的成果转化优势企业。

(二)促进"互联网+"与制造业深度融合,加快工业智能改造升级

"互联网+"与制造业融合,为浙江制造业效率提升和价值创造带来新的机遇。浙江具备发展"互联网+"、工业经济的良好基础和独特优势,要积极对接"互联网+"战略,大力开展工业互联网、云计算技术与制造装备融合的集成创新和工程应用。

一是实施"互联网+"智能制造专项计划。重点建设一批智能工厂和数字化车间示范样板,建立智能制造标准体系及试验验证系统,实现制造业骨干企业装备智能化、设计数字化、生产自动化、管理现代化,推进企业从基础应用、单项应用向集成应用、创新应用转变。

二是实施"互联网＋"产业集群专项计划。积极开展智慧集群试点,引领全省块状经济信息化水平提升。重点培育一批信息化工程公司,支持产业集群龙头企业搭建面向集群的智能制造数据平台,推动集群信息化改造。打造一批服务于产业集群的电商平台,支撑集群企业拓展市场,推进新一代信息技术在产业集群中的广泛应用。

三是实施"互联网＋"推广应用计划。基于互联网建设一批高质量的区域工业云服务和工业大数据平台,开展区域工业云及工业大数据创新应用试点,推动软件服务设计与制造关键技术的开放共享;开展远程过程优化和质量诊断等在线增值服务,实现从"制造"向"制造＋服务"转型升级;开展工业控制系统信息安全核心技术的研发,提升工业控制系统网络安全保障能力。

(三)利用"互联网＋"扩大新模式新业态,促进产业产品优化升级

利用"互联网＋"全面推进产业创新和业态创新,推动"浙江智造"率先发展、引领发展,通过创新供给、扩大新业态等促进产业和产品不断优化升级。

第一,大力拓展"互联网＋"柔性制造新模式。鼓励浙江制造企业通过互联集成和大数据应用,积极开展制造业务流程再造,探索在线定制、众筹设计、线上线下融合等柔性制造模式。积极通过信息控制下生产模块的精细化切割与再组合,新制造工艺的编制以及直接面向消费者的制造商系统平台构建,建立全面信息化的柔性化智能生产线,实现大规模、个性化定制生产。加快电子商务向制造业拓展,搭建互联网电商平台,形成"线上线下"采购、制造、销售等模式融合。

第二,积极拓展"互联网＋"协同制造新模式。重点发展基于互联网的网络化制造、云制造等新型制造模式,通过现有云计算和制造业信息化中的网络化制造、云制造平台协同服务,让制造设备具有远程协调、准确控制等功能,提升网络化协同制造水平;开展异地协同开发和云制造试点,推广研发众包、协同设计等新型组

织模式,实现企业与全球各方设计研发者之间的协同共享,提高企业研发效率,降低企业创新成本,推动形成基于消费需求动态,感知的研发制造和产业组织方式;鼓励制造业骨干企业通过互联网与产业链各环节紧密协同,促进生产、质量控制和运营管理系统全面互联,提升企业协同制造能力,形成更广泛的以互联网为创新要素的新模式。

第三,着力拓展"互联网＋"服务制造新模式。实施服务型制造工程,推动生产型制造向服务型制造转型。开展试点示范,支持制造业企业延伸服务链,开发总集成、总承包业务,从单一产品制造向制造与服务集成转变。引导制造业企业整合产业链资源,提升研发设计、生产制造、运营维护及再制造各环节协同能力,拓展产品全生命周期管理服务。支持有条件的制造业企业建立企业财务公司、金融租赁公司等金融机构,推广大型制造设备、生产线等融资租赁服务。

三、"一软一硬"推动浙江制造强省建设的对策措施

"一软一硬"加快制造强省建设,必须紧紧抓住机遇,最大限度地发挥市场配置资源的决定性作用和政府的引导作用,完成浙江制造由大变强的战略任务。

(一)组织保障

加强顶层设计,成立制造强省领导小组,由浙江省主管工业的副省长担任组长,成员由各地市政府相关部门和单位负责人担任,统筹协调"一软一硬"、加快制造强省建设的全局性工作,审议相关重要政策、重大工程专项、重大问题和重要工作安排,指导部门、县(市、区)开展工作,积极推介智能制造、"互联网＋"的发展理念,争取社会各界的支持.形成部门齐抓共管、密切配合、各负其责、上下联动的工作机制。

（二）财税保障

发挥浙江产业投资基金和创业投资引导基金作用,重点投向智能制造、智造平台、创新活力、软实力再造等关键领域,为制造业发展创造良好财政政策环境。创新财政资金支持方式,运用政府和社会资本合作(PPP)模式,引导社会资本参与制造业重大项目建设、企业兼并重组、上市企业培育、企业技术改造和关键基础设施建设。实施有利于制造强省的税收政策,切实减轻制造业企业税收负担。

（三）人才保障

加强制造强省人才发展统筹规划和分类指导,组织实施制造业人才培养计划,加大互联网、智能制造领域专业技术人才、经营管理人才和技能人才的培养力度。着力引进一批科技领军人才、中高端科研骨干人员和专业技能型人才,吸引海外留学归国人员来浙创新创业,优化外籍人才柔性引进,引进互联网和智能制造领域的工程师、教授、研究员等高层次人才,积极引导社会资本建设"千人计划"产业园专业园区、人才项目孵化器。

（四）体制保障

加大生产要素市场化改革,全面开展工业企业单位资源占用产出绩效评价,实行差别化政策,合理配置用电、用水、用地、信贷等公共资源,推行用能权、用水权、碳排放权、排污权改革,提高单位资源产出效益,推进工业用地产权分割、工业用地市场改革,推进"掌上政务"建设,更加有效及时地管理和共享政府信息资源。

（2015 年 12 月 23 日）

努力走向智能制造时代　再创"中国制造"新优势

　　以制造业的重振为标志的国家经济战略,是 2008 年金融危机以来世界发达国家经济发展所采取的主要战略,而以新一代信息产业在产业结构调整过程中的不断融合发展、派生出的一系列新业态、新模式,也成为了各国抢占科技经济发展新高地最大的热点。国家"十三五"规划明确以"创新、绿色、协调、开放、共享"为根本指导思想,努力实现经济向"中高速、中高档"转型升级发展,着力点在于把以"互联网＋"和《中国制造 2025》这两篇六文章融合好,努力实现在融合中创新、在创新中融合发展。

　　"互联网＋"代表了当今全球一种新经济形态,是互联网在生产要素配置中的不断渗透,从而不断派生出新业态,大大改变了经济发展生态,以分享经济为标志的新形态,这就是"互联网＋"所形成的阶段性结果。所谓"互联网＋",关键是在"＋"字上做文章。"＋"就是"PLUS",P 就是 PLATFOEM(经济进入平台时代),L 就是 LINK(链接一切,进入物联网时代),U 就是 USE(坚持用户导向、市场导向),S 就是 SMART(进入敏捷制造、智能制造时代,并最终体现服务化,SERVICE)。可以说,"互联网＋"战略是一种崭新的经济新生态,为新常态下中国经济发展方式的转变指明了路径和方向。

一个国家和民族在全球的竞争力体现在哪里？所有经济学家都告诉我们，这种竞争力，不是国家的 GDP 有多大、外汇有多多、财政有多好，而是这个国家有些什么"东西"。这些"东西"的主要内容就是"以制造业为主体的实体经济"。2008 年的全球金融危机最大的教训，就是"经济的虚拟化"。改革开放的 30 多年，中国经济一路高歌猛进，以两位数的速度增长，使中国成为了全球第二大的经济体。如何抓住科技革命的新趋势，借鉴美国"工业互联网"、德国"工业 4.0"的经验和做法，实现中国经济在百年崛起的第二个"30 年"，继续保持经济的健康、协调发展？如保继续体现出中国特色社会主义的道路自信、制度自信、理论自信？从以信息化带动工业化的"带动"、到以信息化带动工业化、以工业化促进信息化的"两化融合"、再到"两化深度融合"、"互联网＋"、智能制造，这都是中国产业转型的重要路径探索。

《中国制造 2025》和"互联网＋"融合发展的本质是以制造为主的实体经济发展，要顺应"互联网＋"发展趋势，须以云计算、物联网、大数据为代表的新一代信息技术为发展取向，使科学技术与制造业、服务业实现融合创新，发展壮大新兴业态，打造新的产业增长点，增强新的经济发展动力，推动国家经济在新常态下实现持续发展。

随着全球新一轮科技革命和产业变革的发展，我国经济呈现出"三期叠加"的明显阶段性特征，制造业发展呈现出与改革开放前 30 年明显不同的特征，制造业增长速度逐渐从高速增长向中高速增长转变，制造业增长动力逐渐从要素驱动、效率驱动向创新驱动转变。今后一段时期，中国制造发展将面临国际竞争加剧、资源环境约束趋紧、低端产能过剩严重等挑战，同时又存在自主创新能力亟待提升、融合绿色发展亟待深化、新兴产业支撑亟待加强、企业家适应新常态步伐亟待加快等短板，这些是实施《中国制造 2025》的重要制约因素。

　　未来经济发展的趋势必然是从"满足市场"到"引领市场"再到"创造市场"的路径,从而实现转型升级发展。制造业和"互联网+"的融合发展,需要瞄准制造业发展重大需求,依托现有制造业的产业基础,从供给侧改革入手,集聚创新要素、激活创新元素、转化创新成果,努力实现在融合中创新,在创新中融合。

一、围绕重大需求和关键技术,大力提升制造业创新能力

　　《中国制造 2025》的实质是通过制造业转型发展,实现创新驱动替代投资驱动,着力解决制约产业发展的关键技术、核心技术,加快科技成果产业化、完善协同创新网络。

　　第一,加强关键核心技术研发。围绕制造业发展重点领域,加大关键核心技术攻关力度,重点整合龙头骨干企业、高等院校和科研院所等创新资源,共同组建协同创新网络和产业技术创新联盟,开展协同创新和集成创新,集中攻克一批事关我国重点产业竞争力提升的关键共性技术。

　　第二,完善技术创新服务体系。支持大型龙头企业、企业集团建设高水平工程(技术)研究中心、重点实验室等研发机构,加快培育检验检测、技术评价、质量认证等专业公共服务机构,重点围绕制造业重大共性需求和关键技术,加快形成一批可复制、可推广的行业制造创新中心,形成为行业提供关键共性技术开发的战略支撑平台。

　　第三,加快科技成果产业化。积极搭建科技成果信息交互平台,培育一批科技中介机构,完善科技成果交易、服务和共享交流的科技大市场,促进科技成果转化,支持社会资本参与科技成果产业化。完善知识产权保护体系,构建产业化导向的专利组合,加快培育一批具备知识产权综合实力的成果转化优势企业。

　　中国制造 2025 所确定的十大领域,是百年崛起路径上第二步战略的主跑道,

也是未来国家竞争力体现的重要领域。围绕"目标、体系、市场"三个维度,是中国制造2025和"互联网＋"融合发展的主要目标导向,对此,要十分清晰,以引领发展,创造竞争优势。

二、促进"互联网＋"与制造业深度融合,加快发展智能制造

"互联网＋"与制造业的融合,为制造业效率提升和价值创造带来了新的机遇。我国有强大的工业体系,工业经济基础良好、优势独特,是全球少数具备完整工业产业体系的国家。智能制造为传统制造转型升级指明了方向,两者融合发展,可以重点实施一批重大专项,再造供给升级版,支撑经济升级版。

实施"互联网＋"智能制造专项,在生产环节上有突破。重点建设一批智能工厂和数字化车间示范样板,建立智能制造标准体系及试验验证系统,实现制造业骨干企业装备智能化、设计数字化、生产自动化、管理现代化,推进企业从基础应用、单项应用向集成应用、创新应用转变。

实施"互联网＋"产业集群专项计划,在产业组织有突破。积极开展智慧集群试点,引领块状经济、产业集群的信息化水平提升。重点培育一批信息化工程公司,支持产业集群龙头企业搭建面向集群的智能制造数据平台,推动集群信息化改造。打造一批服务于产业集群的电商平台,支撑集群企业拓展市场,推进新一代信息技术在产业集群中的广泛应用。

实施"互联网＋"推广应用计划,在新业态上有突破。基于互联网建设一批高质量的区域工业云服务和工业大数据平台,开展区域工业云及工业大数据创新应用试点,推动软件服务设计与制造关键技术的开放共享。开展远程过程优化和质量诊断等在线增值服务,实现从制造向"制造＋服务"转型升级。开展工业控制系统信息安全核心技术的研发,提升工业控制系统网络安全保障能力。

三、"互联网+"扩大新模式新业态，促进产业产品优化升级

大力拓展"互联网+"柔性制造新模式。鼓励制造企业通过互联集成和大数据应用，积极开展制造业务流程再造，探索在线定制、众筹设计、线上线下融合等柔性制造模式。积极通过信息控制下生产模块的精细化切割与再组合，新制造工艺的编制以及直接面向消费者的制造商系统平台构建，建立全面信息化的柔性化智能生产线，实现大规模、个性化定制生产。加快电子商务向制造业拓展，搭建互联网电商平台，形成线上线下采购、制造、销售等模式融合。

积极拓展"互联网+"协同制造新模式。重点发展基于互联网的网络化制造、云制造等新型制造模式，通过现有云计算和制造业信息化中的网络化制造、云制造平台协同服务，让制造设备具有远程协调、准确控制等功能，提升网络化协同制造水平。开展异地协同开发和云制造试点，推广研发众包、协同设计等新型组织模式，实现企业与全球各方设计研发者之间的协同共享，提高企业研发效率，降低企业创新成本，推动形成基于消费需求动态感知的研发制造和产业组织方式。鼓励制造业骨干企业通过互联网与产业链各环节紧密协同，促进生产、质量控制和运营管理系统全面互联，提升企业协同制造能力，形成更广泛的以互联网为创新要素的新模式。

着力拓展"互联网+"制造新模式。实施服务型制造工程，推动生产型制造向服务型制造转型。开展试点示范，支持制造业企业延伸服务链，开发总集成、总承包业务，从单一产品制造向制造与服务集成转变。引导制造业企业整合产业链资源，提升研发设计、生产制造、运营维护及再制造各环节协同能力，拓展产品全生命周期管理服务。支持有条件的制造业企业建立企业财务公司、金融租赁公司等金融机构，推广大型制造设备、生产线等融资租赁服务。

（2016 年 3 月 24 日）

借力"工业 4.0"打造"工业强省 2.0"

    2008 年全球金融危机之后,国家和地区的经济竞争,在很大程度上表现为新一轮工业革命领导权之争,比较热门的主角是德国、美国。德国主推"工业 4.0",抗衡美国信息技术对制造业的支配权,打压中国在智能制造领域的话语权。美国力推先进制造战略,大力发展工业互联网,努力巩固其全球制造业领导地位。作为全国主要的制造业基地、唯一的"两化融合"试点省份、外贸出口大省,如何科学把握"工业 4.0"内涵和实质,结合浙江制造业的实际,顺势而为,打造浙江"工业 2.0"版本,是"十三五"期间浙江区域经济发展的重大问题。

一、正确理解"工业 4.0"

    "工业 4.0"首先是"工业",其次是"4.0"。从产业演进的历史看,工业化是人类文明必然的经历,在经历了第一次、第二次、第三次工业化后,工业化的道路到底如何走,这是 2008 年全球金融危机之后,各国尤其是西方发达国家面临的重大战略选择。德国总结本国工业化的经验、借鉴美国、中国等信息技术以及互联网经济发展的做法,先行提出了"工业 4.0",力图寻找到德国经济发展的新动力机制。以制造业为傲的德国政府对"工业 4.0"寄予厚望,将"工业 4.0"上升到国家战略层面,并为此拨款 2 亿欧元。德国总理默克尔表示,"工业 4.0"是德国的一个里程碑——德国希望能够在传统制造业仍然保持世界领先地位。

鲁思沃认为:"德国曾被视为'欧洲病人',因为德国还在做硬件制造,但几次金融危机中德国稳健的经济增长证明了制造业对于一个国家的作用。"在西方发达经济体中,德国是为数不多的制造业仍然保持 GDP 总量中占 20%以上份额的国家。据麦肯锡咨询的统计,2013 年制造业对德国 GDP 的贡献率为 23%、就业贡献率为 17%、出口贡献率为 72%。德国在欧元区之所以能够成为中流砥柱,得益于扎实的工业基础。"工业 4.0",首先是工业。

其实不但是德国,很多的欧美国家都注重工业对国家经济的基础性作用。金融危机的警钟正重新唤起更多欧美国家对于工业的关注。欧盟希望增加制造业在经济增长中所占的比例——在 2020 年前,该比例从欧盟国家平均值的 16%增加到 20%;英国希望通过"再工业化"的新手段和新政策,增大工业、制造业在经济结构中的比重,打造高端制造业;美国则正在计划一场"工业复兴",颁布了全美制造业创新机制,试图回到以制造业为主体的经济模式上来。2015 年 2 月,奥巴马政府宣布在底特律和芝加哥分别再建两所先进制造中心,期望制造业创造更多就业。

当然,现代工业已经不是传统意义上的生产概念了。关注工业,更要关注"工业 4.0"。要从工业的"1.0"、"2.0"、"3.0"时代进入"工业 4.0"时代,必须顺应新一代信息技术发展的趋势,牢牢抓住物联网、互联网、移动互联网以及大数据、云计算等多方面的技术机会,让工业,尤其是制造业,从大规模、批量化、低成本逐步走向小规模、个性化、高附加值,从高污染、高消耗、高排放逐步走向低污染、低消耗、低排放,让智慧制造成为现代工业的主要特征。当前从工厂内部的角度看,更好地实现产品的数据化、生产的柔性化、装备的智能化、管理的信息化、营销的网络化,势在必行。从工厂的外部角度看,推进"厂联网"工程,比如数据传输协议和衡量标准的标准化、强大的基础设施、数据传输的安全性、法律保障、人才储备等,也势在必行。工业化的新动力机制,关键在于这个"4.0",这个"4.0",按照中国产业政策的说法,就是"两化"的深度融合,在深度上做文章,实现智能制造。

二、"工业 4.0"对浙江的启示

面对扑面而来的"工业 4.0"之风,浙江工业经济该如何实现转型升级? 2015年是"十三五"规划的启动之年,也是发达国家实施"工业互联网"、"工业 4.0"的关键之年,我国也推出了"中国制造 2025"战略。浙江是中国区域经济版图中的"走在前列"的省份,工业经济的转型升级直接关系到浙江经济的转型升级。

第一,工业生产要有自主控制的"大脑"。不能把"工业 4.0"当"穆尔提—丙"药丸①服用,沉浸在智能生产的幸福之中,扔掉大数据、云平台、工业信息的控制权。现代信息技术的发展,已经使人类社会的"人、物"两维时代,进入"人、物和信息"的三维时代,信息物理系统将改变人类与物理世界的交互方式、物质生产力、信息生产力,能源、材料和信息三种资源高度融合,将使未来产业发生真正革命性的变革,对未来世界产生深远影响。根据浙江省信息经济发展规划,要把"有芯、有灵"的产业,作为"十三五"工业经济发展重要内容加以谋划。

第二,制造业要有强健的筋骨。内强筋骨,制造业不仅"吃草",也要"喝奶",避免"血汗工厂"的尴尬局面。"中国制造"是国际产业链中的"奶牛",数量最多,得到的利润却最少,而国际消费者则享受了"中国奶牛"的廉价奉献,倒过头来却批判中

---

① 出自于波兰作家维特凯维奇的长篇小说《永不满足》,小说里的人只要吃一种名为"穆尔提—丙"的药丸,就会失去大脑对神经、身体的真实控制,只能感到安详和幸福,忘记现实世界的悲苦、空虚,在小说的最后,所有人都吃下了这种药丸,却都得了神经分裂症。

国是"血汗工厂"。苹果公司在"国际产业链"布局中,把低端制造业环节从美国转移出去,既通过市场垄断高价出售产品获取利润,又通过压低富士康、和硕联合等中国代工企业的工资成本获取利润。而富士康、和硕联合等中国代工企业则成了英国BBC报道的"血汗工厂"。启动国家智能制造重大专项工程,就是要内强筋骨。智能制造已经成为全球制造业发展的新趋势,智能设备和生产手段在未来必将广泛替代传统的生产方式。浙江是全国的制造大省,但不是强省。如何实现由大到强的转变,实践证明"机器换人",是浙江制造业强健筋骨的重要途径。

第三,要有畅通的血管。血管不通、百病丛生。标准就是"工业4.0"的血管。如果缺乏行业性的智能制造标准规范,在跨系统、跨平台时,就会导致应用无法集成,设备不能兼容,智能生产受阻。"工业4.0"战略的关键是建立一个人及其资源互联互通的网络化社会,各种终端设备、应用软件之间的数据信息交换、识别、处理、维护等必须基于一套标准化的体系。政府工业经济主管部门、各产业协会、学会,要在"工业4.0"时代努力当好引领者、参谋者、支撑者的作用。要在"标准制造"向"制造标准"上大做文章、做大文章。

第四,要有政策和制度保障体系。"工业4.0"最先不是德国政府提出来的,但是很快上升为德国的国家战略。产业政策性导向十分明确,政府首脑的推广也十分到位。政府对于新技术工艺的科学组织是十分重要的,在这些方面政府必须"有为"。德国"工业4.0"战略十分重视产业创新、组织创新与现有制度相冲突的问题。"工业4.0"一方面增加了管控的复杂性,技术标准的制定需要符合相应的法律法规;另一方面也需要制定相应的规章制度促进技术创新。

第五,要有发达的神经系统。有了神经系统,各器官、系统的功能和各种生理过程才能互相联系、相互影响、密切配合,人体才成为一个完整统一的有机体。产学研用联盟就是"工业4.0"神经系统,能够推动制造业创新发展、持续发展。德国"工业4.0"是由德国工程院、弗劳恩霍夫协会、西门子公司等联合发起的,工作组成员也是由产学研用多方代表组成的。组建产学研用协调创新新机制,搭建产学研用新平台,培育市场化、专业化、集成化、网络化的创客队伍,构建面向人人的"众创空间"等创新创业服务平台。协调创新的根本是要实现从动脉血管到毛细血管的畅通。

三、打造"工业强省 2.0"

借鉴"工业 4.0",打造浙江"工业 2.0",关键是发展"四新工业"(智慧新工业、绿色新工业、都市新工业和现代新工业①),在提质增效上下功夫,努力提高浙江工业的增长潜力、发展动力与产业竞争力,在新一轮工业革命、贸易变革、技术革命中抢占新机遇,实现新跨越。

(一)一个战略:"工业强省 2.0"战略

以科学发展观、十八届三中全会精神为指导,贯彻落实"两创"总战略、"两富"总目标、"两美"总要求,学习德国"工业 4.0"、美国"先进制造业 2.0"新经验,坚持"工业强省"一张蓝图绘到底,实施"浙江工业强省 2.0"战略。以两个强区为主题,以"四个全面"为动力,推进四个深度融合、走四化道路、发展"四新"工业,持续推进浙江从制造大省向"制造强省"的跨越发展。

(二)两大主题:工业强县(市、区)建设、创新强县(市、区)建设

一是工业强县(市、区),要在大产业建设上率先取得突破。立足 20 个工业强县(市、区)建设,加快培育做优千亿级新兴产业,提升做强千亿级支柱产业。围绕

---

① 《国务院关于加快发展生产性服务业促进产业结构调整升级的指导意见》(国发〔2014〕26 号)。

六大传统产业(纺织、汽车、电子通信、电气设备、钢铁五金、鞋革),通过"建链、补链、延链、固链",加快形成一批以优势龙头企业为依托,示范效应强、紧密型、稳定型的产业链联盟。

二是创新强县(市、区)。要率先在新生代知名企业家、创新型(科技型)知名企业、高新型知名品牌培育上取得突破。优先在科技新城、高新技术开发区中,选择创建一批创新强县(市、区),加快新兴技术孵化、新兴企业壮大、新兴产业扩张。围绕新能源汽车、信息经济、互联网金融等领域,通过掌控"技术标准权、行业话语权、市场主动权",加快形成一批引领新兴大市场、引爆消费新热点、具有国际战略新思维的新生代名企、名品、名家。

(三)四个动力:投资动力、出口动力、国家战略动力、科技创新动力

一是全面深化市场经济改革,优化商业环境,激活投资动力。追求经济更加有效率,重点推进工业用地产权改革(分割、使用年限、交易)、用能权市场改革(有偿使用与交易)等;追求经济更加公平,重点推进劳动力市场、再就业培训、社会保障领域、创新成果分配等改革;追求经济更加可持续,重点推进自然资源资产负债表、不唯 GDP 考核、生态文明制度等方面改革。

二是全面参与国际贸易变革,优化出口环境,增强出口动力。积极应对可能的高标准贸易、高度自由化投资,着力推进贸易便利化、知识产权、劳工标准、政府采购、环境产品等方面的适应性改革。充分发挥浙江出口产品需求弹性具有一定刚性的优势,加大对高端市场,尤其是海外市场的开拓。抓住美国经济复苏的有利时机,加大贸易推广,强化市场动力。

三是全面把握国家战略机遇,转化发展动力。深度参与新时期我国"三大"新国家战略实施机遇,特别是"长江经济带"、"一带一路"的新布局,加大产业走出的步伐,通过地区之间、国家之间的经济合作的框架,把国家战略和浙江制造业走出

去最大限度地结合起来。争取形成新一轮经济全球化条件下参与国际经济合作和投资新优势,重点推进义乌国际贸易综合改革试点、自贸区、舟山群岛新区、跨境电子商务平台建设,加大对"一带一路"、APEC、TPP、TTIP、TISA 成员国的跨境投资、境外工业园区投资等。

四是全面推进新兴产业革命,优化创新环境,激发创新动力。推进重大科技攻关清单、知识创新清单和技术创新清单,集中力量突破一批新兴领域的核心关键技术。集中力量、优先发展、突破发展若干个战略性新兴产业,努力在新一轮科技革命和产业革命中赢得发展先机。积极引进和培养新兴产业亟需的高端人才,完善社会创新体系,有效激发各类市场主体创业创新活力。

(四)四新工业:智慧新工业、绿色新工业、都市新工业、现代新工业

一是推进工业化与信息化深度融合,走制造智能化道路,发展智慧新工业。抓住智能制造和智慧服务两大应用,探索"两化深度融合"推进载体、机制和模式。围绕重点制造业(纺织、电器、汽车、通信设备、机床、工程机械、航空等)和重点生产性服务业(云计算、大数据、移动互联网、工业互联网、智慧物流、互联网金融),发展智能装备(智能制造单元、智能生产线、高档数控机床、工业机器人等)与智慧服务(整体解决方案、精准营销、众包众设、在线监控诊断等),探索智造模式(大规模个性化定制、云制造等),推进机器换人、智能车间、智能工厂、智能企业试点。

二是推进工业化与低碳化深度融合,走制造低碳化道路,发展绿色新工业。发展绿色经济、低碳技术、清洁能源、新能源已成为国际社会的共识。舍得放弃,综合运用法律、经济、技术以及必要的行政手段,加快炼钢、建材、造纸、制革、印染、化纤等重点行业淘汰落后生产能力步伐。舍得投资,深入实施节能降耗工作,大力发展低碳经济,加快推进低碳技术和标准的推广应用,扶持发展一批低碳产业、环保产业、节能产业,加快低碳经济示范区建设。积极关注国际贸易新准则,积极突破环

境产品、绿色关税、绿色技术标准、绿色检疫等绿色壁垒。

三是推进工业化与都市化深度融合，走产城（镇）融合化道路，发展都市新工业。围绕杭州、宁波、温州、金华—义乌4大都市区的拓区发展与功能布局，依托周边工业大县（市、区）、工业园区的产业基础，实施"智慧新城、产业新城、美丽新城"建设。以大数据挖掘和开发利用为核心，大力促进各级工业平台、各类园区的智慧化改造、绿色化改造，大力提升高效管理能力和智慧服务能力，实现工业化与城市化、低碳化协同发展，构建形成一批新的区域增长中心。要把工业作为特色小镇建设的重要支撑加以谋划和实施。

四是推进工业化与现代服务业深度融合，走工业制造现代化道路，发展现代新工业。以显著提升工业发展的现代素质和满足消费者的现代需求为重点，围绕全产业链的整合优化，运用互联网思维、现代设计理念、现代工程技术、新一代信息技术，充分发挥生产性服务业在研发设计、流程优化、市场营销、物流配送、节能降耗等方面的引领带动作用。建立与国际接轨的专业化生产性服务业体系，推动云计算、大数据、物联网等在生产性服务业的应用，鼓励企业开展科技创新、产品创新、管理创新、市场创新和商业模式创新，把制造业和服务业互动发展（两业互动）作为新工业发展的重要动力机制，大力扶持、积极推进。

（原载《浙江经济》2015 年第 5 期）

"工业 4.0"对浙江产业转型升级的影响及对策思考

一、前言

人类历史从农业社会进入工业社会以来,工业化一直是社会文明的进步最重要的途径。从以蒸汽机为代表的第一次工业革命到以电动机为代表的第二次工业革命,再到以计算机为主导的第三次工业革命,工业化为人类社会物质生产的极大化,提供了最大的支持。规模化生产、标准化制造、低成本扩张等,几乎成为工业社会经济发展的模板。进入 21 世纪以来,特别是近几年,科技革命和产业变革层出不穷,以新一代信息技术为标志的互联网经济,将人类社会发展带入了一个崭新的历史时期。

2008 年全球金融危机以后,以美国为代表的西方国家,紧紧抓住物联网技术的机会,努力在"智慧"上下功夫,给现代工业注入了新的元素,开启了美国制造业发展的新时期——"工业互联网时代",为美国经济的复苏奠定了良好的产业技术支撑。而在欧洲,面对经济下行、欧元贬值、互联网经济发展缓慢的巨大压力,各国急需在经济上寻求新的突破口。以德国工业为代表的工业界,一方面希望继续充分发挥其在高端制造业方面的强大优势,另一方面为顺应互联网经济的发展模式,也在努力寻求互联网技术和制造业发展的最佳结合路径,在 2011 年德国汉诺威工业博览会上,我国首次提出了德国"工业 4.0"的概念,得到了德国社会上下的高度认同。2013 年德国制定了《高技术战略 2020》,正式将"工业 4.0"纳入其中,并计划投入 2 亿欧元,进一步扶持其研发和创新。

"工业 4.0"的概念一经提出,迅速引起了国际社会的广泛关注。美国力推"工业互联网",打造美国版的工业经济的升级版。日本强调制造业在经济发展中的重要基础性作用,制定重大专项,以扶持这些产业的发展、企业的转型。欧盟的其他一些国家也纷纷在制造业上寻求新的突破,一些新兴市场国家也努力把握科技革命和产业变革的机遇,在制造业的转型升级上下功夫。准确把握"工业 4.0"的内涵,研究"工业 4.0"的发展趋势,结合区域经济发展的实际,提出区域经济转型升级的路径,是浙江"十三五"规划制定的重大问题之一。

二、现实版的"工业 4.0"是什么?

从区域产业转型升级的角度来看,"工业 4.0"是生产设备、"两化融合"、工业工程的转型升级,能够促进各行各业从单机自动化到智能互联、从综合集成到全面集成、从产品制造到信息制造的提升发展。

(一)生产设备的转型升级

从单机自动化到智能互联。在"工业 4.0"阶段,可以通过应用信息通讯技术和互联网,将虚拟系统信息与物理系统相结合,进而完成区域产业升级。一是生产设备的转型升级,直接带来效率的提升。根据德国国家科学与工程院的数据显示,通过引入产业物联网,企业可将生产效率提升高达30％。二是生产设备的转型升级有利于激活智能设备的交易市场和投资市场。2014年,中国市场新增4.55万台工业机器人,同比增长35.01％。涉足机器人业务的新增上市企业有15家,与机器人业务相关的投资规模超过44亿元。

(二)"两化融合"的转型升级

从单项应用到协同创新。在"工业4.0"阶段,人与人、人与机器、机器与机器以及服务与服务之间能够互联,从而实现横向、纵向和端对端的高度集成,进一步实现中国"两化融合"的转型升级。一是从"两化融合"发展阶段看,在"两化融合"评估体系中,"两化融合"可以分为起步阶段、单项应用阶段、综合集成阶段、协同创新阶段等四个阶段。在我国工业行业中,多数行业处于单项应用阶段,即该行业中多数企业处于单项应用阶段,少数龙头企业处于综合集成阶段,部分企业处于起步阶段,个别企业处于协同创新阶段。二是许多国际知名大企业也正从单一的设备销售向"设备＋服务＋信息化"并重转型。拥有177年历史、素来以硬件产品闻名的施耐德电气,近几年围绕数字化转型展开了一系列并购,其中90％集中于软件业务,如在2014年初,用高达34亿英镑(约合52亿美元)的收购价格对英维思公司进行了收购。

(三)工业工程的转型升级

从产品制造到信息制造。在"工业4.0"阶段,产品的颠覆性设计、工艺流程的革命性改造、标准化模块化的系统性统一等等,将层出不穷,推动工业工程的转型升级。一是在工业工程以制造信息系统为基础。传统的精益生产管理,尽管设备智能化和"两化融合"水平很高,却无法实时反馈设备的运行信息,设备使用效率不足、运行维护不到位等问题难以发现,造成实际的产出水平远远低于可能的产出能力。制造过程的信息化改造、大数据应用,使得制造过程的黑箱透明化,使得工业工程的转型升级成为可能。二是"工业 4.0"最终将促成产品制造走向信息制造。在"工业 4.0"阶段,控制这些智能工厂的企业,从"研发设计—采购—计划—工艺—设备"到"生产—物流—销售—服务"等全生命周期、全时间序列的海量数据信息,将实现无缝链接。信息制造数据的分析运用,将催生新的经营业态、新的商业模式、新的价值链,最终形成新的商业网络。

三、"工业 4.0"对区域产业转型升级有什么新要求?

"工业 4.0"是生产设备、"两化融合"、工业工程的转型升级,在主攻方向、竞争方式、创新主体、能源利用等方面,要求区域产业加快从传统制造向智能制造转变,从产品服务经济向体验经济提升,从企业创新向万众创新奔跑,从能源粗放使用向智慧能源管理转变。

(一)明确主攻方向,加快从传统制造向智能制造升级

"工业 4.0"的基础之一是智能制造,目的是充分利用信息通信技术和网络虚拟系统,使制造业向智能化转型。一是《中国制造 2025》明确了智能制造是主攻方向。国家工信部苗圩部长指出,《中国制造 2025》是中国制造业未来的整体规划和路线图,我国需要主攻智能制造,用 3 个十年左右的时间,完成从制造业大国向制造业强国的转变,实现互联网和传统工业行业的融合,这是解决我国制造业由大变强的根本路径。二是智能制造具有较好的推进基础。截至 2015 年,在研发设计方面,我国工业企业数字化工具的应用普及率已经达到 54%;在生产线方面,规模以上工业企业的数控装备比重已经达到 30%,五年年均增长 4%;汽车(可选消费品)

和日用快消品(FMCG)行业的智能制造系统应用广泛,电子行业的制造现场即将完成自动化和信息化升级。

(二)转变竞争方式,加快从产品服务经济向体验经济提升

"工业4.0"从研发、制造到消费,都会给现有的竞争方式带来颠覆性的变化。进入"工业4.0"时代,三维体验将从理念变为现实,这要求工业企业加快转变商业模式,逐步从销售产品转为销售体验。以大飞机行业为例,在GE飞机引擎整个产品生命周期的价值创造中,物理产品的销售只占30%,而引擎的保养、维修等服务占70%。进入"工业4.0"时代,人们购买的不仅仅是大飞机的使用价值、服务价值,更重要的是追求更好的用户体验,包括大飞机购买过程的体验和大飞机使用过程的体验,甚至大飞机制造过程的体验。以纺织服装行业为例,鲁泰集团已经开始试点推进基于虚拟试衣及大数据技术的网络化定制生产体系。通过运用3D建模、大数据分析以及互联网等"工业4.0"技术,为消费者提供高性价比、个性化设计、量体剪裁的衬衣产品和服务,以及全新的消费体验,形成快速响应的小批量竞争优势。从近期海外抢购事件来看,国人抢购的并不是"高精尖"产品,而是马桶盖、奶粉和家庭药等大众产品。这些产品之所以广受中国消费者的追捧,除品质、安全外,最根本在于符合体验经济的潮流。这类产品不光是满足用户的需求,更是挖掘了连客户都不明确、却确实存在的需求,最大限度地为用户创造价值。

(三)迎接创新浪潮,加快从企业创新向万众创新奔跑

"工业4.0",离不开互联网,离不开物联网技术、务联网技术(服务互联网技术)。李克强总理指出,互联网是大众创业、万众创新的新工具。换言之,"工业4.0"时代,将是万众创新的时代。一是"工业4.0"将催生一大批万众创新的"创客"。"工业4.0"目标是建立一个高度灵活的个性化和数字化的产品与服务的生

产模式。这一目标实现后,传统的行业界限将消失,并会产生各种新的活动领域和活动形式。其中,影响范围最广的,将是微观主体创新成果的"创客"运动,将涌现出一大批新型个体"创客"、个体"工匠"。二是"工业 4.0"能够为万众创新提供有力工具。第十六届中国国际工业博览会上,上海明匠智能创始人陈俊展出了"工业4.0"流水线,直接将人、设备与产品实时联通,工厂接受消费者的订单直接备料生产,整体成本比过去下降近 40%。这意味着,创客可以把各种创意转变为现实。在"工业 4.0"时代,企业逐步发展成为工业化创新供应主体,创客们、工匠们集合众人智慧,成为人性化微创新需求中心。最终,创新将从企业研发主体向用户为应用中心转变,形成面向应用、"创意—设计—制造—应用"互动融合的万众创新体系。

(四)留住青山绿水,加快从雾霾经济向"APEC 蓝"过渡

"APEC 蓝"喻示我们,只要各级政府下定决心,加快区域产业转型升级,"美好的短暂"可以成为"新常态"。一是"工业 4.0"时代必然是清洁能源的时代。要加快改变我国工业能源格局,改变过去依赖燃煤和燃油等化石能源,把发展清洁低碳能源作为调整能源结构的主攻方向,到 2020 年,非化石能源占一次能源消费比重达到 15%,天然气比重达到 10%以上,煤炭消费比重控制在 62%以内。二是"工业4.0"必须与节能环保产业统筹推进。2014 年国际能源署报告明确指出,联网设备的实际能耗巨大。西门子和弗劳恩霍夫协会,在推广"工业 4.0"时,使用高效的软件解决方案优化生产过程,以大幅降低其耗电量。"工业 4.0"促进区域产业转型升级,既要推广应用智能装备、工业机器人、机联网、厂联网,也要统筹抓好低碳、健康、环保、装备等节能环保产业。

四、拥抱"工业 4.0"的有关对策思考

"工业 4.0"时代已经向我们快速走来,不管我们是否已经准备好。唯有未雨绸缪,才能积极主动;唯有拥抱它,才能拥有它。浙江仍然处于工业化中期的后半阶段,坚定不移的进入后工业化社会,是必然的趋势,努力进入"工业 4.0"时代,是顺应这一趋势的重要途径。

(一)做好顶层设计,明确区域产业转型升级路线图

一是加强顶层设计。结合浙江发展实际,明确提出实施"工业强省 2.0"战略,作为浙江省借鉴德国"工业 4.0"的重要目标和途径。进一步明确"工业强省 2.0"的主要目标、技术路线、保障措施和推进时间表,使之与全省区域产业转型升级规划有机结合、协调推进。

二是发展"四新工业"。发展智慧新工业,抓住智能制造和智慧服务两大应用,推进工业化与信息化深度融合,推进机器换人、智能车间、智能工厂、智能企业、信息经济试点。发展绿色新工业,扶持发展一批低碳产业、环保产业、节能产业,推进能源经济与低碳产业深度融合,加快低碳经济示范区建设。发展都市新工业,推进"创客"运动与都市化深度融合,走产城融合道路,实施"智慧新城、产业新城、美丽新城"建设。发展现代新工业,运用互联网思维、现代设计理念、现代工程技术、新一代信息技术,推进体验经济与现代服务业深度融合,走工业制造时尚化道路,发展新兴生产性服务业态。

(二)谋划布局信息经济,抢占区域产业转型升级制高点

一是推进"智慧浙江",扩大信息消费,形成新的增长点。务实推进智慧城市建

设,加强信息技术在社会保障、市场监管、环境监测、信用服务、应急保障、治安防控、公共安全等社会治理领域集成应用,促进社会治理精细化,提高城市科学管理水平。规范信息市场秩序,鼓励商业模式创新,培育发展新型业态,提升信息产品、服务、内容的有效供给水平,不断激发居民信息消费。加快电子政务建设,创新推进政府信息资源的深度开发和社会化利用。全面推进"三网融合",加强信息基础设施建设,加快宽带网络建设,提升网络容量和智能调度能力。

二是主抓三大地区,支持跨境电商率先突破。鼓励中国(杭州)跨境电子商务综合试验区、义乌市国际贸易综合改革试点、浙江舟山群岛新区三个地区,优先在信息经济的技术标准、业务流程、监管模式和信息化建设等方面先行先试,建立适应跨境电商发展的监管和配套制度,促进跨境电商规范发展。加快完善以基础设施和信息平台为重点的物流支撑体系建设。促进互联网金融规范发展,大力支持基于互联网的金融产品、技术、平台和服务创新,探索建立网络银行。

三是优先发展信息产业,强化信息经济发展的技术和产业支撑。重点是要加快发展集成电路、通信与网络、智能终端、新型显示、新型电子元器件及材料等电子信息制造业。大力发展软件和信息技术服务业。加快汽车电子、船舶电子、家电电子、电力电子、医疗电子、物流装备电子、环保装备电子等专用电子技术的开发和产业化。创新云服务模式,加快发展大数据和云服务产业。大力发展数字内容产业。积极发展网络安全产业,提升信息安全服务保障能力,促进安全自主可控信息技术产业体系的建设。

(三)发展"互联网+"新形态,激发区域产业转型升级新活力

一是开展"互联网+工业=未来"计划。选择一批工业总产值在 200 亿元以上、产业集中度高、转型升级需求迫切的块状经济,支持以"互联网+"为驱动,鼓励块状经济产业创新、跨界融合,推动块状经济向现代产业集群转型升级。支持有条

件的行业率先开展"互联网＋工业＝现代产业"计划,示范引领相关行业转型升级。如:"互联网＋汽车行业＝智慧交通;互联网＋医疗行业＝智慧医疗;互联网＋装备行业＝高端智能装备(工业机器人);互联网＋工业电气＝智能电气(智能电网);互联网＋能源行业＝智慧能源;互联网＋家居行业＝智能家居"等。

二是开展"互联网＋专业市场"计划。发展互联网经营平台,推动有条件的传统专业批发市场应用互联网技术,推广应用电子商务、现代分销方式等。支持互联网企业联合当地政府、专业市场、市场方、运营商、服务商和产业基地等,通过"线上线下"结合的模式,搭建本地特色化的电子商务平台。发展互联网交易方式,建设市场园区统一的信息中心和交易中心,推进实现网上支付、订单管理、物流配送、统一结算等全程电子商务服务,提升园区商品交易、展示的功能及效率。发展互联网物流方式,推广应用物流信息技术,推进专业批发市场物流服务区规划建设,加快市场物流配送与商流异地分离。结合大中型批发市场的改造、升级,引导和促进大中型批发市场建设物流配送中心,搭建物流配送平台,引进专业物流配送企业,为市场商户提供现代化的物流配送服务;支持大规模、公共型专业物流配送基地或中心的建设。

(四)统筹推进"机器换人",形成区域产业转型升级新亮点

一是促进"机器换人"与高端智能装备联动发展。围绕制造业自动化、智能化和网络化的发展趋势和"机器换人"的需求,实施"机器换人"与高端智能装备联动发展重大专项,争取在高端数控机床、高性能工业自动化控制系统及检测设备(包括工业机器人)、自动化流水线及其他替代人工的机器设备等领域取得重大成果,并实现产业化。重点是在纺织服装、食品饮料、化工、医药、汽车零部件等我省传统优势领域,通过产学研合作开发针对产业需求的智能制造集成装备。

二是建设一批"机器换人"工程服务公司。引进和培育一批为企业"机器换人"

提供政策咨询、方案设计、委托采购、装备开发、安装维护、技术和人才培训等服务的专业机构。以专业服务机构牵头,联合行业协会、行业龙头骨干企业共同建设一批"机器换人"工程服务公司,为企业提供设备研发、设备销售租赁、技术支撑、融资、保养维修和人才引进及培训等服务,提高企业"机器换人"水平,实现工程服务、设备更新、技术进步和装备发展"四位一体"的共同推进。

三是推进"工业4.0"、智能制造的深度应用。推进"数字企业"建设,鼓励企业向机联网、厂联网升级,推进精益生产管理,加强互联互通集成能力,形成智能制造模式。推进"虚拟制造组织"的发展,构建支撑虚拟智能制造发展的生态环境,快速响应市场变化。推进产业"两化深度融合",推进智能控制、物联网、云计算等新一代信息技术在产业集群中的深度应用。

(原载《统计科学与实践》2015年第4期)

《美国先进制造业 2.0 计划》参阅件

进入工业社会以来,制造业始终是物质生产的主源,始终是实体经济的主体,始终是创新驱动的主战场,始终是世界强国的根基。在新一轮工业革命之际,发达国家纷纷推出"再工业化"和"制造业回归"战略,力图抢占全球制造业竞争的制高点。中央经济工作会议提出,要高度关注世界科技创新与产业变革的新动向,把握经济社会发展的新动态,结合产业和区域发展的实际,更好地谋划"十三五"发展规划。针对美国政府颁布的《美国先进制造业 2.0 计划》,本文进行了翻译和整理,并根据实际对内容进行了编校。

《美国先进制造业 2.0 计划》
执 行 摘 要

100 多年以来,美国制造业在全球中一直处于领导地位。美国长期以来的繁荣昌盛,都得益于强大的制造能力,得益于强大的全球市场销售能力。然而,在 21 世纪,许多工厂关闭,许多工人失业,美国制造业领导地位严重下滑。

2012 年 7 月，美国 AMP(先进制造业联盟)提出《美国先进制造业 1.0 计划》(The First Advanced Manufacturing Partnership，AMP1.0)，呼吁国会全票通过以下措施：(1)维持美国在科学、技术和创新方面的投资；(2)建立国家制造创新网络(National Network of Manufacturing Innovation Institutions，NNMI)，即公、私联合设立高科技共享设施，共同提升巩固美国在新兴科技领域的领导地位；(3)依托社区职业技术学院，对劳动力培训项目进行升级，有效借助退伍军人，满足关键制造技术需求；(4)完善税收、监管、能源等政策，优化制造业投资的商业环境。

2014 年 10 月，AMP 与美国联邦政府合作提出《美国先进制造业 2.0 计划》。自 2013 年 9 月至 2014 年 9 月，做出的努力包括：对前景良好的制造业劳动力创新及合作进行分级；寻找新的、切实的策略，确保美国在具有变革意义的新兴科技领域中的竞争优势。该报告在《美国先进制造业 1.0 计划》建议的基础上，进一步提出三大建议：加强创新，确保制造业技术领先；培养人才，确保技工输送通道安全；改善环境，确保制造业投资氛围活跃。

一、加强创新，确保制造业技术领先

美国制造业的领导地位，源自高端科技的领先地位，源自高端科技创新的领先地位。美国参与制造业竞争并获得胜利，是基于成熟的美国制造业，能够生产出非凡性能、新功能的产品。要保持美国制造竞争力，归根结底就是要一直处于新科技的最前沿，并在"制造什么"和"如何制造"上不断突破。

为维持美国在创新方面的领先地位，并确保其在变革性新兴制造技术领域的关键领导地位，AMP 提出了以下指导性建议。

（一）建立可确保美国在制造技术领域优势的国家制造业科技战略

紧盯制造业核心技术，提出制造业核心技术提升的国家制造业科技战略，最大程度地优化国家在制造业科技发展方面的投资效果。国家制造业科技战略要做到：整体协调用于科技研发整个生命周期的全部投资，管理投资组合，并促进美国联邦政府及私营部门间的可持续性合作模式。

第一，制定一个愿景明确的国家制造业科技战略，确保美国在新兴制造科技领域的优势，协调公、私部门，加强科技研发各阶段的合作。战略应包括一批符合国家利益导向的制造技术优先发展领域，优先利用级别并加强对这些先进制造技术投资组合的管理。在发展最重要的制造业科技方面协调公、私投资：美国国家先进制造业项目办公室已经成立，"提高制造业跨机构协调能力"已成为可能。建议建立跨公、私各部门的先进制造业咨询协会（Advanced Manufacturing Advisory Consortium，AMAC），研究提出制造业新机遇、优先发展技术等，指导国家在科技研发各阶段的优先发展科技以及投资方向。

第二，设立 AMAC（先进制造业咨询协会），协调私营—公共部门投资，加大重点领域内国家先进制造技术的投资力度。建设新的制造业研发基地，如卓越制造业中心、制造技术试验基地，既是私营—公共部门研发、技术创新的共同结合点，又能促进新技术的进一步发展与应用。一是联合行业与大学，创建卓越制造业中心（Manufacturing Centers of Excellence，MCEs），推进前期技术研发，投资前沿基础研究项目、高难度基础研究项目。二是创建制造技术试验基地（Manufacturing Technology Testbeds，MTTs），为测试和展示新技术提供试验台，为各类企业以及后期技术开发供应商等提供评估、开发、展示、定制等各类服务，共享技术（计算运作和工具）和人才。

第三，建设新的制造业研发基地，完善创新机构体系，支持公、私联合开展创新投资,在早期研发阶段和后期成熟阶段,形成制造技术创新机构的有益补充。创建 MCEs(卓越制造业中心)和 MTTs(制造技术试验基地),加强不同阶段制造创新的支持力度,形成中小型企业在创新方面形成"敢投资—愿投资—投资获益—继续投资"的良性循环。

(二)制定制造技术标准

美国联邦政府应与私人企业合作,为新产品、新工艺设立标准。一是数据标准,着力实现不同系统间数据的互通性,以促进新技术的采用。二是行业标准,提升重点领域零部件的标准化优势。三是安全标准,加强制造业的网络安全认证,降低网络系统与制造设备交流的安全风险。

第一,开发制造技术流程,制定制造技术标准,促使各种制造技术实现可互操作,材料与制造流程信息实现可交互,以及系统开发在网络安全流程上可认证、可识别。

第二,创建 NNMI(国家制造业创新网络),形成一个共享的治理结构,成员包括国家经济委员会、科学与技术政策办公室以及执行机构等部门。确保投资回报,提振私营部门的专家、劳工组织和学术机构等利益相关者信心,共同参与、更加支持对 NNMI 的建立与运作。

二、培养人才,确保技工输送通道安全

2014 年美国制造业协会"Out of Inventory"调查报告显示,75% 参与调查的制造商受到技术人才短缺制约,劳动力技术水平已经落后制造业技术发展水平。要加速制造业创新和成长,必须注重培养优秀的、忠诚的员工,必须深化公、私合作。制造业企业家、劳工组织以及学者们认为,对单个企业来说,识别、应对技术创新,

既耗时间又费钱。企业界、教育界必须联合起来,做好针对性人才培养。

曾几何时,工人奔着工作稳定而涌入制造业,希望能进入中产阶层,但几十年的失业大军,已经动摇了这种认识,公众从而对制造业存在片面的,甚至是错误的认识,这导致制造企业人才短缺进一步加剧。确保制造业人才通道安全的第一步,就是改变人们对制造业的认识。

第一,AMP 与私营企业和媒体一起合作,创作发布系列广告及宣传活动,改善制造业旧有认知、重塑制造业崭新形象;举办"国家制造日"活动,展示当前制造业的真实从业环境、真实就业面貌、真实职业前景;建议联邦政府启动全国性的宣传活动来改变制造业形象,采取行动支持"全国制造业日"活动。

为了让更多的美国人学习必需技术,在制造业获得职业成功,AMP 所做的努力集中在四个方面:建立一个全国性的职业技术证书体系及认证系统;挖掘退伍军人人才库;投资社区技术学院,建立学徒机制,提供需求针对型培训;探索先进制造业教育职业发展路径,记录最佳实践。

第二,加快建设国家认可的,可移植、可复制的技能认证体系建设,加大对TAACCCT(劳工部、教育部贸易调整援助社区学院和职业培训)的额外资金支持,激励私人投资,努力促使职业技术证书在企业人才招募、人才晋升中发挥积极作用。

社区职业技术学院教育,是改善技术人才缺口最有效的平台。AMP 与三个主要企业及两个学院,联手合作组织过一个学徒试验项目,书面记载具体方式,以便于复制模式。

第三,大力发展远程职业教育,鼓励开发在线培训和认证系统。支持申报联邦培训项目等财政专项,积极争取国家资金支持。

退伍军人拥有多种重要技术,能够填补制造业人才缺口。但从军用向民营平稳过渡面临两大障碍:(1)军人对制造业几乎一无所知;(2)军用技术与私营企业岗位要求难以匹配。为了解决此障碍，AMP2.0为退伍军人和雇主间牵线搭桥，制作退伍军人资源清单；向退伍军人、雇主和教育机构提供书面的、实用的过渡指导意见；向技术翻译人员（即对各项技术进行具体定义描述的人员）及"退伍军人技术登记项目"提出建议。制造业协会免费存放 AMP 所创建的相关文件、工具包及记录本等，帮助进一步扩大并复制这些重要的人才培养机会。

第四，培养更多具有开发能力和拥有先进制造技术的人才。开发最好的"AMP2.0从业者实用工具"，加强相关文件、工具包和操作手册的存放、管理。支持 MI（制造创新研究所）开展推广与运作，复制人才培养模式，进一步扩大人才成长机会。

在培养"发展和实施先进制造技术的领军人物"方面，四年制学院、大学及研究生项目等能够满足独特需求并提供机会。美国大部分的本科工程课程是由工程及技术评审委员会（ABET）审查的。ABET 应为高端制造技术做出改变。美国研究生项目（科学硕士研究生、博士以及 MBA）应涵盖"制造业高度关心并极其需要的具体技术及领域"。

三、改善环境，确保制造业投资氛围活跃

美国能够在先进制造业竞争脱颖而出，关键是能够提供更好的制造业投资环境。在美国，年轻公司能够展示新科技的生命力，主流企业能够获得资金支持，扩张商业版图。较长的时间周期、较高的技术风险以及大量的资金需求等诸多因素，是制造业独特的投资风险，而投资者难以接受这类风险。

扩大并加强制造专业技术中介是降低制造业投资风险的有效方案，小型制造企业如果通过中介服务机构，就能够更强地获取信息，更快地采用制造技术，更好地实现盈利。成功的中介服务机构必须具备三个主要特征：（1）服务区域范围明

确；(2)服务技术或行业具体、明确；(3)为企业网络提供服务，而不仅仅是单个企业。

第一，加强组织间信息交流，着力协调联邦、州、行业组织以及私营中介组织，推动技术、市场、供应链等信息更多、更快、更顺畅地流向中小型制造企业。增加成熟企业以及新成立企业的资金供应。由于技术风险、市场导入风险、获得收益时间较长以及资金沉淀较大，高端制造领域的中、小型制造企业，通常不是资本市场所热衷的投资领域。降低资金要求，通过拨款、担保贷款以及延期纳税等手段，是政府激励中小型制造企业的传统方法。实际上，通过增加需求、降低技术风险、缩短研发时间等新方法，也可以更好地吸引投资。

第二，降低先进制造技术投资组合的风险。创建"扩大规模投资基金"，允许公私参股、入股、控股，强化资本实力。完善战略伙伴、政府和制造企业间的信息通道建设，加强信息流的共享、互通。发挥税收激励作用，加大制造业投资规模。

AMP 反复重申税收及监管政策建议，强调"批准根本性商业税收改革"的重要性，建议深化现有激励措施。

四、实施办法

2009—2014 年间持续进行的工作，需要跨政府部门间的大量协调以及与私营部门的大力合作。为确保所提建议的成功实施，总统执行办公室(EOP)的持续领导是必需的。科学与技术政策办公室(OSTP)、国家经济委员会(NEC)在促进多机构合作中，起到核心作用。除 EOP 的领导和深度参与外，明确多机构合作中的各方责任，对于加快实现目标是十分重要的。

AMP 希望在 60 天内，NEC(美国国家经济委员会)和 OSTP(科学技术政策办公室)应向总统提交一套建议，内容包括(1)明确 EOP(美国总统行政办公室)在协调"美国先进制造业 2.0"行动中，所应发挥的作用；(2)明确联邦各机构及其他联邦部门的角色及责任，有效落实 AMP2.0 所提出的相关建议。

附件 1

表 1　"美国先进制造业 2.0"的建议总结列表

序号	建议内容
1	建议一：制定愿景明确的国家制造业科技战略，确保美国在新兴制造科技领域的优势，协调公、私部门，加强科技研发各阶段的合作。应包括：由 AMP(先进制造业联盟)科学分析并提出，一批符合国家利益导向的制造技术优先发展领域、优先利用级别；加强对这些先进制造技术投资组合的管理。制造技术优先领域具体见表 2
2	建议二：设立 AMAC(先进制造业咨询协会)，协调私营—公共部门投资，加大重点领域内国家先进制造技术的投资力度
3	建议三：建设新的制造业研发基地，完善创新机构体系，支持公、私联合开展创新投资，在早期研发阶段和后期成熟阶段，形成制造技术创新机构的有益补充。创建 MCEs(卓越制造业中心)和 MTTs(制造技术试验基地)，加强不同阶段制造创新的支持力度，形成中小型企业在创新方面形成"敢投资—愿投资—投资获益—继续投资"的良性循环
4	建议四：开发制造技术流程，制定制造技术标准，促使各种制造技术实现可互操作，材料与制造流程信息实现可交互 以及系统开发在网络安全流程上可认证、可识别
5	建议五：创建 NNMI(国家制造业创新网络)，形成一个共享的治理结构，成员包括国家经济委员会、科学与技术政策办公室以及执行机构等部门。确保投资回报，提振私营部门的专家、劳工组织和学术机构等利益相关者信心，共同参与、更加支持对 NNMI 的建立与运作
6	建议六：启动全国性宣传活动，改善制造业旧有认知、重塑制造业崭新形象；举办"国家制造日"活动，展示当前制造业的真实从业环境、真实就业面貌、真实职业前景
7	建议七：加快建设国家认可的、可移植、可复制的技能认证体系建设，加大 TAACCCT(劳工部、教育部贸易调整援助社区学院和职业培训)的额外资金支持，激励私人投资，努力促使职业技术证书在企业人才招募、人才晋升中发挥积极作用

续表

序号	建议内容
8	建议八：大力发展远程职业教育,鼓励开发在线培训和认证系统。支持申报联邦培训项目等财政专项,积极争取国家资金支持
9	建议九：培养更多具有开发能力和拥有先进制造技术的人才。开发最好的"AMP2.0从业者实用工具",加强相关文件、工具包和操作手册的存放、管理。支持 MI(制造创新研究所)开展推广与运作,复制人才培养模式,进一步扩大人才成长机会
10	建议十：加强组织间信息交流,着力协调联邦、州、行业组织以及私营中介组织,推动技术、市场、供应链等信息,更多、更快、更顺畅地流向中小型制造企业
11	建议十一：降低先进制造技术投资组合的风险。创建"扩大规模投资基金",允许公私参股入股控股,强化资本实力。完善战略伙伴、政府和制造企业间的信息通道建设,加强信息流的共享、互通。发挥税收激励作用,加大制造业投资规模
12	建议十二：实施办法。在 60 天内,NEC(美国国家经济委员会)和 OSTP(科学技术政策办公室)应向总统提交一套建议,内容包括:(1)明确 EOP(美国总统行政办公室)在协调"美国先进制造业"2.0 行动中,所应发挥的作用;(2)明确联邦各机构及其他联邦部门的角色及责任,有效落实以上建议

表 2　AMP2.0 中三个制造技术优先领域及技术战略建议

技术领域	制造业中的先进传感、控制和平台系统	虚拟化、信息化和数字制造	先进材料制造
研发基础设施作为支持创新的管道	建立制造技术测试床(MTTs)来测试新技术的商业案例应用,包括智能制造能力	建立制造卓越能力中心(MCEs),聚焦于前沿技术开发层面的基础研究以及包括数字设计和能效数字制造工具等方面的数字化	推广材料制造卓越能力中心(MCEs)以支持制造创新研究所(MIIs)的研发活动,以及支持国家战略中的其他制造技术领域
国家制造业创新网络	针对高耗能和数字信息制造,建立聚焦于 ASCPM 能源优化利用的一个研究所	聚焦于制造过程中的安全分析和决策中涉及的量大、综合的数据集,建立一个大数据制造创新研究所(现有数字化制造和设计创新研究所之外)	利用供应链管理国防资产,促进创新和研发中的关键材料再利用
公私技术标准	制定新的产业标准,包括关键系统和供应商所供货之间的数据交叉标准	制定部署"网络—物理"系统的安全和数据交换的制造政策标准	为表征材料设计数字标准,以快速利用新材料和制造方法

续表

技术领域	制造业中的先进传感、控制和平台系统	虚拟化、信息化和数字制造	先进材料制造
附加策略		激励创造和推行系统提供商、服务机构或者系统集成商的辅助制造商业化	为先进制造材料领域的博士生设立制造业创新奖学金,如生物医疗制造

注:在 AMP2.0 报告中,美国将三个制造技术列为优先发展领域,分别是:(1)制造业中的先进传感技术、先进控制技术和平台系统;(2)虚拟化、信息化和数字制造技术;(3)先进材料制造。

(原载《经信参阅》2015 年第 1 期)

发展信息经济　提升供给能力

近年来,新一代信息技术在各个领域的广泛应用和创新突破,在全国爆发出强大的经济能量,信息经济将成为未来新的经济增长点。据有关部门统计,预计到2016年底,我国信息经济占 GDP 比重将超过美国,潜力巨大的信息经济必将成为未来国民经济的新主导。

信息经济是继农业经济、工业经济后的第三经济形态,它作为一种新型经济形态,是建立在新一代信息技术基础之上的,追求的是差异化、个性化、网络化和速度化。信息经济的崛起,对传统经济的形态和理论形成了强大冲击和挑战,互联网时代的兼容共享、关联互动、协同普惠将重新塑造信息社会经济形态的新特征和新内涵。

一、信息社会的经济形态及特征

人类社会形态历经三次递进与演化,从农耕时代到工业时代,再到当前的信息时代,三种社会形态的要素资源、生产力特征、经济形态都不同。农业社会,土地等物质要素是主要的要素资源，生产方式呈现分散的个体化特征，是以自然经济为主的农业经济形态；工业社会，物资和能源（石油、煤炭、资本等）是主要的要素资源，生产方式呈现集中规模化特征，是以商品经济为主的工业经济时代；信息社会，信息资源上升为重要的战略资源，生产方式呈现分布式多元协同化特征，以开发和利用信息资源为目的信息经济活动迅速扩大，逐渐取代工业生产活动而成为国民经济活动的主要内容。当前，人类正步入信息经济时代，信息经济是以信息资源为基础，以信息技术为手段，通过研发与生产知识密集型的信息技术产品和服务，促进经济增长、社会进步和劳动就业的一种新型经济形态，也是继农业经济和工业经济之后的新型经济形态，包含了信息基础设施、信息技术产业、社会和经济的信息化等内涵。

信息经济的发展大致经历了三个发展阶段，首先是在工业经济的边缘，出现了以电子商务为主体的互联网经济，并且逐步发展壮大；其次就是互联网对整个产业的蔓延，对主要产业部门的解构、重构和再造，完成增量的改革；最后是信息经济基础设施的形成，所有产业部门、管理制度，文化和人都适应信息经济进行塑造，即范式转移的完成。随着新一代信息技术创新、融合、扩散所带来的人类生产效率的提升，以及新产品、新业态、新模式的不断涌现，人类社会的沟通方式、组织方式、生产方式、生活方式正在发生深刻的变革，信息经济作为一种新的经济形态，正成为转型升级的重要驱动力，也成为全球新一轮产业竞争的制高点。

二、信息经济对传统经济的颠覆和挑战

信息经济作为一种新的经济类型，脱胎于工业经济，是在传统经济增长的基础上创造出的一种发展模式，是经济信息化及信息网络化的必然结果。它与传统经济的不同之处，就在于它颠覆了传统经济的原有的运行规则。建立在制造业基础

之上的传统经济,是以标准化、规模化、模式化、讲求效率和层次化为其特点,而信息经济则是建立在信息技术基础之上,追求的是差异化、个性化、网络化和速度化。

(一)信息经济和传统经济的差异

从生产要素来看,传统经济时代主要强调的是资本、劳动力及能源等社会资源,主要目的在于提高社会的劳动生产率;而信息经济时代则将信息上升为经济活动中最为活跃的一个基本生产要素,并逐渐形成了以信息与材料、能源为核心的信息经济"资源三角",同时,创新及知识要素的重要性逐渐显现。信息经济中生产要素的全新组合,使得信息生产力成为放大全部生产力的"乘数型"生产力,数据成为经济活动的核心要素,并加速了劳动力、资金、机器等原有要素的流动、共享。可以说,在信息社会,大数据将企业生产与用户消费、制造业与服务业等深度融合,形成数字与物理世界无缝对接的新世界,将信息经济推向新的高度。

从生产方式来看,信息经济带来的新的生产方式也大大改变了传统经济所固有的刚性、粗放及稳态的生产方式。具体而言,传统经济中以机械化大生产作为支持经济增长的关键技术,以电动机和制造装备等为生产工具,目的在于实现产品的批量生产;而信息经济区别于前者的是其提倡以数字化代替机械化,以信息资源为基础的智能工具代替生产机器,以知识创新集聚来获取竞争优势,生产柔性产品,努力营造智能制造生态系统。在信息社会,柔性、个性化、智能制造成为主流。信息经济通过新一代信息技术与制造业的深度融合,促进制造模式、生产组织方式和产业形态等多方面的深刻变革,将出现生产、服务、消费的一体化。

从经济运行组织来看,传统经济中企业注重追求规模效益,主张依靠扩大企业的生产规模、追求资源优化配置和有效利用来实现企业销售的稳定增长,资本主要以固定资产投入为主,其边际收益呈现递减的趋势;而相反的是,信息经济时代企业的边界和交易方式正在发生深刻变革,传统生产组织方式扁平化、分散化不断深化、网络化、协同化等新的企业生产组织方式不断兴起,企业组织在裂变与重组、创新中不断适应新环境新形势。产业联盟等正成为主导产业竞争规则的新主体,引领着行业技术变革的方向,决定着标准规范和产业竞争新格局。

从经济运行特征来看,在传统经济中,无论是生产领域还是商品流通领域,总是人与物、人与人相互直接发生实物性关系的过程,市场居于稳态;而在信息经济中,生产过程和流通过程中的实物也在不断减少,过程呈现虚拟化,产品多以无形的知识性产品为主,市场由稳态演变为动态,竞争日益全球化。传统工业经济重视对资源的独家占有,信息经济讲求对资源的使用和共享;工业经济强调价值链上下游的分工,信息经济提倡价值网络上的交互与协同;工业经济注重内部研发,信息经济拥抱众包的力量,大规模协作成为趋势,共享成为企业不得不遵循的原则。

从基础设施角度来看,任何一种新的经济形态都是建立在日益完善的发展基础之上的,经济活动的正常运作有赖于基础设施发挥其支撑功能。机械化的传统经济要求社会配备诸如铁路、公路等交通基础设施及轮船、汽车、火车等基本交通运输方式;而信息经济作为继传统经济后的新的一种经济形态,宽带、无线为代表的网络设施成为了经济运行不可或缺的重要支撑,"云＋网＋端"构筑了新一代信息基础设施。不同于交通、能源等传统经济基础设施,新一代基础设施通过实现实物之间的互联互通,创建互联网平台,为众多行业的企业提供了突破性的发展契机,催生了新经济创新发展的良好氛围。总体看,新的信息基础设施正叠加于原有农业基础设施(土地、水利设施等)、工业基础设施(交通、能源等)之上,发挥的作用也越来越重要。

(二)信息经济与传统经济的联系

信息经济是继传统经济后的一种新的经济形态,是经济的新的一种发展模式,因此它与传统经济有着千丝万缕的联系,两者并不是完全独立。简单而言,离开传统产业和市场需求及传统资本制度的支持，信息经济就成为无本之木。

首先，传统经济是信息经济发展的基础与前提。传统经济为信息经济的产生与发展提供了必要的物质基础与准备，同时，以发展信息产业为主要内容的信息经济的产生本身就是物质经济发展到一定阶段的必然产物。另外，信息经济的发展在一定程度上依赖于传统产业的发展和它所创造的潜在市场，传统经济的市场竞争仍然是信息经济加速发展的重要驱动力。

其次，信息经济反哺于传统经济的发展。传统经济作为人类社会最主要的经济形态，并不能够被信息经济所取代，信息经济只是人类社会发展进程中产生的派生需求。互联网作为信息经济发展的重要载体，具备了传统经济所欠缺的跨界渗透能力，连接思想、连接人体、连接物体、连接环境的一系列创新正源源不断的产生，并显示出对传统产业的颠覆性影响，有效激发传统产业的发展活力。譬如，智能制造就是通过两化深度融合，充分提高传统制造业的生产效率，根据个性化需求创新产品，从而促进生产方式和产品设计的智能化；电子商务将传统产业的大批量生产的模式转变为需求拉动型的生产，在生产过程中实现柔性化管理，大大提高了企业资源的优化配置及合理的使用，也相对减少了社会产能过剩；互联网金融的发展重塑了社会的金融生态体系，网上银行、第三方支付、网络融资等形式的新型模式不仅作为传统金融交易的补充手段，也在一定程度上打破了传统银行业的时空界限，突破了传统金融服务业的发展瓶颈与障碍，极大地增强了金融市场的活力与创造力。

最后，信息经济和传统经济的发展目的不尽相同。一方面，两者的发展都是为了提高社会的生产效益，都是推动人类社会发展的重要手段；另一方面，两者的存在都是为了解决人类社会发展过程中出现的资源稀缺性的问题，传统经济解决的是人类物质与自然资源的需求稀缺，而信息经济解决的是人类社会发展空间稀缺与地域之间的局限。

（三）信息经济对传统经济的影响

信息经济对传统经济发展的影响主要体现在，通过影响要素重新配置改变传统发展模式，通过改变生产效率影响经济长期增长方式，通过革新生产方式改变经济结构。

对传统经济发展方式的影响。转变经济发展方式，就是使生产要素合理分配到具有比较优势和效率较高的部门，以寻求经济增长的新动力，改善经济投入产出关系，由此重构传统经济的核心竞争力。通过与传统产业的深度融合，优化重组设计、生产、流通、消费全过程，创新生产方式和企业组织形式，推动传统产业转型升级和经济发展方式转变。

对传统经济增长格局的影响。根据现代经济增长理论的描述，国家的经济增长主要依靠要素投入、效率提高和技术进步。信息经济将从要素、效率和创新等方面为传统经济增长注入新的动力。信息经济时代，信息和数据资源将成为经济增长的核心要素，通过生产要素重组、交易费用降低以及经济体制转换实现经济效率提升，并带来其他技术及经济等各层面的融合创新。

对传统经济结构调整的影响。信息经济对经济的影响源自于对要素资源配置的影响，这势必导致要素投入及其比例的变化，并由此导致经济结构的调整。以物联网、云计算、大数据为代表的新一代信息技术不断取得突破和应用创新，催生了互联网金融、车联网、智慧城市等一批新兴产业快速发展。

三、信息经济时代的浙江战略选择

面对来势汹汹的信息经济浪潮，浙江正在加快推进信息经济发展，不断提高全省信息经济综合实力，形成信息经济"引领全省、领跑全国、闻名全球"的新格局，使信息经济成为新常态下推动并促进浙江经济社会实现转型升级的第一力量。

在战略地位上,要全面提高信息经济发展的首位度。要把信息经济作为"一号工程",明确"三个第一",即第一技术是信息技术,第一产业是信息产业,第一经济是信息经济。全面加强对浙江全省各层面的信息经济宣贯,尤其是提高企业和政府部门最高领导、业务骨干以及部门负责人对信息经济的认识和理解,形成领导层对信息经济发展的主体驱动力。采取各种手段广泛宣传加快推进信息经济发展的重要性和紧迫性,为全省信息经济发展提供强大的舆论支持。

在战略路径上,全面推进"一条主线,两个引领,三个套组合拳"。首先,重点发展要以"互联网＋"新业态为主线,重点应聚焦互联网＋商务、互联网＋金融、互联网＋物流、互联网＋健康、互联网＋教育、互联网＋旅游等新业态。其次,强化技术创新和制度创新双引领,一方面抓住新一轮信息技术发展机遇,集中突破一批关键技术,大力发展新一代信息技术产业;另一方面,探索互联网产业发展的制度创新,鼓励通过先行先试、总结经验、逐步推广,激发大众创业、万众创新。最后,在发展信息经济的过程中,要"打好改革与体制创新组合拳,打好互联网技术和示范应用组合拳、打好产业与城镇发展组合拳"。简言之,就是让市场与政府"两只手"交相辉映,让技术成果与市场应用相辅相成,让产业转型升级与社会发展环境互利共赢,为浙江打造全国信息经济发展先行区做好组合套拳。

在战略重点上,围绕信息经济基础设施、核心产业发展、信息化应用创新、平台载体建设等方面,着力突破新技术、壮大新产业、强化新应用,大力发展智能工业、建设智慧城市,全面提升信息经济基础设施水平,为浙江迈向信息经济中高端发展水平赢得先机。在信息基础设施方面,积极推进"云＋网＋端"新一代信息经济基础设施建设,全面实施"云化浙江"建设,科学规划全省云计算数据中心选址布局,统筹省内云计算数据中心发展,积极探索跨区域共建共享机制和模式;加快"宽带浙江"战略实施,统筹推进骨干网、城域网和接入网建设,部署全面感知的"物联浙江"，积极有序推动设施农业物联网、制造企业物联网、各类工程物联网的发展，并接入互联网，形成遍布全省的基础设施物联网络；对重要建筑设施、景点景观、古树名木、管网管线、珍贵文物等城市部件广泛部署自动感知终端，实现对部件的实时性、无人化、精准化、全天候监控和自动感知。在信息产业方面，着力突破高性能集成电路技术、物联网和嵌入式软件技术、通信网络领域技术、数字音视频与新型显示技术、云计算与大数据技术等一批自主可控核心关键新技术，以技术创新和突破引领信息经济核心产业发展，加快发展"有芯"的电子信息制造业、"有魂"的软件业和"有活力"的信息网络服务业，着力推进物联网、云计算产业和大数据等新一代信息技术产业发展，以产业为主导推动信息经济快速发展。在信息化应用方面，不断深化信息通信技术在经济、社会等各领域的广泛应用，促进互联网跨界融合渗透，创新发展"互联网＋"新业态；发展先进水平的智能工业，加快发展智能化装备，提升产品智能化水平，推进生产管理全流程智能化，提升服务智能化水平；推进精准化城市管理，着力建立统一的地理空间信息平台及建筑物数据库，大力发展智能交通、智能电网、智能水务、智能管网、智能建筑等，实现城市基础设施智能化。在经济生态建设方面，以特色小镇、信息经济示范基地等建设为契机，优化加快信息经济核心产业发展载体和平台建设，吸引国内外互联网企业和配套服务企业入驻，建设一批电子商务、互联网文化创意等一批多功能、多业态为一体的信息经济集聚区，形成特色鲜明、布局合理、协同发展的信息产业发展格局。

（2016 年 5 月 16 日）

"互联网+"发展趋势及浙江的对策建议

"互联网+"的本质是传统产业经过互联网改造后的在线化、数据化，是"创新2.0"下的互联网与传统行业融合发展的新形态、新业态，体现了知识社会创新2.0与新一代信息技术的发展与重塑。浙江是"互联网+"新业态发展的全国先进省份，加快发展以"互联网+"为核心的信息经济已成为浙江适应新常态、重塑新优势的重要突破口和战略选择。

2014年，习近平总书记在中央网络安全和信息化领导小组第一次会议上指出，要建设网络强国，形成实力雄厚的信息经济、要向着信息经济全面发展的目标不断前进。2015年全国两会上，李克强总理在政府工作报告中首次提出要制定"互联网+"行动计划，重点推动移动互联网、云计算、大数据、物联网等新一代信息技术与现代制造业、生产性服务业融合创新，促进电子商务、工业互联网和互联网金融健康发展，引导互联网企业拓展国际市场。

近年来，浙江高度重视"互联网+"发展，在全国率先举起以"互联网+"为核心的信息经济大旗，力争率先发展、示范全国。2013年浙江被国家确定为全国第一个"两化深度融合"示范省，2014年浙江制定了全国省、市、自治区第一个信息经济发展规划,成功举办了国家在浙江召开的首届世界互联网大会。浙江产业基础好、制度创新快,是新常态下"大众创业、万众创新"的典型代表省份,发展信息经济已成为全省上下转型升级发展最大的共识。加快发展以"互联网＋"为核心的信息经济成为浙江适应新常态、重塑新优势的重要突破口和战略选择。

一、互联网的历史进程及现状

互联网是人类科学技术近 50 年最伟大的发明。从互联网的发展历史轨迹看,大致可以分为三个阶段:1995—2003 年,互联网主要是一种工具,主要功能是通过网络查找数据资料等,互联网规模约为百亿量级;2003—2008 年,互联网主要是一种渠道,百度、阿里巴巴、腾讯等一批互联网企业便在此阶段发展起来,互联网规模约有千亿量级;2008—2013 年,互联网完成了由渠道向基础设施的演进,"云、网、端"为主要标志性技术的突破和成熟,让互联网平台快速崛起,互联网规模接近万亿量级;2014 年起至今,互联网已经成为一种新经济范式,以"互联网＋"为主要路径,颠覆了传统经济社会的发展方式,形成的新经济模式表现出了巨大的发展后劲,未来互联网的规模有望突破十万亿量级。

从我国互联网发展情况来看,2003 年全国网民数量仅为 0.79 亿,互联网渗透率仅仅达到 4.6%,而 2014 年底最新的数据统计显示(见图 1),中国的网民总数已经突破 6.49 亿,其中智能手机的用户突破 5 亿,中国已成为世界上最大的智能终端市场,互联网渗透率已经接近 48%,中国互联网总人数已经超过美国的两倍之多。其中以网购人数为例,2014 年全国网购人数达到 3.61 亿,超过欧洲英、法、德、意四国总人口数。

未来,物联网将连接一切,O2O 加速开启新商业模式的序曲,产业跨界合作将不断创新,消费互联网将向产业互联网迁徙演进,互联网将重构每一个产业,拉动

图 1　我国网民规模及互联网普及率

产业升级换代,使所有产业呈现泛互联网化的特征。随着信息通信技术的深入应用,互联网本身带来的创新形态演变与行业新形态相互作用、共同演化,从设计、生产、销售到售后的全流程对传统产业进行改造。可以说,传统产业与互联网是"互联网+",而不仅仅是"+互联网"。"产业+互联网"供给方式转变和"互联网+消费"需求方式转变,将极大改变经济和社会发展方式。在未来的信息社会,驱动当今社会变革的不仅仅是无所不在的网络,还有无所不在的计算、无所不在的数据、无所不在的知识。"互联网+"不仅仅是互联网移动了、泛在了、应用于某个传统行业了,更是加入了无所不在的计算、数据、知识。"互联网+"产生的融合应用是一种化学反应,将会推动经济社会走向颠覆式创新。

二、"互联网+"概念的提出

国内"互联网+"概念的提出,是在 2012 年 11 月易观第五届移动互联网博览会上,易观国际 CEO 于扬提出移动互联网的本质离不开"互联网+"。马化腾也认为:"互联网加一个传统行业,意味着什么呢? 其实是代表了一种能力,或者是一种外在资源和环境,对这个行业的一种提升。"李克强总理在 2015 年两会上将"互联网＋"第一次纳入国家经济的顶层设计,这对于整个互联网行业乃至中国经济社会的创新发展意义重大。

阿里巴巴在《"互联网＋"研究报告》中认为,所谓"互联网＋"是指以互联网为主的一整套信息技术(包括移动互联网、云计算、大数据技术等)在经济、社会生活各部门的扩散、应用过程,在内涵上根本区隔于传统意义上的信息化,而是重新定义了信息化。"互联网＋"的本质是传统产业经过互联网改造后的在线化、数据化,其前提是互联网作为一种基础设施的广泛安装。

"互联网＋"是一种以互联网为基础设施和实现工具的经济发展新形态,即充分发挥互联网在生产要素配置中的优化和集成作用,将互联网的创新成果深度融合于经济社会各领域之中,提升实体经济的创新力和生产力,形成更广泛的以互联网为基础设施和实现工具的经济发展新形态。它是以信息经济为主流经济模式,是"创新 2.0"下的互联网与传统行业融合发展的新形态、新业态,体现了知识社会"创新 2.0"与新一代信息技术的发展与重塑,意味着知识社会"创新 2.0"逐步形成经济社会转型演进、发展的新机遇,推动开放创新、大众创业、万众创新,最终引领中国经济走上创新驱动发展的"新常态"。

三、浙江"互联网十"的发展现状

浙江是"互联网＋"新业态发展的全国先进省份。据浙江省统计局初步测算,2014 年浙江全社会信息经济核心产业实现增加值 2780.7 亿元,同比增长 11.5％,比全省 GDP 增幅高 3.9 个百分点,占全省 GDP 的比重为 6.9％,比 2013 年提高 0.3 个百分点。其中,电子商务、物联网、云计算与大数据等"互联网＋"新业态快速发展,形成浙江信息经济独特的竞争优势。

"互联网＋商务"：电子商务是浙江经济的重要增长点，杭州、宁波被列为国家首批跨境电子商务试点。全国约有85％的网络零售、70％的跨境电商交易和60％的企业间电商交易依托浙江电商平台完成。浙江全省销售超亿元的网络零售企业达100余家，阿里巴巴已成为中国最大、全球第二大的网络公司。2013年，全省电子商务交易总额已达1.6万亿元，全省网络零售总额3821.25亿元，相当于全社会消费品零售总额的25％，网络消费已成为浙江居民日常消费的重要渠道。2014年全省实现网络零售额5641.6亿元，同比增长47.6％，继续保持快速增长势头。农村电子商务领跑全国，极大地促进了浙江县域经济的快速发展。据阿里研究院发布的数据显示，全国电子商务百强县中浙江占49席，全国211个淘宝村中浙江占62席，均位居全国第一。

"互联网＋金融"：浙江支付宝、余额宝、阿里小微贷、众安在线等互联网金融产品快速发展，为解决电子商务交易过程中的金融支付和小微企业融资难等问题提供了解决方案。支付宝已成为国内第三方支付的领导者，自2013年6月上线至2014年9月底，余额宝规模达到5349亿元，用户数达到1.49亿，累计为用户创造的收益超过了200亿元，平均为每位用户赚了133元。阿里小微贷累计投放贷款超过1700亿元，服务小微企业超过70万家，不良率小于1％。互联网金融发展的良好态势和当前持续高涨传统金融不良率形成了鲜明的对比。杭州是互联网金融创新发展"高地"，"挖财"、"51信用卡"、"铜板街"、"盈盈理财"等理财App多为"杭州制造"。

"互联网＋物流"：浙江全省交通基础设施建设水平和运输能力位居全国前列，众多中外快递企业总部或转运中心落户杭州，物流配送快速发展。物流服务体系和公共信息平台建设步伐加快，"传化公路港"运行模式全国领先，"英特物流"等一批专业物流企业迅速发展，全省共有A级以上物流企业400家，占全国的15.8％，位居全国第一。2014年，全省规模以上快递服务企业业务量累计完成24.57亿件,同比增长73.1％,日均约682.6万件;业务收入累计完成274.4亿元,同比增长52.7％,继续呈快速增长势头。

"互联网＋健康":浙江以杭州国家软件产业基地为依托,拥有创业软件、图特信息科技、联众医疗科技、阿里巴巴等较多健康信息领域的龙头企业,产业规模与实力在全国处于领先地位。2015年落户于杭州湾信息港的中国智慧健康谷,将建成全国最大的医疗网络就诊中心、医疗数据信息中心与智慧健康产业集聚中心。由腾讯公司、美国高翎、红杉资本共同投资5亿美元的挂号网,已经成为引领国内"互联网＋医疗"的样本。

"互联网＋旅游":"互联网＋"以信息化手段助推旅游产业"超速"发展。浙江全省各市县旅游部门都开通了旅游微信、微博,有70％以上的市县旅游局利用微电影进行营销,60％旅游企业在天猫、携程等平台开设网店,浙江旅游与互联网实现了创新融合。在智慧旅游方面,浙江积极推进智慧旅游示范城市,开展智慧景区、智慧旅行社、智慧酒店等试点工作,积累智慧旅游建设的经验,引导旅游景区、酒店、旅行社等旅游企业建设电子商务平台,发展网上预订、在线支付等电子商务,为省内旅游要素供应商和国内旅游电商实现无缝对接。

"互联网＋教育":全浙江省内学校互联网千兆到校接入率达80％,70％的教室和教师办公室都达到了百兆通达,基本形成高速、安全、稳定的基础网络环境,全省所有中小学校都实现了班级多媒体全面普及。浙江已经建成覆盖小学到高中所有学科年段的各类优质数字网课资源,建成国家精品课程200余门、省级精品课程1500门、选修课网络课程906余门、微课程1200门,资源总条目超过33万条,总容量达到3300GB。共发布了普通高中网络选修课程近千门,网络课程在线总访问量突破520万余人次,电子教材全册下载量超过10万(册)次。

四、"十三五"浙江"互联网十"发展的重点领域

根据国家"互联网十"四个方面行动计划的重点,结合浙江的优势和"互联网十"的最新发展趋势,"十三五"期间,浙江"互联网十"的发展,主要在以下七大重点:

"互联网十制造":引导企业建立信息物理系统(CPS)、集成软件、感知和通信系统,实现资源、设备、产品、人的无缝连通、相互识别和高效交流,推进制造企业物联网;通过在产品中嵌入传感器、数控装置及软件,丰富产品功能,升级产品性能,提高产品的智能化水平。优先发展智能制造装备产业,突破一批面向国民经济支柱产业的智能成套制造装备。鼓励发展基于互联网的个性化定制、众包、云制造等新型制造模式。引导和支持制造业延伸产业链条,加快发展服务型制造,实现服务型制造业和生产性服务业融合发展。

"互联网十商务":适应新型消费需求,积极发展智慧旅游、居家养老服务等新型生活消费电子商务;努力开拓新领域,鼓励发展生产供应类、租赁服务类,以及技术、劳务等要素交易类电子商务。引导专业市场有序建设电商平台,实现线上线下市场融合发展;积极开展跨境电子商务试点,重点推进中国(杭州)跨境电子商务综合试点,构建跨境电子商务生态服务体系。围绕农村消费、农产品销售、农村青年创业和城乡一体化,加快发展农村电子商务。

"互联网十金融":加快信息技术在金融领域的应用,支持互联网企业与银行、证券、保险等金融机构合作,鼓励基于互联网的金融产品、技术、平台和服务创新,发展基于互联网的新金融。探索建立网络银行,促进第三方支付、P2P网络借贷、股权众筹、金融产品网络销售等新兴业态持续健康发展。探索构建政府、企业、金融机构等共同参与的多层次社会信用体系,为互联网金融发展营造良好信用环境。支持各类互联网金融平台建设,鼓励传统金融机构设立互联网金融研发中心。

"互联网＋物流"：以国家交通运输物流公共信息平台为基础，加强物流信息化顶层设计，推进港口、铁路、机场、货运站场等交通枢纽和仓储基础设施智能化，构建海铁联运、铁水联运、公铁联运、陆空联运等多式联运体系。推进舟山国家江海联动数据中心建设，加强江海联运数据资源体系和应用平台建设。大力发展第三方和第四方物流，依托产业集群开展区域性物流信息服务，构建覆盖城乡、联通全球的物流配送体系。加快全省物流信息整合，完善以基础设施和信息平台为重点的物流支撑体系，完善以基础设施和信息平台为重点的物流支撑体系。

"互联网＋健康"：推动省级卫生信息平台之间的互联互通和信息共享，形成全省社会保障信息公共服务体系。推动省市县三级人口健康信息平台之间的互联互通和信息共享，深化基于居民电子健康档案数据库、电子病历数据库、全员人口个案数据库的人口健康信息化工程，推进健康信息在公共卫生机构、医疗机构、家庭医生和市民之间共享利用。建设覆盖公共卫生、医疗服务、医疗保障、药品管理、计划生育、综合管理领域的业务应用系统，建立开放、统一、优质、高效的"健康云"。引导卫生保健领域发展远程医疗服务、探索建设网络医院、推进智慧医疗应用。

"互联网＋旅游"：培育基于在线虚拟体验平台的 3D 旅游服务业，加强对旅游风景区、文化旅游区、乡村旅游景区进行全方位的展示和信息服务。大力发展旅游产业大数据应用，指导境内外旅游服务产品的创新优化。建设全省旅游基础数据库，推进"全省旅游企业上地图"工程，打造基于微信的旅游公共信息咨询服务体系。加快全省旅游产业监管服务平台建设，建立旅游智能预测平台，构建以景区天气、PM2.5、人体舒适度、游客饱和度等为主要内容的旅游公共信息发布体系。强化与阿里旅行的合作，精准营销浙江旅游产品，同时建设浙江旅游多语种网站，开展境外网络营销。

"互联网＋教育"：推动智慧教育试点建设，建立教师备课、学生学习、教育管理决策等支撑系统，改善提升学校现有的信息化软硬件环境和应用水平，创新教学手段和模式，加快智慧校园建设。开发整合各类教育资源，建设大规模智慧学习平台,打造城乡一体化教育资源公共服务共享体系,为民居提供在线学习、终身学习等个性化学习服务。鼓励企业和社会机构挖掘需求,建设网络服务平台,面向不同人群提供开放式在线课程(MOOCs),丰富互联网教育产品。

五、推动"互联网＋"发展的若干对策建议

(一)统筹协调推进,构建"互联网＋"行动新机制

由浙江省政府相关部门牵头,制定出台省"互联网＋"行动计划。建立跨部门、跨地区、跨行业的"互联网＋"行动计划协同推进机制,统筹协调推进"互联网＋"行动,落实政策举措推进各行各业"互联网＋"发展。强化浙江省政府和国家有关部委等在"互联网＋"领域的部省合作,建立部省合作机制,加大对重大项目的扶持力度,在"互联网＋"应用领域形成优势互补和资源共享,实现更广泛层面的合作共赢。

(二)完善基础支撑,打造"互联网＋"发展新设施

优化互联网网络架构和空间布局,增强宽带网络基础设施的支撑能力,改善互联网用户的上网体验,提高互联互通质量和接入速率。加速 IPv6 技术商用步伐,率先建设第五代移动通信技术(5G)商用试验网,逐步向下一代互联网过渡。加速推进无线城市建设,成为全国首个免费 WiFi 全覆盖的省份。推动基于自主创新的云设施建设,建设一批面向行业、企业的私有云和大数据处理平台,建立全国最大的公有云基地。打破各领域的信息孤岛,开放公共数据资源,推动全社会对信息资源的开发利用,构筑"互联网＋"应用所依赖的数据基础设施。

(三)创新引导方式,营造"互联网+"发展新生态

设立"互联网+"产业投资基金,向电子商务、智慧物流、智慧健康、智慧教育、智慧旅游和智能制造等新业态和新应用倾斜,重点投向"互联网+"领域的重要项目、优势企业、产业基地以及公共服务平台建设。探索互联网产业发展"负面清单"管理办法,在安全自主、可控可管的前提下,开放互联网新技术、新业态在浙江先行先试和创新发展,努力营造政策宽松、平台完善、创业氛围浓厚的生态环境,通过"大众创业、万众创新"推动"互联网+"发展。

(四)促进宣传交流,大力弘扬基于互联网的新文化

规划建设中国互联网博物馆,开展互联网科普教育,回顾互联网发展历程,展示发展成就和重大事件,为传播中国乃至世界互联网文化提供窗口和平台载体。建设桐乡世界互联网主题公园,打造互联网企业 CEO 和著名互联网业务创始人的"星光大道"。借助每年举办世界互联网大会的契机,发布中国互联网发展指数(乌镇指数),并举办世界互联网产品展览会,吸引全球知名互联网企业发布新产品、新技术和新服务等,使乌镇成为展示互联网发展趋势的世界级舞台。定期举办"互联网+"论坛活动,组织"走进互联网企业"系列活动,大力宣传推广互联网思维,推动互联网新文化在更大范围内的传播和交流。

(五)提升网络免疫力,构筑"互联网+"安全新堡垒

加强网络安全顶层设计,抓好基础设施的网络保障,实行网络基础设施与安全保密设施同步规划、同步建设、同步使用,重点保障网络安全、畅通、可靠和应急保障。联合政府机构、互联网企业和网络安全企业,共同构建互联互通的安全开放平台,打造"互联网+"安全免疫系统。积极参与制定网络安全国际行为准则、互联网

治理等国际规则和标准,组织开展全省"互联网＋"新业态领域的安全标准建设。重点建设好应急、网宣、网评、网管、网警、网研、技术等队伍,形成一支网络安全专业骨干队伍和应急技术支撑队伍,积极应对"互联网＋"跨界融合应用引发的安全问题。建立行业自律及监管制度,对于提供互联网安全服务的企业加强"准入"审核,对信息化项目、技术、产品和服务建立安全审计和跟踪体系。

（《浙江经济》2015 年第 11 期）

数字改变中国　网络转换动力

　　20 世纪 80 年代，人们从奈斯比特的经典之作《大趋势》中，第一次听到了数字化、信息化。经过 30 多年的发展，我国已成为举世瞩目的数字经济大国、网络创新大国。习近平总书记在 2015 年乌镇峰会上，明确指出要推动网络经济创新发展，推动全球数字经济发展。20 年以来，我国基于"数字中国"的信息化步伐不断加快，探索出了一条具有中国特色的互联网发展之路，为世界互联网发展做出了"中国贡献"、创造了"中国经验"、提供了"中国范式"。

　　根据第二届世界互联网大会发布的《中国互联网 20 年发展报告》，经过 20 多年的发展，中国网民数量规模已经跃升为全球第一。互联网经济占我国 GDP 比重已经达到 7％。未来一段时期，随着网络强国战略、国家大数据战略以及"互联网＋"行动计划等一批国家战略计划的实施，中国将继续走在数字与网络经济时代的世界前列。

　　数据已成为战略资源。当前，科技与经济深度融合已经成为经济社会发展最显著的特点，新一轮的信息技术与产业、经济和社会的深度融合使人类社会正逐渐走向数据经济的时代。当今，随着互联网技术的发展，数据的采集、存储和使用成本迅速下降,过去 50 年中,数据的存储密度增长了 5000 万倍,这使得数据成为匹敌土地、劳动力和资本的新的生产要素。随着,IT 时代进入 DT 时代,大数据日渐成为经济社会发展的战略性资源和资本要素,大数据时代正悄然来临。"大数据"所代表的是当今社会所独有的一种新型的能力在以一种前所未有的方式,通过对海量数据进行分析,获得有巨大价值的产品和服务。"数字中国"事实上已经成为国家顺应科技革命和产业变革的重大战略举措。

网络已改变发展动力。习近平总书记在 2015 年世界互联网大会的讲话中提到,以互联网为代表的信息技术日新月异,引领了社会生产新变革。随着新一代信息技术创新加速突破,互联网开始广泛融入到经济社会各领域,带来了深刻变革。美国的"工业互联网"、德国的"工业 4.0"、中国的"两化融合",都是在新时期寻求国家和民族发展的新的动力机制。

从经济发展来看,以网络经济为代表的新经济,已经成为国家创新发展的主要动力。从全球科技公司去看,前三名分别是苹果、微软、谷歌;从全国科技公司去看,前三名分别是阿里、腾讯、百度。在工业制造领域,数据应用将彻底提升工业效率,实现工业的智能化和无人化,实现"万物互联"。人类经济发展数据化、信息化、智慧化的特点越发明显。

在政府管理领域,基于网络构架的管理模式、网格化管理的服务模式,已经成为服务型政府的重要特征。政府作为社会公共事务的提供者,政府各个部门的既有数据库可以实现高效互联互通,以提高政府各部门间协同办公能力,提高为民办事的效率,大幅降低政府管理成本、提高服务水平。特显城市化领域,智慧城市已经成为现代城市的重要特征。各种数据与网络技术开始广泛应用于智慧城市交通、医疗卫生、环境保护等各个领域,有效促进了城市系统协调,推动了城市运行的高效化、精细化及智能化。

把创新驱动落到实处。"十三五"国家应把创新摆到更加突出的高度,数字化为新特征、网络化为新动力将成为这种创新实践的重要路径。随着中国网络强国战略、国家大数据战略、"互联网—"行动计划的实施,在云计算、大数据、移动互联网等新兴领域,中国将有机会与欧美等发达国家站在同一起跑线上,共享数据与网络带来的价值。

聚焦数字中国,寻求网络动力,大力发展基于互联网的信息经济时代,是贯彻习总书记在第二届互联网大会讲话精神,把创新发展战略落到实处的必然选择,也是"十三五"经济社会发展的重要逻辑起点。

（原载《浙江日报》2015 年 12 月 18 日）

数字化:中国经济新动力

在投资越来越趋向边际效益递减、消费又没有完全起来、出口市场呈现逐年回落的大背景下,中国经济发展新的动力机制在哪里? 这是近几年来,从中央到地方、从政府到市场、从大企业到小企业都高度关注的重大问题,努力寻求中国经济发展的新动力,促进中国经济第二个 30 年的持续、健康、协调发展,是中国经济必须破解的重大现实问题。

党的十八届五中全会提出了"创新、协调、绿色、开放、共享"发展的五大理念,是适应新常态、引领新常态的重要指导思想。如何践行五大发展理念、加快推进供给侧结构性改革,为中国经济增长注入新的动力?

人类文明从农业社会进入工业社会以来,工业化的实现程度不断提高,尤其是科学技术的不断进步,成为工业化过程中具有标志性的事件。第一次工业革命,以蒸汽机的兴起和广泛使用为标志,大规模机械化生产使英国成为世界经济的中心,可以说"蒸汽机＋机械化"推动实现了英国的崛起。第二次工业革命,以电动机的兴起和广泛使用为标志,自动化生产使美国成为世界经济的中心,可以说"电动机＋自动化"推动了美国的崛起。随着历史的车轮进入 20 世纪 90 年代,第三次工业革命开始,21世纪是以计算机的兴起和广泛使用为标志的第三次工业革命的关键时候,中国能否抓住这样的历史机遇,实现国家和民族的复兴? 诺贝尔经济学奖获得者斯蒂格利茨曾经预言:"在21世纪初期,影响世界最大的两件事:一是新技术革命,二是中国的城市化。"里夫金在《第三次工业革命》中描述,新技术革命除新能源领域的变革外,最重要的变革是计算机的广泛使用和迅速推广。"计算机+信息化"的本质是数字化。

尼葛洛庞帝在《数字化生存》中指出,数字化生存是现代社会中以信息技术为基础的新的生存方式。其实,在很久之前马克思就强调:一门科学只有当它达到了能够成功地运用数学时,才算真正发展了。马克思这里所说的"运用数学",不仅仅是运用数学的计算方法,而且也要运用数学的思维方法和论证方法。

在数字化环境中,人们的生产方式、生活方式、交往方式、思维方式、行为方式都呈现出全新的面貌。数字具有天生的流动性,如生产力要素的数字化渗透、生产关系的数字化重构、经济活动走向全面数字化。今天社会广泛兴起的互联网化,其前提就是数字化。传统工业社会的生产方式已经被打上了浓重的数字化烙印,如3D打印、个性化定制(DIY)等。而数字技术的不断渗透和融合,已经开始改变传统工业社会的物质生产形态。数字的本身开始成为重要的生产资料。数字化改变的政治、经济、社会等全新的方式,是对现实生存的虚构和模拟,更是对现实生存的延伸与超越。真可谓"网络改变社会、数字转换动力"。实施创新驱动战略,转变经济发展动力,从数字化革命开始。

从社会特征上讲,自20世纪80年代奈斯比特在《大趋势》中较早提出"信息化"以来,日新月异的信息化进程,使人类社会逐步迈向信息社会。特别是2016年3月,谷歌围棋程序AlphaGo人机围棋大赛,韩国高手李世石败北,人工智能吸引了全球的眼光,信息化已经到了一个崭新的阶段。阿里研究院的高红兵院长指出,到2049年,"人工智能"将超过"人类智能"。回顾改革开放以来30多年的历史,从

ET（电子技术）、IT（信息技术）到 DT（数字技术），信息技术不断演进，深刻改变着这个时代，以信息化、"互联网＋"为主要特征的科技发展，已经成为当下经济社会发展的主要时代背景。

传统工业社会，注重的是化"物"，把产品生产出来，卖给消费者，是典型的"大生产、大卖场"。但现代社会注重的化"人"，是越来越注重市场需求创造生产供给。在数字化背景下，这种以人为本的经济发展，可以简单地概括为"五化"，即"碎片化、细微化、变动化、在线化、国际化"。

——碎片化的时间：由于科学技术的飞速发展，特别是新一代信息技术的发展，再加上高铁等交通工具的广泛使用，生产效率大大提高，生活方式大大改变，社会节奏大大加快。在现代社会的每一个角落，以各种移动的终端为载体，知识和信息的交流，呈现出 anytime（任何时间）、anywhere（任何地方）的典型特征，时空上的碎片化，开始成为现代经济生活的主要特征。

——细微化的空间：从空间上，现代社会，无论是学习的场所还是生活空间，越来越呈现出细微化的特征。一个又一个精细的单元，组成了现代社会的网络。在经济行为活跃的各种高楼大厦里，每一个细小的电脑终端，都是一个无限广大现代经济窗口。特别是在经济发达的现代城市里，人口密度高，经济活动频繁，是典型的"小单元、大经济"，这些细微化的空间，是观察和研究现代社会的重要细胞。"秀才不出门，能知天下事"，只有在今天社会中才真正得以实现。

——变动化的节奏：变是唯一不变的规则，而且这种变动的节奏会越来越快，技术生命周期越来越短，迭代的周期越来越快。从 20 世纪 60 年代的摩尔定理的发现，到现代社会公认的互联经济三大定理，人们生活节奏的快速变动，已经成为现代生活的主旋律。以至于现代社会，人们开始向往"想象中的慢生活"，甚至这种慢生活开始成为一种奢侈品。

——在线化的交流：从 3G 到 4G、5G，人类社会开始逐步进入真正的信息化社会,现代生活空间,类似免费的无线网络等,已经成为重要的现代城市标志性特征。"分享"已经成为"十三五"的重要指导思想,被写入了"五大发展理念"。这种分享,体现在社会各个群体中,就是永远在网上、交流不掉线;随时随地 SHOW 一把,已经成为很多人的一种"活法"。随时在网上"晒"自己的学习、生活,和他人分享感悟,是这种交流的最明显的特征。

——国际化的视野:中国是世界的,世界也是中国的。改革开放以来,从经济活动中看,越来越多的中国制造,已经成为全球很多国家和地区认识中国、了解中国的主要渠道。2014 年首届互联网大会在中国乌镇召开,数字化的中国,开始通过互联网,向世界直播中国。一个企业、一个区域、一个国家和民族,要更加善于利用数字与网络技术,来加快国际化发展的步伐,这是顺势而为之举。

为中国经济注入新的动力,从"两化融合"、"两化深度融合"到发展信息经济,从满足市场、引领市场到创造市场,要贯彻习总书记 2016 年 4 月在中央网信工作会议上的讲话精神,坚定不移地实施新"四化"工程:

一是数据化工程:要规划实施国家重大经济政府战略的数据化工程,重构中国经济的新范式。

二是平台化工程:现代互联网经济最大的特点就是平台化。要么利用平台,要么开发平台。"互联网＋",首先表现为平台化。要尽快建立起中国特色社会主义道路的各类经济平台,来支持大众创新、万众创业。

三是个性化发展过程:不断地细分市场,是市场持续发展最大的动力机制之一。如何适应这种细分市场的新需求?以个性化(DIY)为标志,已经成为蓝海战略的重要途径,虚拟技术和现实技术的不断发展,为个性化经济发展模式提供了广阔的时机。

四是网络化工程:相比于传统经济、社会、文化的传播方式,互联网有其独特的路径和方式,"一九原理"、"二八法则"、"赢者通吃"等,是互联网传播区别于传统传播最大的差别。

要努力写好"大、云、物、移"四篇大文章：

——大，大数据。信息社会，最大的生产资料就是数据，要统筹规划经济社会发展各领域的数据化路径，用数据化的手段，改变传统经济的发展方式。

——云，云计算。数据能否成为真正的资源，关键在于数据的挖掘，唤醒沉睡的大数据。让数据真正体现出经济价值，关键在于云技术、云计算。

——物，物联网。未来社会将是 CPS 的社会，物与物、人与物、人与人，世界是联系的，万物相联、互联互通，是一个必然的趋势。在生产领域，数字车间、智能制造，将开启一个物联网的崭新时代，并向社会各领域渗透发展。

——移，移动互联。所有的经济活动，如何更好地适应移动的时代？找到移动的商业模式，是传统产业改造必须要迈过去的一个坎，在一个快速、多维变化的空间里，基于移动互联的发展模式，是以用户为主导的经济发展模式必然的路径。

中国经济"十三五"，用数字化驱动，已经不是一个理论研究的问题，而是一个实实在在的动力转换问题。通过数字化转变，真正推进中国经济从传统工业社会的以经验主义为主导，进入现代社会以科学技术为主导的时代。

（2016 年 5 月 2 日）

建特色小镇　谋发展高地

　　转型升级，是近几年浙江省经济发展的主线。在科技创新尚未取得重大突破、政策与制度创新的边际效益递减的背景和条件下，如何为转型升级注入新的活力？浙江全省上下正在掀起的"特色小镇"建设，是浙江省适应新常态而推出的一项新举措。努力寻求产业发展和空间布局的统一，正确理解浙江省委、省政府提出的特色小镇背景和内涵、建设的途径和要求，规划好、建设好、营运好特色小镇，而不是一哄而上争抢"特色小镇"的帽子，这是加快特色小镇建设的重要前提。

　　特色小镇建设本质上是一个产业问题。小镇的规划和建设，关键在于产业的科学谋划和定位。依托特色小镇，集聚创新资源、激活创新资源、转化创新成果，实现产业发展从资源要素驱动向创新发展驱动转变，这是特色小镇规划建设的根本。换句话说，小镇的规划建设，逻辑起点在于产业的选择，在于经济的发展。缺乏产业定位的特色乡镇，不应该是浙江省委、省政府特色小镇建设的重点，这一点应该是非常清楚的。特色小镇建设，不能唱"空城计"，不能搞"空镇"、"鬼镇"，一个产业基础扎实、方向定位明确、发展路径清晰、政策措施有力的小镇，应该成为浙江省特色小镇建设的重点。

特色小镇建设的主体是企业，这是特色小镇建设的根本性问题。规划特色小镇，主要任务是实现小镇经济的可持续发展，主要动力机制是企业的成长。开展特色培育建设试点，不是小镇的行政级别问题，不是强镇扩权、高配领导干部问题，而是以创新的资源为导向，培育市场化机制的问题，要运用市场化机制实现可持续发展。小镇的建设，不是以政府力量，而是借企业的力量；不是基层政府再去办一个互联网园区，再设立一个融资性的平台公司等。以企业为主导，而不是以政府为主导，这是特色小镇以市场化机制为动力、实现可持续发展的必然选择。

特色小镇的典型特点是融合发展。融合发展是未来区域经济发展的主要特征。特色小镇建设的这种融合性，呈现的特点是多方面的。这种融合，至少体现在三个方面，一是产业间的融合，即一产、二产、三产之间的融合发展问题，产业间的协作和配套，成为这种融合的重要体现。二是产业内的融合。一产内部、二产内部、三产内部直接的融合和发展，体现出高度的信息化、高端化、系列化。三是产业的发展和城镇空间的布局之间，体现出宜业、宜居的特点，产镇融合发展、实现完美结合。

特色小镇的魅力在于持续的创新。创新是现代产业发展主要特征，创新就是做"少数派"，就是与众不同，就是"任性"。特色小镇，要在特色上下功夫，就是在创新力的打造上下功夫，这是一。区域特色经济的发展，一两年其实不说明问题，5年、10年也只能说明一定的问题，真正说明问题的是50年乃至100年，只有做到持续的创新，才能成就百年老镇，魅力无穷，这是二。也只有百年魅力无穷，才能在历史上回味无穷。浙江要通过建设一批小镇，成就一段历史。

特色小镇规划建设，绝不是浙江省委、省政府给"一顶帽子、一笔票子"那么简单的问题。特色小镇规划建设的成败，根本的问题并不在于上级给的"帽子和票子"上，而是在市场上，在消费者的心坎上。地方政府在提出特色小镇规划建设目标的时候，必须把眼光放到市场中去考量。要在产业定位、技术支撑、制度创新等多方面,加以综合的谋划和推进,努力把科学理念引导好、产业基础培育好、技术支撑提供好、制度创新保障好。各个特色小镇的发展,要因地制宜,切忌千篇一律。在发展定位上,特色小镇是产业提升的新载体;在功能作用上,特色小镇是要素集聚的新平台;在空间环境上,特色小镇是"两美"浙江的新景区。

一、产业提升新载体

浙江,素以千年水乡古镇、块状经济强镇闻名。如今,梦想小镇、云栖小镇、财富小镇等一个个依托产业蓬勃生长的特色小镇,正焕发创业创新风采。以往拼吃苦、闯市场,"一遇雨露就发芽"的浙江草根创业,如今被注入更多创新、创意的力量。

特色小镇的规划和建设,关键在于产业的科学谋划和定位,目的是围绕产业实现转型提升。新常态意味着"有减有增"。当前,浙江正围绕信息、环保、健康、旅游、时尚、金融、高端装备制造等七大产业全面提升产业层次、优化产业结构,特色小镇这一独特的集聚模式为产业提升提供了全新的载体。

杭州云栖小镇围绕信息经济,发展游戏、APP开发、互联网金融、数据挖掘等产业形态。目前,这个小镇成立了全国首个云计算产业生态联盟,建设了超级孵化器,还吸引了阿里云开发者大会永久落户。他们的梦想是,将云栖小镇打造成为创业创新的天堂,形成完整的云计算产业链。

永嘉县桥下镇,教玩具产业特色鲜明、基础良好。永嘉目前规划约3平方公里打造"乐智谷"特色小镇,该项目以良好的教玩具制造产业为基础,拓展培育动力玩具产业,通过融入文化创意,衍生动漫产业,引导浙商回归,着力建设集研发设计、展示销售、游乐体验、创业孵化等功能于一体的产业集聚区,形成以时尚智造为引领、以创意生活为核心、以休闲旅游为目的的特色小镇。

特色小镇的规划和建设,要和浙江省原有产业发展基础紧密结合起来。到2015年3月为止,浙江省已经拥有117个省级以上(含国家级)的经济技术开发区、42个现代产业集群建设示范区、15个省级产业集聚区,围绕这些生产力布局,已经出台了一批政策和制度。这些政策和制度对这些区域的发展也取得了较好的作用,关键在于结合新常态,要有新思维。要梳理研究现有经济政策与制度保障,按照新经济政策要求,该调整的调整,该完善的完善,该取消的取消。要以改革的精神,边破边立、不破不立、先破后立,努力使特色小镇成为新时期"大众创业、万众创新"政策和制度洼地,用这种"洼地"效应,去成就特色小镇成为新经济的"高地"。

二、要素集聚新平台

依托特色小镇,集聚创新资源、激活创新资源、转化创新成果,实现产业发展从资源要素驱动向创新驱动转变,这是特色小镇规划建设的根本。特色小镇既不是行政区划的概念,也非园区概念。在产业集聚的同时,资本、人才等要素也要向特色小镇集聚,真正让特色小镇成为要素集聚的新高地、新平台。

在杭州江干区,正在建设的智慧小镇与腾讯、浙大乐创会合力打造腾讯大浙产业园和乐创总部园,多家企业已经注册落地,大批专业人才开始入驻智慧小镇工作。云栖小镇已成为云计算技术开发的高地,各类开发者蜂拥而来,配套要素也随之而来。玉皇山南基金小镇,"车库咖啡"、政府性产业母基金、金融家俱乐部、基金研究员等配套一应俱全,吸引了大批基金大佬入驻,未来5年内将引进和培育100家以上、辐射带动周边300家以上各类私募(对冲)基金、私募证券期货基金、量化投资基金及相关财富管理中介结构,管理资产额超5000亿元。

要素集聚也为创业者提供了广阔的大舞台,政府的支持政策、平台的孵化功能也日益显现,创业者们纷纷奔着特色小镇而来。80后的李伟是尚妆网CEO,大男生做起了女性化妆品，他的成功靠的就是用互联网架起的平台。和他一样，一批"互联网＋"的企业家迅速在杭州城西集聚起来。

通过特色小镇平台，招引大项目落地，促进创新要素集聚，特色小镇将打造成为产、镇、人三者有机融合的众创空间。浙江不少特色小镇不约而同提出"宜业、宜居、宜游"并重的构想，让创业生态与自然生态、文化生态和谐互动，让小镇和产业、人才共生交融。"这和传统小镇有着很大的区别，对产业集聚有着更大的作用。"浙江省发展规划研究院研究员秦诗立认为，特色小镇要在大众创业、万众创新方面走出新路，给创业者更多宽容、更多空间，提供更加肥沃的创业土壤。

要素集聚的另一面是产业融合发展，多种要素的"混搭"组合，带来产业融合的创新。融合发展是未来区域经济发展的主要特征。特色小镇建设的融合发展既体现在产业间的融合，即一产、二产、三产之间的融合发展、产业间的协作和配套，也体现于产业内的融合，即一产内部、二产内部、三产内部直接的融合和发展，还体现于产业的发展和城镇空间的布局之间，即产镇融合发展、完美结合。

特色小镇的规划和建设，要注重和都市经济圈的衔接。杭州湾"沿湾"产业带、温台"沿海"产业带、金衢"沿路"产业带，是浙江省先进制造业基地发展的重要空间布局。这些产业布局，是杭州城市群、温台城市群以及浙中城市群为支撑的重要体现，也是浙江省区域经济在世界第五大城市群——长三角城市群中的重要体现。如果把浙江省三个现代都市经济圈比作是三条珍珠大项链，那么一批特色小镇就是构成这三条项链的一颗颗绚丽多彩的大珍珠。串珠成链，即为特色小镇和都市经济圈的内在逻辑。

三、"两美"浙江新景区

瑞士小镇达沃斯，全球驰名，不仅风景旖旎，而且因为达沃斯论坛而名扬天下。

如今梦想小镇、山南基金小镇等的名气也开始在国内外响了起来。因为这里同样有风景如画的办公环境,还有"互联网＋"时代的创业热潮。整齐的办公楼,依山傍水的清新环境,让很多云计算技术开发者在此流连忘返,如今前来云栖小镇参观的人络绎不绝。

几公里之外的龙坞小镇则是另一番景象。虽然还处于前期规划阶段,但是龙坞小镇的基础非常好,茶园满山,一片绿色,本身就是一处美不胜收的景区。整个龙坞地区茶产业相关收入达到 1 亿多元,这里的老百姓基本上靠茶吃饭,同时龙坞地区以茶为卖点的旅游在杭州也是相当出名,2014 年接待游客超过了 20 万人次。

当前推进特色小镇建设,要深刻理解科技变革和产业革命所出现的新机遇和新挑战,紧跟现代产业演进的客观规律。结合浙江省创新驱动、两美浙江、提前基本实现现代化建设的战略目标,更要瞄准七大万亿产业培育目标,深刻研究,着力提出这些产业发展的生产力分布目标,努力做到产业发展与空间布局的完美统一。

（原载《浙江日报》2015 年 3 月 31 日）

建设工业特色小镇　加快转型升级发展

特色小镇有别于行政建制镇，其本质上是一个产业选择问题。特色小镇设立的关键在于产业的科学谋划和定位，推动小镇特色产业差异化发。

一

特色小镇是指以产业为核心、以项目为载体、生产生活生态相融合、具有独特精神气质与文化风味的特定经济区域。特色小镇有别于开发区、行政区划、产业园区等，也区别于传统行政意义上的镇街，是浙江省委、省政府根据浙江独特的产业特色、空间结构、文化积淀等，顺应新科技革命和产业变革的趋势，实现创新驱动发展，所提出的浙江经济社会发展的新地方战略，是适应新常态的一项新举措。

规划建设特色小镇，根本目的在于促进浙江全省经济平稳健康发展，加快产业转型升级。2015年浙江省《政府工作报告》明确提出，"按照企业主体、资源整合、项目组合、产业融合原则，在全省建设一批聚焦七大产业、兼顾丝绸黄酒等历史经典产业、具有独特文化内涵和体验功能的特色小镇"。

从功能上看,特色小镇主要有三大功能:一是促进产业集聚。特色小镇是浙江产业创新的重要载体之一。建设工业特色小镇,从当地实际出发,培育特色优势产业,促进特色产业集聚发展;拓展延伸特色优势产业链空间,培育新型产业,促进产业创新和转型升级;同时,规划建设工业特色小镇,释放蕴藏在大众创业、万众创新之中的无穷创意,是创新驱动的 2.0 版和区域经济的新增长点。

二是提高小镇知名度。工业特色小镇建设赋予小镇体验和旅游功能,对发展体验经济、促进生态旅游起到助推作用,使特色小镇实现宜业、宜居的双重目标。特色小镇建设与旅游业融合,使目前的生态物质游向体验经济、生态文化游延伸,增强当地旅游业的活力和内涵,提升旅游品牌,带动其他相关产业发展,进而提高小镇知名度。

三是增强小镇活力,提升地方经济实力。工业特色小镇的"特色"经营,将带动商业设施完善和旅游业发展,培育出活跃的商贸业,增强小镇活力,加速"富民"的进程。通过高标准规划、高起点打造特色小镇,无论是环境设计、建筑外观、功能布局、能源利用,还是生活设施、现代服务,都从现代化、人性化角度着手建设,必将带动有效投资,创造更多的就业机会,改善居民生活环境,提高居民生活品位,提升小镇整体经济实力。

二

浙江具有较好的特色产业基础和生态环境保障,各县(市、区)可以围绕有历史、有文化、有需求、有品牌的"四有产业",如丝绸、黄酒、茶叶等历史经典产业,选择本地特色或优势产业作为主攻方向,建设工业特色小镇,加快传统产业新型化步伐;也可以抓住新科技革命的机会,无中生有,紧紧围绕新技术、新业态、新模式、新经济的"四新产业",不断导入创新要素,立足本地,集聚资源,发展特色小镇。

从特色小镇发展路径上看主要有四大路径：一是发挥小镇特色，彰显产业特色。围绕信息经济、现代金融、高端装备等新兴产业发展，依托浙江电子商务优势，在软件设计、信息服务、大数据、云计算、科技金融、智能装备等领域打造特色小镇，培育发展数据挖掘、信息服务、互联网金融、智能制造等产业形态，集聚天使投资基金、股权投资机构、财富管理机构。如杭州梦想小镇、云栖小镇、基金小镇、机器人小镇、宁波海洋金融小镇，嘉兴桐乡的互联网小镇等。

二是围绕历史经典产业，培育文化特色。重点围绕茶叶、丝绸、黄酒、中药、青瓷、石雕、文房等历史经典产业发展，依托浙江得天独厚条件和卓越内在品质，挖掘历史文化、民俗文化、海洋文化资源，提升文化品位，培育产业文化特色，构建传承独特地方文化的产业发展载体，打造技艺精湛、文化特色鲜明的特色小镇。如绍兴黄酒小镇、诸暨袜艺小镇、湖州丝绸小镇、金华江南药镇、衢州红木小镇、丽水画乡小镇、龙泉青瓷小镇等。

三是注重功能叠加，明确产业定位。培育和创建工业特色小镇，要明确产业定位。重点围绕产业特色做差异文章，围绕生态特色做环境文章，特色小镇的产业要聚焦于信息经济、环保、健康、时尚、金融、高端装备制造等新兴产业及历史经典产业，形成各自的产业特色与比较优势。培育和创建工业特色小镇，要注重功能叠加。在明确特色小镇战略性主导产业定位的基础上，创新理念，开发旅游、文化等多种功能，培育企业主体，突出产业配套，形成产业、文化、旅游、时尚和健康等功能的叠加效应，打造独特的生态特色。如杭州龙坞茶镇、临平艺尚小镇、桐庐健康小镇。

四是注重融合发展，实现产镇协同。建设工业特色小镇要符合产业融合与产镇融合的发展要求。实现产业间和产业内的融合发展，小镇特色产业不仅与其他一产、二产、三产融合发展，实现产业间的协作和配套，而且在特色产业内部与创新要素相互联系、相互渗透，形成融合发展，体现高度信息化、高端化和系列化。实现产城（镇）融合发展，即特色产业发展与小镇空间布局要协调统一，形成生产、生活、生态融合发展。

三

特色小镇有别于行政建制镇，其本质上是一个产业选择问题。通过培育和扶持产业的可持续发展，来支撑地方经济的持续增长。因此，特色小镇设立的关键在于产业的科学谋划和定位。创建特色小镇需要思考"靠什么立镇"、"靠什么留人"、"靠什么创业"、"怎么建成一个特色小镇"等问题。工业特色小镇建设的根本是按照产业发展和空间布局协调统一的原则，集聚和激活创新资源，推动小镇特色产业差异化发展，打造浙江"创业创新"的新的生态系统，有力促进全省工业转型升级。这里，需要重点把握以下四个方面问题：

第一，加强工业特色小镇建设的规划指导。加强工业特色小镇规划引领，按照城镇一体化要求统筹思维，进行顶层设计，明确特色小镇建设总体要求、功能定位、发展思路、具体目标以及可实施的重大举措。工业特色小镇规划要结合浙江产业发展基础，突出特色小镇的产业发展特色，抓好空间布局和产业谋划，每个小镇聚焦一个产业，围绕一个产业做好项目组合，包括一、二、三产项目组合和生产、生活、生态项目组合，并注重与四大都市经济圈的衔接，彰显文化内涵、创造体验功能，使特色小镇规划更具备科学性和可操作性，同时制订量化可行的建设计划，明确投资规模和投资主体。

第二，推进工业特色小镇建设的创新突破。工业特色小镇建设和运营需要新理念和新机制，需要关键领域的创新突破。重点推进特色小镇建设的领导体制创新、工作机制创新和激励举措创新，加强以土地、人才、融资为重点的资源要素领域创新，实现以道路交通为重点的基础设施领域突破，以教育、医疗、社会保障为重点的公共服务领域突破，以及特色小镇建设示范带动的突破；探索建立资金和人才保障机制，促进特色小镇经济持续发展；创新小镇后期业态招商机制和小镇居民招入机制，引导工业特色小镇真正成为聚合资源和人气、提升特色产业的新载体，谋划集聚创新要素的新平台，打造展示形象的新景区。

第三，加快工业特色小镇建设的项目落实。落实建设项目是特色小镇培育发展的关键环节。重点是明确特色小镇建设项目，加大招商引资力度，以产业生态思维运作特色小镇建设的各个项目。建设项目要"选得准、立得住、长得大、撒得开"。特色小镇建设，首先要选准项目，项目不仅能够在小镇扎根，成长性优，具有良好的可持续发展的综合效益，而且带动性要强，能够辐射小镇整体经济发展、引领示范小镇产业升级。加快推进在建项目，抓紧谋划项目招商，加大招商引资力度，以产业链思维运作特色小镇的各个项目，通过产业纵横联系，把特色产业延伸到餐饮、旅游、文化等行业，提高特色小镇建设项目及其产业化的集聚、配套、融合发展综合实力。

第四，加大工业特色小镇建设的政策支持。工业特色小镇建设要坚持企业主体，做好政策供给保障等服务工作。特色小镇建设周期长、投资大，在融资、人才、招商等方面存在一定困难。要加快出台并落实《浙江特色工业小镇建设实施意见》，创造性地开展工作，坚持企业化投资主体为主导，制定相关政策，在项目审批、资金保障、人才引进、土地供给、技术支撑等方面提供更多的政策支持，促使特色小镇成为新时期"大众创业、万众创新"政策和制度洼地。与此同时，加强对特色小镇建设的政策措施研究，地方政府要加大政策处理力度，媒体要有针对性地策划特色小镇宣传，各有关职能部门要加大支持力度，共同谋划，实现特色小镇可持续发展。

（原载《浙江经济》2015 年第 19 期）

坚决有力化解过剩产能

经济发展中出现结构性产能过剩,是国内外各种复杂因素综合作用的结果。在贸易全球化迅猛发展时期,"中国制造"的强大生产能力,曾为我国出口的持续增长做出过重要贡献,也为国内经济高速增长提供了强大动力。那个时代的产能是"中国能力"的重要体现,使中国成为名副其实的"世界工厂"。在 20 世纪的后十年和进入新世纪的前十年,中国产能是世界经济发展的重要推动力。

但是,随着 2008 年金融危机的爆发,世界经济逐步进入"平庸增长"时代,全球经济普遍进入低速发展,世界贸易经济活动萎缩趋势明显,突出表现在大宗商品交易价格走低,波罗的海指数不断创历史新低,拉动经济发展的外需动力明显不足。2009 年,一批为刺激经济发展,以放量为主的产业,随着外需的下降,产能过剩问题开始变得十分突出。如传统钢材、水泥、化纤等行业,一些行业的产能利用率不到 50%,生产设备的半停半开,造成了经济资源的极大浪费。2010 年以来,中国经济呈现出典型的"新常态"的特征,随着科技革命的不断发展,产能过剩已经成为中国经济和产业重大结构性矛盾中的一个突出矛盾。为此,2015 年底的中央经济工作会议将"积极稳妥化解产能过剩"作为 2015 年经济工作的首要任务,力推结构性改革已经成为"国家行动"。同时,化解过剩产能是实现工业经济提质增效和转型升级的迫切需要,是促进供给侧结构性改革的一项重点工作。

从浙江来看,浙江省经信委数据服务平台对全省产值超 10 亿元的 300 家样本企业进行的月度追踪调查数据显示,2015 年 1—11 月,样本企业平均生产能力发挥率在 80％以下的企业占 30％左右,最高的月份达到了 36.8％。省统计局数据显示,2015 年 1—11 月规模以上工业产成品存货同比增长 1.68％,工业产品产销率为 96.38％,同比增长−0.52％。受经济增速放缓、上游大宗商品价格波动以及部分行业产能过剩等因素影响,2015 年浙江省工业生产者价格依然延续跌势,进入三季度跌幅呈扩大趋势。以上数据表明,浙江省工业经济中,落后产能过剩和有效供给不足的问题仍然较为严重,必须刻不容缓、坚决有力化解过剩产能。

去产能不是单纯的经济决策,而是涉及企业发展、技术创新、社会稳定、地方意愿等多种因素。产能问题的解决,从根本上讲要依靠市场机制,通过市场实现社会资源的重心配置。从供给侧改革上讲,是政府在新常态背景下促进经济发展可以大有作为的重要途径。经济形势纷繁复杂,化解产能过剩同样是一场难打的硬仗。如果宏观调控之手干预不当或者过度,很可能影响到产业转型升级,甚至带来新一轮的产能过剩。因此化解产能过剩,必须科学谋划、多措并举,通过市场机制、政策引导、制度变革等多种机制形成组合拳,来有效推进产能过剩问题的化解。

一、市场倒逼与行政推动并举

产能过剩的总根源还在于各项改革滞后或者不彻底,使得市场这只"看不见的手"发挥作用不彻底、不完全,而政府这只"看得见的手"却到处挥舞指挥。化解过剩产能,核心在于处理好政府与市场关系,坚持"市场调节机制为主,政府干预为辅"的原则,解决好"两只手"协调配合的问题。发达国家在遇到产能过剩问题时,就主要通过市场调节机制,政府通常发挥引导性指向性作用。

第一,要充分发挥市场倒逼机制作用,切实发挥市场配置资源的决定性作用,加快建立公平开放透明的市场规则,消除阻碍兼并重组、僵尸企业退出中的市场壁垒和不合理规定。完善统一开放、竞争有序的市场体系,促进各种所有制企业公平竞争和优胜劣汰。推动产业重组、加快处置僵尸企业。第二,坚持企业主体。充分尊重企业意愿,引导和激励企业自主决策、平等协商、依法合规的开展兼并重组、破产重整、债务和解和破产清算。通过企业并购重组,提高行业集中度。第三,坚持政府推动。积极营造有利于推动产业重组、处置僵尸企业的政策环境。规范政府行为,减少政府对市场的不当干预和各种形式的保护。设立专项基金,对企业化解产能过剩进行奖补,用于不良资产处置、失业人员再就业和生活保障。在兼并重组和破产清算过程中,坚持多兼并少重组,做好职工安置工作,引导"僵尸企业"平稳退出。第四,坚持错位发展。通过合理布局优势产业,谨慎制定产业政策。当前,各地在转型升级中存在一哄而上、盲目发展的倾向,新能源、机器人等新兴产业势头过热,产能过剩正从传统产业向新兴产业扩散,因此,政府在推进产业转型发展中,应该慎用产业政策,在规划布局时,要进一步加强对区域、行业的调查研究,错位差异化发展,避免产生新一轮的过剩产能。

二、结构调整与提高质量齐抓

在化解过剩产能的过程中,需要充分区分各行业过剩情况和原因,不能一概而论。其实当前大多产能过剩都存在供需失衡、市场无序和结构性问题。例如一方面,我国钢铁产能库存产能过剩严重,钢铁、煤炭、水泥、建材等行业产能已达到峰值,产能不减、价格疲软,截至 2015 年 8 月 PPI 已连续 45 个月下跌;但与之相对的是目前的钢铁企业并不能充分满足战略性新兴产业及部分传统产业升级的用钢需要,我国每年仍需要进口大量高端钢铁材料以弥补这一块的需求空缺。同样,在消费品领域,消费者到日本"抢袜子"、"抢马桶盖"的事件也充分说明了,当前过剩的产能过剩很大一部分原因是国内低端产品满足不了日益升级的消费需求。因此,化解过剩产能的重点任务是加快产业结构调整,通过供给侧改革、创新驱动进一步化解产能过剩中的结构性矛盾,加快发展战略性新兴产业,推动服务业加快发展,坚定不移化解产能过剩。

第一,严格控制过剩行业准入。钢铁、煤炭、水泥、建材等产能严重过剩的行业,已经进入了需求增速放缓期、过剩产能与库存消化期、环境制约强化期、结构调整攻坚期的发展阶段,必须坚决停止以任何形式、任何名义备案新增产能的钢铁、水泥项目,依法依规查出顶风审批扩能。第二,严控能耗标准。从能源视角来看,形成产能本身就要消耗大量能源,因此产能大量过剩也会造成对能源资源的严重浪费,更不利于节能减排,并且对环境造成污染。通过严格环保、能耗、技术等标准,开展钢铁、水泥、平板玻璃等行业化解过剩产能,实现由主要依靠装备规模、工艺技术标准,向综合运用工艺技术、能耗、环保、质量、安全等标准转变。严格执行环境保护、节约能源、产品质量、安全生产等相关的法律法规,强化环保、能耗、质量、安全的硬约束。注重与节能降耗、污染防治相结合,提升产业核心竞争力,提高全要素生产率。促进企业效益企提升,促进产业迈向中高端。第三,狠抓供给质量和效益。我国的产能过剩,集中在中低端产品过剩,中高端仍存短板。所以,产能过剩只是表面现象,产品的技术含量不够、质量不高,才是问题的根源。因此,提高产品质量也是去产能的必由之路。通过发挥标准化技术支撑作用,助推装备制造、战略性新兴产业、节能减排等产业绿色崛起。通过发挥计量审查等基础性作用,监督并帮助钢铁、水泥、石化等高能耗行业淘汰落后产能。第四,带动优势产能"走出去"。扩大出口,开辟新的市场,从需求端加快去产能。加快产能输出,在供给端消化产能。结合实施"一带一路"战略,通过开展国际产能合作,带动过剩产能科学有序地"走出去"。加快铁路、核电、钢铁等重点行业优势产能"走出去"步伐,实现规模化稳步向外转移,为国内产业结构调整拓展空间。

三、政策引导与典型带动共推

由于行业、规模、区位的差异,产能的淘汰必须注意分类指导、区别对待,不能够简单淘汰了之。"十二五"以来,浙江在化解落后产能上取得了卓有成效的工作,以"四换三名"为组合拳的产业政策引导,为全省化解产能过剩提供了有力的政策渠道支撑。面对经济环境的日益趋紧,浙江大规模推进机器换人,分行业、分区域,政府组织了大量的现场会,树立典型,积极推进,取得了明显效果,工业经济开始走向提质增效的发展路径。

以"五水共治"为突破口,把治水作为倒逼转型的重要举措,化解"低小散"产能。浦江水晶、织里童装、横峰鞋业、大唐袜业等行业和区域的产业整治,以壮士断腕的气势,坚决化解落后产能,既美化环境,更优化产业,是浙江实施供给侧改革,化解落后产能的生动实践。

这种政策引导与典型带动共推的供给侧改革与创新,在产业结构调整上已经取得阶段性成效。到 2014 年浙江高新技术产业、装备制造业、增加值分别占规上工业的 36.1％和 35.9％。2015 年 1—11 月规上工业中装备制造业、高新技术产业和战略性新兴产业增加值增长较快,比上年同期增长 6.3％、7.0％和 7.0％,增幅分别高于规模以上工业 2.0、2.7 和 2.7 个百分点,工业经济优化发展的趋势明显。

实践证明,突出市场导向,党委、政府齐抓共管,形成合力化解过剩产能是浙江的基本经验,也是浙江"十三五"顺应供给侧改革,继续下大决心化解产能需要一以贯之的基本原则。

（原载《今日浙江》2016 年 1 月 19 日）

打造区域经济升级版

世界金融危机以来,浙江作为全国外向度最高的省份之一,在外需市场迅速萎缩、国内要素成本快速上升、发展空间相对不足等多重因素的叠加下,经济发展受到巨大挑战。如何再创经济发展的新优势? 当前,浙江正以新的实践积极开拓经济转型升级的崭新路径。

一、以创新驱动为根本

传统产业占比高,产业组织方式"低小散",以劳动密集型产业为主导,是过去浙江区域经济的主要特征。转变发展方式,就是要实现经济从资源开发型向效率提升型,再向创新驱动型转变。以民营经济为主要方式的浙江经济,是效率型经济的主要代表。然而发展环境总是在变化之中,中国曾经作为全球的"世界工厂",如今已经是全球的"世界市场"。现在有句话:"中国市场的低端产品什么都过剩,高端产品什么都有缺口,进口的产品什么都贵。"是继续发挥效率高、低成本的优势,和东南亚等新兴市场国家 PK 全球中低端市场,还是顺应全球新科技革命的机会,尤其是第三次工业革命的机会、努力实现发展方式的转变？浙江省委十三届三次全会做出了关于全面实施创新驱动发展战略加快建设创新型省份的决定,强调以创新驱动打造浙江经济升级版,重点围绕技术创新、管理创新、市场创新、商业模式创新、政府服务方式创新等,形成浙江经济发展的新模式。以技术创新为例,新科技革命所带来的"新技术成为新机会,新经济成为新亮点",浙江战略性新兴产业发展成为产业结构调整的重要突破口。2013 年浙江全省战略性新兴产业超过 2500亿,占工业经济的比重超过 25%,成为浙江最靓丽的风景线。如在数字安防领域,浙江经过 10 多年的发展,已经成为全球重要的先进制造业基地。

二、以"两化融合"为动力

以信息化带动工业化、以工业化促进信息化。当前,信息化发展正进入新的历史阶段,以大数据、云计算、物联网、移动互联网为代表的新一代信息技术广泛应用,正加快推动生产方式、生活方式、消费方式的深刻变革,日益成为经济发展方式转变的内在动力。可以说,走新型工业化道路,在相当大程度上就是不断提高信息技术价值在现代工业经济中的价值占比的过程,即"信息化"的过程。能不能抓住以"计算机＋信息化"为主要标志的第三次工业革命的机会,打造浙江经济的升级版,关键就是"两化融合"发展。以产品设计的数字化、生产过程的自动化、关键装备的智能化、企业管理精细化、市场营销的网络化的"五化"为路径,信息技术已成为全省传统产业改造提升的主引擎,高技术产业发展的主渠道。2013 年 10 月,国家工信部批复浙江省为全国第一个"信息化与工业化深度融合国家示范区",要通过 3 至 5 年时间的努力,形成具有中国特色的"两化融合"发展的技术范式。这不但为浙江经济打造升级版提供了有力支撑,而且将为实现"工业化、信息化、城镇化、农业现代化"四化联动发展、中国经济升级版提供样本案例。

三、以"三名"工程为引领

名家(大企业家)、名企(著名公司)、名牌(公认名牌)是市场经济发展的重要微观构成,三者之间的逻辑是一个以企业家为驱动和支撑,企业为载体和平台,品牌为终极表现和价值形式的有机整体。在市场经济发展过程中,尽管有先发或后发优势、政策和制度差异,但是通过市场竞争实现优胜劣汰,必然会有一批企业、品牌和企业家相比其他的企业更具竞争力、品牌更具认同度、企业家更受社会尊重,在市场中具有更好的表现、更佳的知名度和更广的影响力,在经济社会发展中起到示范带动作用。

未来5年至10年,是浙江经济由大到强转变的关键时期,"干好'十三五',实现四翻番"以什么为标志?除了经济指数,笔者认为,能够涌现出若干家全球500强企业,是经济强省建设取得成功的重要标志。不论是纵向垂直整合,还是横向链式整合,要着力培育和打造全球世界500强企业,使其成为浙江经济发展的"地理标志性"企业和转型升级的"火车头"。当前,要以培育和扶持100家百亿级企业作为重要契机,按照十八届三中全会提出的大力发展混合所有制经济的要求,积极推进产业兼并重组,把资本优势、市场优势、政策优势结合到一起,在一些优势产业领域积极推进产业整合发展,促进经济转型和跨越。

四、以"四换"战略为路径

腾笼换鸟、机器换人、空间换地、电商换市是浙江产业结构调整的新路径。在腾笼换鸟上,应加强"腾笼"与"换鸟"的统筹,尤其是出台"投资负面清单"。一方面严格执行国家产业政策和产业结构调整指导目录,坚决淘汰落后产能;另一方面,全面推进产品换代,"换鸟"提质。以培育科技型初创企业、成长型中小企业、高新技术企业为目标,抓好"孵鸟"、"育鸟"工作,防止"腾笼空鸟"。

在机器换人上,据不完全统计,浙江自 2000 年以来,引进外来务工者已经达到 2000 万人以上,外来人口超过本地人口的工业园区、特色经济专业区比比皆是。经济发展对劳动力的过度依赖,已经成为转型升级发展必须解决的问题。大力推进机器换人,向设备要红利,向技术要效益,不断推进企业减员增效,已成为经济工作创新的"顺势而为"之举。2013 年全年,浙江全省工业经济领域换下的劳动力超过 60 万人,从人口红利为主导转向机器红利为主导正在逐步变成现实。

在空间换地上,浙江土地资源的先天性不足在很大程度上制约了全省经济的发展,甚至成为导致浙江产业外流的重要诱素。如何让有限的资源得到最大限度的利用?"以亩产论英雄"成为产业结构调整的重要风向标。浙江以加快低效用地再开发为突破口,大力推动土地空间综合利用,鼓励和引导企业加大地上地下空间开发利用,掀起了新一轮的用地革命。当前,"三改一拆"既成为推进新型城镇化的重要途径,也成为"新用地革命"的重要抓手。同时,全省开始探索要素市场化改革试点,在海宁、平湖等地以提高土地使用效率、节能降耗等为主要目标,把产业政策与市场配置资源机制有机统一起来,引导企业从"三高一低"向"两型产业"转变。

在电商换市上,浙江紧紧把握电子商务起步早、发展快、规模大、业态齐的优势,从规划引导、政策推动入手,全面推进电子商务产业发展。全省电商产业发展水平全国领先,涌现了淘宝网、阿里 B2B、支付宝三个全球最大的网络零售、企业间交易、网络支付平台。到 2013 年有 7500 多家企业在天猫开设旗舰店、专卖店,实现零售额 800 多亿,增幅超过 100%。全省企业网络零售额达到 2441 亿,与全省社会消费品零售总额增量基本相当。如果说,过去 30 多年浙江是有形市场大省,那么大力推进电商换市就使浙江成为了无形市场的大省。

五、以五水共治为突破口

浙江是名副其实的水乡,但粗放型的产业发展模式对全省水域的可持续发展构成了严重的挑战。城镇生活污水无节制地乱排,正成为越来越多的黑河、臭河、垃圾河的幕后黑手。为了保障浙江水资源体系对社会发展的支撑作用,并率先在全国实现水资源的可持续发展,建立治水的典范,浙江省委省政府提出:以治污水、防洪水、排涝水、保供水、抓节水为突破口,倒逼浙江的产业转型与升级。为了实现"治水"的目标,浙江在全国率先戈立"河长制",创造了河流治污的新模式。

（原载《浙江日报》2014 年 5 月 9 日）

构筑产业竞争新优势

如何按照"两美浙江"建设的要求,继续保持浙江经济社会发展走在全国前列,同时构筑产业竞争新优势,为浙江提前基本实现现代化奠定坚实的产业基础,这是浙江转型升级发展面临的重大现实课题。

一、产业竞争优势是浙江继续走在前列的必然选择

改革开放的第一个 30 年,浙江抓住历史机遇,在农村基础上,走"一村一业、一乡一品"的路子,大力发展块状经济、建设产业集群,不断提高工业化的实现程度,实现了从封闭经济到开放经济、计划经济到市场经济、农业经济到工业经济、资源小省到经济大省、基本温饱到总体小康的五大跨越,走在全国的前列,创造了中国模式的浙江版本。

但进入"十一五"以来,浙江经济发展的速度明显放缓,虽然有各种各样的原因,但主要原因是我省产业发展上存在差距,无论一产、二产还是三产,在产业内、产业间,传统路径依赖十分明显。

党的十八届三中全会高举改革、创新的大旗,让市场对资源的配置起决定作用,浙江省委、省政府制定了创新驱动的一系列重大决策,从根本上推动了浙江产业竞争优势的再造,实现了产业的可持续发展。当前,特别是如何顺应第三次工业革命的趋势,谋划新产业,再造新优势,是浙江经济建设的重大任务。

根据浙江省经信委的研究成果,浙江从 2010 年开始进入工业化中期的后半阶段,目前开始正在向工业化后期迈进,并努力进入后工业化社会。根据钱纳里的工业化阶段理论,浙江产业发展阶段正在从"第三阶段"进入"第四阶段"。

第三阶段的产业发展特点是制造业内部由轻型工业的迅速增长转向重型工业的迅速增长,重化工业的大规模发展是支持区域经济高速增长的重要因素,这一阶段大部分产业为资本密集型产业。

第四阶段的产业发展特点是在一产、二产业协调发展的同时,第三产业开始由平稳增长转入高速增长,并逐步成为区域经济的主要力量。特别是新兴服务业,如金融业、信息经济、公用事业、各种专业咨询等产业迅速发展,成为第三产业的主要门类。

二、浙江具备构建产业竞争新优势的良好基础

浙江市场化、国际化程度都比较高,产业发展也具有较为典型的钱纳里路径特点。但是浙江的产业发展起点比较低,农村基础上的工业化进程、块状经济的产业组织方式,使浙江产业发展呈现十分典型的"轻、小、集、加"的特色,产业结构总体偏轻,单位产品附加值较低,劳动增加值率也比较低。区域经济发展对土地、资源能源消耗、劳动力依赖等问题均比较突出。

为了改变浙江产业发展的这种状况,从进入新世纪以来,浙江就积极谋划,努力推动产业转型,希望摆脱这种路径依赖。为此,从"十五"以来,浙江提出建设先

进制造业基地的重大战略，紧紧抓住浙江产业发展的优势，一手抓传统产业的改造，一手抓新产业的培育，取得了结构调整上的较大突破。

到"十一五"末期，根据国家商务部、统计局的数据，在传统经典产业上，浙江已经有 512 个产品保持市场前三名的占有率，如丝绸、茶叶、鞋业、玩具等产业，浙江制造正在稳步走出低价格的路径依赖。秉承先进制造业发展的理念，不但加载各种现代元素，而且创新创业发展的新模式，实现了传统产业发展的大突破。以丝绸为例，有"中国的爱马仕"之称的万事利丝绸公司，产品单价从 20 元起步，到 200 元，现在正向 2000 元迈进，不但成为传统经典产业转型升级的代表，也成为了新时期文化创意产业发展的样板。

为了在更大范围、更高层次、更广领域重构浙江产业发展新的竞争优势，在"十二五"规划过程中，浙江将"现代产业体系"写入了"十二五"规划，这是改革开放 30 多年来浙江产业发展的第一次明确定位。为了促进浙江现代产业体现建设，在 2012 年全省经济工作会上，浙江以四大建设为突破口，明确指出"建设大平台、谋划大项目、培育大企业、发展大产业"，解决浙江产业发展的"低、小、散"等方面存在的突出问题。特别是在杭州湾新区、杭州大江东等区域，着力在一批"大、好、高"项目上下功夫，紧紧围绕汽车产业、现代装备制造业等产业，不断引入产业发展的行业代表企业，如上海大众、东风裕隆、东方电气等大企业，在浙江规划的大平台上，实现了产业的大发展。为了进一步加快产业竞争优势再造，迎合国家新型城镇化发展的战略部署，浙江在全省 117 个省级以上开发区、42 个产业集群示范区的基础上，规划建设了 14 个产业聚集区，成为全省产业创新发展的大平台。

而以信息产业为代表的第三次工业革命催生的新产业，在浙江也厚积薄发，表现出了强大的市场竞争优势。围绕新产业的发展，"十一五"以来，浙江省委、省政府以转型升级为突破口，积极培育产业发展的新优势，如信息产业等，走出了一轮产业发展的新态势。

为顺应新一代信息技术发展趋势,浙江省政府规划成立物联网中心、大数据中心、超级计算机中心等七大中心。

"十一五"以来,浙江全省信息产业平均增速达到27%,到2013年产业规模达到1万亿,利税达到1200亿,产业整体水平处于全国前5位,表现出较高的发展后劲。2008年金融危机后,特别是十八大之后,结合新科技发展的趋势,浙江提出"四换三名"的转型升级新思路,大力推进腾笼换鸟、空间换地、电商换市、机器换人,培育名企、名品、名家,培育和发展具有核心竞争力的现代产业体系。

根据规划,浙江在未来的5—10年,将重点规划汽车、信息经济、时尚产业、金融产业、旅游产业、健康产业、节能环保产业等七大万亿产业,使其成为支撑浙江进入后工业化社会的重要支柱,为浙江经济再造新优势提供有力的保障。

三、构筑产业竞争新优势要明晰产业发展方向

产业发展是国民经济的基础,要以后工业化社会的视角,分析产业竞争优势的再造,培育和发展浙江产业新优势。

加快浙江产业的转型升级,要密切结合浙江的产业实际,更要顺应新科技革命的趋势;要发挥市场的决定性作用,更要充分发挥政府的作用。浙江省政府提出的七大万亿产业,是未来一个时期浙江产业发展的重要方向,要科学谋划,积极推进,努力顺势而为。

第一,加强产业发展的规划指导。认准产业发展的方向,找准产业发展的切入点,在最能够取得突破的环节和领域,努力率先取得突破。政府要根据产业规划,引导产业发展从第三阶段特征为主导,向第四阶段特征为主导转变,实现转型升级。谋划浙江省"十三五"规划,要把新产业的发展作为重要内容加以体现。

第二,创新产业的发展方式。传统经济增长方式和现代经济发展方式最大的

差异在于产业发展方式的不同。传统生产函数理论无法解释信息经济、健康产业、金融产业等新兴产业,面对新产业、新经济,要创新产业发展的新模式。传统的政府给钱、给地的模式,也必须改变。要充分利用浙江国际化、市场化程度高的优势,借鉴国际上一些成功转型经验,积极探索产业发展的全方位创新,在创新驱动上下真功夫、拿实招、出高招。

第三,努力在新产业发展的重大项目上取得突破。今天的大项目,就是明天的大企业、后天的大产业。要紧密结合现代科技发展的新趋势,把浙江丰富的民间资本、新科技革命的趋势和民营经济的体制机制新优势有机结合起来,特别注重"技术国家队"与民间资本嫁接,构筑未来浙江产业发展的新优势。另一方面,重大项目投资规模较大,对这些项目的实施,要实行"一对一"跟踪服务,确保项目尽快完成前期、开工建设、投产达产。

第四,增强各级政府服务新产业发展的能力建设。党的十八届三中全会明确要求各级政府提高治理能力、治理水平。面对新常态、新经济,政府部门要认真研究新产业发展的新规律,学会用现代经济的管理方式来统筹解决新产业的发展问题。新产业,有新挑战,更要有新对策、新举措。

(原载《今日浙江》2014 年第 17 期)

进一步推进"三名"工程建设

　　知名企业、知名产品、知名企业家(以下简称"三名")是浙江经济发展的风向标,是"浙江制造"的品牌形象代言人,也是浙商文化的先行者。企业家是一家企业起点的最初推动力,品牌是最终落脚点,知名品牌是企业持续发展的保证和支撑,知名企业是知名品牌的平台和保持品牌影响力的制度安排与文化基础,是创造知名品牌的核心推动力。

　　浙江"三名"工程建设已取得了阶段性成果,累计推进两批省"三名"培育试点共70家企业,其中第一批38家、第二批32家。2015年前三季度,浙江第一批38家"三名"培育试点企业实现利润总额401.2亿元,同比增长23.2%,平均每家企业实现利润总额10.6亿元,是全省规上企业利润总额同比增长率4.9%的4倍多。

　　进一步推进"三名"工程,既是贯彻落实科学发展观,深入实施"八八战略",全面建设"两创两富"浙江的重大举措,也是打造浙江经济"升级版",增强国际竞争优势,抢抓第三次工业革命机遇,把握"中国制造2025"时代机遇,引领浙江经济转型升级,引领战略性新兴产业和高附加值的先进制造业加快发展的必然要求。"三名"工程重在创新,关键在创新,长远在创新,政府要创新推进培育工作,引导企业做好创建准备。

在未来的5—10年,浙商的企业该怎么发展,是坚定守好自己的"一亩三分地"还是积极寻求新突破、新模式? 未来最值得投资的产业又在何处? 这些都是"三名"工程建设需要考虑的问题。

一、培育创建能引领浙江经济发展的知名企业

(一)培育创建全球 500 强企业

全球 500 强企业是当今业界的"航母",他们的一举一动对其所在行业、所在地区乃至全球经济的走向都具有相当重要的影响力。500 强企业的收入、行业分布和地区分布等变化折射了全球经济发展的基本态势。

因此,"名企"工程重点应放在努力培育大型企业特别是《财富》500 强企业上,通过政府推进培育,企业创建,重点发展集"研发设计、运营管理、集成制造、营销服务"为一体的总部型企业,通过国际合作、跨国并购等方式加速浙江省本土企业国际化进程,在现有投资项目基础上设立境外原材料基地、研发基地、制造基地、运营中心和营销网络,充分利用全球范围内的先进技术、知名品牌、市场渠道和高端人才,加快向跨国企业集团发展,积极向国际产业链和价值链的高端攀升,进一步提高浙江在全国乃至全球的资源配置和市场控制能力。

2014 年,在《财富》杂志发布的世界企业 500 强中,中国上榜企业首次创纪录达到 100 家,而浙江仅 2 家企业上榜(浙江物产集团和浙江吉利控股集团)。从经济总量上看,2014 年浙江的 GDP 为 4 万亿,全国为 63 万亿,浙江占全国经济比重为 6.35%,与浙江省在世界 500 强企业中的 2% 占比并不相称。今后 5—10 年是浙江经济强省建设的关键时期,不论通过纵向垂直整合还是横向链式整合,若能打造 10 家全球 500 强企业,使其成为浙江经济发展的"地理标志性"企业和转型升级

的"火车头"，是浙江经济强省建设能否取得成功的重要标志之一，也是推进名企培育和扶持的首要任务。

(二)培育符合"中国制造2025"发展方向的企业

国内外经济发展的内外部环境正发生深远变化，历史经验表明，进入经济转折点后世界各国工业增速普遍放缓。德国、日本、韩国进入转折点后十年，工业增加值增速分别比前十年降低70%、34%和36%，仅美国提高22%。我国发达地区工业增速同样如此，如中国台湾、上海进入转折点后十年，工业增加值增速分别比前十年降低50%和32%，江苏2012—2015年工业增加值增速比进入转折点前十年降低33%。

当前，新一轮科技革命和产业变革、我国经济"三期叠加"阶段性变化与浙江经济转型升级形成历史性交汇，浙江经济发展特别是制造业发展加快步入新常态。浙江产业结构调整起步较早，正处于升级阵痛期，制造业发展也逐步呈现新的阶段性特征。浙江省工业增加值增速由进入转折点前十年的12.2%下降到2013—2015年的7.9%，增速降低35%。随着浙江人均地区生产总值突破1万美元并即将迈进高收入地区行列，制造业增长速度正逐渐从高速增长向中高速增长转变；随着改革创新的深化与需求结构的升级，制造业增长动力正逐渐从要素驱动为主向创新驱动为主转变；随着产业技术进步的加快和制造业服务化趋势的凸显，制造业结构正逐渐从中低端为主向中高端为主转变；随着网络信息技术和"互联网＋"的深入发展及企业发展理念的加快转变，制造业生产方式正逐渐从传统生产方式向智能制造、协同制造、绿色制造等先进生产方式转变。

如何改变以上现状，寻找到浙江制造业的出路，是"十三五"时期浙江经济发展的关键突破点。因此，必须实施《中国制造2025》，推动中国制造业从大国转变为强国，推动浙江制造业从大省转变为强省，坚持创新驱动、智能转型、强化基础、绿色发展。如果说国家实施《中国制造 2025》是对中国经济改革开放 30 多年来,经济政策从"需求"主导开始向"供给＋需求"双向引导转变的话,浙江是较早意识到这种转变的省份之一,浙江省委、省政府大力实施"三名"工程建设,便是这种转变典型的路径。

"三名"工程建设要努力培育符合"中国制造 2025"发展方向的企业,重点培育机器人与智能制造装备、新能源汽车与现代交通装备、高端船舶与海洋工程装备、新能源和节能环保装备、通信网络与智能终端、专用集成电路与新型元器件、物联网、云计算、大数据和工业软件、生物医药和高性能医疗器械、新材料、绿色石油化工、时尚轻纺业等符合"中国制造 2025"发展方向的企业。

(三)培育行业龙头企业

30 多年的改革开放,浙江以民营经济为主体,在农村基础上的工业化,培育了全国三分之二的块状经济、产业集群和一批代表民族复兴的本土化行业龙头企业,成为中国崛起的重要标志。21 世纪初,在国家公布的全国最佳 100 个产业集群中,浙江占了三分之一以上。在年度公布的中国民营企业 500 强中,浙江军团始终是第一方阵,一些行业龙头的民营企业如今已经成为实现"中国梦"的重要标志公司。

行业龙头企业具有推动产业集群集聚发展的作用,配套带动上下游中小企业发展,因此,要培育创建一批引领协同制造的龙头企业,其特征包括规模大、行业地位高、盈利能力强、绿色发展特征明显;加快培育发展区域性龙头企业,以 14 个产业集聚区、20 个工业强县(市、区)、42 个产业集群示范区为重点,着力培育一批主业突出、创新能力强、带动效应显著的龙头企业,发挥其在区域支柱产业方面的产业辐射、技术示范和销售网络中的引领作用;加快培育发展整合上下游资源的大企业,对经省政府确认重点推进的兼并重组项目实行"一事一议",积极支持实施并购战略;加快培育发展跨区跨境经营的总部企业,对重点总部企业引进、培育项目实施"一企一策"激励;支持企业上市发展,加快协同制造领域的募投项目落地建设。

二、打造被市场广泛认可的知名"四有"品牌

知名品牌是经济价值市场化表现的终极形态。品牌的价值体现为巨大的无形资产和良好的经济效益。"三名"工程要打造被市场广泛认可的知名"四有"品牌,即有文化底蕴、有个性表征、有历史传承、有时代气息的品牌。

(一)提升"浙江制造"整体形象

美国在"先进制造业 2.0"中,建议开展一种全国性的制造业形象现代化运动,以此更好地向年轻一代传授制造职业价值观。《中国制造 2025》将"加强质量和品牌建设列"为第四大战略任务,并明确鼓励企业追求卓越品质,不断提升中国制造整体形象。提高制造业创新能力、推进"两化深度融合"、强化工业基础能力、推行绿色制造等重点任务,都应把提升制造业形象作为重要方向。质量和品牌建设是提高制造业形象的必由之路,将各项任务取得的成果,转化为满足市场和顾客需求的产品,以及蕴含丰富自主知识产权的品牌,在市场竞争力中实现价值转化和提升。

实施名牌战略一直是国内外经济结构调整的通行做法,是各个国家和区域提升竞争力的重要举措。多年来,为了提高浙江省区域经济竞争能力,名牌建设一直是经济建设的重要抓手。新时期,从扩大需求侧导向转变为供给侧改革是经济发展动力机制的重要转变,通过打造被市场认可、接受的"四有"名牌,便是增加供给侧的一种表现形式,有利于浙江在激烈的市场竞争中获取一席之地。

(二)深入实施"浙江制造"

浙江经济发展正处于从"产品经济"向"名牌经济"发展的关键时期。抓住七大万亿级产业发展的有利时机,大力发展文化创意产业、物联网产业、信息经济等产业,结合浙江本身深厚的文化底蕴,深入实施"浙江制造",推动"高品质、高标准、高附加值、高技术含量"的品牌品质转变。实施 500 家左右的名牌培育计划,培育一批世界级知名品牌,将其打造成为"浙江制造"全球化的形象代言。支持一批企业加快向跨国集团、全球总部企业发展,通过 5—10 年时间,发展成为具有全球资源整合能力的知名企业集团。实施 1000 项左右标准提升计划,实施"技术标准国际化提升行动",着力实现标准的国际化,努力使浙江制定的标准得到国际上的广泛采用;建成"浙江制造标准"先进标准体系,提升产业竞争力和自主创新能力。实施10000 家产品换代计划,实现"浙江制造"产品质量的优等化,努力使浙江制造的产品可以得到市场上的广泛认可。可先后推进"100 项新材料升级计划"、"1000 项先进装备升级计划"、"10000 家企业产品质量升级计划",服务于"产品换代计划"。

三、大力培养和锻造新生代知名企业家

熊彼特指出,所谓创新就是企业家对新产品、新市场、新的生产方式、新组织的开拓以及新的原材料来源的控制调配,企业家被称为"创新的灵魂"。创新是企业家精神的内核。创新,是对传统生产力要素的重新组合,使企业家成为企业的催生婆或者是走出困境的领路人。美国克莱斯勒公司巨额亏损,前福特汽车公司的总经理艾科卡走马上任,一举扭亏为盈。同样的企业,同样的员工,仅仅是由于企业领导人的改变就发生这么大的变化,这似乎在用实践说明企业家的真正价值。

(一)培养现代企业家

在浙江,民营经济是市场的真正主体,企业在市场化竞争的过程当中,比较习惯于"赚快钱、快赚钱、市场缺什么做什么"的思路,导致了"短平快"发展模式的出现。大批老板往往以赚钱为导向,但对于企业家来说,赚钱只是一个过程。改革开放 30 多年来,浙江企业家通过健全的机制、聪明的智慧,在自然资源匮乏的情况下,把浙江人自身变成了资源。在如此良好的基础上,更应培养老板向企业家转变,以做事业为导向,不要为了赚钱而赚钱。

(二)锻造新生代知名企业家

进入新世纪以来,许多老企业家的子女接过了父辈的接力棒,成为企业的新一代掌舵人,与此同时还涌现出一大批 80 后、90 后的青年创业者,他们年轻有为、智识超群、志向远大,是浙江发展新经济和推进转型升级的新生力量。如果企业主体能够逐渐转变为新一代有视野的企业家,由创业变为创新,这是浙江经济希望所在。浙工各级党委、政府要高度重视新生代企业家的培养,为他们创业创造良好的环境,重视新生代企业家就是重视浙江的未来。新生代企业家要志存高远、锐意创新,抓住浙江打造浙江经济升级版的机遇,肯实干、善创新、勇担当,积极投身经济转型升级,在新经济领域大胆创意,加快成长为经济社会发展的脊梁,努力实现企业发展与全省经济转型升级的双赢。

因此,锻造新生代企业家,使其成为新时期浙江经济社会发展的新代表,成为创新创业的引领者和发展方式转变的开拓者,是当前和今后一段时期推进"名家扶持"的重点工作。实施"名家工程",通过促进企业家的"更新换代",实施企业家素质提升工程,培养一批高素质的新生代企业家。开展"企业家培育"工程,提高中小微企业管理水平,引导企业加快建立现代企业制度,加快引入先进适用的管理理念、方法和模式,引领全省企业管理水平上台阶。如何加强对新生代企业家群体的培育、为新生代企业家提供良好的环境,提升他们企业传承和创新能力,使其成为既具有老一辈的刻苦耐劳精神和社会责任感,又具有现代管理能力和管理理念的新生代企业家,是今后需要重点的研究和努力开展的方向。

"三名"培育工程,政府要创新推进培育工作,引导企业做好创建准备。要形成省市县三级联动,提高培育的眼界,加强前瞻性,处理好当前和长远、创新和发展的关系。要把"三名"作为一个有机整体加以谋划,注重统筹推进,"三名"培育工程的成果在于品牌,关键在企业家,特别是应注重全球 500 强企业,有文化底蕴、有个性表征、有历史传承、有时代气息的"四有"品牌和新生代企业家的融合,形成一批领导全球 500 强企业的新生代知名企业家,被市场广泛认可的知名"四有"品牌,体现知名企业家价值、"四有"名牌价值的全球 500 强企业。

(原载《经信参阅》2015 年第 12 期)

第四篇

漫 谈

工业精神驱动产品的时代

"格力依靠核心科技",这是格力最响亮的一句广告。

据中国家电网披露的消息,自 21 世纪以来的十多年中,中国空调企业品牌淘汰率达 95%。而在这个完全竞争的市场里,格力始终风景这边独好!即使 2014 年整个家电行业全线低迷,格力仍旧保持着上升曲线。这完美地诠释了格力工业精神的成功:掌握核心科技,坚持品质至上,以需求为导向拓展市场。

然而,今天的中国家电企业,诚如张瑞敏所言,没有永久企业,只有时代的企业。传统工业产品已不足以撼动消费者,格力遭遇到"时代"的冲击,亟须产品转型与升级!

首先,科技进步促使家电产品呈智慧趋向。蒸汽机的发明,工业进入了机械化的时代;电动机的发明,工业进入了电气化时代;计算机的发明,工业进入了信息化的时代。随着信息化程度不断提高,工业经济已经进入智慧经济时代,以"互联网+"为主要特征的新技术形态,在制造业领域催生了一系列崭新产品。传统家电行业,嫁接互联网,使得类似空调这样的传统产品,在性能、使用、维护等方面,越来越呈现"智慧化"特点,传统生产企业在坚持工业精神之外,满足和适应互联网时代的消费者,让产品更智能,成为格力这样的消费类产品生产企业的必然选择。

其次，市场变迁推动家电产品满足和引领需求。随着消费升级、市场升级，时代呼唤着家电产业的生产升级，从以往适应市场、满足市场转向引领和创造市场，最终实现产业的可持续发展。解析格力的发展路径，在产业快速整合，行业淘汰率达95％的残酷竞争之下，仍旧坚持从标准生产逐步向生产标准转型升级，体现了企业的真正魅力，也勾勒出了企业的强大"基因"——敏锐发现和引领市场需求。如今决定用户体验的除了品质、智能，还有多渠道的沟通和服务（包括互联网渠道）、产品和应用上不断地更新迭代等，因此，格力也在积极布局手机，利用手机这一智能终端实现多元化转型，甚至是智能家居生态的布局。

最后，竞争变局驱动企业抢占行业制高点。一方面，国内外市场一体化局势加速，国内外企业将真正站在同一个起跑线上。根据中国加入WTO的承诺，2015年作为WTO成员方过渡期结束，国内外企业在国际市场直面竞争。另一方面，产业碰撞和融合加剧，互联网企业跨界传统产业，传统家电企业也进行互联网转型。格力在空调之外，相继推出了冰箱、空气净化器等产品，进行多元化和智能化布局；小米和海尔、海信、美的等也在积极构建智能家居平台。家电市场多方角力，智能家居平台成为新的制高点。

时至今日，格力站在"时代"的岔路口，工业精神拥有了"时代"的新标尺，并勾勒出格力未来变革路径：在产品品类方面从"专、精、绿、新"空调转向多元化布局，产品功能方面从传统工业产品转向智能家电，产品协同方面从彼此独立转向互联互通，构建大智能家居平台格局。

牵手和拥抱互联网，正是格力在"互联网＋"时代，"依靠核心科技"推动产品转型升级的时代注解。而且，可以预见，未来还将有更多工业企业，在坚守传统工业品质的同时，拥抱互联网，努力在"＋"字上做好文章，成为一种必然。

（原载《互联网经济》2015年第6期）

企业生死是常态

自从浙江一些地方出现"老板跑路"现象,一些地方出现企业资金链、担保链等问题以来,外界非常关注:浙江经济怎么了? 浙企真的出现倒闭潮了吗? 一些企业出问题是正常的优胜劣汰,还是区域经济后续乏力的表现? 回答这些问题,首先要弄清楚浙江经济"是什么"、"有什么"、"要什么"三个基本问题。

党的十八届三中全会以来,浙江按照中央的统一部署,加快转变经济发展方式,不以简单的 GDP 数字论英雄,把发展的核心落实到切实提高经济增长的质量上,努力促进经济社会环境的协调发展、持续发展。为了最大限度地发挥市场的作用,根据已经公布的清单,浙江削减和下放的各种权力已经超过 8000 项,是全国行政审批改革最快的代表省份之一。回顾浙江经济的发展,作为中国市场经济发展的样本省份,用市场的视角去研究分析浙江经济,才会看到一个真实准确的浙江经济。

中小企业众多、民营经济发达是浙江经济最大的特点。2013 年浙江大大小小的企业超过 100 万家,如果按照常住人口计算,浙江平均 50 个人左右就拥有 1 家企业,以创业为导向是浙江经济实现跨越发展的重要原因。在 2013 年举行的第十届浙商投融资大会上,奈斯比特称浙江是最具创业基因的中国省份,好比中国的"犹太人"。其实,如果从创业主体做一个分析的话,在浙江经历了夫妻店、前店后厂、乡镇企业、现代企业四个阶段,各类企业数量在顶峰的时候曾达到270万家,如果仅仅从数量上看,浙江企业在过去的10至15年已经死掉了四分之一到三分之一。但是,如果把2003年和2013年的浙江经济做个比较的话,2003年浙江的GDP为9050亿元,人均超过2000美元;2013年为37568亿,人均超过10000美元,相比2003年分别增长了4倍和5倍。这种以中小企业、特别是小微企业为代表的区域经济,有个几百家、几千家甚至上万家的小微企业、中小企业"关掉"、退出市场,是再正常不过的事情。即使达到1万家、2万家,也只是1%至2%的比例,根本不需要用"放大镜"式的特写镜头来描述。

未来,浙江经济要解决的最大问题是如何从大向强转变。顺应新科技革命趋势,紧紧抓住第三次工业革命的机遇,深化改革,不断创新,努力在发展方式的转变上继续走在全国前列,是浙江区域经济持续、健康、协调发展的重要目标。浙江省委、省政府提出的"四换三名",从本质上讲就是要用现代产业的理念发展现代产业,不断提高产业中现代元素的比重。同时,通过产业链、供应链、价值链的方式,推进产业重组,引进国际资本、国有资本等,提升民营经济,真正建立各种规模、各种层次的现代企业,着力培育本土化的国际企业,逐步形成大企业引领发展的经济格局,努力实现由经济"大"时代向"强"时代的转型升级。如果到2020年,浙江经济能够培育10家左右千亿级企业、100家左右百亿级企业、1000家左右上市公司,全省区域经济发展将迈上一个崭新的台阶。

当然,我们也要清楚看到浙江区域经济发展的确还面临不少问题,特别是最近三五年来,一些民营企业热衷于赚快钱,什么赚钱就做什么,结果在宏观经济趋紧的条件下,由于资金链断裂而被兼并重组。对这些情况要引起足够重视,更要区别对待。对由于技术落后、缺乏创新能力的产业、企业、产品,要果断实施"腾笼换鸟",坚定不移地实施退出机制。对于技术领先、经营有方、产业前景良好的企业,由于市场、原材料、生产成本等造成的临时性困难,要通过"双服务",采取各种有效措施,帮助企业渡过难关。对于一些恶意"跑路"、逃废债务、逃避责任的公司,政府要果断有为,及时处置,把影响降到最低。

在产业演进的过程中,企业成长的过程一定是大浪淘沙。区域经济的发展格局是一场马拉松,一年、两年不说明问题,十年、二十年才说明一定的问题,但真正要说明问题也许需要上百年的时间。在前行的道路上,市场自有它选择的方式和路径。在市场经济条件下,企业生生死死是常态,要正确看待,而不是简单断言"赢"和"输"。大家都需要一份淡定,这是我们经济观察和研究的一种理性,也是一种科学的态度,而不应人云亦云。

（原载《浙江日报》2014 年 7 月 24 日）

企业要有宽容之心

2015 年空调行业的硝烟味,来得比除夕夜的鞭炮味格外早一些、浓一些。2014 年 12 月 29 日,苏宁联手美的、志高、海尔、海信、奥克斯、长虹,发起"破格"行动——打破格力的"清场"行动。"清场"行动、"破格"行动的缘起,还是格力与小米的竞争。对于竞争,迈克尔·波特情有独钟,从"五力模型"到物联网时代的十大战略,从《竞争战略》到《国家竞争优势》,他所阐述的就是一个道理:竞争是一个企业、一个国家赖以生存和发展的永恒动力。

一、格力的背影是孤独的

全面"竞争"、四面树敌,格力留下的是一个孤独的背影。格力对"竞争"也情有独钟,把"竞争"奉为教条,但错把对赌、吐槽、搏眼球也当作竞争方式。先和小米雷军对赌,再吐槽竞争企业,提出小米入股美的是"小偷公司",志高是"没出息的企业",美的空调"一晚一度电是虚假宣传",海尔伪造国家政府机关媒体,海信、科龙已垮。一番吐槽之后,小米没有被抓,志高还在呼吸,但是却与苏宁、美的、海尔、海信形成统一联合战线。最后格力不忘搏眼球,提出"全球 70 亿人不买格力产品的都是'脑子有病'",这满满的都是独孤求败的自豪感,但长此以往只会激发同业者、消费者的联合逆反。

二、结局是"1 清 6"还是"6 破 1"?

19 世纪英国外交大臣巴麦尊有句名言:在国际关系中,"没有永恒的朋友,也没有永恒的敌人,只有永恒的利益"。2000 年我国空调品牌大约 400 家,2003 年有 140 家左右,2004 年仅存 50 家左右,现在已经不足 10 家。在格力的"清场论"下,空调行业的五大"敌手"站在一起。在"清场"行动 VS"破格"行动后,最终会是格力"1 清 6",还是格力被"6 破 1"呢?

这个假设,在此之前是不存在的。因为国内空调企业,很早之前已经从混战模式走向竞合模式。2008 年 7 月,美的与全球知名空调制造商开利合资成立"美的开利制冷设备有限公司"。2009 年,珠海格力电器与日本大金工业株式会社合作,共同出资成立压缩机电控器厂和精密模具厂(均为格力控股)。2010 年 8 月,伊莱克斯与国美、苏宁合作,分别签订战略合作协议。2012 年 1 月初,TCL 空调与青岛日日顺电器签署战略合作协议。2012 年 3 月,惠而浦、苏宁联手组建销售公司。2014 年,美的集团宣布与小米科技有限公司达成战略合作。国内空调之所以从混战走向竞合,是因为外资品牌的突然进入。

三、外资品牌坐山观虎斗

在 2000 年左右国内空调价格战最激烈的时候,欧美品牌(约克、特灵、开利、麦克维尔、惠而浦、伊莱克斯)、日韩品牌(东芝、大金、三菱、松下、日立、三洋、LG、三星)等外资空调进入国内,并迅速占领高端消费市场,一批国内空调企业从混战走向竞合。

2008年金融危机以来,国产空调品牌通过竞合发展,市场占有率提升幅度较大,形成"3+3"主导格局。其中美的与格力各20%、海尔13%、海信科龙8%、志高与奥克斯各5%左右,而外资品牌占有率日趋下降。约克、特灵、开利、麦克维尔、夏普、三星、LG(最高时曾占市场份额的7%~8%)等外资品牌已经或即将退出中国。三菱电机、大金、松下、惠而浦、伊莱克斯、三菱重工6家企业虽然活跃,但市场占有率已经大幅下滑。其中曾经稳居中国空调市场前列的三菱电机、大金、松下市场零售量占比,也均下滑到不足3%(2013年分别为2.9%、1.8%、1.5%)。

四、边喝牛奶边吹空调的猪

外资品牌虽然在市场占有率上节节败退,但在产品质量、节能技术、高端定位等方面,依然远远领先于国内品牌。国内家电企业应该把标杆定位在三星、西门子上,而不是把矛头朝向自家兄弟。仅靠1家自主创新的格力,填平不了所有的技术鸿沟、市场鸿沟。在外资品牌的坐壁上观看来,这次对战没有技术努力,没有实力提升,仅靠价格战、渠道战,进行清场与反清场、绞杀与反绞杀,倒下的只有中国品牌。如果有哪家企业把所有中国空调企业绑架到道德战车上,上演一场空调行业的三鹿事件,那么最后我们将会看到这样一副场景:一大群农场的猪,一边喝着鲜奶,一边吹着空调。

五、和平竞争、合作竞争,也有出路

竞争,不是非要斗个你死我活。和平竞争,也能求得发展。乐清有三家大企业,分别是正泰、人民和德力西,他们是工业电气行业的竞争对手。正泰坚持自主创新,已经获得发明专利、实用新型、外观专利等专利 200 多项。德力西与外资合作,和全球 500 强企业施耐德电气各持股 50% 成立合资公司——德力西电气有限公司。人民采用兼并收购策略,并购电器企业、国有企业累计 100 家以上。3 家企业在和平竞争的道路上,采取不同的竞争发展策略,一直走得稳定,走得坚定。

内资品牌也可以在与外资品牌合作竞争中,实现企业的持续发展。杭州西子联合先后与美国奥的斯、日本三菱重工、日本川崎、美国 GE、日本石川岛等多家世界 500 强企业展开合作,在电梯及电梯部件、锅炉、立体车库、起重机、钢构、房产、商业、投资等多个领域实现快速发展,创造出节能电梯、电梯部件、立体车库、余热锅炉业务等多项行业第一的好成绩。

曾参说"夫子之道,忠恕而已矣",这恕道是"己欲立而立人,己欲达而达人",用今天的话来理解,就是合作重于竞争。战争史告诉我们,春秋战国有六国合纵以御强秦;商业史提醒我们,当代有胡雪岩败于外商联合拒购华丝上。格力是董明珠的,更是这个时代的,苏宁、美的等企业也是如此。

(2015 年 10 月 26 日)

"互联网＋"下的浙商大转型

——2015 浙商全国 500 强榜单解读

浙商大转型从未如此这样牵动人心。

透过 2015 年浙商全国 500 强榜单,我们可以看到这个群体在转型升级紧要关口的集体动向、姿态及实力变迁。

2015 年的榜单上,百亿以上的浙商大企业数量虽有所增加,脚步却"踌躇不前"。增长乏力的背后,多数企业在结构调整、新业务增长以及新模式探索上交出了不错的成绩单。与此同时,占到榜单 43％的 30 亿元以下的中小企业表现出良好的增长势头,更有一些来自新行业的"新浙商"正在涌入榜单。

2015 年,始于政府报告的"互联网＋"和"中国制造 2025",正以中国经济转型的新驱动力的角色席卷全国,对不管是传统行业还是互联网本都异常活跃的浙商来说,无疑是一剂加速两者深度交融的催化剂。

回顾浙商轨迹,虽然深度转型不可避免地冲击着部分行业和企业,但诸多转型升级的红利和风口已初步显现,一股生机勃勃的新力量正在迅速涌现并重塑着浙商和浙江经济,不断刺激乃至引领着中国民营经济寻找新的机遇和可能。

一、大企业遭遇增长瓶颈、中小企业爆发

整体来看,2015 年的浙商 500 强呈现以下几个特点。

(一)浙商发展与浙江经济的紧密性进一步加强

2015 年的 500 家上榜企业共创富 5.07 万亿元(见图 1),相比 2014 年的 4.42 万亿元增长 14%。但浙商全国 500 强的入围门槛从 2014 年的 7.3 亿元降至 7 亿元,500 强企业的平均营收增长率也从去年的 13% 微降至 12.9%。与此同时,浙江省 GDP 也同样保持着总营收额小幅增长,增长率小幅下降、基本与 2014 年持平的态势。从图 1 可以看出,浙商全国 500 强的数字变化与浙江省 GDP 保持着前所未有的高度趋同。

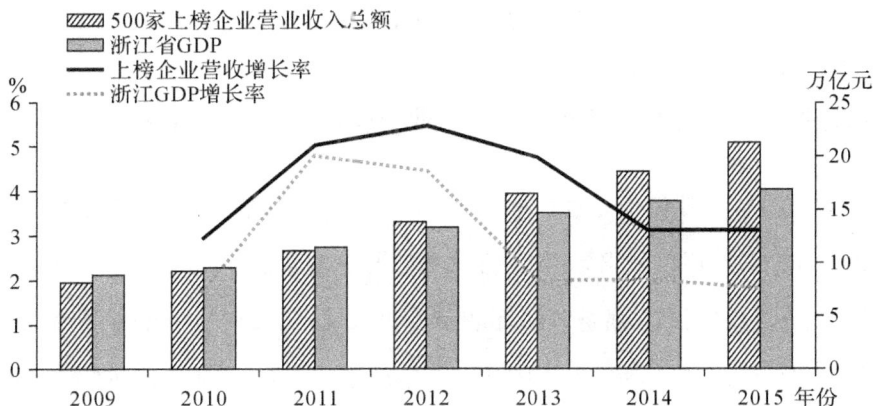

图 1

这一点从 2015 年入围浙商全国 500 强的企业所在地区的分布上也得到了验证。2015 年省外浙商的入榜数量从去年的 65 家锐减至 37 家。一方面,受整个经济下行态势的影响,省外浙商的申报热情下降;另一方面,浙江省内申报的企业在

迅速增加,并呈现出"原有优势继续加强、新优势涌现"的面貌。500强企业依然集中分布在杭州、宁波和绍兴几个城市,2015年的数量分别是杭州157家、宁波85家、绍兴53家,相比2014年的150家、82家和51家都有所增长。新增加的面孔中,一批如迪安诊断、杭州桑尼能源等来自新兴行业的浙企,以傲人的营收增长率首次进入500强阵容。

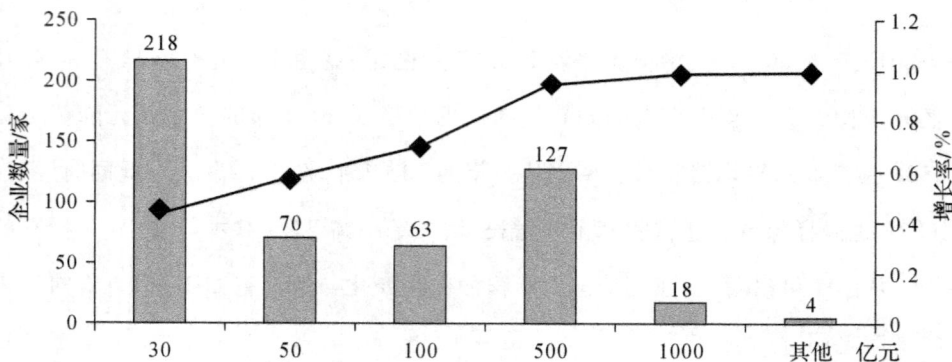

图2 500强营收分布直方图

(二)作为浙商核心力量的百亿以上大企业营收增长遭遇大幅下滑

2015年榜单上百亿企业总数量从2014年的112家逆势增长,扩容到149家。从图2的直方图上可以看出,上榜企业的营收额和数量并不呈现两头少、中间多的正态分布,恰恰相反,500强企业朝百亿大企和30亿元以下的中小企业两端集聚,营收在0~30亿元的中小企业(218家)和营收在100亿~500亿元的大企业(127家)是500强中最主要的两个阵容。

然而,占据整个榜单29%的共149家百亿营收以上的大企业共创造了3.99万亿元的营收,占到500强总营收的78%,接近2014年浙江省整个GDP的数字(4.02万亿元)。也就是说,百亿大企业是真正彰显浙商实力的核心群体。

不过,百亿军团虽然创造了78%的财富总额,但其增长率却较2014年大幅下降,4家千亿企业(平均增长1.28%)、18家500亿元以上企业(平均增长8.35%)和127家100亿~500亿元之间的企业(平均增长10.6%)增幅均低于整体增长率12.9%,且表现出规模越大,增长越是乏力的特性。尤其是500亿元以上的大企业,历年平稳的两位数增长在2015年多变成了一位数,甚至是负增长。

(三)中小企业逆势爆发

2015年浙江500家企业的整体增长能够保持与2014年基本持平,30亿元以下的218家中小企业功不可没,作为浙商群体中数量上占绝对优势的主要梯队,它们在2015年保持了16.3%的增长率,(30亿~50亿元之间企业平均增长率14.3%,50亿~100亿元企业平均增长率13.6%),在黯淡的整体经济形势下,逆势爆发出良好的营收和净利润增长能力。

(四)上市公司的数量迅速增加

除了轰动全球的阿里巴巴,榜单中2014年新增了约30家上市公司,浙商全国500强榜单中本身是上市公司或者旗下拥有上市公司的企业共约228家,创下历年来上市公司数量的"新高"。一方面浙企的整体上市数量近年来不断增加,据统计,2010—2014年间,浙江上市公司共增加了105家;另一方面,很多上市公司"新秀"在涌现,在营收增长上成绩出色。2015年仅在A股上市、并以超过7亿元营收进入500强榜单的浙企就达到212家。

由此,浙商全国500强榜单在2015年度首次推出了一全新的子榜单——《浙商A股市值榜》,除了212家500强企业外,将其他省外浙商的上市公司以及其他营收未能达到7亿元的浙企都囊括进来,以求通过系统、全面的对浙商上市公司的透析,更准确和深度地揭示浙商发展和转型的动向。

(五)原有浙商传统行业优势继续,更多细分行业出现

从行业上来看,由于上市公司数量的增加,2015年浙商全国500强行业分类按照最新的申万行业标准进行了统一调整,行业分类更加准确和具体,比如出现了"新能源汽车"、"通信业"、"计算机"、"休闲服务"等行业,而能源与环保类的企业则重新划定到了"公用事业"的大类中。总体来看,综合类(82家)、机械设备(62家)和建筑建材(57家)是榜单中企业数量最为集中的行业,这与历年来的数据保持基本一致,浙商以制造业为主的产业优势仍在延续。但2015年房地产的企业数量从去年的35家下降到31家,医药生物的企业数量从去年17家增加到20家,计算机、通信、电子、休闲服务等更多细分行业的企业数量在增加,某种程度上表明浙商产业结构转型、调整的成效和趋势正在显现。

二、大企业的增速到哪里去了?

百亿元以上的大企业既是整个浙商群体的核心力量,又是这场大转型中"承重"最多的一部分群体。然而,2015年浙江百亿大企业却表现为增速停滞不前、规模优势正在衰减。虽然大企业在转型中表现出更强的抗风险能力,但数据显示,企业规模越大、增速的取得越不容易。那么,它们消失的增速和营收到哪里去了?

先来看下千亿俱乐部的四位成员。浙江省物产集团依然以2144.8亿元的总营收领跑浙商,2015年,它最引人关注的是启动"混合所有制+资产证券化"的改革。"总的来说就是构建'一体两翼',以流通4.0集成服务为主体、金融和高端实业为两翼的三大业务格局,逐步形成轻(集成服务商、金融业)、重(不动产)、高(高端制造业)结合的周期对冲、业务相关、相互协同、专业化下有限多元的产业格局。"物产集团王挺革董事长这样描绘改革蓝图。所谓流通4.0集成服务,具体来说是

"以此次改革为契机，通过供应链整合、产业链管理、价值链提升，形成互联网时代下的现代流通企业生态链，进一步增强主营业务实力，提升未来盈利能力"。

作为浙江首单国企改革方案，物产集团的改革被期待成为浙企改革的样本，刺激国企和民企更大范围内的深度合作。物产集团的整体上市，是浙江国有企业改革创新发展的最佳案例，也是混合所有制经济发展的全国样本。

万向集团在两个方面的布局被津津乐道，一是新能源汽车蓄势待发，二是在金融领域大手笔不断，万向系"金融王国"版图继续扩张。通过在 2014 年成功收购美国电动汽车企业菲斯科公司，万向力图将美方的核心技术优势与万向的产业基础和制造优势充分对接，将电动车零部件和整车都做出全球领先优势。据了解，万向已经在杭州、常州和美国的波士顿、底特律以及韩国拥有 5 个研发制造基地，形成了 5 亿安时的锂离子动力电池产业能力，并与通用、宝马、奔驰等建立了合作关系。可以预见，未来万向极有可能首先获得国内新能源纯电动汽车的生产牌照。

在金融领域，阿里与万向联手申请民营银行牌照的消息在 2014 年 3 月份博足了眼球，在首批 5 家获批筹建的民营银行试点中，出现过两巨头发起的"浙江网商银行股份有限公司"的身影。虽然至今仍在等待，但两者的合作并没有停下。阿里巴巴旗下蚂蚁金服于 2015 年 6 月推出了网上银行，蚂蚁金服将持有 30％ 股权，复星国际旗下关联企业以及万向集团将分别持 25％、18％ 股权。另外，2015 年 5 月，民生人寿拿下浙商基金 50％ 的股权后，万向顺利获得了基金牌照，这意味着除了券商牌照，万向已获得了几乎所有能拿到的金融牌照，涵盖了租赁、期货、信托、银行等。万向在制造业快速发展的同时，已经完成了对金融产业的全面布局。这也是浙商发展过程中转型的一个典型案例。在二代接班的路径中，相当一部分"二代"，选择了从投资入手的路径，万向的鲁伟鼎、西子联合的王克飞等都是案例。

海亮继 2014 年首次进入千亿俱乐部后，2015 年更首度入围前三甲，也是四家千亿企业中唯一保持了两位数持续增长的企业。《浙商》杂志曾以"千亿企业你学得会吗?"对海亮集团的增长进行过深度剖析,其中,2014年年底在25周年庆典上推出的海亮农业——明康汇成为最大的亮点,一经亮相便以全产业链的形式迅速打开了市场。此外,海亮股份"筹划重大资产重组"的公告也引来诸多猜测,"用资本的力量带动海亮旗下目前发展势头较好的产业,谋求不同产业的共赢,放大集团整体效益",海亮董事长冯亚丽如是说。在浙江民营经济出现较为普遍的担保链危机的背景下,海亮集团下决心退出了全部的"担保链"。

排在第四位的吉利汽车旗下沃尔沃品牌2014年表现出色,全球销量创下新高,利润同比增长17.4%,然而吉利品牌销量却差强人意,同比下跌24%,大大拉低了总营收。然而,2014年也是吉利回归"一个吉利"重大战略开启,新车接二连三上市的年份。业内认为,2014年更多是吉利的布局年,真正"发狠"会是在未来的几年。在2015年4月的上海车展上,吉利在力推精品、打造全球影响力和竞争力以及多元布局新能源汽车方面都发布了多个重磅消息,在2015下半年推出了中长途的纯电动汽车以及未来将发力电商模式等。吉利的持续创新、战略转型和国际化一直都是影响国内汽车产业变革的重要力量,未来吉利电动汽车将成为车市的主力部队。

千亿大企的战略取向具有强烈样本和示范意义,大企业未来往往是地区经济的风向标。2014年是四家企业进行大调整、大变革的年份,除了在各自主营行业花大力气布局最新趋势和方向,它们在借力资本市场优化产业结构、打造新的业务增长点上不遗余力,出手都是"大动作",力图用现在的创新求变拼一个更强、更持久的未来。

在2015年,浙江省政府以"三名"(名品、名企、名人)工程为标志,着手培养100家"三名"工程企业,并希望以此为突破口,培养本土化的国际企业,成为浙江经济的擎天大树,从"铺天盖地"到"顶天立地",实现市场主体的转型。

2014年榜单上,营收超过500亿元的企业从去年的17位增加到22位(见图3),去年的强劲增长不复存在。尤其残酷的是,500亿军团持续多年的两位数稳定增长在 2015 年都变成了一位数甚至停滞不前。广厦控股集团（2014 年排名第 5 位）、浙江省能源集团（2014 年排名第 6 位）、娃哈哈集团（2014 年排名第 7 位）以及北京建龙重工集团（2014 年排名第 8 位）这四家超 700 亿元的企业看似触手可及的"千亿梦"再次增加了诸多悬念，娃哈哈和浙江省能源集团还分别出现了 −7% 和 −9.2% 的负增长。这让 500 亿军团中增长依然强劲的阿里巴巴（52.1%）和上海复星集团（23.2%）显得格外醒目。

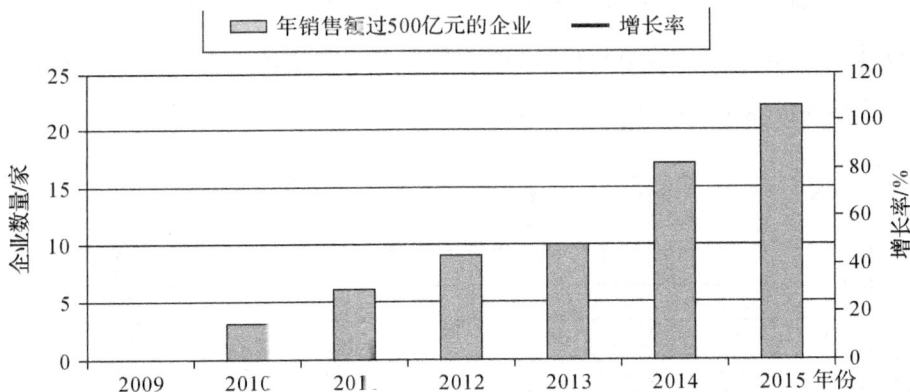

图 3

和千亿大企相似，在宏观经济仍承受较大下行压力、浙江省一系列转型升级"组合拳"强力推出的双重背景下，这部分企业或主动或被动地开始了"自我革命"，高举创新大旗，以求与这个瞬息万变的新时代迅速接轨。以娃哈哈集团为例，尽管其多元化战略备受争议，在继跨界童装、商业地产、奶粉以及白酒等多个领域后，出于对"机器换人"的看好，2014 年还是大跨界玩起了高科技含量十足的智能装备制造业，如今已开发了放吸管机器人、包装机器人等。随着"中国制造 2025"大幕开启，以智能制造为核心的"工业 4.0"风生水起，智能机器人和自动化装备受市场青睐，娃哈哈此举的后续发展看好，但是能否成为娃哈哈这样的食品企业，向装备制造业转换主营业务，仍然存在悬念。

年销售过百亿的企业当然不可能在这股大转型浪潮中无动于衷,奥康集团、华峰控股、银泰集团等诸多知名浙企积极拥抱移动互联网的冲击和随之而来的新机遇,探索企业新的增长空间。值得欣慰的是,2014 年百亿企业阵容的逆势增长(见图 4)说明,年营收在 50 亿～100 亿元之间的浙商梯队仍有较大增长潜力,再加上 30 亿元以下中小企业的良好增长势头,浙商发展的"动力"俱足。

浙江省统计局的报告认为,"在增长速度相对较低的情况下,结构调整和转型升级都有新进展,产业结构得到优化,创新驱动作用增强,节能减排成效明显,企业也在逐渐适应中速增长的新环境,出现了具有中长期意义的积极变化",这正可作为 2015 年浙商全国 500 强榜单的有力注脚。

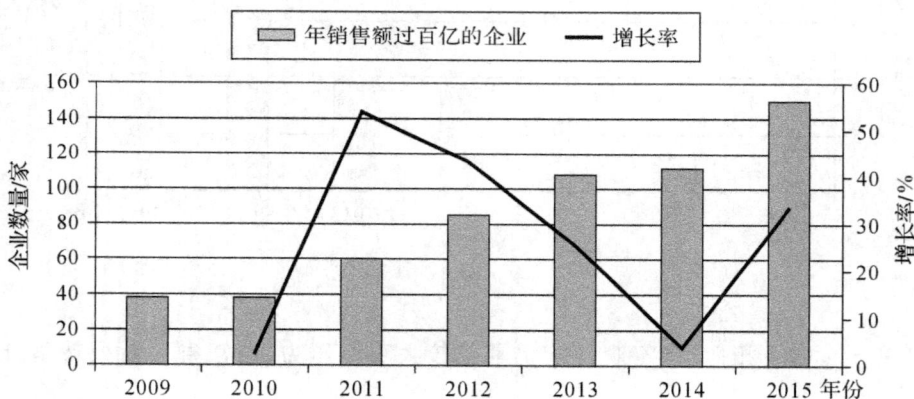

图 4

三、将"风口"转化为竞争力

不容回避的是,为数不少的企业因为业绩惨淡甚至更严重的原因退出了 2015 年的榜单,以中小企业为主,但也不乏大企业。浙江大学管理学院院长吴晓波认为,在一定程度上,目前中国经济面临的风险比历史上任何其他时期都更多、更深地涉及民营经济,特别是在房地产领域、高污染且高能耗的竞争性行业,某些所谓新兴行业民营经济在扩张性宏观政策下获得的迅速成长是与经济系统积累的诸多问题同时发生的。

这种潜在风险和危机在2013年的浙商企业中已有所爆发，如浙江红箭公司、佑康集团等，面对担保链、房地产等，企业的生产经营开始出现问题。根据浙江人民银行杭州中心支行数据，2014年三季度，关注类和不良类的两类企业数量达到历史最高水平，实际的银行不良类，估计超过5%以上，表明浙商转型过程中仍然存在巨大的挑战。

尽管如此，在2015年榜单呈现出来的中小企业增长趋好以及新增大量上市公司的背后，是更多浙商踩准下一个"风口"的大胆创新、积极有为。比如，在新上榜的一批企业中，浙大网新科技股份有限公司、汉鼎信息科技股份有限公司、迪安诊断、杭州桑尼能源等都是在"互联网＋城市建设、互联网＋医疗、互联网＋能源"等方面占尽先发优势的"新浙商"。

近年来，以阿里巴巴为首的互联网经济在浙江势头劲猛，杭州市正在积极申报国家以"互联网＋"为主体的自主创新示范区，浙江省正在申报国家信息经济发展示范区。浙江省人民政府咨询委学术委员会副主任刘亭所说："无论是成就'互联网＋'的国际领袖企业，还是打造'互联网＋'的国际引领城市，浙江成为全国信息经济发展的高地，都不是虚妄之言。"再加上"大众创业、万众创新"在梦想小镇、云栖小镇等多个创业园区遍地开花，浙商在此次转型升级中更易看到更多新机会。

实际上，2014年，浙江省开始大力推进"机器换人、电商换市、制造换法、企业换型"等转型升级组合拳。如盾安控股集团、众泰控股集团、圣奥集团、万马集团等一大批传统制造业的浙企也已经纷纷投身以"大数据、云计算、物联网、移动互联网"为主导的下一轮商业大变革，用浙商敢为人先的实战精神迅速向数字化方向转型，将一个个"风口"迅速转化为实在的竞争力，迎战真正个性化和智能化的商业新时代。

（2015年12月30日）

自主创新杭州如何先行先试

　　杭州获批国家自主创新示范区,这意味着新时期,杭州要承担历史的使命,书写中国创新发展新篇章。推进在自主创新和高技术产业发展方面先行先试、探索经验、做出示范的区域,对于进一步完善科技创新的体制机制,加快发展战略性新兴产业,推进创新驱动发展,加快转变经济发展方式等方面将发挥重要的引领、辐射、带动作用。创新,是一个经济社会全方位的问题,不是简单的经济问题,更不是单一的科技问题。杭州能否抓住这一机遇,打造创新高地,人们翘首以待。

　　杭州要有自主创新的新引力。自主创新的杭州,是"杭商创业"的杭州,是"杭州创新"的杭州,是盛产"杭州制造"的杭州,是代表"杭州品质"的杭州。杭州,必须要在自主创新示范区的建设本身上创新,当前可以积极探索"四个新"——产业新平台、企业新标杆、要素集聚新高地、体制机制新活力。

　　第一,要建设产业新平台,推进"新四军"在杭州创新创业。"十二五"期间,浙江省委、省政府提出"四大建设"(大平台、大项目、大企业、大产业),是产业转型升级发展的重要指导思想。杭州的最大的新平台在哪里?答案是大江东。"十三五"期间,杭州大江东要真正承担起再造一个工业新城的使命,而不是一个新的开发区。要围绕"中国制造 2025"科学谋划,真正成为承接先进制造业的主平台,引领全省信息经济、智能装备、新能源汽车、生物医药等制造业创新发展的大平台。新平台要成为创新型创业的主战场,就要紧紧服务以浙大系、阿里系、浙商系、海归系为代表的"新四军",力求在大江东的广阔天地大有作为。同时,积极推进梦想小镇、基金小镇、云栖小镇等众多创业空间建设,让这种"小家碧玉"型的众创空间成为各路英雄好汉施展个人才华的新高地。

第二,要培育企业新标杆,推进杭州大企业创新发展、创新型企业跨越发展。在市场主体的培育上,杭州要坚持抓大不放小。"十三五"杭州要努力寻找和培育世界 500 强企业,除目前在杭州的世界 500 强物产集团、吉利控股外,要大力支持其他有条件的大企业集团,加快发展,努力成长为本土化的国际企业。"十三五"期间,在省政府确定的杭州 30 多家"三名"培育试点基础上,着力培育 1—2 家以上的世界 500 强企业,成为国家自主创新示范区建设的新标杆。

每一时代都会有时代的榜样,榜样的力量是无穷的。要注重支持阿里巴巴这样的企业发展、扶持马云成为"互联网＋"经济的标志型的企业家;同时,要更加注重在"大(大数据)、云(计算)、物(物联网)、移(移动互联网)"领域创新型企业的培育。今天杭州拥有了更多的小阿里、小马云,明天才会有新的阿里巴巴、新的马云。

第三,培育要素集聚新高地,巩固"杭州制造"、"杭州品质"的支柱。杭州在过去已经成为传统要素集聚的高地,未来仍然需要打造新的高地。突出的任务有三:一是大数据交易平台,"十三五"杭州要培养若干国家级的大数据公司,建立有影响力的大数据交易平台,这是今后重要的生产资料要素市场,这也是国家公布的"大数据产业发展规划"的重要内容,杭州要当仁不让,扎实推进。二是创新要素集聚平台。硅谷之所以成为硅谷,是因为有斯坦福大学。杭州之所以成为国家自主创新示范区,是因为有浙江大学、中国美术学院等这些高校。实践证明,大学是集聚人才最好的平台。今后的 5—10 年,可以借鉴南方科技大学、上海科技大学的经验，在杭州创建一所中国创业型大学，要体现文凭，更要体现水平。三是长三角区域协同创新中心，借"中国制造 2025"大背景和新要求，"十三五"期间争取在杭州建立类似当年台湾工研院的新机构，支撑杭州创新发展；也可以直接邀请台湾工研院入驻杭州，实现两岸互动、省市联动、政企联动，将其打造成为杭州区域协同创新的核心平台。

第四，形成体制机制新活力。允许并支持机关干部、科研人员"下海"，曾经是改革开放时期社会经济发展重大的体制、机制创新。在新时期，体制内、体制外，如何在"商海横流"中体现人生的价值？"互联网＋"是又一次新呼唤，杭州要成为中国"允许闯、允许试"的新制度洼地，必须在体制、机制创新上再跨域。在产业发展上，要创建新机制。要以"智慧、绿色、超常、融合、服务"为导向，探索建立产业发展的风险分担新机制，体现政府的"有为"，加大对新兴产业（如航空制造业、网络安全产业、生命健康产业等）的支持力度，鼓励企业大胆创新创业。在社会管理上，推动重大决策机制创新，要建立重大决策的社会化公开制度，减少政府犯错误的概率。努力使社会和民众的意图成为政府科学决策的重要内容。"互联网＋"很大程度上，使得"分享治理"成为一种必然的选择。杭州要抓住机会，积极探索。

只有这样，杭州才能更杭州！

（原载《浙江日报》2015 年 10 月 30 日）

关于杭州市发展航空产业的建议

制造业是立国之本、护国之器，经济发展的重要基础、社会财富的重要体现。航空产业作为高端装备制造业，素有"工业之花"的美称，具有"高端、高质、高新"的"三高"特征，带动作用强、附加值高，向来是各国竞争力的必争领域。2015年颁布的《中国制造2025》明确指出，大力发展航空制造业是中国创造的重要内容。杭州作为国家自主创新示范区，要努力抓住国内外航空产业发展的历史机遇，在"十三五"期间，努力布局发展航空产业，突出发展航空制造业，以作为贯彻实施《中国制造2025》的重要抓手。本文就航空产业的发展环境、市场机会、比较优势等进行了科学地分析，并结合产业实际，提出了加快航空产业的若干建议。

一、中国航空制造产业面临历史性发展机遇

航空制造业是战略性高端制造产业，产业发展的聚集效应、带动效应、引领效应十分突出。世界发达国家和地区、有条件的发展中国家和地区都在竞相发展航空制造产业，积极抢占经济和科技发展的制高点，赢得综合实力和科技水平竞争的主动权。

航空制造业以航空整机的研制、生产为核心,包括机身部件、动力设备、航电设备等零部件及配套的生产,技术和产业链覆盖广。可带动包括机械制造、材料、仪器仪表、电子信息等在内的多种关联产业,平均带动效应可达1:10,对提升装备制造业发展水平、提高工业经济附加值、增强自主创新能力具有重要的推动作用。产业带动效应强,对经济、技术的拉动作用明显,是企业转型升级、从传统制造升级到高端制造最好的拉动力和驱动力。

(一)民机市场发展趋势

2014年波音预测,未来20年,在全球范围内将需要近36770架新民用飞机,总价值达5.2万亿美元;未来20年,中国将需要6020架新飞机,总价值达8700亿美元;2033年期间,中国航空公司的新飞机需求量将占亚太区总需求量的近45%。

世界航空制造产业未交付订单量创历史新高,但仅仅只有15%的供应商对新产能大量投资以支持计划交付量的增加。目前,美国有2万个机场,中国只有200多个机场。中国航线长度只有美国的六分之一。尽管美国仍是全球最大的单通道飞机市场,但据波音、空客预计,2030年前后中国将超过美国成为全球第一大民航市场。

随着城际轨道交通、高速公路网、跨海大桥等设施的建成使用,长三角一体化进程逐步加快,富裕阶层和企业发展对更便捷快速的空中交通有了更多需求。预计到2020年,长三角地区通用航空器需求量将超过1500架,到2025年将超过3000架。加上长三角地区良好的产业基础和政府营造的良好政策环境,长三角地区的航空产业有着十分广阔的发展前景。

(二)航空零部件转包发展趋势

航空零部件制造支撑了最终航空产品,带动了基础工业的发展,是整个航空制造产业链最核心的部分。没有强大的航空零部件制造产业,就不会有航空工业的成功。零部件制造产业涵盖整机集成的上游各个环节的产品,包括锻铸件、零件、布胶漆料等,更包括组件、部件以及各种紧固件、成品件等,也包括车铣刨磨、剪弯切冲以及渗淬涂喷、无损探伤、疲劳实验等等,实际上覆盖了除飞机、发动机总装之前所有上游的生产过程。欧美各国都把航空零部件制造当作独立产业发展。我国和相关行业主管部门正在将零部件制造单元从现有主机研发和交付主体分离出来,形成以零部件制造为主要职责的企业主体。

航空制造业具备典型的"国际化工业"的特点,造就了航空零部件合作生产和采购的巨大市场,预计未来 20 年全球航空零部件总采购量近 6000 亿美元。如空客在全球有 1500 家以上供应商,波音飞机 50% 以上的零部件通过转包完成。随着中国航空工业能力不断提升,中国转包生产的能力现已得到众多国外航空工业巨头的青睐,中国将在国际航空转包市场上与世界各民用飞机制造商包括中国商飞、波音、空客、庞巴迪、巴西航空等开展全方位的合作。

全球航空产业的分工体系继续深化,国际化程度增强,形成了以特大型主制造商为核心,主要系统承包商与分系统承包商和部件供应商关系更为紧凑的航空产业体系,航空发动机、设备和零部件的全球转包生产呈现快速增长的趋势。航空制造及服务是航空产业增值主要贡献者,航空制造业存在巨大的市场空间。

2003 年,波音把最大的制造基地威奇塔分部出售,还挂牌出售在西雅图的其他核心零部件制造企业,重点保留总装集成核心能力;2009 年,空客出售了艾何利亚工厂;庞巴迪也正削减其零部件工厂产能。全球航空制造已经形成主制造商和供应商的模式,航空零部件制造正向中国等低成本地区转移。

据统计,美国有各类航空制造企业超过 10000 家,欧洲超过 6000 家,中国小于 240 家。据国家民航总局统计,今年上半年为止,我国有颁发适航资质证书的各类航空企业总共才 148 家,其中零件制造企业(PMA)仅 74 家。我国具有国际行业认证资质的企业很少,以波音资质认证为例,截至 2014 年,美国有 900 多家获得波音资质认证的企业,日本 66 家,韩国 22 家,中国仅 23 家,其中 7 家还是纯粹外资企业。中国的航空制造业应该有更多的企业尤其是浙江企业参与。

(三)波音完工工厂落户中国的重大机遇

2015 年 9 月,国家发改委和波音公司在西雅图签署《关于提升民用航空产业全面战略合作的谅解备忘录》,确立了未来五年(2016—2020 年)双方的合作目标和主要合作内容,包括大幅度提升工业合作与生产规模和层次、共同发展绿色航空技术、举行创新发展领导力研讨和发展世界级的航空运输系统等内容。明确约定到 2020 年末,波音为中国及中国企业实现的年度经济价值达到 15—20 亿美元。

波音公司与中国商飞签署了关于在中国建立 737 飞机完工中心的合作文件,双方将共同出资建立合资公司。该项目是波音公司首次将其总装生产系统的一部分延伸到海外,该项目的实施能够有力促进中国相关企业发展,提升中国民机产业链在全球的地位,使中国有关企业成为波音一级供应商。

国家发改委要求波音和空客在中国的采购额从 2015 年的 4 亿美元提高到 2020 年的 40 亿美元。而国内四大航空零部件生产基地西飞、沈飞、成飞、昌飞等都面临任务饱和、产能不足的局面,国家必然会重新布局航空产业,这种调整将为杭州航空制造产业发展带来历史性的发展机遇。

杭州能否在这轮布局中抓住机会,是杭州市"十三五"的重大战略性任务。若能抓住这次机会,争取波音飞机完工中心落户,将大大加快杭州配套世界 500 强企业、进入产业全球供应链的进程,促进杭州制造业转型升级。

(四)国家鼓励大力发展航空制造产业

中国民航业已经开始从资本角度全面放松行业准入,国家鼓励、支持各种投资主体以独资或参股形式投资经营通用航空、航空制造、航空维修以及其他民航相关项目。

2012 年 5 月,工业和信息化部发布的《高端装备制造业"十二五"发展规划》中就提出,在航空装备方面,大型客机实现首飞,喷气支线飞机成功研制,实现支线飞机年销售 100 架,建立具有可持续发展能力的航空产业体系。《"十二五"国家战略性新兴产业发展规划》也将航空装备工程列为 20 项重大工程之一加以扶持,在我国经济转型、制造升级背景下,航空装备制造业将成为我国优先发展的行业之一,后续国家还将出台更多的政策予以支持。随着我国大飞机产业的起步发展以及国家相关扶持政策的出台,我国航空产业将迎来大投入、大发展的关键时期,航空制造业"蓝海"凸显。

二、航空制造产业的特征

(一)高资本投入与高风险并存

航空制造是资金密集型和知识密集型产业,行业准入门槛高,能力建设周期长,航空制造所需的生产设施、技术装备需要大量的投资。航空产业也是典型的技术密集型产业,对工艺设备、生产线设备有极高的要求,需要巨额的资金投入。

航空制造业产品的开发周期之较长,且是一个客户高度集中的特殊产业,需要面对世界航空制造顶尖企业的竞争,这就意味着企业必须在技术研发方面取得重大突破,才有可能在竞争中占据优势。一般来说,一个新研的飞机型号需要超过 5 年的研发周期。在此期间,企业需要投入大量研发资金用于采购原材料、设计和制造工艺准备、生产样件、开展试验等多个环节,且短期内难以实现资金回报。以浙江西子航空工业有限公司为例,企业经过整整 5 年的不懈努力才获得了欧洲空客、加拿大庞巴迪、中航工业、中国商飞等公司的一级供应商资质,尽管如此,航空产品研发周期长、先期投入大、回收时间长的特点仍然给西子航空造成了巨大的经营压力。

基于高资本投入和高风险并存,也基于航空制造产业所处的重要战略地位、产业与产品的特殊性以及激烈的国际竞争环境,世界上许多国家都对航空制造产业给予重点扶持和保护。

(二)高附加值与高关联度共存

航空产品的发展涉及很多技术领域,以及机械设计、先进制造技术、材料科学、化学化工、力学、喷气推进、自动控制、电子学、微电子学、仿真技术、计算机集成技术等众多门类的基础学科和技术科学。现今航空产品的研制和生产极大地促进了材料、电子和机械加工等领域的技术进步,从而推动了整个国民经济的发展。

(三)高技术密集与人才专有性共存

航空制造产业不仅包括一系列技术领域,还与相关高新技术产业融合与互动,不断开拓新的前沿领域,航空科技呈现出动态交互发展的态势。技术密集、技术垄断加剧了这一领域人才供应的专业性,形成航空专有人才的垄断和缺乏。

(四)国际合作与转移进程加快

近 20 多年来,世界航空产业全球化和专业化生产的趋势越来越明显。目前已经很难找到一架完全由一个国家自己制造的飞机。越来越巨大的研发投入、生产销售和市场风险,迫使任何一国的航空制造业不得不参与到全球航空工业生产链中去。巴西航空工业公司以质量第一为原则,广泛选用世界各国的优质部件,50%的飞机设计技术来自世界其他国家,飞机部件既有西班牙生产的机翼、智利的机尾和比利时的后段机身,也有美国生产的发动机和机舱内的机座与地毯。

三、中国航空制造业布局

中国各地已进入航空基地建设快速发展期。在国家工信部、发改委和科技部等有关部委以及各级地方政府的大力推动下,从 2009 年起全国掀起了航空基地建设热潮,目前全国共有国家级航空产业园 10 多个,地方航空产业园数十个。中国航空装备制造业已基本形成六大聚集区,包括环渤海、长三角、珠三角、中部地区、西部地区和东北地区,其中以陕西为核心的西部地区是国内航空装备制造业产业链最为完善的地区。传统的航空装备制造业基地主要分布在中西部及东北地区,近年来东部地区,如上海、天津等也航空装备制造业快速发展,成为国内航空装备发展的新兴力量。

目前,中国航空装备制造业已初步形成集聚。未来,航空装备制造业新兴城市仍将不断涌现,区域性的产业集群将进一步增长。同时,区域分工、协同将在各区域性产业集群中得到体现。地方政府应抓住航空制造产业发展机遇,把握航空装备制造业空间布局特点,从资源集聚、配套环境、产业供应链条和市场等方面入手,为航空装备制造业的发展提供强有力的支撑平台,发展特色航空装备制造业基地。

目前中国航空装备制造业初步形成以陕西、珠三角、东北地区为中心,以北京、天津、四川等研发、制造为支撑的航空装备产业格局。其中,既有在国家三线建设、中航工业布局下发展起来的传统航空工业强市,如哈尔滨、西安、成都、沈阳、南昌等,也有近年来抓住机遇快速发展的新兴航空城市,如上海、天津、珠海。

长三角地区的航空装备产业以上海为龙头,江苏、浙江为两翼快速发展,目前已初步形成包括研发、设计、制造在内的较完整的装备制造产业链。浙江航空产业基础较为薄弱,但是依托丰富的民间资金和活跃的民营机制,在民用轻型飞机、飞机零部件及附属专用设备、航空电子仪器设备、机场专用设备、机上易耗品等领域有较快发展,浙江尤其是杭州有巨大的发展空间。

四、杭州航空制造产业发展的现状

杭州作为制造业大省浙江的省府,进入新世纪以来,制造业已形成产业基础扎实、特色优势明显、集聚程度较高的局面,发展了一批具有国际竞争优势的高端产品、重点企业和优势行业。在"创新引擎"的强力驱动下,装备制造业正在加速引领杭州实体经济的发展壮大,并成为企业布局战略性产业的大平台。杭州装备制造业以大江东产业集聚区、三大国家级开发区等区块为重点,重点发展汽车、轨道交通、高附加值船舶等领域,建设长三角重要的先进装备制造业基地。

但杭州市航空产业基础薄弱,航空零部件制造参与企业目前非常少,仅有西子联合控股旗下西子航空板块的浙江西子航空工业有限公司和浙江西子航空紧固件有限公司两家企业,无法满足抓住航空零部件制造领域巨大历史机遇的需要。

浙江西子航空是西子联合控股的全资子公司,从事航空零部件制造。浙江西子航空大江东基地以机械加工、钣金成形和部件装配为主,承接飞机结构件转包业务,具备年产百万件航空零部件的制造能力。自 2009 年成为国家重大转向 C919 大飞机项目 9 家机体结构供应商中唯一的民营企业后,西子航空陆续成为了中国商飞、中航工业、欧洲空客、加拿大庞巴迪宇航、法国 Stelia 公司、美国普美(苏州)等国内国际航空制造企业的一级供应商。2014 年 8 月 22 日,西子航空完成庞巴迪 Q400 工作包首件交付,现已在量产;2015 年 1 月 14 日,完成国产全球最大水陆两栖飞机蛟龙 600 舱门工作包首件交付;2015 年 6 月 29 日,完成 C919 大飞机应急发电机舱门(RAT 门)首件交付。公司建立了完善的质量管理体系,已通过 ISO9001 质量管理体系和 AS9100C 航空质量管理体系等认证。

　　西子航空紧固件进行的航空抽芯铆钉研发已取得重大突破,填补了国内在铝合金材料航空紧固件方面的空白。2015年7月3日,中法两国总理见证了西子航空紧固件与空客签署合作协议。

　　西子航空已启动波音飞机内饰零件的研制,有望直接向波音完工中心供货,面临更多与波音合作的机会。西子航空希望通过不断与国际顶尖飞机制造企业合作,持续努力开拓国内外航空零部件转包市场,为客户提供高质量、低成本的优质服务,致力于成为世界最优秀的航空零部件供应商,成为中国航空制造民营企业的标杆。

　　西子航空开创了杭州企业进入航空制造产业的先河,不仅填补了浙江在航空工业的空白,也为其开辟了一个全新的、长久的业务板块,更让其从原来的传统制造业向位于高端核心的航空制造业拓展,全面引入航空产业的质量管理体系,按航空标准提高制造品质,健全管理机制,在通过不断与国际飞机制造企业合作的过程中,提升西子的制造水平和管理水平。

五、杭州航空制造产业发展的有利条件

(一)杭州民营企业创新精神、高效灵活的机制

　　杭州是全国民营经济最发达的地区之一,民营企业的创新、快速反应、灵活的机制具有突出的竞争力。波音和空客加大从中国的采购业务量,已经不是简单的生产要素的购买,而是在效率提升基础上的更高层次的需求,近年来空客频繁发力支持中国的民营企业参与航空零部件制造,就是看到民营企业潜在的高效率和灵活机制更符合国际市场竞争规则和习惯。

(二)杭州产业转型升级的需求

杭州传统制造业低、小、散现象依然突出,竞争优势逐渐退化,产能过剩,技术含量急待提升,已进入拼质量不拼数量的时代,大量企业面临转型升级。面临"死亡之谷",只有大胆跨越,才能迎来浴火重生,波音完工中心正是那架帮助我们跨越"死亡之谷"的"舷梯"。目前,中国经济已经迎来产业升级的机遇期,"二次创业"的过程非常痛苦,从低端制造迈向中高端制造,要跨越的便是"死亡之谷"。对浙江和杭州的众多中小企业而言,若能抓住波音工厂落户中国的机会,参与到整个产业链当中,产业升级换代就不是空话。

(三)杭州民间资金丰富

航空产业装备精度要求高,人员素质高,完全具备做其他高端产品的能力。杭州发展航空制造产业可吸引航空巨头在杭州加大投资,为杭州带来国际化管理、技术和人才,提升杭州产业结构、人才结构层次。航空制造产业需要大量资金投入,杭州民间资金丰富,有不少民企有资金实力,想转型但不知如何转,若有国际巨头来杭州投资,民企就有更多参与机会,从中学习获得提升和发展。

(四)杭州具备航空制造产业转移的条件

杭州制造业市场集中度低、技术层次低,与发达国家相比,劳动力成本优势明显,具备了航空制造产业转移所必需的条件。

六、杭州重点发展航空制造产业的建议

发展航空产业,政府的角色非常重要。据研究世界各国和国内各地发展航空

产业的经验显示：美国、法国、德国、加拿大等国家，西安、上海等城市发展航空产业都采取了"企业大投入、政府小投入，成功共享，风险共担"的发展策略。

针对杭州产业面临转型升级的需求和民营企业发达的突出优势，抓住航空制造产业发展的历史性机遇，加大对航空制造产业的重视，应充分发挥政府的引导作用，以市场为主体，建立完善的促进产业协同发展的科技管理、人才流动、财税、金融等支撑制度体系，出台系列扶持政策，积极引导民营企业进入，抓一批试点和示范企业，大力支持航空制造产业发展。具体建议如下：

(一)把航空制造产业列为战略性重点发展产业

以波音完工工厂落户为契机，把航空制造产业列为战略性重点发展产业，杭州要立足自身优势和发展要求，高度重视并重点发展航空制造产业，加强规划顶层设计，理顺航空产业发展链条，抓住历史性的机遇。30年前，许多中小企业为国企配套、加工零部件，30年后的今天，我们要争取为波音等世界一流公司做配套。

政府统一规划，制定杭州市航空制造产业中长期技术进步发展战略，建立完善产业管理体系和机制，加强结构调整和产业升级的技术支持，创造更好的"重品质，做高端"的企业发展氛围，以品质引领转型升级发展。

(二)出台系列发展航空制造产业的优惠政策，引导大量企业进入

从国际经验来看，欧美各国政府对航空制造企业扶持力度很大，每年都给予大量的财政金融补贴。我国也对航空制造企业予以扶持，但仅局限于国有企业。目前，西子航空等民营航空制造企业还无法通过型号立项的方式获得国家资金支持。在新一轮转型升级当中，企业在投入战略性新兴产业跨越"死亡之谷"过程中，政府要"搭跳板"给予更多扶持，例如政府引导民企投入资金和资源、与外商合资合作、外资技术和管理，政府提供土地、政策等，建议重点在如下几方面进行政策扶持：

1. 加大对航空制造产业发展的资金支持。政府投入要侧重支持战略性的航空制造产业项目、航空企业创业期的引导资金、航空企业增加研究开发补贴以及利用高技术促进航空产业技术升级和产品更新换代的补助等。

2. 针对航空制造企业的发展,制定具有吸引力的财税政策。例如,在增值税方面,对研发投入大、生产消耗小的生产企业,允许其率先由生产型增值税转变为消费型增值税。在所得税方面,建议强化其对社会资金投向的引导、激励作用,对企业的研究开发投入以及社会风险投入给予适当的税收减免。

3. 建立和完善航空制造企业产品出口融资体系。对航空企业的高技术产品出口和高技术境外投资项目,在流动资金贷款和出口信贷方面给予政策性金融支持。设立担保基金,为航空企业出口高技术产品提供出口信贷担保服务。

4. 出台扶持航空制造产业国际合作和转包生产的政策。提供政策性长期无息贷款、低息贷款、贴息或提供贷款担保等。

5. 对航空产业研发专项资金支持。针对航空制造业研发周期长、风险高,向航空制造企业研发活动或者整个项目提供各种形式的资金支持,如设立航空产业重大项目科研、创新、产业化支持的项目。

6. 加强对航空产业的研究和服务,以协同创新的方式,联合国家、省、市政府、高等学校、科研机构,积极构建航空产业的专门研究机构和服务机构。

7. 出台针对航空制造产业的创新政策和人才引进政策,鼓励创新和吸引人才。例如,对外国专家和研究人员给予一定时间段内的个人所得税全部减免;对引进的高级人才、研发人员、高级技工等给予一定时间段内的部分税收减免;出台有力措施,解决各类来杭人才子女入学等问题,吸引更多人才来杭州。

(三)推进航空产业集群建设,寻求差异化发展

众多成功的产业转型升级的经验证明,明确的政府政策指向和良好的市场传

导机制缺一不可。产业集群的核心是完善产业链配套,强化企业间的分工合作。杭州民间资本雄厚,完全可以于短期内集中资源在某个航空制造专业领域发展,使其成为该领域内的世界高端企业,走出一条类似于德国中小装备制造业企业的高、精、专之路。

目前,杭州缺乏航空产业链,缺乏产业配套。可设立航空产业园,推进航空产业集群建设,吸引波音、大飞机、通用航空项目的配套商,形成产业集聚,同时注重开展国际合作,承接国际产业转移,引进消化吸收再创新,为自主研制大飞机积累经验、培养人才,培育当地的研发、制造、服务网络,最终融入全球航空产业链。例如,空客 A320 飞机总装线和中航直升机总装基地两个航空制造企业落户天津,天津以此为契机,吸引其一级和二级配套企业,形成航空制造业的集聚,向研发、设计、工业配套和航空维修、物流、商贸、教育等相关产业扩展,并通过横向扩展和纵向延伸产业链,形成航空产业与本地区的相关产业互动、各产业的集聚和协调发展,形成与其他航空城类似的交通、区位、科技、政策等条件,以及其他地区不具备的航空产业发展的比较优势。

(四)推进"产学研"合作,重视人才培养

航空制造业是一个高质量、高要求的产业,是一个不允许犯错的行业,对航空人才和产业工人有迫切需求。当前,浙江省仍然缺乏航空工业基础,需要从省外、甚至国外引进航空高端人才,无形中加重了人才引进的隐形成本,除此之外,由于省内没有航空职业技术学校,专业航空技术工人匮乏。例如,西子航空不得不从省外招收一批高级技工和技师,无形中增加了大量的用工成本。发展航空制造产业,需要政府从高等院校、高职技校等方面规划人才培养体系,加强人才工作,为航空制造企业培养和输送更多合格人才。

推进"产学研"合作,挖掘人才潜能。大力推进、引进"海外工程师"工作;鼓励

企业加强自身研发人员、技工的培养;促进高校科技人才向企业流动聚集;加强技术工人的供给。

附件

国内外航空制造产业的扶持政策

现代航空产业已经成为最重要的高技术产业之一,全球航空航天工业年度营业额总计近 3500 亿美元,是对国际经济、政治和军事格局有着重要影响的战略产业。因此,世界上许多国家和地区都把大力发展航空产业确定为提升综合国力优先发展的战略性产业并给予重点扶持。

一、欧盟空客成员国对空客公司的扶持政策

空客公司从一成立就得到了欧盟特别是法国、德国、英国、西班牙四国政府在投资、税收、土地等方面的大力支持。欧洲各国政府对空客公司给予的政策支持主要表现为:

(一)直接补贴

欧盟各国对空客的直接补贴方式包括向空客集团及其子公司提供开发基金、资本投入、低利贷款、担保借款、开发及生产成本补贴、保障汇率和经营损失补贴等。A300 是空客集团在法、德、英、荷兰、西班牙等各国政府支持下研制的双引擎宽体客机,1969 年 9 月开始试制,1976 年 5 月交付使用。在空客集团的发展过程中,英、法、德各国政府所提供的直接补贴达 260 亿美元,使得空客迅速发展成为能够与波音抗衡的世界第二大民航机制造商。

(二)间接补贴

空客成员国支持各项大型昂贵的研发和测试工作,其投资之大不是一般企业所能承担的。例如,法国和联邦德国政府保证,分别对法国宇航公司和 MBB 公司在 A300、A310、A320 项目上给予支持,在各型号达到盈亏平衡点之前,其研制费用的 90% 将得到政府各种形式的贷款。在 1980 年到 1989 年间,空客公司在大型科技销售上所得到的间接补贴远大于美国的制造商。

(三)政府采购

与美国大型商用飞机产业相同,欧洲的飞机制造上也有军用航空工业与民用航空工业整合的经验。例如,英、法、德、西班牙等均资助空客及其子公司生产军用飞机,空客集团从其成员国取得的军事采购合同金额高达 200 亿美元。

(四)土地支持

汉堡总装线及部件厂所占面积 390 万平方米的土地,是由政府规划和填土形成土地后交给空客使用的。为此,汉堡市政府花费了 8 亿美元。

(五)税收优惠

一是研发费用按照规定的标准作为抵税额,若当年没有抵税,指标可以延至下年使用;二是政府贷款、商业贷款利息及特许权投资收回可从应税额中扣除;三是可实现提前折旧。德国规定,设备投资可在较短的年限内折旧完;四是飞机制造销售环节和飞机生产的整个原材料采购环节免征增值税。

二、美国、加拿大对航空制造产业的扶持政策

(一)税收优惠

税收优惠是各地方政府普遍采用并充分利用的政策手段。美国华盛顿州为了波音 787 总装线项目专门修改了对航空航天企业的税率,形成了针对航空制造业专门制定的低税率。加拿大安大略省"超级补贴"的税收优惠政策也一直是其招商引资宣传的重点。

(二)专项资金支持

由于航空制造业研发周期长、风险高,因此向航空制造企业研发活动或者整个项目提供各种形式的资金支持,也是通行的做法,目前广泛采用的是对研发的专项资金投入。加拿大安大略省设立研究基金,为研究机构的科研基础设施建设提供资金支持。

(三)金融支持

对航空制造企业研发项目采取贷款优惠、贷款担保等方式,有效减轻企业的资金压力,吸引企业前来投资。美国华盛顿州政府为企业研发投入融资提供信用担保。加拿大安大略省为航空制造业符合条件的项目提供最高可达项目成本 30% 的贷款,利息为安大略省政府借款利息的 1% 。

(四)优厚的人才政策

主要针对高级人才或专家给予优惠的个人所得税减免,以吸引高端人才前来创业。同时,通过鼓励在职培训,提升当地人才优势和劳动力素质,以赢得更多的企业前来落户。

三、西安、上海等地对航空制造产业的扶持政策

我国航空制造产业发展的重点地区如西安、上海、天津、珠海等非常重视航空制造业的发展,都对航空制造产业的发展制定了相应的扶持政策。

(一)财政直接支持力度明显

设立专项基金或资金。珠海设立航空(航天)产业发展扶持专项基金,由市政府每年安排不少于 5000 万元支持珠海航空产业园发展。陕西省政府、西安市政府和西安高新区共同投入,设立总额为 10 亿元的创新专项资金和 20 亿元的产业扶持专项资金。上缴财政返还,支持投资项目技术研发。

(二)税收优惠涉及面广

进出口优惠,鼓励进口高新技术设备。西安阎良对航空企业进口所需的相关设备给予免征关税。

企业所得税优惠,鼓励航空及相关高技术企业发展。西安阎良对进入基地的其主业收入超过 70％的航空及相关高技术企业,减按 15％的税率征收企业所得税。上海允许航空企业按当年实际发生的技术开发费用的 150％抵扣当年应纳税所得额。

营业税优惠。西安阎良对航空企业从事技术转让、技术开发业务及与之相关的技术咨询、技术服务取得收入的企业和个人,经批准后免征营业税。

(三)投融资渠道日益多元化

政府引导投资方向,创造良好的投融资环境。西安阎良鼓励民营企业设立和参与风险投资基金或公司,风险投资基金或公司参与航空产业项目投资所取得的收益,享受航空企业的有关优惠政策。

改善融资环境,拓展融资渠道。西安阎良优先支持符合条件的航空企业上市,公开发行股票,包括主板市场和第二交易系统发行股票直接融资,支持航空企业发行企业债券。上海将已向国家承诺筹措的 100 亿元航空产业发展基金,聚焦民用航空制造业重大项目。降低企业融资成本,减轻企业融资负担。

(四)重视高端人才引进

我国航空产业人才稀缺,各地竞争十分激烈。各地从人才引进、激励到培训都出台了相应的鼓励政策。不过这些政策比较注重对高层次人才的吸引,对于同样重要的高级技工等专业人才缺乏具体的扶持政策。

(原载《经信参阅》2015 年第 10 期)

关于杭州市拱墅区打造移动互联小镇的
若干建议

当前,新一轮信息技术创新应用风起云涌,新兴产业快速发展,助推产业转型升级。移动互联网是移动通信和互联网融合形成的新兴产业形态,发展潜力大,联动效应明显。目前,以移动互联为基础的新一代互联网被列入战略性新兴产业,已成为社会各界争抢产业资源和产业话语权的新的战略目标。拱墅区委、区政府按照浙江省政府《关于加快特色小镇规划建设的指导意见》和杭州市委、市政府关于大力发展信息经济的要求,结合祥符街道产业项目发展现状,计划在辖区打造移动互联小镇,集聚以移动互联为主导的信息经济产业,提升产城融合水平,促进城市经济提质增效。

一、移动互联小镇建设背景和优势

首先,信息技术催热移动互联产业。当前,世界经济发展格局深刻调整,新一轮科技革命和产业变革正在孕育兴起,全球正进入空前的创新密集与产业变革时代,信息经济开始崛起。移动互联网作为移动和互联网融合的产物,继承了移动随时、随地、随身和互联网分享、开放、互动的优势,将成为继宽带技术后互联网发展的又一个推动力,为信息经济和互联网的发展提供一个新的平台。在战略选择上,我国已经明确将"互联网＋"作为"新常态"下引领中国经济走上创新发展的重要途径,浙江省也审时度势,高度重视以互联网为核心的信息经济发展,出台全国省、市、自治区第一个信息经济发展规划,杭州市把信息经济作为"一号工程"。拱墅区致力于加速移动互联产业发展,引进了一批信息经济领军企业,培育了一批信息经济特色园区,推进了一批移动互联网应用重点项目建设,努力打造杭州信息经济发展的新高地。

其次,区位产业优势凸显发展潜力。移动互联小镇所在祥符街道区域位于杭州市产业发展优势区块,在杭州市区形成了一个以 5 公里为半径的区位优势圈。作为杭州老工业基地,传统制造业、流通业基础扎实;作为古运河的重要节点,文化底蕴深厚;同时,区块内生态旅游资源十分丰富,是典型的产业、文化、生态三位一体空间布局。作为老城区改造,大量的存量经济资源已经被整理和集聚起来,具有较强的开发潜力、承载能力和容纳空间。区块内众多城市综合体,公共文化配套设施、人才公寓及公租房也将陆续完成建设;移动互联网对于传统产业的"凤凰涅槃"式改造,可以在整个区块内得到充分体现。

最后,移动互联网发展基因强大。该区块地域位置处于西湖、西溪和运河三大景点的交汇处,历史文化沉淀深厚。该区块毗邻杭州高新技术发源地西斗门,全面接受西斗门创业创新氛围的全面辐射。据初步调查统计,在杭州从事移动互联产业的大批专业人才,半数仍然生活在以西斗门为圆心的方圆 3 公里范围内。浙江大学相当一部分毕业生、实习生租住在这个区块,形成了大体量的 SOHO,通过这种分散的 SOHO,为城西未来科技城、梦想小镇提供了众多的天使公司。该区块西边,与浙大紫金众创小镇相距 5 公里,两个"小镇"通过运河相连,事实上已成为城西创新大走廊的重要组成部分。

二、移动互联小镇总体思路和战略定位

(一)建设思路

区块将以打造浙江省级特色小镇为目标,充分发挥区域产业、空间和配套等优势,坚持创业生态与自然生态、文化生态和谐互动,注重"产、城、人、景"统筹,紧紧抓住互联网产业发展机遇,抢先布局,合理规划,通过集聚以移动互联主导的信息经济产业,建设一批产业、文化和旅游功能叠加的特色产业园和配套设施,构建信息经济引领、智慧制造支撑、生产性服务业融合的移动互联网产业发展体系,将移动互联小镇打造成为信息经济资源集聚、移动互联网产业特色鲜明、浙江一流、全国领先的产城融合试验区。

(二)战略定位

1. 全国顶级移动空间新业态孵化加速中心

未来的汽车,就是一个移动的空间。该区块依托杭州汽车城的市场拉力,致力于培育发展移动空间、移动互联网新业态,引进高新技术企业促进科技成果转化和提高企业自主创新能力,打造核心信息技术集成应用和展示中心、国际领先技术研发孵化基地,成为全国顶级的移动空间新业态孵化中心。

2. 浙江省手机游戏产业发展重要基地

重点发展手机游戏、视频游戏等数字游戏产业,通过打造"网络游戏众创空间"、"手机游戏设计创客文化节"等平台,集聚手机游戏产业信息咨询、应用推介等服务,打造一批手游产业标杆企业,成为浙江省最领先的手机游戏设计创新中心、以手机游戏为主题的众创小镇。

3. 杭州移动网络文化产业发展的重要示范

重点发展基于移动客户端的文化传媒大数据,依托杭州文化商城,将"互联网+"、大数据和文化产业密切结合起来,通过文化产业和移动互联网的深度融合,培育和发展"互联网+文化"新业态,打造移动数字阅读基地,成为主题突出、特色鲜明、功能完善的移动网络文化产业集聚区。

4. 全国领先的智慧应用示范小镇

通过 5G 智能无人公交试点、移动社区平台搭建和移动交易数据中心建设等推进移动互联网技术在小镇各个领域的广泛应用,并以南宋御花园为蓝本,通过贯通小镇水系打造城西生态公园,将小镇南宋文化元素与移动互联网主题元素深度融合,最终将其打造成为以移动互联产业引领经济发展,智慧应用水平领先全国,具有浓郁南宋文化底蕴的特色小镇。

三、移动互联小镇特色产业和空间布局

依托地处城市核心区的区位优势,充分发挥产业、空间和配套等优势,重点聚焦发展移动智慧交通、移动医疗健康、移动智能制造、移动网络文化等四大移动互联网产业,在空间布局上形成"一镇四园两区",促进产业、人才、景观共生交融,推进产业转型升级和集聚创新发展。

(一)特色产业

1. 聚焦移动智慧交通产业

银江科技是国家"十三五"智慧交通重大科技项目的主要承担企业,作为该区块内的重点企业,要充分发挥银江科技股份公司在智慧城市产业中的龙头带动作用,围绕智慧交通产业链引进一批云计算、大数据、物联网、移动互联网等新一代信

息技术产业企业,逐步形成以银江股份等智慧城市产业龙头企业为核心,上下游企业集聚的智慧交通产业集群,打造智慧城市产业生态圈。依托银江科技股份公司搭建移动智慧交通数据中心,从城市交通监测、建模、仿真等角度,分析采集道路交通的运输数据,汇聚形成移动智慧交通大数据库。

2. 发展移动医疗健康产业

以复地北城中心为核心,积极引进开展预约诊疗、候诊提醒、药品配送等应用的服务类企业。鼓励区内软件企业开发掌上医院、送药 O2O 等 APP 应用,以提供快速便捷的健康服务。鼓励信息产业企业与区内生物医药企业联合开发可穿戴健康设备、智能血压仪器、智能健身设备、GPS 定位仪器等新兴移动医疗健康设备,从软硬件两方面加快移动医疗健康产业发展。

3. 扶持移动智能制造产业

充分利用中亚机械的科技研发优势,大力推广和应用"机器换人"、嵌入式软件、3D 打印等新产业、新技术,打造"智能工厂"样板基地,并逐步形成从智能包装设备到工业机器人,从硬件、软件到信息技术集成服务的智能制造产业链。重点发展工业控制、智能传感等智能制造基础部件,推广具有感知、决策、执行功能的各类智能制造成套装备和智能产品。重点研发制造业核心软件和基础设计平台,以应用需求为导向,实现系统集成企业、本体及零部件制造企业、装备制造企业协同发展的产业格局。

4. 壮大移动网络文化产业

将传统文化产业和信息产业发展有机融合,引进拥有基于互联网和移动互联网的数字游戏、数字动漫、网络视听、社交网络、数字出版等产业链的企业,大力发展网络文化产业。结合时代电子市场、文化商城等,重点培育数字出版、数字阅读、数字影视、数字音乐等数字内容的产业,建立手机数字阅读基地,推进电子市场和文化商城的移动化;推动区域内文化商城的传统出版业向网络化升级,围绕出版业

上下游环节,形成创意设计、出版、发行、运营、技术支持、衍生产品等融合发展的
"大出版"产业发展格局。

(二)空间布局

1. 移动智慧交通产业园

主要位于余杭塘路与丰潭路交汇处,用地面积 274 亩,建筑面积 26 万平方米,总投资 25.25 亿元,将建设成为智慧城市产业发展的重要示范园区。通过特有的"产业＋资本＋众创空间"的运营模式,打造智慧城市产业生态圈。

2. 移动智能制造产业园

主要位于杭州中亚机械股份有限公司所在区域,用地面积 106 亩,建筑面积 30 万平方米,总投资 24 亿元,将建设成为浙江高端企业集聚、产业链条健全、服务功能完善的移动智能制造产业集聚地,成为全省领先的智能制造应用示范基地。

3. 移动网络文化产业园

主要位于萍水街与丰潭路交汇一带,用地面积 215 亩,建筑面积约 46 万平方米,总投资 35 亿元,园区将集聚一批手机游戏、网络社交、数字阅读、网络视听、数字出版等领域的优势企业,打造完善的移动网络文化产业体系。

4. 移动医疗健康产业园

位于石祥路以南的蓝孔雀板块,用地面积 121 亩,建筑面积 31 万平方米,总投资 30 亿元。项目依托复地·北城中心的复星浙商新青年创新基地,结合"大众创业、万众创新"的背景,打造大健康产业众创空间。园区将集聚一批以移动医疗和处方药电商为代表的企业,大力发展基于互联网应用的大健康产业,打造成为移动健康产业发展重要示范基地。

5. 移动购物 O2O 体验区

依托城西银泰城等商业综合体,投入无线 WiFi 建设,全面安装卖场 AP(无线

访问接入点)分布、AC 设备(无线控制器)等,实现无线网络全面覆盖,为顾客提供卖场免费无线上网服务。以移动互联网为载体,引入阿里喵街等一站式休闲购物服务应用平台,通过网站、微信公共号、APP 等移动终端打造省内独具特色的移动休闲购物体验中心。

6. 智慧休闲旅游体验区

依托城西生态公园,基于 WEB 的 3DGIS 技术打造智慧旅游体验中心,全面展现"南宋御花园"美丽风光和历史文化风俗,使游客在高清晰度的实景三维环境中,全面体验风光美景。建立时空旅行舱,借助虚拟技术在旅行舱内实现不同时间、不同地域的旅行,为游客提供任意定制的个性化虚拟旅游服务。

四、移动互联小镇建设的主要任务

推进移动互联小镇建设,以构建产业优势突出、示范效应明显、功能集成完善的特色小镇为导向,积极推进三个"三"建设任务,即打造"三互"信息基础设施,建立"三众"平台载体,构筑"三生"融合小镇空间。

(一)夯实基础,打造"三互"信息经济基础设施

1. 移动互联:推进宽带无线网络建设

加快推进宽带网络升级改造,提升网络容量和智能调度能力。推进光纤入户,实现城市住宅光纤全覆盖。优化互联网网络架构和空间布局,增强宽带网络基础设施的支撑能力,加速 IPv6 技术商用步伐,率先建设第五代移动通信技术(5G)商用试验网,逐步向下一代互联网过渡。加速推进无线城市建设,以 PPP 方式在全镇范围内部署免费 WiFi。

2. 感知互通：构建基础设施物联网络

加大物联网技术在公共基础设施领域的应用力度，在城市公共基础设施中，对城市部件广泛部署自动感知终端，并接入互联网，形成遍布全镇的基础设施物联网络，打造宽带、泛在、智能、安全的信息经济基础设施。

3. 信息互享：建立数据开放共享平台

构建政府与公共部门信息资源共享交换平台，加强对政府与公共数据信息的收集、加工、存储过程管理。加强对小镇内移动智慧交通、移动二手车交易和移动电子产品交易等三大行业性大数据中心的资源数据的采集、规范、整理、挖掘和运用，推进城市交通、汽车行业和电子产品等资源大数据库建设，培育信息资源交易市场，实现数据的深度开发、广泛共享和综合利用。

(二) 提升服务，加快建立"三众"平台载体支撑

1. 众创空间：打造一批创客创新梦工场

面向智慧城市产业、手机游戏设计、工业机器人产业等，打造一批低成本、便利化、全要素、开放式的"众创空间"，建成杭州地区规模最大、孵化能力和服务水平全国一流的创新创业载体群落，形成"创业苗圃＋孵化器＋加速器"梯级孵化体系。推进一批创客车间、众设平台、众创茶吧、创新孵化器等建设，定期举办创客沙龙、创业创新项目路演等主题活动。

2. 众智机构：建立互联网研究培训机构

成立智慧城市研究院，致力于推进智慧城市领域的新技术研发和新应用推广。成立移动互联网研究院，重点针对移动互联网、物联网、云计算和大数据等几个新兴领域开展创新研究，为移动互联网领域的研究者打造学术交流平台，为实践者提供专业指导和建议。整合杭州的高校和科研机构资源，建立移动互联网商学院，开展互联网领域的专业培训和人才培养。

3. 众筹平台:搭建互联网众筹融资平台

整合多方资源,面向小镇内的创业创新项目,搭建创业众筹融资平台,为有梦想、有创意、有项目的创业者提供募资、投资、孵化、运营一站式综合众筹服务。联合小镇内行业领军企业,如银江科技、天鸽科技、中亚机械等,发起设立智慧城市产业基金、手游产业基金和智能制造产业基金等,用于支持产业转型升级,培育扶持中小微企业发展壮大。发起成立创业创新投资基金,主要用于支持创新创业教育和创新创业孵化。

(三)融合共生,打造移动互联小镇"三生"空间

1. 低碳生产,树立城镇绿色发展新样板

转变传统制造业发展模式,大力推广新能源使用和信息技术应用,促进企业生产低碳化转型和智能化改造。强化技术反哺生产的意识,优先发展物联网、云计算、大数据等低消耗、高效率的信息经济产业,聚焦产业研发设计,构建信息技术集聚、示范、应用的新高地,促进小镇产业结构低碳化,着力打造绿色生态、可持续发展的现代产业体系。

2. 信息惠民,构筑小镇移动社区新生活

充分发挥移动互联网的高效、便捷优势,加快发展基于移动互联网的医疗、健康、养老、教育、旅游、社会保障等新兴服务,构建面向公众的一体化、智能化、移动化在线公共服务体系,通过移动互联新技术打造小镇移动社区新生活。打造移动智慧交通服务平台,在为政府部门提供管理全息视图的同时,向广大市民提供综合化交通信息服务。

3. 美化生态,打造宜居宜业宜游新景区

以移动互联小镇所辖区域为重点,以优良生态为保障,以互联网文化为元素,以宜居、宜游、宜业为目标,从配套设施、景观资源、文化挖掘、建筑设计等方面着

手,高起点打造凸显"移动互联"三题的城镇景区。在丰潭路、石祥路路口东南侧打造独具特色的"运河御花园"移动互联主题生态公园,充分利用余杭塘河沿河景观资源,打造"官塘慢人家"生命全线主题体验河岸,通过信息化手段全面展示祥符与佘杭塘河有关的乡土记忆与民俗文化。

五、移动互联小镇建设的若干建议

拱墅区移动互联小镇具备了良好的产业基础、科学的空间布局和明确的发展目标,下一步应主动而为,建立强有力的政府工作机制,确保将移动互联小镇打造成为省级特色示范小镇。

第一,规划引领,统筹推进建设工作。全面布局移动互联产业发展,树立典型示范,引领全市信息经济发展。进一步做好小镇内其他规划,要结合小镇的产业定位和功能定位,及早编制方案。组建移动互联小镇建设管委会,负责推进小镇建设工作,形成政府引导、企业主体、市场化运作的机制。加强对小镇建设工作的指导和督促检查,探索实施目标责任考核机制。

第二,完善政策,创新产业扶持体系。鼓励、引导、优化对小镇重点工程项目的投资,加大对移动互联小镇建设的扶持力度。成立政府母基金,同时设立或吸引社会资本共同参与设立产业投资基金,引导社会资本向互联网、物联网、云计算、大数据、电子商务等新兴服务产业倾斜,重点投向信息经济重点项目、优势企业、产业基地以及公共服务平台建设。

第三,加快招引,夯实产业要素支撑。制定出台鼓励创业创新的优惠政策,不断提升优化提升创业创新环境。采取团队整体引进、领军人才带动引进、高新技术项目开发引进等方式,吸引海内外高端专业人才留在拱墅。由政府部门牵头,成立移动互联产业协会,邀请腾讯、百度、赛迪研究院、浙大紫金小镇、银江科技、天鸽科技等优秀企业参加,联合省、市相关部门定期或不定期举办产业研讨和有档次的论坛。

第四,完善配套,促进小镇宣传推广。高标准规划,高起点定位,高起点打造凸显互联网文化的特色小城镇。全面改善城镇硬环境,提升镇容镇貌,打造清洁、美好的城镇环境形象。通过举办创客文化节、移动互联知识宣传周、特色小镇研讨会、互联网技术讲座等活动,在全区各个层次、各个领域广泛推广小镇的特色和主题内容,全面提高公众对互联网经济的认知水平,形成全社会普遍认同和积极参与小镇建设的良好氛围。

（原载《经信参阅》2015 年第 11 期）

在创新中转型　在传承中发展

在 G20 新闻发布会上，习总书记说，杭州是"历史文化名城、创新活力之都"，这是新时期对杭州这所城市最好的注解。也许说起历史文化名城，杭州从未离开过人们在视线，但是作为创新活力之都，也许世人并不十分服气。在中国区域经济版图上，中国经济的第一个 30 年，似乎深圳更给人们以创新代表城市的印象。然而，进入新世纪以来，特别是经济新常态以来，杭州经济开启了一种新的模式。"十二五"期间，浙江省被国家确定为全国唯一一个"两化融合"试点省，作为省会城市，杭州如何成为这种试点的发动机。抓住从 ET 到 IT、DT 的技术变革路径，形成新经济的范式，是 2008 年金融危机以来，杭州经济发展战略上，力争破题的重大战略决策。

在 2014 年度第一次中央网信工作领导小组会议上，习近平总书记指出，没有信息化就没有现代化，大力发展信息经济是新常态背景下，经济转型升级发展的重要路径选择。对于杭州这样的文化积淀深厚、自然环境优美的城市，发展以信息经济为主要形态的产业路径，成为转型升级的第一战略。诺奖获得者斯蒂格利茨曾讲过："在 21 世纪初期，影响世界最大的有两件事，一是新技术革命，二是中国的城

321

市化。"杭州抓住第三次工业革命机会最有效的做法,是运用信息技术,大力改造提升传统产业。一批传统制造企业如万向集团、娃哈哈集团、西子联合等,纷纷向现代制造企业转型升级,成为了"中国制造 2025"的标杆企业。智慧的经济化,成为"互联网＋"经济发展最好的产业基地和城市样本。大数据、云计算、物联网、移动互联网产业迅速发展,成为了新兴产业发展的样板。阿里巴巴、海康威视、华三股份等公司,成为行业的领导者,展示了中国这些领域的风景。

如果说基于传统产业和新兴产业的转型升级,杭州实现了经济内容上脱胎换骨,那么在城市空间上,从杭西湖时代走向钱塘江时代、从老杭州时代开始走向都市经济圈时代则是杭州的另外一道亮丽的风景。在"城市化"中,改变城市形象。杭州的经济框架,已经开始有了从传统的省会城市向都市经济、从有形空间向无形(网络)空间的质的转变。在这种转型与转变中,应注重文化的传承和人文的关怀,以最大限度地实现杭州经济社会的包容性发展。新时期呈现出的"孔雀东南飞"令杭州成为了吸引人才的"制度洼地",有力地支撑了这种"经济高地"。杭州国家自主创新示范区正式获批,是杭州创新驱动发展的一个里程碑。

在杭州的河坊街,有一个著名的商人,叫胡雪岩,他是那一个时代的商业领袖,"顺势而为"是他之所以成功的重要法宝。如果说这是杭州过去留给世人的宝贵精神财富,那么今天的杭州,之所以能够实现逆势发展,关键在于把握经济新常态下的"势",在"店小二"式的服务中,体现"大掌柜"的风采,在"顺势"中,体现"有为"、"善为"。在中国经济百年崛起的第二个 30 年,杭州正努力成为省会城市创新发展的新标杆。

正是在这种创新与传承中,杭州迎来了 G20,这是杭州从浙江的杭州、中国的杭州,到世界的杭州的千年等一回的机会,期待杭州能够有更精彩的表现。

(2016 年 4 月 8 日)

"一二三四"

——关于宁波"十三五"发展的思考

"十二五"期间,宁波全面落实浙江省委"八八战略"和市委"六个加快"战略,稳增长、促改革、调结构、惠民生、防风险等工作成效明显,但是新型工业化发展、新型城市化建设任务依然任重道远,引领副省级城市经济发展压力巨大。建议在"十三五"期间重点考虑"一种体制、两地联动、三个发展、四地关系"四个重大问题,全面深化经济体制改革、全面推进宁波—舟山一体化、全面抓好大产业、全面处理好台沪港杭四地关系,为宁波营造更优的市场环境、城市环境、产业环境与投资环境,加快将宁波打造成为国际创新名城、国际时尚名城、国际航运名城。

一、"一种体制":宁波计划单列要改变

计划单列在计划经济时代发挥了巨大的历史作用。在各级领导和诸多"宁波帮"人士关爱家乡的殷切之情和不懈努力下,1987 年的 2 月 24 日,国务院批复同意宁波实行"计划单列",自此宁波成为计划单列市(全称为"国家社会与经济发展计

划单列市")。在计划经济体制下,国家针对宁波在进行生产、资源分配以及产品消费等各方面的计划安排时,予以单列户头,分配调拨计划指标。宁波可用财力大大增强,取得省一级的经济管理权限、自营进出口权,陆续进入"全国较大的市"行列、成为国家级综合配套改革试点城市、副省级城市,北仑港加速崛起,宁波保税区、大榭开发区也先后成为国家级开发区。宁波经济总量在计划单列市的排名,从争取到计划单列资格之初的末位,上升至2014年的第4位(7602.51亿元),已超过厦门(3273.54亿元),与大连相近(7655.6亿元)。

计划单列在当前阶段与设立初衷日趋偏离。一是改变计划单列市,不会改变副省级城市的地位与行政级别。目前行政级别与管理权限职能捆绑在一起,计划单列市的变化并不改变宁波的管理权限和职能。宁波作为副省级城市,自动成为较大的市,依然拥有"立法权"。二是改变计划单列市,才能更好地解决区域统筹发展问题。设立计划单列市的目的是要解决条块分割、城乡分割,逐步探索出一条以宁波为依托,政治与经济适当分开来发展的路子。但在浙江10万平方公里的弹丸之地上,宁波又形成了与省内其他地区的离心化发展,与以上海为龙头、以杭宁温为依托的长三角南翼经济圈的经济社会统筹发展大局相背。

计划单列在市场经济时代要赋予新的历史作用。一是从深化经济体制改革走向全面深化改革。过去,计划单列市承担着进一步探索沿海开放港口城市经济体制改革路子的责任,当前必须按照全面深化改革领导小组的要求,持续简政放权,深化政府自身改革、企业改革、财税改革、金融改革、城乡改革、科技体制改革、民生改革、生态文明体制改革,毫不动摇地鼓励、支持、引导非公有制经济发展,全面激发"大众创业、万众创新"的发展活力和创造力。二是把深化改革和扩大开放紧密结合起来。更加积极地促进内需和外需平衡、进口和出口平衡、引进外资和对外投资平衡,加快构建开放型经济新体制,以赢得发展的主动、国际竞争的主动,提高贸易便利化水平,打造稳定公平透明可预期的营商环境。

二、"两城联动"：宁波—舟山一体化要有实质性进程

宁波—舟山一体化在港区一体化方面已经迈出实质性步伐。宁波—舟山一体化发展有历史基础、亲缘基础，也有经济发展需要。历史上，宁波、舟山区划多次变迁，1962 年 4 月 23 日，舟山县由宁波专区划出，但在亲缘上、经济发展上仍保持较密切的往来，并在港区一体化方面进展较快。

2006 年，宁波港和舟山港正式合并，并在码头、矿砂矿石、航道整治等领域开展一系列合作项目。2009 年，《宁波—舟山港总体规划》获批，明确宁波—舟山港的 19 个港区划分。2015 年，《宁波—舟山港总体规划（2012—2030 年）》修编完成，将加快海洋经济示范区和舟山群岛新区战略中重点项目的实施，进一步使港区功能定位能够更好地对接长江经济带建设、"一带一路"国家战略。目前，"宁波—舟山港"已成为全国港口名录规范名称，品牌一体化发展效应显现。

宁波—舟山一体化，还要在城市合作、共建共享方面有实质性进程。进一步提升宁波在长三角南翼区域整体联动发展中的开放引领作用，强化中心城市的集聚力、辐射力和带动力，真正构建活力、高效、开放的大都市格局。加强对宁波—舟山一体化发展的领导。宁波、舟山两个城市必须坚持共赢发展、合作发展、统筹发展的意识，在浙江省委、省政府指导下，在共同利益基础上建立新型城市合作关系，在重大项目、重大活动上强化定期交流和协商合作机制。探索建立宁波—舟山一体化共建共享机制，省海港委的设立是这种机制的重要体现。按照《宁波市城市总体规划》、《宁波—舟山港总体规划（2012—2030 年）》等产业布局与分工，强化空间连接，加快环线、轨道交通等一体化交通网络建设，以交通促合作；把改善民生作为宁波—舟山一体化的重要任务，加快推进旅游、公交、医保、邮政、通信等一体化；加强生态环境、食品安全的共同治理；推进宁波—舟山产业共兴，积极引导产业梯度转移与合理布局。

三、"三个发展":宁波产业要在创新发展、融合发展、智慧发展上有高站位、有大手笔

(一)创新发展

要站在制造强国、工业强省建设的高度,在制造业创新发展上有大手笔。制造强国是《中国制造 2025》提出的重大战略目标,是制造业创新发展的重大指引。未来我国将大力推动重点领域突破发展,聚焦新一代信息技术产业、高档数控机床和机器人、航空航天装备、海洋工程装备及高技术船舶、先进轨道交通装备、节能与新能源汽车、电力装备、农机装备、新材料、生物医药及高性能医疗器械十大重点领域。规划还提出在 2020 年形成 15 家左右制造业创新中心,在 2025 年力争形成 40 家左右制造业创新中心,这也是美国奥巴马政府在《先进制造业计划》(2009)、《先进制造业计划 2.0》(2014)中所提出的重振美国制造业的支柱政策之一。作为东方大港的宁波港,是几百年来国家产业振兴发展的核心区域。宁波—舟山要在国际产业大变局、国家产业竞争力提升中强化创新驱动、实现创新引领,必须结合现有优势,专注新材料、节能环保、海洋工程装备及高技术船舶等领域,争创国家级制造业创新中心,激发宁波制造业继续处于创新前沿。通过 5—10 年的努力,使宁波成为《中国制造 2025》的重要标杆区域。

(二)融合发展

要站在海洋强国、港航强省建设的高度,在港产城融合发展上有大手笔。建设海洋强国离不开港口,特别需要国际强港、强市、强产业做支撑。针对中心城区辐

射带动力不强、小城镇建设品位不高的问题,宁波提出构筑"一核两翼、两带三湾"多节点网格化的现代都市格局,"书藏古今"、"港通天下"的特色港口城市形象日渐显现。随着"一带一路"国家战略构想的聚焦实施,以及《长三角发展规划》《长江经济带发展规划纲要》、舟山群岛新区国家战略等多重发展机遇叠加,将宁波—舟山港、产业、城市的融合发展问题推向幕前。因此需要宁波对"港、产、城"之间的关系及发展现状进行深入思考,做好前瞻性谋划,以更好地实现港产城一体化发展。一是在生态底线上,协调好港口、产业、城市开发与生态环境的融合协同,既要彰显人文、旅游、海洋生态文明,也要保障港产城一体化发展生态本底。二是在交通体系上,有机分离疏港与城市交通、城际交通,构筑集约高效的综合运输系统。三是在城市定位上,要以港口建设为引擎,产业项目为支撑,城市和腹地为依托,将宁波打造成为国际创新名城、国际时尚名城、国际航运名城。

(三)智慧发展

要站在网络强国建设的高度,在信息经济智慧发展上有大手笔。2014 年年初,中央成立中央网络安全和信息化领导小组,习近平总书记作出三个重要判断:没有网络安全就没有国家安全,没有信息化就没有现代化,中国要建设网络强国。宁波要建设国际强港、强市、强产业,离不开网络安全的支持,必须在信息经济上出新招,在智慧发展上谋新篇。加快从"数字港航"向"智慧港航"的升级发展,重点推进信息化基础设施建设,加强对船联网、云计算、遥感遥测等技术的一体化应用项目,建成一批行业智能监管、智能决策支持服务应用体系,将现代化国际港口城市建设推向新阶段。以智能制造为主攻方向,加快物联网、云计算、大数据、移动互联网等新一代信息技术与传统产业的深度融合,发展新模式、培育新业态。推进"互联网＋"走进特色产业集群,大力提升纺织服装、家用电器等产业竞争力,再造石化、汽车、船舶等优势产业。以"互联网＋"智慧城市为新起点,以智慧港航物流系统的全面升级为突破口,全面推进面向市民、面向企业的智慧应用系统建设,全面满足住房、教育、医疗、商业、交通、就业、文化、社会保障、供电、供水、供气、防灾减灾等领域的互联网服务需求。

四、"四地关系":宁波要在远交战略中重点处理好四地关系

(一)从"对台湾"到"携台湾"

顺应国家统一的历史大潮流,处理好宁波和台湾地区的关系。2015 年,习总书记就台湾地区问题提出"四个坚定不移"[①],同时也清醒地指出决定两岸走向根本在于大陆发展进步,要求坚定信心、增进互信,携手建设两岸命运共同体。宁波与台湾地区地缘相近、人缘相亲、文化相通、商源相濡,经贸往来密切,民间互动频繁,要进一步加强两地在教育、港航、旅游等领域的合作,全面提升经贸合作层次,探索打造两岸经贸特区建设,努力在落实"四个坚定不移"、"发展进步"、"携手建设两岸命运共同体"上率先示范。台湾地区和宁波有着不可替代的因素,要抓台湾地区当局放宽管制的时机,在项目、技术、平台引进上,实现突破,要借鉴台湾工研院的成功经验,合作打造创新新平台。

(二)从"跟从上海"到"呼应上海"

顺应区域一体化的经济新潮流,下好亲缘地缘的棋,处理好宁波和上海的关系。新一任政府在区域发展谋划"新棋局",连点成带,连贯打通我国东、中、西部,

---

① 第一,坚定不移走和平发展道路,呼吁两岸同胞共同维护两岸关系和平发展成果。第二,坚定不移坚持共同政治基础,表达坚决反对"台独"的决心。第三,坚定不移为两岸同胞谋福祉,表达对台湾地区同胞的善意和诚意。第四,坚定不移携手实现民族复兴,号召两岸同胞牢记历史,共同为实现民族复兴贡献力量。

形成一个巨大的核心增长极——长江经济带。整个棋局中,上海是龙头,上海港与宁波—舟山港是龙口,上海与宁波的关系从长三角经济圈中以上海为中心、"中心—副中心—覆盖地区"的主次跟从关系,转变为长三角经济带中面向长江流域、共建"龙头"长三角城市群的唇齿相依、上下呼应关系。宁波必须从全球战略高度,确立未来 30 年城市发展的愿景目标,建设国际创新名城、国际时尚名城、国际航运名城,推动万众创新、提升城市形象、增强港航能级,在"四个中心"(到 2020 年,将上海建成国际经济中心、国际金融中心、国际航运中心、国际贸易中心)、"新四个中心"(到 2030 年,将上海建成科技创新中心、资源配置中心、财富管理中心、信息交互中心)方面,与上海形成同步呼应。

(三)从"帮宁波"到"投资宁波"

顺应浙商回归创业创新的投资大潮流,架好乡音故土的桥,处理好宁波和香港地区的关系。邓小平同志在改革之初发出的"把全世界的'宁波帮'都动员起来建设宁波"的一声号召,让海外"宁波帮"帮宁波的热情高涨,其中香港"宁波帮"最为积极。在"帮宁波"方面,据不完全统计,改革开放以来,香港"宁波帮"在内地捐资兴办教育、文化、卫生等各类公益事业 4700 多项,总金额达 60 亿元人民币,其中捐资宁波市的近 1800 项,折合人民币 12 亿元。宁波的投资价值日益体现,投资吸引力日益增强,自 2002 年甬港经济合作论坛创办以来,12 届论坛共计签约 213 个合作项目,总投资约 107 亿美元。截至 2014 年 6 月底,已有 6015 家港资企业落户宁波,实际利用港资 184 亿美元,投资范围涵盖电子、机械、化工、食品加工等领域。在经济全球化、贸易全球化、产业全球化的新背景下,双方应从"投资宁波"的高度,谋划和推动国际金融中心、国际港口城市、国际时尚城市领域的深度合作。

(四)从"沿杭州湾"到"跨杭州湾"

顺应都市区(城市群)建设的区域统筹大潮流,抓好山海湾协作的线,处理好宁波和杭州的关系。2007年以来,浙江省委、省政府确定"四圈三带"发展布局,即杭州、宁波、温台、浙中城市四大都市圈,以及环杭州湾、温台沿海、金衢丽高速公路沿线三大产业带,杭州、湖州、嘉兴和绍兴四个城市同属于杭州都市经济圈和环杭州湾产业带,温州、台州同属于温州都市圈、温台沿海产业带和浙江海洋经济发展示范区的南翼。"十三五"时期,宁波要抓好山海湾协作线,加快推进宁波都市圈的融合发展,推进余姚、慈溪、奉化、舟山、象山、宁海同宁波市辖区、宁波—舟山港的一体化,并以此带动更多港口经济协调发展;加快推进"杭州下沙经济开发区—萧山大江东—上虞杭州湾经济开发区"与宁波沿湾工业区、宁波—舟山港的通道建设。推动杭州都市圈与宁波都市圈的共建共享、互惠多赢,规划、引导和实施跨区域重大项目建设,在推进大中小城市和小城镇协调发展方面形成合力。

(原载《经信参阅》2015年第9期)

谁动了你的"奶酪"？

——龙盛、卧龙并购案例分析

改革开放以来,中国开始慢慢地和世界所有国家站在同一维度上,在竞争中合作,在合作中竞争。如何真正实现以创新为主要动力的经济发展方式转变? 实践证明,通过并购可最大限度地、最短时间获得企业的创新元素、提升创新能力,这也是十分宝贵的浙江经验。如果说 2008 年,浙江吉利开创的汽车产业创新资源的全球资源整合,获得巨大的成功,是浙江版"全球并购 1.0",那么进入经济新常态后,民营经济该如何进一步抢夺"奶酪"、提升自主创新能力? 上虞的龙盛与卧龙,是浙江版"全球并购 2.0"。

一、跨境并购,催生全球行业龙头

浙江龙盛集团股份有限公司创始于 1970 年,1992 年开始涉足染料业务,1999年成为全球最大的分散染料生产企业。在夯实国内行业龙头地位后,公司确定了打造世界级纺织用化学品生产和服务商的企业定位。从打破欧美发达国家贸易、技术壁垒,提升民族产业国际竞争力的角度出发,龙盛集团确立了跨出国门发展,与世界先进企业进行合作竞争的"走出去"发展战略。2010年,龙盛集团以2200万欧元并购全球最大的染料、纺织助剂和服务供应商——德司达集团,并一口吞噬了这块大奶酪——获得了其全球的14个生产基地、覆盖50个国家和地区的销售网和7000多家客户,跃升为全球染料行业龙头企业,由全国"单打冠军"成为全球"单打冠军"。

收购德司达后,在战略思维的层面上,龙盛集团将"龙盛"与"德司达"作为两个完全独立运作的品牌,保持了德司达在品牌、技术、企业文化层面的连贯性,实现各自市场价值的最大化,最终取得"1+1大于2"的效果。在战术选择的层面上,龙盛集团主要做了以下几方面的工作:一是业务重组。将德司达总部从德国迁往新加坡,顺利完成2个德国工厂和1个印尼工厂的关闭和资产处置;停止了比利时、法国、西班牙的营运活动,并将实验室转移到德国和葡萄牙。二是产能重新布局。通过在印尼、印度和国内南京、无锡的新建项目的实施,完成了原德国工厂全部产品产能和部分海外工厂产能的转移,为德司达全球产能和成本的重新架构打下了基础。三是人力资源优化。在妥善解决关闭工厂职工安置问题的基础上,充分发挥薪酬委员会的职能,梳理管理架构、修订人事政策,努力推进本地化进程,完成了员工总数和外派人员数量的缩减,实现了管理成本的持续下降。四是探索深化双方合作。把印尼Gabus项目作为德司达与龙盛生产合作的桥头堡,双方在共同研发、营销渠道共享、财务合作等方面均迈出了实际步伐,逐步探索出一条发挥各自优势实现互补发展的合作道路。经过重组整合,2012年德司达集团彻底脱离破产清算的阴霾,进入了稳定发展的全新阶段。2014年德司达实现销售收入将接近10亿美元,净利润超过1亿美元。

完成并购后,龙盛在全球30多个国家和地区拥有了生产、研发、营销服务网络,在短时间内实现了资本、业务、研发、营销体系的国际化布局。一是研发能力实现质的提升。龙盛实现了与德司达海外研发体系的资源共享,真正建立起从产品设计到工艺优化直至应用解决方案的全产业链研发体系。目前龙盛下属 7 家国家级高新技术企业,拥有行业专利 2000 多项,参与制订国家、行业标准 30 多项,拥有自主知识产权的高新技术产品 100 多个。二是市场国际化步伐加快。德司达遍布全球的销售和服务网络,给公司的国际市场拓展带来了极大的便利。借助德司达遍布全球的国际营销网络,有助于公司进行现有业务包括染料、中间体、减水剂等产品的海外拓展,公司化工业务的国际市场空间将进一步打开,为龙盛角逐全球市场提供了坚实的网络支持。三是全球化融资流通平台建立。全球化的经营活动,使龙盛在国际国内金融资本市场树立了良好的信誉口碑,逐步建立起全球化的融资流通平台。2014 年公司成功组织银团贷款 3 亿美金,成本接近央企,并成功注册了 40 亿超短期融资券,目前银行间债券市场注册规模 90 亿元,2014 年公司平均资金成本 3.8%。四是经营大数据助推运营效益升级。染料业务充分利用龙盛和德司达遍布全球的生产、营销、采购网络,依托产业链建立市场数据链,发挥产业的大数据效应。通过对全球染料市场的产销信息和数据的分析,统筹谋划业务运营,并迅速在生产、销售和采购环节付诸有效行动,确保了运营效益的最大化。

二、产业链整合,打造行业全产业链

卧龙控股集团有限公司创立于 1984 年,几十年来聚焦电机主业,持续贯彻外延扩张,立足打造世界一流的电机系统集成商。从 2002 年卧龙成功收购绍兴灯塔蓄电池和湖北电机总厂开始,卧龙坚持"买得起、管得住、经营好"的并购理念,先后实施了并购银川变压器厂、奥地利 ATB 集团、美的淮安清江电机、山东章丘海尔电机、意大利 SIR 机器人公司、南阳防爆电机集团等近 20 项项目。通过并购迅速形成电机与控制系统、输变电和电源电池三大制造业产业主体,十余年间产业规模和盈利水平均增长了几十倍。

2011年10月,卧龙以1.02亿欧元,成功并购欧洲三大电机制造商之一的奥地利ATB电机集团,昂首挺进世界高端制造领域,优化资源配置,实现国际化发展的历史性跨越。卧龙克服了东西方文化的巨大差异,完成ATB集团的法人治理结构、母子公司管控模式和主要管理制度流程的改造重构,整合了全球市场资源,强化了全球电机资源的协同。成功并购ATB集团,使得卧龙制造业的整体水平提高至少10年以上,站上了与欧洲制造业同步发展的产业平台。

2013年10月,卧龙并购美的清江电机,成立卧龙电气淮安清江电机有限公司,丰富了卧龙的电机产品线。2014年底,卧龙成功并购意大利SIR机器人公司,使得卧龙在电机控制系统应用领域获得了进军全球市场的桥头堡。2015年3月,卧龙成功并购全国最大的防爆电机研发制造基地——南阳防爆集团股份有限公司。南阳防爆集团主要生产各类高低压防爆电机,产品主要应用于石油、煤炭、化工、冶金、电力、军工核能等国计民生的重要领域,是中国电机行业中最主要的几个大型电机制造企业之一。卧龙成功并购南阳防爆集团,不仅实现强强联手,同时也使卧龙成为中国电机行业遥遥领先的龙头企业。南阳防爆电机也成为卧龙承接ATB集团专用大型高压电机、防爆电机产品先进制造技术、工艺、产品和市场的最恰当的产业协同平台。

ATB电机、南阳防爆电机、清江电机组成的高压、高效、防爆等特种大型项目电机产品线,形成了高中低合理搭配,主要配套市场全面覆盖,适应不同用户要求的产品技术和市场格局;章丘电机对卧龙的家用电机产品线形成关键性的补充,一举改变卧龙目前以空调电机为主的单一产品线格局,形成空调、冰箱、洗衣机及其他家用电器配套的全家电产品线结构,成为中国家用电机产品的主要制造商。目前,卧龙已经形成家用电机、工业电机、大型项目电机和电机驱动控制四大产品线展开全球协同的良好局面。

卧龙依靠敏锐的嗅觉动别人家的"奶酪"，使自己实现跨越式的发展，在企业生态链中站在了顶端。"物竞天择'的自然法则在经济生态圈同样适用，竞争是企业的天性，"奶酪"互夺是企业的生存法则。在全球经济加速变化的时代，谁动谁的"奶酪"？善猎者食之。

（2015 年 12 月 9 日）

太湖之滨，飘来红妆"女儿香"

在"浪漫之都"法国，一个被花朵簇拥着的"世界香水之都"格拉斯小镇让世人为之陶醉。这里面朝大海，一年四季都吹拂着潮湿温暖的地中海海风，沐浴着充足而明媚的阳光，成为孕育出鲜花生长的乐土和芬芳的源泉。如今，在距离格拉斯两万多公里外的浙江湖州，一个在青山绿水中孕育出的中国美妆小镇，同样表现出令人着迷的美丽。

一、集聚优势，孕育美丽发展战略

"今天，我们带着一个梦想来到巴黎，一个中国化妆品产业的梦想：我们将在中国湖州建设一个全新的、世界级的中国化妆品产业集聚地，来全面提升中国化妆品产业发展水平，造福中外消费者，并为全世界有梦想的化妆品企业提供一个创业平台。"2015 年 10 月 15 日，法国巴黎卢浮宫，中国美妆小镇的全球首次新闻发布会上，中国化妆品产业领军人、珀莱雅化妆品股份有限公司董事长侯军呈以这样的开场白描绘他的"中国化妆品产业梦想"。

对于建造美妆小镇，侯军呈有着别样的情怀。如今年过半百的他，亲自挂帅中国美妆小镇管委会总顾问，全身心投入到项目建设中来，马不停蹄地奔走在世界各地考察、招商的路上，已经近一年没有回过上海的家了。

"美妆小镇将重点引进以化妆品生产为主导的全产业链项目，打造美妆时尚的'复合型小镇'。"在湖州市吴兴区委常委、宣传部长茅利荣看来，建设中的美妆小镇不仅包含设计、研发、生产包装等化妆品制造的各个分阶段产业，还会集化妆品及香精香料天然原料植物园、香精香料博物馆、大师创意工作坊于一体，让消费者拥有更多的参与体验。

"化妆品产业是 21 世纪朝阳产业，具有产出率高、产品附加值高等特征。"中国美妆小镇管委会副主任胡建明表示，建设美妆小镇的初衷，就是想让这一产业与文化、潮流紧密结合，围绕浙江全省七大万亿产业之一的时尚产业定位，重新定义美妆产业发展方向。美妆小镇在未来建设中，将在劳动力、资本、创新、政府四条主线上推进供给侧结构性改革，促进产业迈向中高端。

从 2014 年 4 月开始谋划，6 月正式动工，如今的美妆小镇已现雏形。在这个总规划面积 10 平方公里、投资 105 亿元打造的美妆产业集聚地上，一座全球品种最丰富的香精香料植物园正逐渐成形，一座全球最大的化妆品博物馆也在规划建设之中，美妆小镇真正将历史文化底蕴与良好自然生态合二为一，融为一体。

"行遍江南清丽地，人生只合住湖州。"沿着风光旖旎的南太湖，记者邂逅了正在建设之中的美妆小镇，她背依青山，前临碧水，在景色清妍的湖光山色之间，升腾起中国美妆产业聚变的能量。

二、重塑一域制造美丽全产业链

在湖州埭溪镇中国美妆小镇韩佛化妆品项目工地现场，一辆辆工程车井然有序地来来往往。"此前,我们也考察了中国的许多城市,但最终决定在中国美妆小镇兴建工厂,我们看中的是这里对化妆品产业发展的全新定位。"韩佛化妆品株式会社中国区负责人金南日如是说。

这片韩国企业入驻的地方,曾经是连片的低丘缓坡和一座座废弃的矿山。靠山吃山的埭溪人通过低丘缓坡改造,为科学发展腾出了空间。这次,他们要将这"最美的产业"引入青山绿水间,建设成一个错落有致、依山傍水的花园式工业园区。

走进位于埭溪的珀莱雅化妆品股份有限公司湖州生产总部,车间里正在加紧生产最新批次的化妆品。产自德国的乳化设备和瑞士产的纳米级高压均质机,被世界化妆品生产同行誉为"神器",一批国际一流日化巨头都在使用。"你们的生产要求已经超过了许多国际一线品牌。"德国化妆品生产设备制造商唯客乐公司(Weckerle)董事长,在调研过珀莱雅生产基地后连连竖起大拇指。

通过珀莱雅、欧诗漫等化妆品龙头企业的引领,湖州市已形成了较为完整的化妆品产业链。在化妆品生产上,将研发、生产护肤产品、彩妆产品、香水产品及其他配套产品。在产品展销上,将发展会展业和休闲旅游,计划建设世界最大的化妆品主题博物馆等,依托小镇内香料植物园等景点打造"吴兴美妆小镇一日游"。同时,还将产业链延伸到"互联网+",发展化妆品电子商务。

三、政企携手,美丽产业商机无限

2015年10月,茅利荣带队在巴黎举办中国美妆小镇全球首次新闻发布会。在接受采访时,茅利荣说起这段参展经历还是兴致高昂:"真没想到,国外的品牌对于进入中国市场那么感兴趣。他们太想找到这样一个平台了。"

会后,国外多家化妆品品牌企业纷纷表现出了对中国市场的极大向往。其中一个法国著名品牌的老总急切地表示,他的企业数年前就想布局长三角地区,但一直碍于没有合适的途径,看到美妆小镇之后,终于找到了这个机会。

这也是小镇第一次走出国门,亮相国际。自此,一个进入中国市场的大门向世界展开,中国美妆小镇用全新的平台理念向世界发出了合作共赢的信号。

第一个漂洋过海、扎根落户的"远客"就是来自于韩国的第三大化妆品企业——韩佛。

"OK! OK!"接连的几个"OK"成为韩佛代表考察美妆小镇的最大感受。集聚的企业生态、扎实的产业基础以及优势化的市场交通让韩佛决定"落户"美妆小镇。而这一举动也拉开了小镇的外资合作大幕。

目前,中国美妆小镇已成功签约韩佛化妆品、衍宇包材、上美化妆品(韩束)、科技孵化中心、优图碧化妆品、合盛包装等多家实体企业。此外,德国唯客乐、法国欧华溢鸿、浙江美之源等国内外知名企业,中法商务合作协会等单位也先后派专人来小镇考察。

"我们要再一次刷新'埭溪速度',让美妆小镇以最快的速度热闹起来。"为加快打造中国美妆小镇,吴兴区采取"公司＋基金＋政府"的运作模式,以产业为主导,以资本为助力,结合互联网要素,"产融结合"地打造化妆品产业集聚区。小镇里就有一家望舒资本,已经设立了中国首支化妆品产业基金。

画卷已经展开——畅想未来,漫步在人文气息浓厚、生态环境优美的中国美妆小镇,世界各地的游客慕名而来,探访多样的美妆文化。这里鲜花漫山遍野,香气袭人,一座座现代化、颇具时尚感的建筑环绕四周,与青山绿水相映成辉,中国美妆小镇终将深刻改变我们的生活。

四、美妆小镇的一次"奇袭"

说起化妆品产业,在国人的眼里,真正有品牌竞争力的国产化妆品并不多。30

多年的改革开放,原有的民族品牌,几乎全军覆没,比如在杭州,又有几人现在还能够记得"孔凤春"?现在能够在市场中体现较好顾客忠诚度的基本上是国外品牌,尤其是中高档化妆品。在国内上规模、上档次的大型商场、购物中心,琳琅满目的化妆品柜台前,往往是人头攒动,这已经是一个司空见惯的现象。据行业统计,日化行业,是国内近几年发展最快的行业,整个美妆行业,规模已达千亿级产业。随着中国进入中等发达国家行列,老百姓对品质生活要求的不断提升,中国巨大的美妆市场,已经成为十分稀缺的资源。

如何满足老百姓不断增长的对类似美妆产业发展的要求?湖州市吴兴区的中国美妆小镇,通过"产业、文化、旅游"三位一体的举措,创新了"生产、生活、生态"。作为特色小镇,中国美妆小镇具有国际化视野的定位、高端化产业的载体、品牌化企业的主体、标准化引领的规则等明显的特点,更值得指出的是,通过地方政府积极引导、龙头企业为主体积极推进、行业相关结构密切配合,形成了政、产、学、研、商的协同创新体系。

(原载《浙江日报》2016年2月29日)

关于浦江建设国际水晶产销中心的若干建议

　　水晶产业作为浦江县传统产业，是浦江县经济的重要支柱产业，在全县财政增收、民众致富、拉动三产发展等方面一直起着举足轻重的作用。经过多年发展，浦江水晶逐步从一个扎堆式的块状经济产业集聚区发展成为一个产业链较为完整、产品系列相对丰富、技术配套基本齐全、拥有较好的自主品牌、较强的创新研发能力的专业型特色产业集群，是全国水晶行业的主要代表区域。

　　然而，由于发展方式粗放，浦江县水晶产业发展遇到了较为严重的瓶颈，如产品档次相对较低、品牌影响力小、可持续发展能力弱等问题明显，技术创新能力低、市场竞争秩序乱，作坊式的生产方式造成了浦江县域严重的水体污染，不但影响了整个水晶产业的发展，也给地方环境带来了巨大的压力。面对水晶产业发展的新趋势，特别是市场对水晶产业高端化、品牌化、个性化、国际化等发展需要，浦江水晶产业加快转型升级发展，突破传统生产方式的路径依赖已经势在必行。从 2015 年 3 月开始，浦江开始了以治水为突破口的一系列活动，已经取得了实实在在的巨大进展，浦江山清了、水绿了、气新了，以改善环境、倒逼产业转型升级为目标的"五水共治"行动，已经取得了明显的成效。

　　为进一步加快浦江水晶产业转型升级、实现创新驱动发展，浙江省委、省政府以"四个全面"为切入口，以水晶产业的转型升级为样本，在浦江开展"四个全面"试点，着力寻求和探索县域经济贯彻"十三五"五大发展理念的新举措，努力为全省产业集群的转型树立榜样和标杆。

　　根据全省"抓改革、促转型、治环境、惠民生"要求，夏宝龙书记对浦江水晶做出"打造全国乃至世界的水晶产销的中心"的重要批示。为进一步贯彻夏书记批示精神，借鉴国内外产业转型升级的成功经验，分析现代产业集群建立产销中心发展的规律，通过前瞻性、指导性和操作性的研究，本文提出如下关于浦江县建设"国际水晶产销中心"的主要目标、路径及下一步工作的有关建议。

一、主要目标

　　根据现代产业集群发展的理论，一个产业要成为"国际产销中心"，一般要具备四个条件：一是产业的规模的集中度要比较高，有规模效益；二是产业品牌的集聚度有代表性，有龙头企业；三是行业的技术水平比较高，能够代表行业的发展方向，有创新能力；四是行业发展形成了较为完善的产业生态，协作配套能力良好，并逐步形成行业持续发展的文化软实力。目前在全球范围，位于法国的巴卡拉（Baccarat）小镇，以优美秀丽的风景资源、优质的水晶产品及完整的水晶产业链、丰富的人文历史成为了水晶产业小镇的发展典范和标杆。而从国家和企业层面，捷克、比利时等国家，拥有一大批世界著名的水晶生产、销售企业，引领了水晶产业的发展，是当今全球水晶的主要产销中心。水晶行业的龙头企业，工业领域如美国康宁公司，民用领域如施华洛世奇，是国际知名水晶厂商，代表了水晶产业的高端品牌。

　　浦江水晶产业目前主要分布于工业和民用领域，如现代灯具、饰品领域等，形成了较好的产、供、销经济生态。近年来,也逐步开始向高端装饰品领域拓展,产业发展的动力机制开始转换,逐步具备向"国际水晶产业"转型升级发展的能力。

培育有国际影响力水晶行业龙头企业、形成水晶产业发展的良好生态、具备水晶产业持续发展的创新能力,是浦江成为国际水晶产销中心的主要目标。

二、主要路径

根据目前浦江水晶产业的基础,结合产业发展的趋势,借鉴国内外水晶产业发展的趋势,努力实现国际化、绿色化、精致化、标准化、数据化和集群化发展的路径,建议着重在以下六个方面,积极推进浦江水晶产业整合提升发展。

(一)国际化

积极加大浦江水晶行业投资环境、市场环境、政策环境的对外宣传力度,引进法国、捷克等国的全球水晶龙头企业到浦江投资建厂,在水晶产业研发设计、工艺改进、渠道供给等领域,实现重点突破,以"增量发展"带动"存量提升",通过招商引资,引进龙头企业,重点解决水晶产业缺乏龙头企业带动的问题。同时,高度关注国内水晶行业龙头企业的发展趋势,采取"一对一"的方式,定向引进如大连尚艺、天通股份等公司,到浦江投资兴业,拓宽浦江水晶产业链条,在县内培育发展水晶产品配件供应企业。

(二)绿色化

大力发展循环经济,推广清洁生产、绿色生产,推进园区生态化建设和循环化改造。健全水晶制造工程中产生的废料、废渣、废水及集聚园区生活垃圾等分类收集和回收体系。鼓励企业研发水晶加工废料废水废渣处理设备,加大对相关产品的政策扶持力度。加大水晶加工废料生产水晶玻璃棒的应用,拓展水晶加工废渣用于生产高标准水泥、轻型砖等产品的研发。配合水晶产业环境整治,开展水晶废水循环利用和水晶固废再利用项目研究,发布治污技术难题,寻求有关专家的技术支持,联合有关企业,向国家、省申报水晶污染治理科技攻关项目,并加快项目的产业化,实现污染物的减量化、再利用、资源化,变废为宝。

(三)精致化

顺应大众创业、万众创新,发扬工匠精神,在县内核心区块建立水晶艺术大师工作室平台,引进书画、设计领域的名家大师入驻。实施名师培育工程,全力推进水晶产业领军人才培养,通过大师工作室带徒授艺、组织专家交流传授技艺、成立水晶工艺大师沙龙、举办水晶工艺技术比武活动等多种形式加快未来名师成长。举办浦江水晶产品时尚设计大赛,通过买断获奖产品设计专利,或委托获奖者专项设计,实现"名家大师"的柔性引进。搭建浦江水晶工艺众创空间,邀请知名大师入驻,并要求县内水晶企业家定期参加空间培训活动,提高水晶业主艺术修养和整体素质,同时强化企业家技术创新、管理理念、营销模式等方面能力的提升。

(四)标准化

编制完善涵盖水晶价格指数体系、水晶产业的景气指数体系以及水晶产业发展指数体系的"浦江·中国水晶产业指数",为政府、行业协会、企业等相关各方提供水晶产品价格的长期信息服务,提高政府对水晶价格的监管能力,避免持续的恶性价格竞争,定期发布全国乃至全球水晶产业和市场发展趋势,促进行业发展合力的形成。加强资源整合,积极与跨国公司、高校、研究机构合作,建立水晶行业标准技术研究中心,建立面向设计开发、生产制造、售后服务全过程的标准化服务体系。完善法律服务体系,创新知识产权保护机制,进一步强化对水晶研发设计知识产权的保护。

（五）数据化

经济的数据化和数据的经济化，是未来经济转型的重要方向。要充分利用浦江水晶产品交易所带来的数据资源，鼓励行业协会、龙头企业、水晶城与阿里巴巴、水晶城线上商城、水晶购以及其他知名大数据企业合作，建立中国水晶大数据中心，通过收集和整合国内外水晶生产、销售、潮流等线上线下数据资源，对水晶参数、新型原料、款式花样、销售途径、消费习惯、消费者体验等海量数据进行深度挖掘，利用大数据技术为企业和行业提供用户需求导向、目标客户群框定、流行趋势预测、精准营销定位等服务。与国内知名云服务提供商合作，搭建"中国（浦江）水晶行业云"，针对水晶企业、国内外知名科研院所和政府部门在水晶产业相关科技服务、协作共享、成果转化、集群评价等方面的需求，提供协同创新、行业资讯、信息资源、智能检索、集群决策支持等云端服务。

（六）集群化

科学规划浦江水晶特色小镇，努力把浦江规划建设成为东方的"巴卡拉"。联合阿里巴巴搭建浦江水晶产业集群，深入推进"水晶制造＋互联网"模式，搭建一套完整的招商、运营、数据平台，通过整合各类要素资源，以集聚、开放、共享的模式加强产业链协作，推动产业集聚、产业升级、产业孵化，为县内企业提供一个开展个性化定制、柔性化生产的产业集群平台。切实发挥水晶玻璃工艺设计研究发展中心、浦江现代水晶玻璃科技研究中心、浙江协力水晶玻璃产业科技创新服务中心等科技创新服务平台作用，加大水晶行业共性技术的研发。邀请捷克 MOSER（摩瑟）、HALAMA（哈拉马）、BOHEMIA（波西米亚）等国际知名水晶企业入驻浦江，打造"中捷国际水晶产业园"，借势打造国际水晶发展的高地，培育水晶产业集群。

三、有关工作建议

为了全面推进水晶产销中心建设,建议积极抓好以下重点工作:

一是制定并实施浦江国际水晶产业发展规划。按照"十三五"规划要求,结合水晶产业行业发展规律,研究并制定浦江国际水晶产销中心发展战略、产业目标、主要路径、政策举措等。

二是积极推进中捷国际水晶产业园建设。抓住习近平总书记访问捷克、中捷经贸活动加速发展的有利时机,以水晶产业为载体,全面开展与捷克的中捷水晶产业国际合作园共建合作活动。创新园区建设和营运方式,引进国内示范园区营运工信部赛迪机构,共同建设营运园区。

三是着力解决浦江水晶产业龙头企业带动乏力的短板。以"借壳"的方式,整合产业基础较好、发展意愿强烈、市场前景广阔的企业,通过兼并重组,加快培育水晶产业龙头企业。通过引入省属国有企业平台,按照产业链整合发展的路径,重构水晶产业生态。

四是积极构建水晶产业发展的信息化平台。按照现代工业的发展方式,规划建设浦江水晶大数据中心、浦江水晶行业云,支撑水晶产业向标准化、数据化发展,邀请浦江籍国家工程院院士担任浦江水晶信息化建设首席专家,支撑浦江水晶产业信息化发展。把浦江水晶大数据中心、浦江水晶行业云列入浙江省重点行业云平台建设。

五是建设水晶产业引导基金。以政府转型升级引导基金为劣后级资金,按照省、县1:1资金配比,通过引入政银合作等方式,构建浦江水晶产业引导基金。并通过面向全社会进行公开招标,以确保基金管理的有效性。水晶产业基金采用滚动发展的模式,把政府引导和市场化运作、近期培育和长期发展有机结合起来,促进水晶产业的持续发展。

六是加强专业人才引进。在浙江省委人才主管部门的指导下,浦江县委县政府组织实施浦江水晶人才培育计划,完善从设计、转化、生产至管理的专业人才培养体系,引进国内外水晶奢侈品行业高端设计、管理、营销人才,形成一支门类齐全、技艺精湛的具备工匠精神的水晶产业人才队伍,为水晶产业的发展提供人才保障。

（原载《浙江政办》2016 年第 35 期）

浙江港口整合实现一体化

——新体制　新机制　新模式

东海之滨,长江南翼,浙江是海洋资源大省,而且位于长江经济带和"一带一路"交汇区域。新常态下,浙江海洋经济发展该如何破题、如何创新,成为浙江省委、省政府高度关注的问题。

一、"海港委"正式获批成立政府职能一体化

2016年2月17日,浙江省政府新闻办举办浙江省海洋港口一体化发展情况新闻发布会,宣布整合全省沿海港口以及有关涉海涉港和平台,组建浙江省海洋港口发展委员会。浙江省海洋港口发展委员会为省政府直属正厅级机构,负责海洋港口经济发展的宏观管理和综合协调,统筹推进全省海洋港口一体化协同化发展。

从"十二五"规划以来,我国一直在尝试着如何寻找到适合海洋经济发展的新体制和新机制,如"海西经济区"、山东省的"蓝黄双动力"、浙江省的海洋经济示范区等。海港委的成立,是一种新的制度尝试,实现了政府管理职能的一体化。在

"一体化"中,"一"即很清楚地把原来分散于各个部门的管理职能整合到统一的平台;"体"即把原来分散的职能融入到同一体制;"化"即将制度创新不断整合、不断改进的过程。所以,海港委的成立是我们面对海洋经济时代,面对蓝色文明时代,面对越来越重要的海权时代非常重要的一种体制创新。在化转过程中,其背后是一种管理权限的转移,利益格局的调整。海港委的成立,表面上是新机构的成立,实际上是政府权力的重新分配,是管理权限的重新设定,是适应我们海洋经济发展需求的重要尝试。

二、海港集团全面整合资源营运平台一体化

伴随着海港委的成立,政府职能关系理顺,那么执行机构是谁?

2015年8月挂牌成立的浙江省海港集团,目前已基本完成了资本注入工作,总资产达900亿元。其资产整合对象不仅仅包括海港,还有义乌陆港。这就是第二个重要的一体化——海港集团。通过浙江海港集团统一的营运平台,例如:一套领导班子,一套运行体制,一套管理机制,让市场对资源起决定作用的配置,用企业化的平台支撑政府职能一体化的实现,对国有资产进行重整、整合和提升,实现人财物统一的管理,等等。可以根据我们整个业务领域的分布,宜深则深,宜浅则浅,宜堆放危险品则堆放危险品,宜堆放一般商品则堆放一般商品。这样就实现了几个企业港口运行功能的清晰管理·避免重复建设,避免多头管理,避免投资浪费现象,避免无效的同质竞争。

三、浙江港口格局成形"一体两翼多联"

把所有的海港统一整合管理,以宁波—舟山港为主体,以浙东南沿海港口和浙

北环杭州湾港口为两翼，联动发展义乌国际陆港和湖州、金华、衢州、丽水等其他内河港口，在"一体化"的推动下，"一体两翼多联"的浙江港口格局将加速形成。

以前，不同的港口之间是重复收费、重复检验、重复补给。整合后，不同港口之间将从门户和门户之间关系，变成门里之间的关系，行程减少、费用降低、方便快捷，这是实实在在的一体化带来的出行便利、降低费用、改善品质的益处。在将来，河港、海港相互之间形成江河海一体化的管理体系，效率会更高，功能发挥更加清晰，运行更加高效，而不仅仅是一种简单的叠加。

（本文据浙江卫视今日评说20160219期录音文字整理而成）

唤醒沉睡的大数据

2015 年圣诞节,全国多个机场中"霾"伏,航班大面积延误。北京、石家庄、济南、青岛等地航班大面积延误,仅首都机场就取消了 226 次航班。那么,飞机延误就真的不可避免吗?

一、大数据未被充分利用,超量价值在"沉睡"

飞机延误,看上去是简单的天气原因和航空公司问题,其实背后就是多重信息源的缺失或者不畅通导致的。设想把气象的数据、航空调度的数据融合在一起,作为一个大数据的整体解决方案,把数据加以利用变成信息,就可以很好地解决航班延误的问题。

我们通常讲大数据,主要是看全方位的所有数据,用"大"字来跟原先的数据做区别。现在没有精准的概念来描述大数据,学术上通常用 4 个 V 来表达大数据:大量的(Volume)、快速流动的(Velocity)、多维的(Variety)而产生的超量价值(Value)。

但值得注意的是,当下不论城市也好,整个社会也好,数据基本上还是处于未被利用的状态,可以称之为"沉睡"的数据。政府掌握了约 80％以上的社会数据,但这些数据都散落在各个政府部门,作为自身内部管理之用,超量价值处于沉睡状态。在国际大市场浙江义乌,十多万跨境电商集聚于此,跨境快递日均出货 40 万票,但电商们并不掌握世界各国之间的交易走向、交易量、消费者的个人喜好、各国的法规政策,因信息不畅造成的退换货问题几乎成了所有跨境电商面临的难题。据统计,每年在全球所产生的数据总量,如果把它分拆在 64G 的 ipad 当中存储,把这些 ipad 垒起来相当于从地球到月球来回两次。但是很可惜,它们仍然在信息孤岛上"沉睡",不曾被深度挖掘。

二、唤醒"死数据",信息变智慧

没有被利用成为信息的数据是"死"的,这种数据的使用状况在经济社会的方方面面是一种常态。怎样把数据加以利用变成信息,在信息的基础上凝练成知识,在知识的基础上升华为智慧,这是我们唤醒大数据需要考虑的重要战略。

正如马云在杭州云栖大会上说的那样:"我们其实正在进入一个新的能源时代,这个时代的核心能源已经不是石油,而是数据。人类在拥有石油这样的新能源之前,没有想过自己会登上月球。人类在拥有计算机计算能力之前,也无法想象人的思考能力会穿越得多久多远。但相信有一点是肯定的,有了计算能力、有了数据以后,人类会发生翻天覆地的变化。"

2014 年 6 月,浙江省政府和阿里巴巴联手打造的浙江政务服务网上线,就实现了网上纳税、违章缴费等"政务淘宝"功能。2016 年开始,公安部办出入境管理部门的数据与户口本数据打通,办理护照不需要带户口本。"数据多跑腿,百姓少跑腿",政府开放的这些数据,对于自身来说会提升政务的效率,对整个社会来说会促进整个国家创造力的爆发。

2015年7月,杭州市米市巷社区卫生服务中心开始与大数据公司合作,开发用于心脏数据的实时采集技术,未来医院可能会主动发现问题并通知病人及时就医。同年12月初,浙江省交通与运输厅发布的大数据产品——未来路况预测系统,利用大数据来预测浙江省内近1300公里高速路段未来一小时的交通情况,准确率达到85%以上。

在淘宝天猫,实时流动的大数据分析着买家们的购物喜好;位于杭州的国家交通运输物流公共信息平台,跳动的大数据显示着众多物流平台与企业间的贸易往来,帮助物流企业减少货车空载率;在银联,通过大数据采样与分析可以推算出每个月的消费信心指数,为政府宏观经济政策的制定提供借鉴。

大数据在政府管理、医疗、交通、物流、消费、金融,乃至文化产业等很多领域都已经开始发挥作用,打通数据"孤岛"将给社会进步带来巨大的促进作用。我们可以形象地将大数据的作用概括为"三镜":通过现在的数据去展望未来,是望远镜;从近期经济分析来看,通过数据分析发现经济发展、社会运行为什么出现问题,是显微镜;穿越历史,提高我们对经济社会发展思考的精准程度,是过滤镜。

三、大数据难唤醒,开放安全需并举

但是大数据的唤醒,面临着重重阻碍。在政务网站,政府各部门都认为数据是自己的资产,连政府之间共享都很困难,更不用说向社会开放;在电商领域,由于各种商业问题和非技术的原因也难以实现数据打通。

由于是新兴产业,目前在国内专业的大数据人才非常稀少,专门从事大数据开发的企业更是凤毛麟角。在以大数据和云计算产业为定位的杭州云栖小镇,目前入驻的28家企业中,专业从事大数据开发的公司仅有一家。

观念问题、利益问题、开发能力的问题,都成为掣肘唤醒大数据的因素。真正实现把数据变成信息,是一种政府管理权限的格局的重大调整,是一个系统的工程,需要实现顶层设计和基层部门之间的良好统筹,需要针对性的改革来解决问题。此外,信息安全也是一个难题,在"放"的过程中存在"管"的问题,"做"的过程中存在"收"的问题。数据唤醒需要从上到下、从内到外,从硬技术进步到软社会管理创新方方面面的共同努力,经过一段甚至较长时间的创新,大数据才可能苏醒过来。

四、大数据——通向未来之路

尽管大部分数据还在沉睡,大数据唤醒之路困难重重,但大数据这条通向未来之路已经越来越清晰。浙江、福建、贵州等地都已把大数据引领下的信息经济作为重要的发展动力。据统计,2014 年中国数字经济总量已达到 16.2 万亿人民币,对 GDP 的贡献率达 58.35%;2015 年 4 月,全国首家大数据交易所在贵阳成立,目前交易额已突破 6000 万元;2015 年 10 月,原浙江省人民政府省长李强在杭州云栖大会上,提出要打造"云上浙江"、"数据强省";2015 年 10 月 29 日,备受关注的"十三五"建议在十八届五中全会上发布,大数据被写在了这份未来五年中国发展的规划图上;2015 年 12 月 26 日,第二届互联网大会在浙江桐乡乌镇召开,来自全球 120 多个国家和地区的 2000 多名互联网大咖再次聚集在江南小镇,国家主席习近平出席发表主旨演讲时提出,"十三五时期,中国将大力实施网络强国战略、国家大数据战略、'互联网+'行动计划,我们的目标就是要让互联网发展成果惠及 13 多亿中国人民,更好地造福各国人民",大数据从服务社会生活上升为国家战略,成为国家通往未来之路。

恩格斯曾说过:"任何一门学科,只有充分运用了数学才能达到完美的境界。"

纵观人类历史，从农业社会到工业社会再到信息社会，是一个必然趋势。浙江是一个传统资源的小省，但如果从数据角度看，浙江是一个大省。数据作为一种资源，和煤炭作为一种资源相比，数据的挖掘和使用是越来越值钱的。开放大数据、推进数据利用势在必行，也是经济发展过程中必须要做的一项重要工作。

（本文据浙江卫视今日评说 20160407 期录音文字整理而成）

有梦想　有底气　有烦恼　有路径

——十年行动纲要绘就浙江制造强省标杆

　　2016 年 1 月,浙江省政府正式发布《中国制造 2025 浙江行动纲要》(以下简称《纲要》),为浙江制造未来十年的发展指明了方向。浙江省政府出台《纲要》最大的背景就是 2015 年国务院出台的《中国制造 2025 行动纲要》,实现制造业由大国向强国的跨越,是我们从国家适应新常态到引领新常态,同时体现供给侧结构性改革非常重要的指导思想。

一、11 大产业、11 大工程　浙江制造"有梦想"

　　《纲要》将机器人与智能装备、新能源汽车与现代交通装备、高端船舶与海洋工程设备、新能源和节能环保设备等 11 大产业划为发展重点,并针对发展过程中的瓶颈和薄弱环节提出了制造业创新中心建设工程、智能制造工程、绿色制造工程等 11 大重点工程。"双十一"为浙江规划了未来十年从制造大省迈向制造强省的宏伟蓝图。

《纲要》具有两个明显的特点。第一，它很好地结合了浙江省传统优势产业在未来如何实现由大变强的转变；第二，它重点讨论了如何去顺应新科技革命的机遇，在经济发展过程中抓住机遇，实现跨越发展。

二、起点高目标高　浙江制造"有底气"

浙江提出《纲要》，在重点领域和主要路径的谋划上，是完全有自己的底气的。经过 30 多年的发展，特别是进入 21 世纪这十多年来的发展，浙江在相当一些领域已经代表了中国制造的水平，形成了"中国制造 2025"非常重要的一些底气项目和企业。

比如上市公司中进入 TOP3 强的海康威视，就是非常典型的在数字安防监控领域中的"中国制造 2025"的浙江标杆企业，并且以它为引领，在滨江形成了数字安防产业的集群。再如西子航空，承接大飞机配套项目，实现了浙江在航空航天领域零的突破，也可以成为"浙江制造 2025"的标杆企业和项目。而且浙江的底气，不仅来自于海康威视、西子航空，还有传统的制造业企业，比如湖州的一品酱油。这种产业的发展，是改造提升传统产业（历史经典产业）过程当中，"中国制造 2025"的重要标杆。

三、有"优"也有"忧"　浙江制造"有烦恼"

不可否认的是，亮眼的成绩单背后，浙江制造也有不少"忧"。

中国制笔之乡桐庐县分水镇拥有 739 家制笔及配套企业数量。2015 年，全镇笔的产量是 60 亿支。但庞大的数量背后，真正大规模的企业却较少，制笔核心技术攻关能力不强，导致高端笔的笔尖、油墨等仍然依赖进口。烦恼同样存在于轴承产业,浙江省是全国轴承生产大省,有相关企业近 2000 家,生产品种近 10000 个,然而产量大的背后是实力弱,很多高端轴承严重依赖进口。在工业机器人方面,浙江制造业使用的工业机器人总量占全国 15%,位居全国第一,但是使用大省却不是制造大省,关键零部件大部分依赖进口,成本占整体生产成本 70% 以上。很多领域中,浙江面临的不是有没有的问题,更要解决的是,产品如何从"有"到"优"的问题。

四、智能制造是重点　浙江制造"有路径"

在变强的过程中,"智能制造"这 4 个字是非常核心的字眼,我们形象地把它理解成为产品的数字化、生产的自动化、装备的智能化、管理的精细化、营销的网络化。按照目前规划的 11 大产业、11 大工程,我们可以预见,在落地的过程中,浙江每个市、每个县、每个乡镇、每个街道、每个工厂,甚至于每个车间,都能实现智能制造全覆盖。

(本文据浙江卫视今日评说 20160223 期录音文字整理而成)

跨国并购火爆 "1+1"带来什么？

跨国并购是国际投资的一种重要形式,国际投资也是外向型经济发展的必然趋势。2015 年浙江省以并购形式实现的境外投资项目共 135 个,同比增长 92.86％,并购额 51.09 亿美元,同比增长 3.59 倍,跨国并购在数量和规模上均居全国各省、市、自治区第一。仅在 2016 年第一季度,我国跨国并购规模就已经接近 2015 年全年的水平,2016 年将成为中国企业的"跨国并购年"。作为全国经济优等生的浙江,其成绩单引人瞩目。

一、"十三五"开局年,浙江海外并购频放大招

据浙江省商务厅统计,截至 2016 年 3 月底,浙江备案的跨国并购项目已有 48 个,涉及资金 24.5 亿美元,涵盖制造业、生物医药、商务服务业等行业。纵观整个一季度,浙江海外并购呈现出两大特征。

特点一:大手笔。如 2016 年 4 月 8 号,宁波均胜电子发布公告,将分别以 9.2 亿美元和 1.8 亿欧元收购美国的 KSS 公司和德国的 TS 道恩公司旗下的汽车信息

板块业务。

特点二:高精尖。2016年1月底,浙江正泰电器出资1800万欧元,拿到西班牙一家新能源公司10%的股权,未来双方将致力于石墨烯等新能源领域的研发。2016年3月24日,浙江万丰科技股份公司出资3.02亿美元并购了美国Paslin公司,作为全球顶尖的机器人研发制造商,Paslin公司一半以上的员工是工程师及编程人员,拥有上百项技术专利。

从贸易的便利化到投资的全球化,以民营经济为主体的浙江省走在了全国的前列,这也是浙江省民营经济独特的优势。谈判程序的简单化,制度管制的约束性相对较少,以及浙江人在过去50—100年建立的浙商海外军团的渠道支撑,使得浙江民营企业在新一轮的跨国并购高潮当中引领了浙江企业甚至中国企业的国际化。

在外贸利润率下降的背景下,民营企业"努力提高企业国际竞争力,加快实现转型升级"的市场意识,赋予了国际并购最好的原动力。

二、"1+1"大于2,海外并购成"点金"神器

据统计,从2011年到2015年浙江企业跨国并购的金额累计已经超过了数百亿美元,巨大的投资为浙江企业带来的技术、品牌、市场渠道进步是全方位的,"1+1"带来的效果是非常明显的。

2014年5月,浙江日发精机收购了意大利MCM公司,迅速打破了欧美的技术壁垒。其生产的五轴联动数控机床的精度甚至高于德国的同类机床,达到了并购之前难以企及的水平。除了先进的技术与研发力量,此次跨国并购也给日发的生产车间带来了变化——向苛刻的欧洲标准看齐,每一个细节开始追求完美。从原先是10个 μ(0.01毫米)的误差降低到5个 μ(0.005毫米),精度提高一倍,这微小

的提升是中国制造向国外看齐的一大步。

2011 年宁波均胜电子 20 亿元收购了德国普瑞公司 75％的股份,这笔跨国收购带来了业界顶尖的核心技术,也带来了一丝不苟的德国工匠精神。均胜从一家汽车小配件加工企业,一跃成为全球汽车电子领域的顶级供应商,客户包括了宝马等世界名牌,2016 年营收有望超过 200 亿人民币,实现 5 年增长 13 倍。

俗话说"近墨者黑,近朱者赤",站在世界一流的企业面前,慢慢地自己也就成为了世界一流企业。并购带给企业的是一种裂变效应,它推动着新的经济生态、制造文化的形成,实现从标准制造到制造标准的跨越,从资源要素型经济向创新型经济转型升级的发展。跨国并购不光是一个卖技术的概念,它使我们接近了或跟上了发达国家一些引领行业企业的建设步伐,提高了企业的迭代能力。这在新兴产业表现得尤为明显。

三、无限风光在险峰,规避风险需谨慎

对于民用领域的很多产品来说,全球资源去整合,比关起门来自己搞研发可能更为有效。但我们要注意,跨国并购不能孤注一掷。然而,在 2016 年的海外并购案例中,70％的中国企业最终都以失败而告终,无限风光背后的浙江企业面临着种种考验。

2012 年浙江正泰太阳能科技公司收购了德国法兰克福一家光伏企业,然而由于对德国劳工法的不了解,一场诉讼差点让这场跨国收购前功尽弃。风险不仅存在于收购中,也存在于收购之后。德清恒立数控公司,2012 年收购了日本贮仓公司,由于文化、技术水平的差异,恒立数控不得不投入了大量的运营成本,公司利润不升反降,跨国收购后企业整合难度出乎意料。

跨国并购好比"结婚",由于背景、市场、政策不同,有时还涉及国外政治体制关

系,"磨合"绝非易事。中国企业尚是"新手",面临许多新的问题、新的挑战。核心技术是一个企业在市场竞争过程当中最值钱的部分,通过并购是否能获得核心能力需要多打问号。同时,并购之后很可能面临二次创新的问题,研发内外结合是降低并购风险的有效途径。

为提高企业的跨国并购成功率,2016 年,浙江省商务厅制定民营企业三年培育计划,通过国际投资促进中心和 96357 国际投资平台的搭建,帮助企业寻找到合适的项目,支持企业借助政策性的融资保险机构,规避海外投资风险;建立政府的海外经贸纠纷和突发事件的处置工作机制,以更好地保障企业在海外的合法权益。政府的组织行为比单纯的企业行为来说更有效、更精准,更能够缩短谈判时间,这种外部的制度支撑是不可或缺的。

跨国并购需要胆识和魄力,也需要专业判断和风险意识,在全球经济一盘棋的大格局之下,在走出去的热潮当中,期待浙江的企业可以走得更稳、走得更好、走得更远。

（本文据浙江卫视今日评说 20160412 期录音文字整理而成）

减负"30条"组合拳激发企业活力

  2016年4月,浙江省人民政府出台的《关于进一步降低企业成本,优化发展环境的若干意见》中,30条新政分八大项,涉及降低企业税费、用工、用能、融资、用地、物流、外贸和制度性交易成本。其中社保费减免近80亿元,地方水利建设基金减免35亿元。针对企业普遍反映的税费负担重的问题,2016年5月起浙江省将全面实施营改增,确保所有行业税负只减不增。据专家测算,此次减负"30条"将为企业减负近1000个亿,其中直接减负500个亿,间接减负400多亿。其中,实施增值税以后,减轻企业税负大概是在300亿以上;用电方面,2016年大工业用电再次降价至每度0.84元,一般商业用电降价至每度0.531元,每年工商企业仅电费负担约能减轻59亿元。

一、新政"30条" 广中有深,细中见大

  本次出台的《意见》,其特征体现在"广"、"深"、"细"、"大"四个字上。所谓"广",是因为减负涵盖了所有的产业,覆盖了所有的企业,相比以往是最完整的一次减负政策。所谓"深",就是这次发展过程当中,绝不是原则性地去喊一喊要减

负,而是更多地走到企业里面去,走到市场里面去,走到环节当中去。

其中特别值得关注的有两点。一是《意见》关注中小企业。浙江省是民营经济大省,是中小企业大省,千方百计使用最好的制度环境来激发中小企业的活力,来体现展示浙江民营经济的魅力是至关重要的。二是《意见》从结构性上关注传统工业企业。对于传统工业企业而言,电费的下降、社保费用的下降其减负作用更为明显,政策的精准性、有效性更为突出。

二、要素减负　提升创业创新环境认同感

本次减负政策对企业影响最大的是要素减负。以主要从事铝合金新材料的研发、生产和销售的永杰新材料股份有限公司为例,2015 年企业生产电费为 7700 万元,按照用电减负政策,2016 年的电费将减少近 500 万元。2015 年企业生产耗用天然气 980 万方,按减负政策,2016 年的天然气费用将减少近 100 万元。另外,税费减免对企业的影响也很可观。按政策,企业 2016 年可以享受水利基金的 7 成返还,以 20 亿的预计销售额计算,返还数额在 140 万元上下。也就是说,《意见》出台后,永杰新材料股份有限公司每年将减低成本约 750 万元。除此之外,永杰新材料的出口部门还享受了退税一月到账的政策,这较之前四个月到账加快了三个月时间。也就是说,可以少占用企业 2000 多万的流动资金。

可以说,本次新政的减负力度相当之大。伴随着财务上的减负,随之而来的是精神上的减负。精神减负大大促进了企业对浙江创业创新环境的制度性认同,比直接的成本减少更关键。

三、多项举措　着力解决企业融资难、融资贵

虽然各地政府都在引导本地金融机构服务中小微企业投向实体经济,但目前

大多数企业的融资成本依旧居高不下，想要扩大融资规模，则更是难上加难。中小微企业因为没有抵押物，向银行得到贷款的利息和负担，往往是大企业的两到三倍。融资成本是中小企业生存环境非常重要的外部环境，关系当下经济流动性能不能运用到实体经济当中去。因此，本次《意见》的 30 条，对涉及融资方面做了更加明晰的规定和更有效的制度安排。

四、企业减负　制度供给有待研究和破题

在过去的五到十年中，浙江政府做出了一些阶段性特点的制度安排。比如说为了加快城市建设，出台了城建费；为了推广普及九年制义务教育，推出了教育费附加；为了解决交通难的问题，提出了交通费。但经济社会发展环境日新月异，根据当下发展情况，在税上有所调整，在费上有所改变，都是我们进一步优化企业投资环境，减轻企业负担可以有所作为的地方。

政府在这方面出台的一些政策，应该说也是有权宜性的、临时性的，比如说缓缴、暂缓、适当降低。对于企业而言，把权宜之计变成制度供给，为企业发展和制度供给找到最佳匹配项，也是经济转型升级发展、深化供给侧改革过程当中需要进一步研究和破题的话题。

为企业解决困难、减轻负担，是政策研究者和政策制定者的重要责任。我们期待在一系列举措的助力之下，浙江的企业能够轻装上阵，从而能够激发出新的活力。

（本文据浙江卫视今日评说 20160413 期录音文字整理而成）

第五篇

专题

从要素驱动迈向创新驱动

——基于"创新综合百强"分析的浙江省制造业转型升级研究

  制造业是现代化建设的主要支撑,是国民经济的支柱,是实体经济的核心,也是浙江省国民经济增长的主要动力之一。近年来,通过大规模承接国际产业转移,浙江省制造业在某些领域逐步向全球产业分工中附加值较高的、战略地位更重要的产业环节攀升。但总体而言,浙江制造业在全球产业链条中还是持续处于中偏低端地位,关键制造品和核心技术还较为强烈地依赖着发达国家。尤其在新形势下,对资源要素过度依赖的发展方式已经逐步制约了浙江制造业的进一步发展。人民币升值、人工成本上升、原材料成本提高、国际市场萎靡等因素导致传统制造业的利润和增加值率正逐年萎缩,原有的生存发展空间受到极大限制。

一、研究背景

  浙江省制造业面临外部环境新常态、产业和技术等多方位的剧烈变革,为了适应新环境,浙江省制造业必须加快转型升级。加快结构调整,是实现浙江制造业转型升级和继续保持发展优势的关键所在;创新企业梯队,是优化浙江制造业结构的主力方阵,是驱动浙江省制造业转型升级的核心动力。

(一)外部环境:时代变革提出新要求

1. 经济进入新常态,谋求创新保基业

国际经验表明进入转折点后工业增速普遍放缓,推进增长方式从速度规模型向质量效益型转变、产业结构由中低端向中高端转换,增长动力由要素驱动向创新驱动转换。

我国经济发展已经进入以中高端增长和结构持续优化为主要特征的新常态,浙江省将在"十三五"期间全面进入由工业化后期向后工业化转变的关键时期。对于身处这一轮产业改革前沿地带的制造企业来说,必须全面认识产业发展新环境,认真审视历史发展轨迹,加快树立创新驱动发展的核心理念和战略布局,谋求基业长青。

2. 战略指引新方向,加快调整优结构

为全面完成工业化,实现制造强国战略目标,《中国制造 2025》将创新驱动、质量为先、绿色发展、结构优化作为基本方针,提出以"两化深度融合"为主线,强化工业基础能力,提高综合集成水平,促进产业转型升级,并明确了信息通信技术、高端装备、节能与新能源汽车等重点领域。浙江省以"四换三名"为转型抓手,重点培育信息经济、高端装备制造、节能环保等七大万亿产业,加快形成以高端制造业和现代服务业为主体的产业结构。国家和浙江省明确的产业战略为浙江制造业结构调整指明了方向。

3. 技术提供新支撑,积极转型促升级

当前,以数字制造、互联网和大数据云计算的重大技术创新与融合为主要标志的第四次工业革命正风起云涌。云计算、大数据、物联网、移动互联网等新一代信

息技术的快速发展及应用,正在引发影响深远的产业变革,以控制为出发点的 IT 时代正在走向激活生产力为目的 DT 时代,互联网技术开始与各行业深度融合创新,形成新的生产方式、产业形态、商业模式和经济增长点。"互联网＋"成为制造业改造提升、推进智能制造,实现工业提档升级的重要路径选择。

(二)关键所在:结构调整亟待新突破

1.纵向比较,结构调整步伐缓慢

(1)全省产业结构多年来基本稳定

发端于民营经济的浙江制造业起步较早,改革开放后势头一度全国领先,但在经历了二三十年的高速发展后,状态趋于稳定,且难于摆脱原来的轻工基础,整个产业结构调整升级进展缓慢,多数制造业企业仍处于全球价值链分工体系的末端,产业层次低、产品档次低、市场定位低、技术含量低、附加价值低、管理水平低。尤其是进入 21 世纪后,技术更新脚步愈趋加速,全球产业格局风云变幻,但浙江制造业产业机构几乎不变。2000 年,纺织业是浙江制造业第一大行业,增加值占规模以上制造业的比重为 11.3％;到 2013 年,纺织业仍然是浙江制造业第一大行业,增加值占比仅下降了 2 个百分点。2000 年,浙江规模以上制造业增加值前 6 位的行业依次是纺织、电力、电气机械、通用设备、服装和化学原料,6 个行业增加值合计占规模以上制造业的 47.1％。到了 2013 年,规模以上制造业增加值前 6 位的行业依次是纺织、电气机械、化学原料、电力、通用设备和橡胶。橡胶业产值增加,服装业产值有所下降。并且,前 6 个行业增加值合计占规模以上制造业的比重为 45.07％,只略有下降。

(2)大企业的行业结构变迁不明显

浙江省企业联合会于 2008 年开始每年对浙江制造业按规模进行排行,并公布营业收入排名前 100 的大企业名单。我们利用这份排行榜中从 2008 年至 2013 年的数据,来观照浙江制造业不同行业的进退格局。

浙江制造业百大企业分行业数量如表1所示。从历年百大企业数量的行业变迁来看,浙江制造业企业主要集中在机械、化工、轻工和纺织行业。这四大行业企业总数占到总数近七成。总体来说,各行业企业数量相对稳定,尤其是在这四大支柱行业中。纺织行业本来是十余年位置都一直不曾动摇的全省制造业第一大产业,但进入百大企业名单里面的企业数量却要逊于机械、化工和轻工行业,这也体现出了纺织企业单体规模偏小的特征。在其他几个行业里,建材企业数量增加较明显,石化企业数量显著减少,电子企业数量则经历了一个先增后减的过程。

表1　浙江省企联排行榜制造业营业收入前100家企业2008—2013年行业分布

年份	机械	化工	轻工	纺织	冶金	电子	建材	医药	有色	石化	其他
2008	26	17	13	12	9	5	3	4	3	5	3
2009	27	15	16	14	8	6	1	3	3	2	5
2010	28	15	12	10	8	8	4	4	3	4	4
2011	26	15	15	11	9	9	4	3	3	3	2
2012	26	14	16	13	8	7	5	4	3	3	1
2013	26	15	15	13	8	6	6	4	3	2	2

从各行业的收入贡献来看(见图1),机械、化工、冶金三大行业企业营业收入就占到整体的一半左右。其中,机械行业收入贡献率从2008年的23%稳步上升至2013年的30%,而化工和冶金的收入贡献率均基本维持在12%~13%。

从行业收入贡献的结构趋势上看,机械、建材行业的收入比重有所增加(机械行业从23%增加到30%,建材行业从1.5%增加到3%),石化、电子与有色行业的收入贡献明显降低(石化行业从10.6%降至6.6%,电子行业从7.4%降至4.9%,有色行业从3.6%降至2.9%),而化工、冶金、轻工、纺织和医药行业的收入贡献率则基本稳定不变(化工和冶金13%左右,轻工11%左右,纺织9%左右,医药2.2%

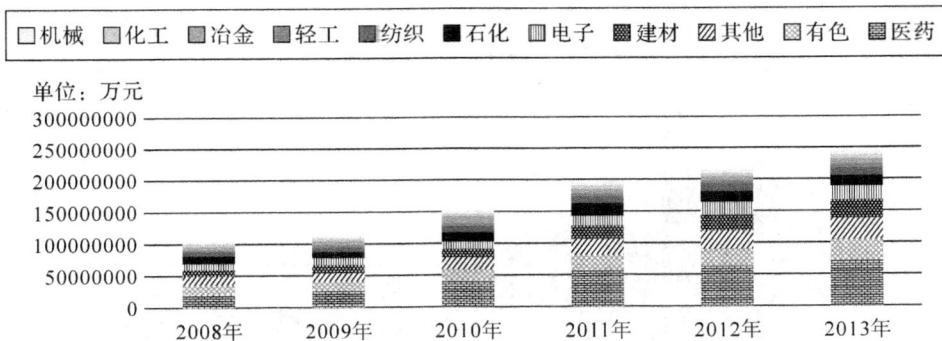

图1　2008—2013年浙江省企联排行榜制造业营业收入前100家企业行业结构对比

左右）。

总体来说,浙江制造业大企业的产业结构进退路径,与全省制造业整体结构变迁基本一致。纺织、机械、化工和轻工等传统产业依旧是浙江制造业收入贡献的支柱力量,而电子、医药等高科技产业虽已经过数年培育,却仍未开始腾飞,未能承担起浙江新型制造业领头羊的角色和责任(见图2)。从增加值来看,除了医药,其他新兴科技型产业与传统产业贡献率并无明显差异,说明浙江新兴产业并未占据其真正拥有技术含量和市场价值的关键环节。传统加工行业优势殆尽、战略新兴产业仍未健壮,是当前浙江制造企业转型升级所面临的严峻形势,企业单体规模亟待扩大,技术创新能力亟待提高,是当前浙江制造企业转型升级需突破的关键瓶颈。

2.横向比较,高新产业比重偏低

浙江制造业产业结构调整缓慢的状况,与兄弟省份对比差距更加明显,形势更加严峻(见表2)。以临近的江苏省为例,十几年来制造业结构发生了较大变化,通信设备一跃成为其最大行业,纺织业比重大幅下降,仅为5.03%,从第一大行业掉至第六大行业。

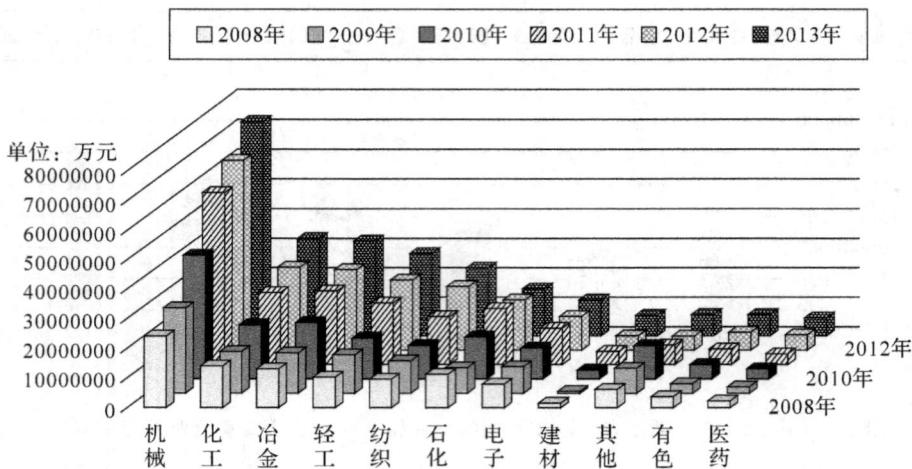

图 2　浙江省企联排行榜制造业营业收入前 100 家企业分行业营业收入总额比较

表 2　浙江和江苏制造业结构变动对照表　　　　　　　　　　（单位：%）

浙　江				江　苏			
2000 年		2013 年		2000 年		2013 年	
行业	比重（%）	行业	比重（%）	行业	比重（%）	行	比重（%）
纺织	11.3	纺织	9.3	纺织	11.8	通信设备	13.5
电力	9.6	电气机械	9.0	化学原料	10.0	化学原料	11.6
电气机械	8.1	化学原料	8.9	通信设备	9.1	电气机械	11.3
通用设备	6.4	电力	6.7	电气机械	6.8	黑色金属冶炼	8.1
服装	6.0	通用设备	6.6	通用设备	6.6	通用设备	5.5
化学原料	5.7	橡胶	4.3	交通运输	4.9	纺织	5.0
合计	47.1	合计	45.0	合计	49.2	合计	55.1

注：总产值排序。

从技术含量较高、创新为主驱动的高新技术产业规模来看，2014 年，浙江全省规模以上工业增加值 12543 亿元，其中高新技术产业增加值 4283 亿元，占比

34.1％,仅比 2013 年增加了 0.5 个百分点,增长缓慢。高新技术产业增加值增速
为 8.5％,广东这一数据达到了 11.4％。从企业数和从业人员看,浙江高技术产业
占全国的比重均低于广东和江苏;从主营业务收入看,浙江低于广东、江苏和上海;
从利润总额、出口交货值、R&D 人员平均 R&D 内部经费支出看,浙江均低于上述
其他四省(市)(详见表 3)。这表明浙江高技术产业的盈利能力、产品附加值、资产
利用效益、技术研发投入、自主创新能力与其他四省(市)相比,还存在一定差距。

表 3　高新技术产业省际对比

地区	浙江	上海	江苏	山东	广东
在全国具有比较竞争优势的高新技术制造业的省市	医药制造业、电子及通信设备制造业、医疗仪器设备及仪器仪表制造业	航空、航天器及设备制造业、电子及通信设备制造业、计算机及办公设备制造业	电子及通信设备制造业、计算机及办公设备制造业、医疗仪器设备及仪器仪表制造业	医药制造业、医疗仪器设备及仪器仪表制造业	电子及通信设备制造业、计算机及办公设备制造业
企业数占全国的比重（％）	8.89	3.81	18.09	7.49	21.57
从业人员占全国的比重（％）	5.18	4.71	19.03	5.34	29.40
主营业务收入占全国的比重（％）	5.80	5.96	17.44	5.79	23.53
利润总额占全国的比重（％）	3.76	5.88	21.42	7.71	24.02
出口交货值占全国的比重（％）	2.89	9.14	24.84	3.38	32.38
R&D 人员平均 R&D 内部经费支出（万元）	19.51	32.44	21.86	25.99	27.12

（三）核心动力：创新企业驱动新引擎

1.创新企业引领浙江制造业的智造升级

智能制造——制造业数字化、网络化、智能化是新一轮工业革命的核心技术，是制造业创新驱动、转型升级的制高点、突破口和主攻方向。目前，智能制造已成为全球制造业转型升级的重要推动力，发达国家不约而同地将其作为新一轮工业革命的首要任务。智能制造对我国优化产业结构和转变经济发展方式将产生重要作用，成为我国制造业由"大"到"大而强"的强大驱动力量。智能制造在三个层面上都是制造业创新的重要途径：第一，智能制造是实现机械产品创新的共性使能技术，使机械产品向"数控一代"和"智能一代"发展，从根本上提高产品功能、性能和市场竞争力；第二，智能制造也是制造技术创新的共性使能技术，使制造业向数字化、网络化、智能化集成制造发展，全面提升产品设计、制造和管理水平；第三，智能制造还是产业模式创新的共性使能技术，将大大促进规模定制生产方式的发展，延伸发展生产型服务业，深刻地改革制造业的生产模式和产业形态。

2.创新企业决定浙江制造业的未来地位

创新企业在发展区域经济、优化产业空间、提升创新能力、培育新兴产业中都承担着非常重要的角色。无论是浙江制造业多个细分行业领域的规划，还是浙江各地发展规划，几乎都在重点任务中列明了创新企业培育专题且置于优先位置。这是由于：第一，创新企业便于凝聚创新要素，是地方经济创新发展的力量支撑；第二，创新企业引领技术创新，实现行业专业化分工发展；第三，创新企业为大企业、大集团在更大范围、更大领域开展集成创新提供支持，促进区域经济整体提升。

3.创新企业推动浙江制造业的结构优化

创新企业利用知识、技术、企业组织制度和商业模式等创新要素，对现有的资本、劳动力、物质资源等有形要素进行新组合。创新企业拥有创新的知识和技术，能够加快传统产业的高端化发展，推进传统企业技术结构、生产方式、组织结构等变革，实现以传统产业为支柱的产业模式向以新兴产业为核心的产业模式的转变。创新企业具有创新的业态和模式，实现创新成果的技术应用、新兴技术的产业化发展，能够促进战略性新兴产业、高新技术产业等规模化发展。创新企业通过传统产业的高端化发展、新兴产业的规模化发展，推动产业整体的结构优化。

二、"创新综合百强"指标体系构建及应用

以创新投入、创新产出为主线，重视数据的可获得性和可比性，构建相对完善、合理的指标体系，遴选出一批代表浙江制造业创新实力、创新水平、创新高度的"创新综合百强"，为创新能力分析提供典型样本，为企业案例分析提供研究对象。

（一）构建指标体系

1. 基本思路

指标体系以创新的"投入→产出"为衡量企业综合实力的主线。从数据可获得性和可比性要求出发，国家统计局发布的《中国企业自主创新能力分析报告》具有较强的借鉴价值。其所构建的企业自主创新能力评价指标体系主要涵盖：（1）潜在技术创新资源指标，主要由人力资金的存量与经济资源的存量构成，反映企业能够进行技术创新活动的隐性能力；（2）技术创新活动评价指标，主要是指企业的研发、技术改造、引进和推广等活动，可通过技术创新活动所涉及到的各环节科研经费占产品销售收入的比例来衡量；（3）技术创新产出能力指标，反映技术创新所涉及到的各种要素进行有机整合能实现的效果，可用申请专利数量和拥有发明数量以及新产品的销售收入占总收入的比重来衡量；（4）技术创新环境指标，主要是指政府

的资金和税收优惠支持、金融机构的资金和贷款支持以及区域市场的竞争激烈程度,可用财政资金占国家总资产投入的比重等来衡量。这其中,最后一项技术创新环境指标衡量对象不是企业而是支撑环境,因此不予纳入本研究体系框架。

综合文献研究视角和实际评价可操作考虑,本研究的评价指标体系应当包括的核心指标有:资金与人力资源的投入,直接的经济效益产出和间接的知识产权产出。这些指标的优劣点主要体现在:(1)经费是技术创新能力最有代表性的基础参量之一。优点是数据客观直接地反映了企业在创新活动中投入的力量和重视程度。缺点是不能衡量产出和商业化利益,受企业不同创新类型影响,且没有考虑技术变化的其他来源,如"干中学"。(2)人员投入是衡量企业技术创新能力的重要参数。优点与经费投入相似,缺点是大部分现有研究以人员的年龄和学历结构来判断创新水平,而人员和学历结构并不能完美地体现附着在人头脑内的技术知识结构。(3)新产品收入这个指标,其优点是数据客观。缺点是只能衡量产品创新能力,无法测量过程创新能力,且行业不同新产品占所有产品比例差别很大。(4)知识产权这个指标,其优点是对创新直接经济效益的有益补充,并且更能说明企业在行业中的技术先进性。缺点是构成复杂,且很多只是研发成果,并未通过市场检验。

此外,从企业综合实力评价目的出发,本研究纳入考虑的其他指标包括:

(1)企业规模。足够的企业规模是企业持续创新的基本保证。企业必须有一定量的销售收入和利润才能保证提供足够比例的研发经费,以支持创新活动的完整性和持续性。因此,虽然企业规模并不直接反映创新水平,却是本研究不可或缺的一个因素。

(2)合作行为。当前专业技术知识跨界融合的趋势日益明显,企业创新系统也必须由封闭走向开放。尤其是对于浙江省大部分制造企业来说,本身处于技术追赶者的地位,通过产学研合作、企业联盟等开放创新形式才能更快实现能力提升。

因此应将合作行为纳入对浙江制造业创新实力的考察范围。

（3）共性技术开发。拥有共性技术研发平台意味着具备更多积累行业技术知识、引领行业技术趋势的机会，是企业创新实力的高层次体现，对区分企业创新水平的层次性，识别企业的行业地位具有重要参考价值。

2. 基本原则

（1）全面性。投入指标与产出指标相结合；企业自主研发与平台合作相结合。

（2）客观性。所有指标采自企业真实数据，客观反映企业现状。

（3）可获得性与可操作性。依托浙江省经信委企业技术中心数据库、浙江省科技厅创新载体数据库、上市公司数据库、国家标准委标准制修订管理系统、中国合格评定国家认可委员会网站等平台，获取研究所需主要数据。

（4）简洁性。选取能突出反映企业创新能力和特色的主要指标，使整个指标体系在保持完整性的同时尽量简洁，以兼顾指标在不同行业的兼容性。

3. 指标体系

（1）指标选取

综合上述考虑因素，本研究对浙江省制造业企业创新综合实力评价的指标体系基本架构如下：

①目标层，即"浙江省制造业创新综合百强指数"。

②要素层，即一级评测指标。反映制造业百强企业的创新综合实力构成要素，包括企业规模要素、研发投入要素、创新人才要素、创新平台要素和创新产出要素。

③指标层，即各要素下面的具体评测指标，也即二级指标。具体指标名称可见表 4。

表4 浙江省制造企业创新综合实力指标

一级指标		二级指标
创新综合百强指数	A.企业规模指标	1.产品营业收入
		2.产品营业利润
	B.研发经费指标	3.R&D经费投入总额
		4.R&D经费投入占总销售收入比率
	C.创新人才指标	5.研究与试验发展人员
		6.博士学位人数
		7.高级技术职称人数占员工数比例
	D.创新平台指标	8.拥有国家级实验室数量
		9.省级研发平台数量(省级技术中心、省级企业研究院、省级重点实验室和中试基地)
		10.海外设立研发机构数量
		11.产学研合作项目数与长期科技项目数
	E.创新产出指标	12.新产品销售收入总额
		13.拥有发明专利数
		14.最近三年参与制定国家标准与行业标准数
		15.人均总产值

从指标的构成来看,既有绝对值又有相对值,权衡反映了企业在创新活动上所做出的实际努力和其在整体中的相对低位。

(2)权重确定

指标权重采用专家打分法。本研究目前共邀请六位专家对上述指标体系的两级指标分别赋予权重。这六位专家的身份分别为高校教授、研究人员和政府部门决策支持研究人员。六位专家擅长的领域主要涵盖企业技术创新、企业战略、区域与产业经济、国际并购、企业领导团队等。

第一轮权重赋值由各位专家独立以"背对背"方式进行。对权重结果汇总反馈给专家后请专家做调整,进行第二轮权重赋值。最终得到的一级、二级指标权重如表 5 和表 6,将一级和二级指标权重合成指标体系权重表。

表 5　一级指标权重最终打分结果

指标序号	专家 1	专家 2	专家 3	专家 4	专家 5	专家 6
A	30	30	33	31	30	26
B	17	15	12	14	15	17
C	23	25	25	22	25	30
D	10	10	10	13	11	6
E	20	20	20	20	19	21

表 6　二级指标权重最终打分结果

指标序号	专家 1	专家 2	专家 3	专家 4	专家 5	专家 6
1	50	50	50	50	50	50
2	50	50	50	50	50	50
3	60	61	60	60	60	59
4	40	39	40	40	40	41
5	40	40	40	40	40	40
6	40	40	42	40	40	38
7	20	20	18	20	21	21
8	30	30	30	30	29	31
9	25	25	25	25	25	25
10	30	30	30	30	30	30
11	15	16	15	15	15	14
12	20	19	20	20	20	21
13	30	31	30	30	30	29
14	30	29	30	30	30	31
15	20	20	20	20	20	20

(3)体系构建

"创新综合百强"指标体系如下(见表7):

表 7 浙江省制造企业创新综合实力指标体系权重表

一级指标		权重	二级指标	权重
创新综合百强指数	A. 企业规模指标	0.3	1. 产品销售收入	0.5
			2. 产品销售利润	0.5
	B. 研发经费指标	0.15	3. R&D 经费投入	0.6
			4. R&D 经费投入占总销售收入比率	0.4
	C. 创新人才指标	0.25	5. 研究与试验发展人员	0.4
			6. 博士学位人数	0.4
			7. 高级技术职称人数占员工数比例	0.2
	D. 创新平台指标	0.1	8. 拥有国家级实验室数量	0.3
			9. 省级研发平台数量(省级技术中心、省级企业研究院、省级重点实验室和中试基地)	0.25
			10. 海外设立研发机构数量	0.3
			11. 产学研合作项目数	0.15
	E. 创新产出指标	0.2	12. 新产品销售收入	0.2
			13. 拥有发明专利数	0.3
			14. 最近三年参与制定国家标准与行业标准数	0.3
			15. 人均总产值	0.2

(二)构建样本库

1. 样本来源

本研究排名样本企业及其相关数据主要采自:(1)浙江省经济和信息化委员会企业技术中心数据库;(2)浙江省企业联合会年度调查统计数据;(3)浙江省科技厅

公布的创新载体名单;(4)中国合格评定国家认可委员会获认可的实验室名录;(5)中国国家标准化管理委员会网站查询系统;(6)上市公司年报。其中,所有数据中,有上市公司年报的,以上市公司年报为准;未上市企业中,已提交年度技术中心运行情况的,以浙江省经济和信息化委员会企业技术中心数据库中经过复审确认的数据为准,未提交当年技术中心统计数据的,以实地调查和电话调查向企业征询得来的数据为准。鉴于2014年年鉴数据尚未公布,上述所有数据取自2013年。

2. 样本优化

在以上样本数据基础上,本研究又对样本企业、样本数据按如下标准进行了筛选和处理。

(1)样本企业筛选。保留产品年销售收入5亿元以上企业,舍弃产品年销售收入5亿元以下企业。基于本研究考察的是企业综合实力,企业销售收入的绝对水平是保证其持续经营和持续创新投入的必要条件,也是其创新历史的成果体现,为避免出现大量成立时间短、因企业销售收入基数小导致研发投入比例高的企业进入榜单而对真正实力雄厚的企业产生"挤出效应",特设置销售收入阈值门槛;当年出现负面事件如发生安全事故、违反环保法规、宣布破产关停等的企业,直接删除。

(2)样本数据处理。对单个指标值明显异常(主要是高于平均值较多)的情况进行核实并修正。对于企业研发经费支出总额、博士人数等指标中的异常企业进行取证,有合理解释的,如当年的特殊投资行为(集中采购设备)导致的指标值升高,用企业往年平均值代替;无合理证据的,如博士人数虚高又提供不出实际数字,为保证公平则给予删除。经过上述技术处理后,本研究样本企业共计371家。

(3)原始数据的处理。本指标体系选取数据均为等距连续变量,因此对每个指标采用"0~1"标准化:取每个指标样本数据最大值为1,取最小值为0,将所有样本数据转化为绝对值位于0~1之间的可比较变量。

(三)指标体系应用

将本研究标准化处理后的数据带入上述指标体系,取前 100 家企业,得到浙江省制造业创新综合百强(百强名单详见附录 1)。百强排行榜中,总得分最高的是浙江吉利控股集团有限公司,以 0.576 居于浙江省制造业创新综合实力排行首位;万向集团公司和正泰集团股份有限公司分列二、三位,总得分为 0.464 和 0.372;排名后三位的分别是杭州海兴电力科技股份有限公司、宁波王龙科技股份有限公司和浙江万马集团有限公司。

三、"创新综合百强"创新能力分析

分析"创新综合百强"的总体情况、研发投入、创新人才与创新平台等,一方面展示了样本企业的创新情况,另一方面也为其他企业创新发展提供借鉴。对样本企业的总体分析,全面展示了样本企业在规模、行业和区域等方面的分布情况;通过研发投入、创新人才和创新平台等创新资源分析,展示了样本企业创新资源要素的配置,为其他企业提供了较为直观的创新经验。

(一)总体分析

1. 规模结构

(1)营业收入分布

百强中,营业收入过千亿的企业 1 家,浙江吉利集团,以 1549 亿排在首位;营业收入超过 900 亿的企业 2 家,万向集团和杭钢集团,分别以 959 亿和 915 亿分列第二、第三位;营业收入 500 亿~900 亿的企业有海亮集团有限公司(785 亿)、浙江恒逸集团有限公司(703 亿)、杭州娃哈哈集团有限公司(636 亿)等 3 家;400 亿~

900 亿的企业有 5 家,分别为浙江荣盛控股集团有限公司(468 亿)、杭州汽轮动力集团有限公司(466 亿)、雅戈尔集团股份有限公司(444 亿)、青山控股集团有限公司(424 亿)、奥克斯集团有限公司(405 亿)。

百强中,5％的企业的营业收入在 300 亿～400 亿之间;8％的企业的营业收入在 200 亿～300 亿之间;20％的企业在 100 亿～200 亿之间;7％的企业在 50 亿～100 亿之间;营业收入在 50 亿以下的企业占到了 49％(见表 8)。

表 8　2013 浙江省制造业创新综合百强企业营业收入分布

营业收入(元)	公司数量	占比(％)	平均研发投入(万元)
1000 亿以上	1	1	764030
900 亿～1000 亿	2	2	176496
500 亿～900 亿	3	3	43183
400 亿～500 亿	5	5	43433
300 亿～400 亿	5	5	68732
200 亿～300 亿	8	8	43100
100 亿～200 亿	20	20	33830
50 亿～100 亿	7	7	29245
50 亿以下	49	49	9934

(2)创新综合百强与省企联百强之比较

本研究基于多指标的创新百强排行榜与浙江省企业家联合会发表的基于营业收入单指标的百大排行榜对比分析发现,有 48 家企业同时进入了两个榜单,我们将这 48 家"既大且强"的企业称之为"猛虎型"企业,它们的主要特点是:①成立时间早,其中有几家是从 20 世纪 60 年代成立的镇(社)办企业到 20 世纪 90 年代转制而来的,也有 20 世纪 50 年代成立的国有企业,这些企业在计划经济、市场经济和开放经济的浪潮中屡受洗礼,发展至今,已经具有很强的市场适应能力、自我发展能力和强烈的创新精神。②在行业中占据重要地位,已经发展成为所在行业或细分领域的龙头企业,具备较强的整合行业资源的能力,这些企业跨界融合趋势明显,基本施行多元化战略。③具备越来越强的国际化发展实力,这48家企业大多数已经成为真正意义上的跨国企业,不但在海外市场销售产品,而且在国外设立研发机构,或通过直接和间接并购在境外拥有一个或多个集研发、生产、销售于一体的境外机构,面向全球获取资源,面向全球占领市场。

另有52家企业进入创新百强榜单而未进入百大榜单,我们称之为"不大却强"的"金狗型"企业。这52家企业中有33%在机械行业,19%在轻工行业,15%在电子信息行业,13%在医药行业。这些创新实力超前于规模实力的企业,未来发展值得期待,尤其是在高端装备制造业、电子信息业和医药行业的创新百强企业,有望产生更多的百亿、五百亿和千亿级企业。

2. 行业格局

统计发现,浙江省制造业创新综合百强企业,主要分布在机械及装备制造、轻工、化工、医药、电子信息、冶金有色、建材、纺织等八个行业。其中机械行业有35家,在百强企业行业分布中占比最大,其次是轻工,有17家企业,化工、医药、电子行业分别有11、11、10家企业上榜,冶金有色、纺织、建材各有8、4、4家企业入围。

(1)细分行业的创新综合实力比较

从百强企业在不同行业的分布来看(见图3),浙江制造业电子行业的创新综合实力最强,得分均值为0.183;其次是机械行业,均值为0.136,创新综合实力最弱的是建材行业,均值为0.091。电子行业平均创新水平是建材行业的2倍。纺织行业的均值得分要高于医药领域,主要是浙江纺织企业规模大、行业技术成熟度高导致的,雅戈尔集团、桐昆集团、华峰集团有限公司、浪莎集团等一大批的纺织企业都具备较强的创新综合实力。医药行业作为战略新兴产业近年来备受重视,但浙江的医药行业还主要是集中在原料药、仿制药领域,创新药、生物制药等尖端制药

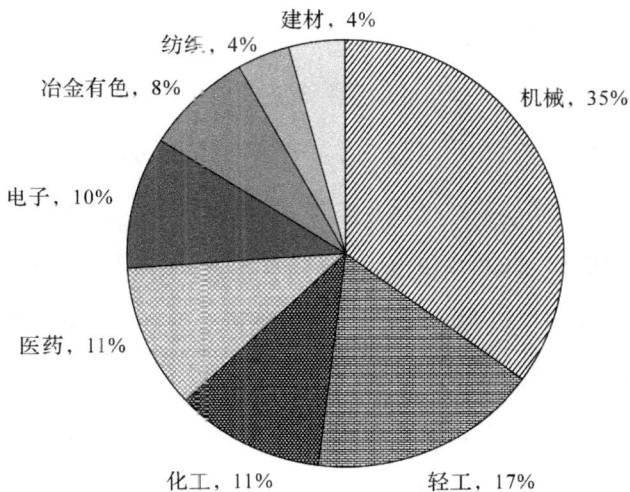

图 3　2013 浙江省制造业创新综合百强行业分布图

领域的技术突破较少,也印证了浙江医药"大而不够强"的行业格局。从标准差来看,标准差最大的是电子行业(0.117),说明电子行业的企业创新综合实力总体较好,不过组内差异非常显著。建材行业的标准差最小(0.007),说明建材行业的 4 家企业创新综合实力普遍都弱(见表 9)。

表 9　2013 浙江省制造业创新综合百强实力的行业比较

排名	行业	企业数目	均值	标准差	中位数	最大值	最小值
1	电子	10	0.183	0.117	0.147	0.372	0.069
2	机械	35	0.136	0.107	0.098	0.576	0.066
3	纺织	4	0.136	0.046	0.141	0.185	0.076
4	医药	11	0.132	0.055	0.129	0.209	0.070
5	化工	11	0.118	0.037	0.114	0.176	0.068
6	冶金有色	8	0.113	0.051	0.090	0.208	0.070
7	轻工	17	0.102	0.055	0.088	0.299	0.068
8	建材	4	0.091	0.007	0.089	0.100	0.084

（2）要素利用水平的行业分布

按劳动力、资本和技术三种生产要素在各产业中的相对密集度，可以将产业划分为劳动密集型、资本密集型和技术密集型。按照国家统计局行业分类，浙江省制造业创新综合百强企业主要分布在 8 个行业，分别是电子、机械、医药、纺织、化工、冶金有色、轻工、建材。按照劳动力、资本和技术三种生产要素的相对密集程度分类，劳动密集型产业主要包含纺织和轻工；资本密集型产业包含机械、化工、冶金有色、建材；技术密集型产业包含电子、医药等。

表 10 显示，百强中劳动密集型企业共 21 家，创新综合实力得分均值为 0.108；资本密集型企业共 58 家，均值为 0.126；技术密集型企业共 21 家，均值为 0.157。从表中数据发现，浙江省制造业百强中技术密集型产业的创新综合实力最强，其次是资本密集型产业，劳动密集型产业最低。从进入百强企业的比例可以发现，浙江制造业格局中，资本密集型行业占了半壁江山。

表 10　2013 浙江省制造业创新综合百强产业分布（划分为劳动、资本、技术密集型）

产业分类	企业数目	行业分类	企业数目	创新得分均值
劳动密集型	21	纺织 轻工	4 17	0.108
资本密集型	58	机械 化工 冶金有色 建材	35 11 8 4	0.126
技术密集型	21	医药 电子	11 10	0.157

3. 区域分布

不同地域的资源禀赋、创新氛围、产业基础，乃至政府导向等都有不同的特征，这些特征会深刻地影响企业的综合创新实力。按照 2013 年的地域划分标准，浙江省共 11 个地级市,制造业创新综合百强企业分布在其中的 10 个地市,舟山市没有企业进入百强排行。从数量来看(见图 4),杭州市共有 36 家百强企业,数量最多,行业分布最广,分别为机械(13)、电子(6)、轻工(6)、化工(5)、医药(3)、建材(2)、冶金(1)七个行业;绍兴市共有 18 家企业进入百强,居于第二位,行业分布在机械(7)、医药(3)、化工(3)、轻工(3)、冶金有色(2)五个行业;宁波市排在第三位,12 家上榜企业主要分布在机械(5)、轻工(3)、纺织(1)、冶金有色(2)、化工(1)、电子(1)六个行业,第四位是台州市,有 8 家企业,第五位嘉兴有 7 家企业,温州和湖州并列第六位,各有 6 家企业,第七位金华有 5 家企业,衢州和丽水并列第八位,分别有 2 家企业。

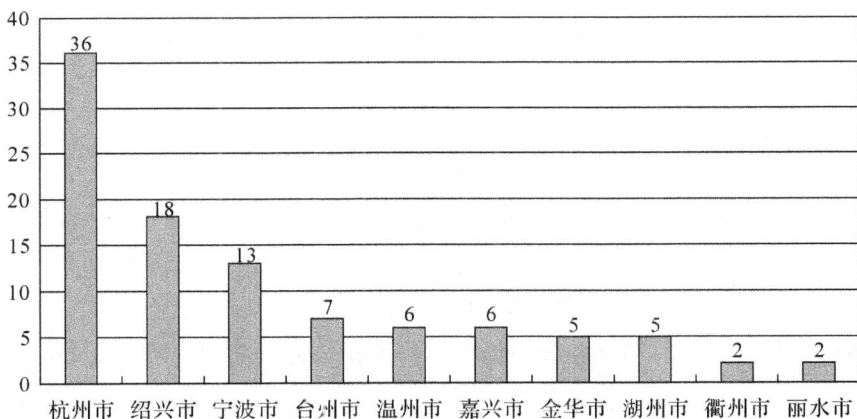

图 4　2013 浙江省制造业创新综合百强区域分布图

结合行业和地域分析,我们可以发现(见表 11),创新百强中的机械企业主要分布在杭州、绍兴、温州和宁波;轻工创新百强企业主要分布在杭州、嘉兴、宁波、绍兴;纺织创新百强企业主要分布在嘉兴、湖州、温州、绍兴、宁波;化工创新百强企业主要分布在绍兴和杭州;医药创新百强企业主要分布在台州、杭州、绍兴;电子创新百强企业区域集聚现象明显,主要为杭州。

表 11　2013 浙江省制造业创新综合百强行业与区域分布交叉表

行业	杭州市	丽水市	衢州市	湖州市	金华市	嘉兴市	温州市	台州市	宁波市	绍兴市	汇总
机械	13		1		3		4	2	5	7	35
轻工	6	1		2		2			3	3	17
纺织					2	1			1		4
化工	5		1					1	1	3	11
医药	3			1	1			3		3	11
电子	6					1	1	1	1		10
冶金有色	1	1		2					2	2	8
建材	2					1		1			4
汇总	36	2	2	5	5	6	6	7	13	18	100

(二)研发投入分析

1. 研发投入总量

(1)百强企业研发投入总量基本情况

本研究将企业研究与试验发展经费支出总额作为衡量企业研发投入总量的指标。浙江全省制造业创新百强企业 2013 年共计投入研究与试验发展经费 3520248万元,占全省规模以上工业企业 R&D 经费的 51.44%,是浙江制造企业积极投入研发、从事创新活动当之无愧的骨干力量。平均每家企业的研发投入为 35202 万元。其中,年度研发经费支出总额最高的企业为浙江吉利控股集团有限公司,共764030 万元;年度研发经费支出总额最低的企业为浙江昂利康制药有限公司,也有 2289 万元。

百强企业中研究与试验发展经费支出总额排名前十的企业如表 12 所示。这 10家企业研发经费支出总额合计 1757793 万元,占了全部百强企业研发经费支出总额的 49.6%,接近一半,这一家企业全部是百强企业、更是全省制造企业自主研发的引领者。

表 12　浙江省百强企业研发投入总量前 10 强

排名	企业名称	R&D 经费支出总额(万元)
1	浙江吉利控股集团有限公司	764030
2	万向集团公司	312840
3	盾安控股集团有限公司	108963
4	正泰集团股份有限公司	95905
5	人民电器集团有限公司	93590
6	杭州海康威视数字技术股份有限公司	92188
7	杭州橡胶(集团)公司	84380
8	荣盛石化股份有限公司	73625
9	奥克斯集团有限公司	67037
10	浙江海亮股份有限公司	65235

(2)百强企业研发投入排名与企业规模排名对比

与企业规模排名相比,共有 73 家企业研发经费支出总额排名高于其企业规模排名,从一定意义上说,他们是创新驱动型制造企业,这其中研究与试验发展经费支出总额排名领先企业规模排名最大的前 10 家企业如表 13 所示。百强排名在 51 到 100 位的 50 家企业,其研究与试验发展经费支出排名超前于其企业规模排名的共有 39 家,这些规模并不大但凭借积极主动的研发投入跻身创新百强的企业,我们有理由对他们的未来充满信心。

表 13　浙江省研究与试验发展经费支出总额排名领先企业规模排名前 10 强

排名	企业名称	R&D 经费支出总额排名	企业规模排名	前进位次
1	艾博生物医药(杭州)有限公司	95	327	232
2	三维通信股份有限公司	83	274	191

续表

排名	企业名称	R&D经费支出总额排名	企业规模排名	前进位次
3	聚光科技(杭州)股份有限公司	78	245	167
4	浙江运达风电股份有限公司	64	187	123
5	天通控股股份有限公司	116	207	91
6	浙江越剑机械制造有限公司	205	294	89
7	金洲集团有限公司	50	130	80
8	宁波赛尔富电子有限公司	237	314	77
9	宁波中华纸业有限公司	43	118	75
10	宁波圣龙(集团)有限公司	117	182	65

　　根据企业从事创新活动的资源基础、战略理念和执行方式的不同,本研究将研发投入水平领先于企业规模地位的企业命名为"创新驱动型企业",将企业规模排名领先于研发投入排名的企业命名为"规模保障型企业"。通过归类发现,企业类型与其所处的行业密切相关。从行业分布上看,创新驱动型企业多集中在医药、电子、轻工、建材和化工行业,尤其是医药和电子行业,企业在研发投入所处地位明显领先于其所处的规模地位;而纺织、冶金和有色行业企业则多为规模保障型企业,其规模地位明显高于其研发投入所处地位;而在机械行业内,企业呈现出两种类型兼而有之且势均力敌的状态。究其原因,医药、电子和轻工等行业,其客户需求呈现出典型的多样化个性化趋势,新技术层出不穷且更新速度快,产品换代频繁,客观上要求企业必须保持高频次的研发节奏,也即意味着较高的研发投入水平;而冶金、有色、纺织等行业主体则主要为典型的资本密集型和劳动密集型企业,其获利主要依靠规模效应带来的低成本优势,经过多年积累,其大型生产设备等基础设施采购已基本满足生产需求,研发上的持续投入边际效用较低,因而研发投入增量很有限。而占据浙江制造业重要地位的机械行业,其企业基数大,所处的细分行业和

企业发展阶段也各有不同,既有从事传统零部件的加工制造企业,也有从事高、精、尖的特种装备和精密仪器制造企业,因此机械行业企业创新类型呈现出两种不同的状态。

(3)百强企业研发投入与创新产出的关系

大量学者研究证明企业的 R&D 投入会对企业的绩效产生积极影响。本研究的数据分析结果再次证实了该结论(见表 14)。从相关性来看,企业的销售收入、销售利润和新产品销售收入均与企业研究和试验发展经费支出总额存在显著的正相关关系。说明企业在研发活动上的投入得到了合理回报。

表 14　浙江省百强企业研发投入总量与创新产出间的相关分析

	平均数 (万元)	标准差	产品销售 收入	产品销售 利润	研究与试验 发展经费支出	新产品 销售收入
产品销售收入	1575354.24	2412319.629				
产品销售利润	70511.32	102092.839	0.47**			
研究与试验 发展经费支出	33567.24	78025.757	0.72**	0.30**		
新产品销售收入	327610.39	505400.503	0.63**	0.23*	0.48**	

注:* $p<0.05$, ** $p<0.01$

2. 研发投入强度

(1)百强企业研发投入强度基本情况

本研究将企业研究与试验发展经费支出总额占营业收入总额的比重作为衡量企业研发投入强度的指标。浙江全省制造业创新综合百强企业 2013 年共创营业收入 15677.7 亿元,研究与试验发展经费 352.0 亿元,平均研发经费支出占营业收入总额的比例达到 2.25%,远高于 2013 年全国规模以上工业企业的该指标值 0.8%和浙江省规模以上工业企业的该指标值 1.1%。其中,研究与试验发展经费支出占营业收入总额比例最高的企业为艾博生物医药（杭州）有限公司，达到14.6％；而该比例最低的企业为浙江青山钢铁有限公司，其比例值为0.4％。

百强企业中 R&D 经费支出占营业收入总额比例最高的 10 家企业见表15。这 10 家企业平均研发投入强度达到了 9.95％。而百强中研发投入强度最低的 10 家企业平均研发投入强度仅为 0.54％，不但与研发投入强度高的龙头企业差距十分显著，就连与百强企业平均研发投入强度 2.25％ 的值比较也相去甚远。

表 15　浙江省百强企业研发投入强度前 10 强

排名	企业名称	R&D 经费占总收入比（%）
1	艾博生物医药(杭州)有限公司	14.6
2	三维通信股份有限公司	13.1
3	聚光科技(杭州)股份有限公司	12.2
4	浙江运达风电股份有限公司	11.1
5	宁波中华纸业有限公司	9.4
6	金洲集团有限公司	8.9
7	杭州海康威视数字技术股份有限公司	8.6
8	中控科技集团有限公司	7.9
9	浙江大华技术股份有限公司	6.8
10	浙江华海药业股份有限公司	6.8

(2)百强企业研发投入强度与企业规模间的关系

进一步对百强企业的 R&D 经费支出总额占总收入的比、企业所属行业和企业收入总额做相关分析，发现企业的研发投入强度与企业收入规模和人员规模均呈负相关关系，即企业营业收入越多，相对研发投入强度越低（见表16）。访谈调研时，企业表明，研发投入达到一定数量后，边际效用下降明显，因而，对某一企业单元，研发投入并不随营业收入的不断提高而提高。研发投入与人员规模也是呈显著负相关，说明劳动密集性越高的企业，研发动力越弱。

表 16　浙江省企业研发投入强度与收入规模和人员规模相关分析表

	平均数	标准差	R&D 经费投入占总销售收入比率	从业人员数量	产品销售收入
R&D 经费投入占总销售收入比率	0.04	0.03			
从业人员数量	7740.06	8713.58	−0.30**		
产品销售收入	0.10	0.16	−0.32**	0.71**	

注：* $p < 0.05$，** $p < 0.01$

（3）百强企业研发投入强度的行业间差异

比较处于不同行业的企业研发投入强度，单因素方差分析（ANOVA）结果发现，在 R&D 经费投入占总销售比率和研究与发展人数上存在明显差异（F($df = 8$) $= 0.01 \& 0.02$，$p < 0.05$），其他变量没有显著性差异。样本企业共分布在机械、轻工、医药、纺织、化工、冶金、电子、建材、有色、船舶以及其他等 11 个行业。由于有色行业仅有 1 家企业，船舶行业仅有 2 家企业，将这两个行业并入到"其他"行业门类。进一步对这 9 大行业在 R&D 经费投入占总销售比率详细比较分析结果显示：电子行业企业的 R&D 经费投入占总销售比率与其他行业相比，均存在着明显差异，且高于其他行业（mean difference 的范围为 0.03～0.06，$p < 0.05$）；医药行业企业的 R&D 经费投入占总销售比率不及电子行业（mean difference $= -0.03$，$p < 0.05$），但明显高于纺织行业企业的研发投入强度（mean difference $= 0.046$，$p < 0.05$），但与其余行业 R&D 经费投入占总销售比率相比，差异不显著；机械、轻工、化工、冶金、建材、纺织及其他行业的研发投入强度无明显差异。同样，对 9 大行业在研究与发展人数的比较分析结果显示：电子行业企业的研究与发展人数依然明显高于机械、轻工、化工、冶金、建材、纺织、医药行业（mean difference 的范围为 505.23～991.50，$p < 0.05$）；然而医药行业在研究与发展人数上与其他 6 个行业没

有显著差异。

一般来说,国际上研发投入强度最高的行业主要集中在生物科技、制药等领域,而浙江百强企业则是电子行业表现出最高的研发投入强度。细究其名单,可以看到浙江进入创新综合百强的电子制造企业主要包括杭州海康威视数字技术股份有限公司、中控科技集团有限公司、浙江大华技术股份有限公司、聚光科技(杭州)股份有限公司、三维通信股份有限公司和浙江富春江通信集团有限公司等。这些企业都由早期提供通信、安防等相关电子产品制造的基础上成功转型为智能产品解决方案的提供商。基于网络、云计算等信息通信方面的技术开发,客观上要求企业的高强度投入。而浙江医药行业企业研发投入强度虽略高于个别行业,但其平均仅有 4.4% 的比例值与国际上 10%～20% 的医药企业研发投入比例相比,明显偏低。究其原因,主要是由于浙江医药企业大多仍为化学原料药制造业,其生产模式还依然保留有化工行业的诸多特性,随着化学原料药制造过程带来的环境问题日益凸显,浙江医药企业必须谋求转型,这其中,加大研发投入强度,努力向生物科技企业进军是必经之路。

(三)创新人才分析

1. 创新人才结构与质量

《国家中长期教育改革和发展规划纲要》(2010—2020 年)提出创新人才培养是国家核心竞争力的关键。本研究从创新人才的数量、质量和结构三个方面构建创新人才竞争力指标体系,包括研发人才数量、博士学位人才数量、高技术职称人才占员工的比例三个方面。其中,研究与试验发展人才反映该企业的自主研发能力;博士学位人才反映该企业对高学历人才的储备水平与可发展能力;高技术职称人才占员工的比例反映高层次创新创新人才的比重大小。百强企业创新人才竞争力排名前 20 位的企业是:横店集团、万向集团、正泰集团、中控科技集团、浙江吉利控股、杭州海康威视、浙江海正药业、浙江华海药业、华立集团、桐昆集团、浙江医药、浙江大华技术、温州瑞明制造业、盾安控股集团、杭州汽轮动力、升华集团控股、浙江天正、巨化集团公司、万丰奥特、三花控股集团。

表 17 反映出在百强企业中研究与试验发展人数、博士学位人数和高级技术职称人数平均值比较高，但标准差较大，百强制造业企业之间存在较大差异。高级技术职称人数占员工数比例平均值只有 0.016，说明百强制造业企业的高层次创新人才还是比较欠缺。研发人才占员工的比例平均值只有 0.11，而作为创新型企业的代表华为公司，从事研发工作的员工已达全球员工总数的 50%，表明浙江大多数创新百强企业的研发人员的比重还有较大的提升空间。

表 17　浙江省制造业创新综合百强企业创新人才现状

指标	最大值	最小值	标准差	平均数	中位数
研究与试验发展人数	3018	21	584	508	334
博士学位人数	54	0	10	11	8
高级技术职称人数	1322	1	147	71	35
高级职称人数占员工比例	0.122	0.0002	0.023	0.016	0.008
研发人员占员工数的比例	0.475	0.003	0.089	0.109	0.090

表 18 进一步对处于 1～25 位，26～50 位，51～75 位，76～100 位的四个层次企业的创新人才数量均值进行比较，排名越靠前的企业在创新人才数量和结构上越占优势，而排名越靠后的企业的创新人才指标越不理想。

表 18　浙江省不同层次企业的创新人才数量平均值比较表

指标	前 25 位企业	26～50 位企业	51～75 位企业	76～100 位企业
研究与试验发展人员	1094	420	300	217
博士学位人数	20	10	8	6

续表

指标	前25位企业	26～50位企业	51～75位企业	76～100位企业
高级技术职称人数	170	49	27	36
高级职称占员工比例	0.015	0.011	0.011	0.027
研发人员占员工比例	0.16175	0.1206	0.09981	0.05286

根据表19可知,各产业的研发人才数量和创新人才竞争力指数存在显著差异,但博士学位人数、高级技术职称人数、高级技术职称占员工的比例没有显著差异。在所有产业中电子产业的企业创新人才指数得分最高,为0.286,其各项具体创新人才指标也都处于各产业前列,有色金属产业和机械产业企业创新人才指数也紧随其后。处于排行最后的是冶金行业,企业创新人才指数得分最低,为0.054。

表19　浙江省各产业创新人才数量的差异分析

			平方和	df	均方	F	显著性
研究与试验发展人数	组间	(组合)	5891205.943	9	654578.438	2.113	0.036
	组内		27883092.617	90	309812.140		
	总数		33774298.560	99			
拥有博士学位的人数	组间	(组合)	1485.460	9	165.051	1.632	0.118
	组内		9103.300	90	101.148		
	总数		10588.760	99			
高级技术职称人员数	组间	(组合)	245415.800	9	27268.422	1.300	0.248
	组内		1888200.950	90	20980.011		
	总数		2133616.750	99			
高级职称占员工比例	组间	(组合)	0.006	9	0.001	1.224	0.290
	组内		0.046	90	0.001		
	总数		0.052	99			

续表

			平方和	df	均方	F	显著性
创新人才指数	组间	（组合）	0.300	9	0.033	1.970	0.050
	组内		1.525	90	0.017		
	总数		1.825	99			

2. 创新人才与创新产出关系

表 20 的相关性矩阵显示，研究与试验发展人数、拥有博士学位的人数、高级技术职称人员数这三大企业人才竞争力指标都与企业的创新产出有着显著正相关关系。企业的创新产出主要通过发明专利数、新产品销售收入与近三年主持和参加制定的国际、国家、行业标准数表现出来。企业人才竞争力的不同维度与企业创新产出的三个指标的相关性存在差异。与发明专利的相关系数从高到低依次是研究与试验发展人数、拥有博士学位的人数、高级技术职称人员数。与新产品销售收入相关性最强的是研究与试验发展人数。高级技术职称人员数与近三年主持和参加制定的国际、国家、行业标准数的相关性最强。

表 20　浙江省创新人才数量与创新产出的相关性分析

	研究与试验发展人数	拥有博士学位人数	高级职称人数	发明专利数	新产品销售收入	近三年主持和参加制定国际、国家、行业标准数
研究与试验发展人数						
拥有博士学位的人数	0.565**					
高级技术职称人员数	0.610**	0.383**				
发明专利数	0.674**	0.633**	0.521**			
新产品销售收入	0.666**	0.382**	0.366**	0.423**		
近三年主持和参加制定国际、国家、行业标准数	0.430**	0.341**	0.478**	0.427**	0.344**	

注：** 在 0.01 水平（双侧）上显著相关

以研发平台和研发投入为控制变量，对创新人才数量影响企业创新产出进行回归分析，结果如表 21 所示。当因变量为发明专利数时，控制变量与自变量共同解释了因变量的方差的 69.3%（$F=122.665, p<0.001$），研究与试验发展人数（$\beta=0.011, p<0.01$）、拥有博士学位的人数（$\beta=1.162, p<0.001$）、高级技术职称人员数（$\beta=0.080, p<0.001$）均能显著地解释企业的发明专利数。控制变量和企业创新人才数量的 3 个维度解释了企业新产品销售收入方差的 49.6%（$F=54.241, p<0.001$）和近三年主持和参加制定的国际、国家、行业标准数的方差的 33.5%（$F=28.165, p<0.001$）。其中，研究与试验发展人数（$\beta=460.196, p<0.001$）对企业新产品销售收入有显著的解释能力，而高级技术职称人员数（$\beta=0.033, p<0.001$）显著地解释企业近三年主持和参加制定的国际、国家、行业标准数。

表 21　浙江省创新人才数量对创新产出的回归分析结果

创新人才数量对创新绩效的回归分析结果	发明专利数	新产品销售收入	近三年主持和参加制定的国际、国家、行业标准数
控制变量			
企业通过国家和国际组织认证的实验室数	0.189	33170.227*	3.071***
省级研发平台数量和省级技术中心等	4.793**	−41214.393	0.887
设在海外的开发机构数	0.797	13307.017	0.865*
研究与试验发展经费支出	0.000***	1.756***	−4.256
自变量			
研究与试验发展人数	0.011**	460.196***	0.001
拥有博士学位的人数	1.162***	−40.498	0.074
高级技术职称人员数	0.080***	−119.078	0.033***
统计量			
R^2(adj. R^2)	0.698 (0.693)	0.506 (0.496)	0.347 (0.335)
F	122.665***	54.241***	28.165***

(四)创新平台分析

1. 创新平台类型与创新产出关系

建设在企业内的创新平台存在着不同层次。浙江百强企业均拥有省级及以上创新平台。浙江企业不同层次的创新平台对企业创新活动有着不同的影响机制及效果。从相关分析结果来看,如表 22 所示,企业通过国家和国际组织认证的实验室数量与企业主持和参与制定国际、国家和行业标准数量正相关,而省级研发平台数量则与发明专利数显著正相关。不过,数量分析发现,企业目前设在海外的研发机构数量与新产品销售收入和发明专利数的相关关系还不很强,这可能与企业设置海外研发机构的时间还不长套关,还需要更长时间的积累才能发挥更大的作用。

表 22　浙江省创新平台与创新产出的相关性分析

	平均数	标准差	1	2	3	4	5	6	7
1.企业通过国家和国际组织认证的实验室(中心)数	0.76	0.96							
2.省级研发平台数量和(省级技术中心、省级企业研究院、省级重点实验室和中试基地)	1.78	0.65	0.06						
3.设在海外的开发机构数	0.70	1.16	0.05	0.21*					
4.项目数合计	22.78	25.27	0.03	0.35**	0.14				
5.发明专利数	34.88	50.85	0.12	0.44**	0.25*	0.51**			
6.新产品销售收入	327610.39	505400.50	0.17	0.12	0.23*	0.38**	0.34**		
7.最近三年主持和参加制定的国际、国家、行业标准数	10.61	12.08	0.31**	0.12	0.14	0.11	0.31**	0.24*	

注: $p < 0.05$, $** p < 0.01$

2. 科技项目类型及其效益

科研项目指标,主要考察两类:长期科技项目数与产学研合作项目数。其中,长期科技项目是指企业自主研发的、周期在3年以上的科技项目,而产学研合作项目数是指企业与高校和科研院所等机构共同开发的科技项目。

(1)产学研项目直接带来经济效益

新产品销售收入代表了市场对企业创新成果的认可度。对百强企业的长期科技项目数和产学研合作项目数与新产品销售收入之间的关系进行回归预测,结果见表23。结果表明,企业的科技项目开发数对新产品销售收入产生显著影响,其中,产学研合作项目数与新产品销售收入呈强烈正相关,而长期科研项目数则对新产品销售收入影响不明显。这说明,企业若要充分享受技术创新带来的市场效益,加强产学研合作,借智借力进行科技项目开发是更具经济价值的选择。

表 23　浙江省科技项目开发数对新产品销售收入的线性回归分析

	Beta	t
长期科技项目数	−0.29	−1.71 ns
产学研合作项目数	0.70	4.17***
调整后的决定系数 R^2		0.22
ΔR^2		0.23
ΔF		14.77***

注:*** $p < 0.001$

(2)长期科研项目积累技术收益

企业创新的技术收益主要体现在发明专利和企业主持、参与制定的国家和行业标准两项指标上。通过相关分析,可以发现企业的产学研合作项目数和长期科技项目数都与发明专利数量显著相关,而与企业主持和参与制定的国家行业标准数量不相关(见表24)。从机制上可以这样来理解:以项目制为组织形式开展的创新活动,往往有一个单一的、明确的产品目标或技术目标,其开发过程和产品参数较容易文本化形成阶段性的成果,因此能够形成一大批专利形式的知识产权成果,而制定国家或行业标准,涉及多个主体、大量参数的调查、协调与整合,难以通过项目制的形式来完成。

分析结果还显示企业的长期科技项目开发数与产学研合作项目数两者之间具有高相关性(见表24)。这是因为企业在从事两种项目开发过程中,往往投入的人力资源是高度重叠的,并且两类项目的技术基础、开发方向也是基本一致的,都紧密围绕产业的主导技术。这一结果也证实了本研究将两项数据合并考察的合理性。

表 24　百强企业科技项目开发数与其技术收益间的相关分析

	平均数	标准差	产学研合作项目数	长期科技项目数	最近三年主持和参加制定的国际、国家、行业标准数	发明专利数
产学研合作项目数	9.17	10.51				
长期科技项目数	13.61	15.72	0.85**			
最近三年主持和参加制定的国际、国家、行业标准数	10.61	12.08	0.15	0.09		
发明专利数	34.88	50.85	0.50**	0.49**	0.31**	

注:* $p < 0.05$,** $p < 0.01$

四、"创新综合百强"创新模式分析

选取样本中具有典型代表的企业,进行深度走访,结合访谈和文献资源,总结得出"创新综合百强"企业创新发展的七大路径创新模式:学习创新、购买创新、模块创新、参与创新、联合创新、并购创新和管理创新。

(一)学习创新:学习大型国有企业,承接技术扩散梯度

就资源密集型制造业和技术密集型制造业而言,浙江在全国曾长期处于后发地位。直到20世纪90年代,一批完成了原始积累的"轻、小、集、加"型企业开始尝试向较高技术要素领域寻求发展机会。浙江省"创新综合百强"企业,近80%的企业是在那个年代主动或通过与大型国企结成协作配套关系,或为国外企业供给零部件,逐渐渗透进技术密集型制造领域。经过二十多年来的努力,其中的很多企业在相关产品领域,在技术上已经实现对国外技术的替代,在规模上已经处于遥遥领先的地位。

20世纪90年代中期,大量企业能抓住机遇实现产业升级,首先是因为完成了原始积累,拥有了比较雄厚的资金实力,更关键的是企业家具有长远的战略眼光和敏锐的机会直觉。对这些企业而言,当初进军较高技术要素领域,突破技术壁垒是唯一的障碍。浙江省国有企业布局少,重工业基础薄弱,因而,大量的民营企业除了少量的为当地国有企业配套以外,大多把视野扩展到了全国的大型国有企业。为大型国有企业配套和在全国范围的国有企业挖人才是浙江民营企业实现向上发展的最佳捷径。浙江也有一些民营企业脱胎于早期的国有企业,或者创始人是国有企业的技术骨干或企业主要负责人。

案例一:西子联合的创新路径分析

西子联合控股有限公司与国有飞机制造厂的合作,在飞机零部件生产方面取得飞速发展,2009年成为国内唯一进入大飞机制造领域的民营企业。

与国有企业开展业务合作,承接创新技术。因为浙江没有飞机制造基础,在进入飞机零部件制造领域时,西子首先选择的是与国有的上海飞机制造厂和沈阳飞机制造厂合作。2008年10月,西子联合与上海飞机制造厂签订飞机零部件加工合作意向书,开始为上飞进行飞机零部件配套。2009年9月1

日,西子联合大飞机项目机加基地完成布置并投入运行,该基地为上飞、沈飞等航空制造企业配套生产飞机的零部件。

　　吸引国有企业人才,转换创新成果。为了更靠近配套地点,同时更好地吸引飞机零件制造专业人才,2009年9月16日,西子成立沈阳西子航空产业有限公司,公司主营航空科技发展、飞机零部件制造和销售。2010年3月2日成立的浙江西子航空工业公司,从普通的车间熟练工人到高级技术主管大量来自于沈阳等飞机制造大省,企业为这些外省的人才提供了十分优越的工作待遇,如:高薪、人才房、便利的生活配套等。

　　企业不断消化配套过程中的知识溢出,发挥企业内在创新活力,不断在飞机零部件产品研发领域取得突破,2009年10月28日,第一件数控加工产品成功问世,该产品是西子为沈飞配套生产的塞思纳L162运动型飞机的操纵杆支架。

浙江民营企业家谦逊好学,乐于结交,永不止步的精神,使他们在早期获得了给大型国有企业协作配套的机会,从中承接到了良好的技术知识溢出,而且他们倡导的筑高台、纳人才的文化,帮助浙江制造业广纳了来自全国范围的国有企业的各类人才。企业利用较高的工作待遇将人才"吸引住",以良好的施展才华的工作平台将人才"留下来"。浙江省工业发展良好的县市,都散发着浓厚的多省份交融的开放文化。民营企业灵活的运行机制和无可估量的内生动力,使浙江用了短短的二十几年时间,就在装备制造业、重化工业、制药工业、电子信息业等高技术领域占有了一席地位,甚至在某几个制造领域,浙江的企业进入了全国乃至全球的第一方阵。

(二)购买创新:购买解剖先进技术,消化吸收直至创新

　　引进技术曾是日本和亚洲一些新兴工业化国家经济崛起的重要因素。浙江省

"创新综合百强"企业也多有通过购买技术实现价值链攀升,这种"引进—消化吸收—再创新"的技术创新模式广泛存在于医药、机械等各个行业,经历了"技术引进—消化吸收—再创新"的技术跃迁路径。技术引进阶段,主要通过技术转让、购买技术使用权、接受技术入股、引进技术人才等方式获取国际先进技术,节省资源和时间;消化吸收阶段主要是企业进行组织学习和个人学习,将外部技术和知识应用化、系统化和产业化;再创新阶段,主要是为了跟上国际技术更新,推出更有竞争力的产品,集成创新、技术升级、工艺升级、产品升级成为主流。

"创新综合百强"企业在引进技术时注重"解剖—消化",不是单纯依赖外部技术,而是通过与研究机构、高校等合作对技术进行消化吸收,培养了创新研发队伍。当企业技术能力积累达到一定程度后,对市场需求拥有了响应能力,从而依靠集成创新、技术升级、工艺升级等自主创新手段,推出自主研发的具有国际竞争力的产品,占据行业高地,实现了弯道超车。

案例二:杭州汽轮动力集团的创新路径分析

杭州汽轮动力集团有限公司以自主创新作为战略基点,经历了引进技术、合作生产、引进智力到自主创新的跨越,进一步由单纯技术创新向完整的技术创新体系转型。

自主创新。杭汽轮于1958年成立,在缺乏设备与专业技术人员的艰苦情况下,勤劳勇敢的杭汽轮人成功试制出浙江省第一台750千瓦电站汽轮机。随后10多年年时间里,杭汽轮成功研发出第一台背压式汽轮机和为合成氨装置配套的工业汽轮机。

技术引进。在已经拥有了一定的技术承接能力之后,杭汽轮于1975年引进德国西门子工业汽轮机技术企业,用了将近10年的时间将购买的技术进行引进吸收,为杭汽轮今后的跨越式发展打下了坚实的基础。

合作生产。通过和德国西门子的合作生产,逐步掌握世界汽轮机制造的核心技术,杭汽轮利用引进国外人才和派遣人员出国培训的方式,引进智力为企业所用。

(三)模块创新:从点到面依次创新,形成模块集成技术

装备制造业产业链包括上游的原材料制造业、中游的中间件制造业(包括元器件制造、零部件制造、中间材料制造)以及下游的子系统制造和系统集成。子系统制造通常要生产出各种装备产品的主机和辅机,系统集成则是要将众多产业中游的产品加以装配、系统设计与系统成套制造。下游产业链内涵十分丰富,包括各种成型装备产品的核心生产能力。浙江省大多企业都是以同质性和单一性的中间件产品起家,利用原材料、劳动力等资源优势和政策优惠发展起来。但随着资源要素枯竭、劳动力成本上升、周边省份和国家快速发展的影响,这样的企业受到巨大冲击。同质、单一、技术含量低的中间件产品,附加价值低且易模仿,只有提高产品模仿壁垒、制造壁垒,降低生产成本,才能取得竞争优势。此类企业的创新方式主要是通过兼并与产品配套的部件企业,进入下游的子系统制造和系统制造,实现从点到面的依次创新,形成模块技术,获得集成优势。

案例三:万向集团公司的创新路径分析

万向集团公司主业为汽车零部件业,通过兼并与产品配套的汽车零部件企业,经历了从零件到部件,再到系统模块供应的发展轨迹,从点到面依次创新,形成模块技术,最终获得集成优势。

实现从零件、部件到系统部件的模块化配套。万向集团公司最初是靠生产汽车上一个非常小的零部件——万向节起步的企业,借助浙江拥有的几个汽车零部件生产基地优势和大量的国际并购,不断对基础产品进行相关功能的扩展。1996年万向钱潮股份有限公司,通过收购浙江万向机械有限公司等3家公司60％的股权,扩大了公司万向节生产能力,同时获得保持架等汽车零

部件的生产技术。1999年,公司收购成立了武汉万向汽车制动器有限公司,直接进入二汽神龙富康配套,顺利地开拓了新领域,为零部件系统模块增添制动系统形成底盘。2000年10月,万向集团成功收购广州轴承厂万向节生产线,给万向节增加传动轴形成传动装置,能够制造汽车前、后轴总成、中间轴总成,再增加悬挂系统形成前后副车架总成。2001年,万向钱潮获评年度优秀供应商、A级供应商;继制动器配套后,前轮毂轴承、减震器等产品又实现了批量配套,等速驱动轴通过了"ē"级认可。

企业在逐步实现由单个零部件加工到模块制造、再到多模块组合,每一次功能的集成,都大大提高了产品的技术含量和制造壁垒,最终拉开了与其他同类企业的技术差距。

(四)参与创新:配套技术领先企业,融入全球价值网络

随着经济全球化的深入,浙江制造企业积极融入全球制造网络。百强企业中有90％以上参与到了价值链的全球化分工。很多外贸型企业,通过获取国外订单,由买家指定国外核心元器件,以代工的方式加入全球价值链。这种现象在浙江船舶业中相当普遍,致使加工环节利润低廉,企业难以形成独立的技术研发体系,因而被长期锁定在较低附加价值环节。"创新综合百强"企业则在参与全球制造网络,为技术领先的国际企业配件时,努力突破国外约束,积极投入研发,从而在OEM过程中实现"合作—吸收—再创新",最终提升企业创新能力。此类企业通常由早期的OEM模式逐渐上升至ODM模式,即不仅参与全球制造网络,而且参与到全球设计网络,为技术领先客户提供具有自主知识产权的配套产品,从而提高了在价值链中的地位和利益份额。

OEM伴随着大量的知识获得,对浙江制造业的技术积累和精益生产能力的提升具有重大意义。在代工过程中,企业从客户中获得的知识溢出主要有三种:

(1)承接技术。OEM 虽然是为外商的代工,但要求企业具备一定的承接能力,只有企业自身的技术水平达到要求,才能获得 OEM 订单。因此企业在 OEM 过程中,自身的技术水平不断得以提升。(2)生产流程规范。外商在选择为其 OEM 的企业之前,首先会针对企业的生产线进行参观考察,在选定了基本满足其生产要求的企业之后,外商会根据自身的产品生产需求,要求企业规范生产流程。这个过程客观上帮助了浙江制造企业生产流程的规范化,生产运营模式与国际标准接轨。(3)人才队伍的培养。为了规范 OEM 企业的生产,外商企业一般在 OEM 企业生产初期会派出相关的技术人员和管理人员对企业进行现场指导,帮助提升企业从现场一线普通员工到企业管理高层的素质,特别是为技术性人才和管理高层带来了国际最先进的技术和管理经验,通过 OEM 成长了一大批优秀企业。

案例四:海正医药的创新路径分析

浙江制药板块早期几乎都是为国外提供原料药,出口转内销的药品价格大大高于企业供给外商的价格。自 2000 年以来,制药企业纷纷加大投入研发,开展多类型研发活动,从完全的为国际医药企业代工向合作研发仿制药以及创新药转变,从完全的技术购买到拥有自主研发能力转变。

"原料药代工时期"迈进"制剂生产时代"。浙江海正医药经历了一个由科技含量低、产品结构单一、粗放的和低附加值的原料药代工时期。如今,企业已意识到长期为国外企业代工所付出的成本不仅体现在低廉的价格上,还体现在环保、安全和市场竞争上,特别是在核心、关键技术的掌握和应用上的缺失。现在的海正逐渐拥有制剂生产的能力和与国外大型医药企业合作研发的实力,已与国际上众多医药巨头和知名医药科研院所建立起了长期的合作关系,进入了"大平台、大转移"的发展战略转折期,迈进"制剂生产时代"。2012年,海正医药与美国辉瑞公司合资成立的由海正控股的海正辉瑞制药有限公司是一家以仿制药研发、生产为主体的医药公司。海正与美国辉瑞公司不单单是资金的合作,更是技术、人才、营销平台和产品、市场资源等全方位的合作与共享。辉瑞的强项是专利药,眼下国内制药企业不仅在制剂上是一个短板,而且在整个制剂的质量体系、营销平台体系等的建设上也都处于短板,海正可以充分借助辉瑞的国际市场优势和国际营销理念,快速由原料药的创新仿制转向与制剂同步发展,从而弥补自己的短板。

(五)联合创新:对接高校科研院所,追踪转化理论成果

浙江的产学研合作由来已久,从 20 世纪 80 年代的"星期日工程师"开始起步,至今,持续地由小到大,由少到多,由松散到紧密,产学研合作逐步深化。大学科研院所的技术成果源源不断地向浙江民营企业转移和输送,支撑了浙江民营企业的发展和腾飞。产学研合作是获取技术信息、实现技术突破的一条快速有效的途径。由于高等学校和科研院所的理论研究导向,从这些机构中往往可以跟踪到产业技术的最新研究成果与发展趋势,这对于企业技术决策非常关键。浙江制造业创新综合百强企业基本上都建立并保持与高校和科研院所的密切合作关系,很多企业的起家产品或拳头产品就是这类产学研合作的结晶。把研究机构的理论成果拿到企业来进行生产实践的转化,大大缩短了产品的开发周期,降低了技术风险,同时也培育了一大批自主知识产权。

案例五:中控集团的创新路径分析

中控集团于 1993 年创立,一批浙江大学的青年教师和学生一起响应国家产学研相结合的号召,与中控集团进行合作,将自主研发的自动控制系统和自动化产品产业化。

产学研合作获得成果。1996 年开始,中控集团和浙江大学先进控制研究所联合进行技术攻关,解决了工业以太网通信通道 1:1 热冗余的关键技术,并率先在集散控制系统中实现通信技术。2000 年,中控集团和浙江大学先进

控制研究所再次联合,针对工业以太网实时通信技术、网络安全技术进行技术攻关,并锁定目标为制定 EPA(ethernet for plant automation,是一种基于工业以太网的现场总线解决方案)标准,此 EPA 标准通过经历了 5 年漫长而艰苦的过程,期间由中控集团牵头,联合浙江大学、中国科学院沈阳自动化研究所、上海工业自动化仪表研究所、重庆邮电学院、大连理工大学、清华大学、上仪股份等 22 家国内高等院校、科研院所、高新技术企业,联合组成了 EPA 标准工作组,共同承担自主创新的 EPA 标准化项目。2005 年,EPA PAS 提案高票通过,2007 年 12 月 14 日,EPA 国际标准正式发布出版,成为我国工业自动化领域第一个被国际标准化组织接受和发布的国际标准。

(六)并购创新:连续实施战略并购,快速获取创新资源

作为迅速提高企业技术能力的一种有效途径,并购受到浙江大多数企业的重视,成为对外直接投资、克服市场不利条件、占据国外市场的重要手段。基于并购的技术学习能迅速实现核心技术的整体导入,快速提升关键制造技术能力和先进的技术创新体系的建设,并获得被并购企业的市场资源。中国大多数跨国并购发生在 2008 年全球金融危机后,利用了发达国家持续的经济低迷提供的千载难逢的良机。不过,浙江制造业创新综合百强企业的并购案例很多则发生在金融危机之前。并购地点有的发生在境内,有的发生在境外,并购既包含对国外公司的直接并购,也包含通过参股境外公司实现对目标企业的间接并购。我们把并购分为三类:境内并购、境外并购和多方向复杂并购。

案例六:华立集团的创新路径分析

境内并购。华立集团利用收购迅速实现从电表单一产业向以医药为核心产业的转型升级。2000 年,华立集团开始涉足医药产业,并将其列为核心发展产业。按"整合产业"原则制定企业的医药产业规划,通过资本运营等方式,

收购、兼并、联合、扩建、新建同类企业及"上、下游"企业,建设完整的以资本为纽带的"产业链",形成了华立控股的医药"核心竞争力"。华立旗下有三家医药上市公司:华立药业,华立集团股份有限公司控股 23.52%;昆明制药,华方医药科技有限公司控股 24.34%;武汉健民,华方医药科技控股 20.86%。此外,还有一家以销售维生素类产品为主的保健品公司,华立生命科技有限公司。

案例七:吉利控股集团的创新路径分析

境外并购。2010 年 3 月 28 日,吉利控股集团宣布在沃尔沃所在地瑞典哥德堡与福特汽车签署最终股权收购协议,以 18 亿美元的代价获得沃尔沃轿车公司 100% 的股权以及包括知识产权在内的相关资产。沃尔沃这个品牌的核心价值是安全和环保,企业品牌在世界品牌实验室(World Brand Lab)编制的 2006 年度《世界品牌 500 强》排行榜中名列第 232 位。沃尔沃在汽车安全和节能环保方面拥有众多专利技术。吉利 100% 购买沃尔沃,不仅获得其专利技术、知识产权和技术人才,更是强化了吉利提出的"生产世界上最环保、最安全的车"的价值主张。

案例八:万向集团的创新路径分析

多方向复杂并购。万向集团早在 90 年代初即开始了一系列的国内、国际并购,成为拥有生产汽车万向节、制动系统、传动装置、等速驱动轴、前后中轴总成、减速器等模块的汽车部件供应商。1999 年依托万向美国公司收购了美国 QA1 公司 200 万美元的股权,成功实现以股权换市场。2000 年,万向美国公司又成功收购了美国舍勒公司、BT 公司、IPPD 公司和麦可公司等。2001年,又成功收购美国 UAI 公司 21% 的股份。与此同时,万向与多家国际零部件供应商达成全球制造一体化合作意向,多个专业产品分别为国际大汽车公司提供配套服务。继而,随着国际化进程的加速,又成功收购美国"百年老店"——翼形万向节传动轴的发明者和全球最大的一级供应商——洛克福特 (Rorkford)公司 33.5％的股权,收购美国历史最悠久的轴承生产企业 GBC 公司,与 TRW、DANA 等形成战略合作关系。2014 年万向又出手 1.49 亿美元收购与特斯拉齐名的菲斯科。万向在并购扩张中形成了独特的"反向 OEM 模式",即收购国外品牌汽配供应商,把产品转移到国内生产,再打上原来的品牌返销国际市场。这种模式的前提是具有低成本的大规模生产能力、对制造技术快速消化吸收能力,加上并购获得的主流市场稳定的客户关系和销售渠道,由此,万向占尽了低成本制造、高价格销售带来的高额利润空间的好处。万向从产业链下游为他人做 OEM 转向往产业上游渗透,通过获取技术和营销渠道建立了核心竞争力。在美国,万向节销售借用洛克威尔公司的力量,轴承则合并使用了日本 NTN 公司与美国通用轴承公司的销售系统;在南美,万向吸纳了舍勒公司的整个销售网;在欧洲,则起用原 GKN 系统的人员。为配合市场体系的有效运作,万向加强硬件配置,在美国、英国、墨西哥、巴西均设有保税仓库,满足客户对时间的要求,解除客户对货源的担心。其次是管理体系的本土化。万向聘用当地的优秀人力资源,按当地最严格的标准管理公司,公司财务账目、法律事务等,都由当地会计师事务所、律师事务所来承担,取得客户的信任,用最短的时间,进入角色。万向的管理体系,完全以国际通用的标准设计。万向海外公司的经营效益和发展速度得到了当地银行的认可,万向海外公司的受信额度不断提高,万向美国公司从当地银行融资的投入,是母公司投入的 2 倍。万向集团已经成为真正意义上的跨国企业。

(七)管理创新:引进先进管理体系,提升企业管理水平

浙江制造企业具有全面学习先进技术和管理经验的强烈动机。企业在与国外采购商、设备供应商打交道的同时,深刻地认识到与发达国家和优秀企业相比,管理更是自身的软肋。自 2005 年前后,浙江企业掀起了轰轰烈烈的管理学先进的热潮。管理学习的内容主要有两类:(1)学习诞生于摩托罗拉公司、并由美国通用电气成功实践得以发展起来的六西格玛管理技术,通过科学的流程设计与改善,实现"零缺陷"的完美质量追求;(2)学习发源于日本丰田的精益生产方式,通过构建产品开发、协作配套、营销网络以及经营管理各环节协调运作的生产制造系统,实现"多品种、少批量"的市场柔性需求。学习的方式也有四类:(1)把拥有先进的管理理念和经验的人或团队请进来,或咨询或引进;(2)与先进公司成立合资公司,引进全套管理体系;(3)走出去,到标杆企业去学习;(4)多种形式并举。企业在引进管理体系时,会根据自身的发展特点和现实,进行对接式改造创新。

案例九:西子联合的创新路径分析

管理创新是西子立志从生产型公司转到管理型公司的核心。在转型升级道路上,西子联合大步向前,勇立潮头。在与世界 500 强企业的合资合作中,西子联合学习借鉴了国际先进的管理经验,不断推行精细化管理和 ACE 运营体系,强调执行力,强调文化,强调制度,将日本式精益制造管理、美国式财务管理和西子的营销管理相结合,凝聚形成了西子联合"三位一体"的核心竞争力,不断创新业务模式,追求品质和企业社会责任。

日本式精益管理。所谓精益,就是"精细+效益"。杜绝一切浪费,从原来的"推动式"生产改变为"拉动式"生产,零库存管理,改造流程与价值流,信息化管理,品质管理。以董事长王水福为首的专家团队专门赴日本丰田和美国奥的斯进行考察学习,聘请了丰田的日本专家,在不同部门开展了看板管理、QC 活动、设备检验、网络技术、目标成本等现代化管理方法的应用,使其效率、效益都居行业领先水平。

美国式财务管理。西子奥的斯以财务主导型管理,创造了年现金周转率从 1.5 次到 40 多次的飞跃,也为西子联合提供更为合理科学的财务制度。垂直财务管理,稳定的供应链,充裕的现金流是其主要思想,这种财务制度其实也是基于精益管理持续改进的理念。

西子式营销管理。以西子奥的斯为例,其在国内拥有 16 家区域分公司和260 多个产品代理商;在国外,西子通过奥的斯庞大的销售网络开展它的海外之旅。(1)长期战略合作联盟。西子最有效的营销手段,就是寻找"长期战略合作联盟",减少了交易成本。(2)全面解决方案。对于西子来说,给用户提供的不仅是电梯产品,更重要的是为客户提供"一揽子"解决方案。(3)"实业"服务者。电梯的营销价值最终是靠服务来实现。西子奥的斯的主要利润来源,在于电梯的价值链即维保、旧电梯改造和零配件生产。

五、浙江省制造企业转型升级的八大趋势

"创新综合百强"企业是浙江省制造业创新发展的先行者,也是引领浙江制造企业创新发展的领头羊,"创新综合百强"正在推进的工作和布局的战略,高度反映了全省制造企业下一步的动态走向。通过对"创新综合百强"的战略分析,梳理得出浙江制造业未来发展的八大趋势。

(一)深度融入全球网络,价值地位不断攀升

全球金融危机,对于大多数外贸依赖性企业而言是灾难,但对于百强企业而言却是机遇。浙江以万向、雅戈尔、吉利、华立、卧龙、龙盛等为代表的一批民营企业,抓住了这个机遇,积极实施跨国经营战略,提升了汽车制造、医药制造、机械制造等行业在全球价值链的地位,随着他们在全球范围内的资源整合和利用,浙江本土的跨国公司的雏形逐渐清晰起来,他们在新的历史起点诠释了浙江制造企业在全球产业格局中的重要角色。

如万向集团是通过深度融入全球制造网络,积极参与国际竞争,进而提升企业综合竞争力和行业竞争力的典型企业。万向集团是一家以乡镇企业为主体的企业集团。万向主业为汽车零部件业,从贴牌经营起步,然后逐步形成自己的品牌,并不断进行自主研发,抢占技术制高点,拥有自主知识产权。正如其创始人鲁冠球总结的那样,20世纪80年代万向开始"走出去",从打别人的品牌,到创出自己的品牌,再到组合品牌优势;从国际营销,到国际生产,再到国际资源整合。1984年,万向节闯入广交会,舍勒公司成功订购了万向公司3万多套万向节,此后5年中万向每年向舍勒出口20万套万向节,由此走上了国际化道路。1997年8月,万向正式获得美国通用汽车公司的生产订单,成为第一家进入美国一流主机配套市场的中国汽车零部件企业。自成立以来的很长时间内,万向一直是为通用、福特、UAI等企业提供低价值的零部件产品。但万向的领导集体具有适应经济全球化的心智模式,在企业发展经营上创新意识强,具有争取全球高端市场的强烈意识。1994年,万向在美国成立了万向美国公司,作为争取全球高端市场的桥头堡。1997年7月,万向公司收购AS公司60%的股份,成立万向欧洲轴承公司。2000年万向收购了美国舍勒公司,2001年又收购了美国的UAI公司。在与UAI公司合作中,万向实现了全球高端市场的突破。2005年,万向美国公司完成对PS公司的收购,拥有60%的股权。PS公司成立于1932年,是最早福特公司核心供应商之一,是克莱斯勒、通用等公司的一级供应商。此项收购意义重大,由此打通了向福特、克莱斯勒和通用供货的渠道。此外,万向还收购了美国历史最悠久的轴承生产企业GBC公司,获得了完整的市场网络,并与最大的汽配供应商TRW、DANA等形成战略合作关系。万向以"股权换市场、参股换市场、设备换市场、市场换市场、让利换市场"等各种方式与国际先进技术和市场资源对接,迅速扩大了产品线,并让其在制造方面的核心竞争力得到最大限度的放大。优化整合配置资源的能力就是万向国际化的核心。

通过多年运作,万向美国公司已成功打入美国主流社会,成长为美国中西部最大的中资企业。目前该公司雇用的美国员工已近千人。在国际营销渠道建设上,万向设立了 10 多家海外子公司,营建零部件国际市场网络,以最直接快捷的方式,将产品送到客户手中,并且作为国际市场最新技术、质量、价格等信息的收集点,源源不断地把最前沿信息传递回集团。2004 年,万向美国的营业收入为 5 亿美元。万向节产品的海外业务量已经占到总体销售的一半,普通产品则有 1/3 销往海外。2005 年,海外收入已经占到集团主营收入的 26% 以上。如今万向集团已在海外 8 个国家拥有 19 家海外公司,营销网络遍及 60 个国家和地区,是第一家进入国际主机件厂配套线的中国汽车零部件企业。从企业规模、国际化经营水平考量,万向被德国同行当作重要竞争对手。

(二)向产业链上游延伸,掌握市场话语权力

身处于产业链中制造环节的企业往往会受到前后两端的挤压,尤其是在原材料供给较为垄断的行业中。以百强中涉足石油化工的企业为例,受制于矿产资源不足的先天缺陷以及基于早期我国国防安全考虑的工业布局,浙江的重化工业发展缓慢,改革开放以来,轻型制造一直是浙江工业结构的鲜明特色,轻工业占全部工业总产值增长的贡献率超过 60%。重工业中,基础原材料工业比重较低,相当部分为轻小型的金属、机电加工业和精细化工业。轻型经济具有结构不全、增长乏力、波动大、抗打击能力弱的不足,有选择地发展重化工业是浙江产业结构升级的内在要求。但是重化工业是以能源和矿产品为主要原料的产业,而浙江是能源和矿产资源匮乏的省份,电、煤、油、运的供需矛盾比其他省市区更大,近年来,高消耗、高运量的基础原材料重工业发展过猛,使得电、煤、油、运的供需关系绷得更紧,是电力短缺全国最严重的省份。重工业的单位产值耗电量相当于轻工业的 1.7 倍。在这种情况下,几家大型企业利用已经积累的经济实力,开始在全球范围内整

合石化资源要素,将产业链向上游延伸。

恒逸集团所处产业链条为"原油—石脑油—PX—PTA—涤纶长丝/短纤—纺织品"。整个产业链条中,产品成本构成超过80%由上游原料决定,因此原油价格的波动严重影响产业链条产品价格的波动,进而加剧了原料成本和经营成本的不确定性,由此伴随而来的销售风险增加了企业效益的波动。恒逸在发展过程中,为了摆脱低端制造环节对企业发展的限制,努力围绕石化产业链向上游延伸,并联合战略合作方实现优势互补,率先实现产业转型升级。公司坚持一体化产业链发展模式,在已经形成的PTA—PET一体化产业链竞争格局的基础上,将继续将产业链向上延伸。2013年,文莱PMB石油化工项目获得国家发改委核准批复,不但刷新了中国民营企业海外投资的记录,此举标志着恒逸石化的产业链形成了从下游到上游全覆盖的炼化一体模式。该项目是恒逸石化与文莱政府合作的一个以原油、凝析油为原料的炼化一体化项目,拟建于文莱大摩拉岛(Pualu Muara Besar),利用全球最先进的技术、设备、工艺进行文莱项目的建设,主要生产的产品正是公司所需的原材料对二甲苯(PX)、苯以及汽油、柴油和煤油等油品,项目达产后,预计年产PX150万吨,苯50万吨,化工轻油120万吨,汽柴煤油300万吨。该项目将解决恒逸石化现有产品原料来源瓶颈,同时,公司原有的PTA—PET—POY产业链将延伸至上游原材料行业,从而进一步巩固公司主营业务的核心竞争力,促进公司业绩飞跃式增长。

(三)与下游服务端融合,提供整体解决方案

制造的产品最终将通过服务体现使用价值。由于二者在社会生产消费中的不可分割性,服务和制造之间的边界开始变得模糊,服务业开始制造业化,制造业也开始服务业化。制造业向服务业的渗透成为制造企业产业链延伸、优化客户体验、有效提升产品附加值的重要模式。巨大的制造业将产生更加巨大的为这些制造品

使用和消费的服务业。制造业与服务业的紧密融合,使许多浙江制造企业从纯粹靠成本竞争的产品供应商转向为客户提供整体解决方案的高附加值生产性服务商。

运达风电是通过一体化服务、为客户提供整体解决方案的典型代表。浙江运达风电股份有限公司主营大型风力发电机组的设计、生产和销售以及风电场的运行维护、备品备件的供应,并提供风力发电工程的风场规划、技术咨询、设计、施工等服务。运达风电不仅仅提供风力发电设备,而且凭借在产品开发、优化、施工、运行维护等方面的丰富经验,为客户提供整套工程解决方案,最大限度为客户创造长期价值。公司目前提供微观选址、项目分析、技术培训、安装指导、调试运行、故障处理等完善的技术服务体系:(1)微观选址——实现对风资源的最佳利用。根据项目风资源状况,结合 WASP、WINDFARM 软件,由工程技术人员、微观选址工程师对项目现场提供专业的微观选址服务。(2)远程监控——保证最及时、最准确的技术服务。运达风电建立了杭州与张北两大监控中心,实现对各风场的集中远程监控,使得技术人员能实时了解各风场机组运行动态,第一时间指导现场工程师解决机组故障,保障机组稳定运行,追求优质的售后服务。(3)故障处理——快速响应,准确处理。运达风电已设立杭州、张北两大备件中心,同时各风场皆有小型备件库,可及时提供所需备件。完善的故障处理体系结合 24 小时快速响应机制,保证机组获得最大可利用率。(4)交钥匙工程——满足客户的期望。公司拥有良好的工程组织、管理能力,并具有高原、海岛、山地等复杂地区丰富的项目经验,根据各个风场的特殊性,制定出不同的运输、安装、调试计划,确保按时将风场交付至客户手中。

正泰集团也成功实现了从中低压开关及零部件、高压产品、变压器及绝缘材料的供应商向国内一流、国际知名的电器全面解决方案提供商的转型。正泰凭借制度创新、科技创新和管理创新,首先实现了产品由中低档向中高档的扩展,之后价值链由提供单体产品向提供系统解决方案扩展。正泰提供的端到端的解决方案和服务主要包括：(1)能源管理和信息系统，即正泰的电力控制系统、汽油控制系统、水利控制系统、限制加温网络控制系统、劳动力管理；(2)电力自动控制，主要包括保护继电器、工作站管理和保护、电力质量管理；(3)服务，涵盖需求分析、咨询服务、概念设计、后继维护、财务服务。正泰集团的定位是通过产品和服务成套化为客户提供全面输、配、变、送电解决方案和服务，进而优化客户的盈利模式和运作模式。这种战略定位使正泰从一个提供单一产品的生产商，转变为提供单一产品、服务以及端到端的解决方案的集成商，正泰的盈利模式也从依靠规模经济，降低成本，获得产品边际利润，向提供具有更多增值服务从而获取更高整体利润转变。

(四)跨界整合多业并举，积极布局现代农业

跨界融合已经成为浙江制造企业发展的潮流和趋向。百强企业中有不少企业正在凭借自己的社会资源的获取力、影响力和经营管理能力等，以获取更多利益为发展动力，尝试或已经跨界进入多个与主业不相关产业和以现代农业为主的其他领域。

近几年，大量的制造业企业进入房地产业、金融投资、酒店餐饮商贸业、物流业等服务行业。百强企业中有 22 家进入了房地产业，进入房地产的企业大多是为了赚"快钱"，早期进入的企业虽收获了可观的利益，但近几年因为房地产泡沫化严重，行情低迷，这类企业或多或少都受到了影响。如雅戈尔集团于 1992 年开始涉足房地产开发，公司在宁波、苏州等地相继开发的住宅、别墅、商务楼等各类物业，赢得广泛的市场好评。但 2013 年 6 月下旬，雅戈尔宣布解除与杭州市国土资源局的土地合同，退还其手中两宗申花板块的土地。春江水暖鸭先知，雅戈尔快刀斩乱麻，退出房地产江湖，也从一个侧面说明房地产高盈利时代的终结。调查发现，这22 家企业，其中的绝大多数企业已经在着手清理，准备退出房地产业。百强制造

企业中进入酒店、餐饮、商贸以及物流领域的则更多,不过大多数企业是出于为自己的经营配套以及为自己的员工服务的目的,这其中有一些企业逐渐将这些延伸产业发展成为企业的其中一个支柱产业,如横店集团控股有限公司,除了磁性材料主业外,其影视文化旅游业成为另一个重要的产业,并已拥有以"中国好莱坞"著称的横店影视城和为旅游业配套的酒店、餐饮以及商贸行业。传化集团有限公司,自1997年涉足物流行业以来,一直以创新的思维,引领我国物流业的发展。公司在对中国公路物流现状的深刻洞察与分析的基础上,于2002年首创了"公路港"平台模式,并率先建设运营了杭州公路港、成都公路港和苏州公路港,成功打造了"以信息化为核心,以网络化为载体,以资源整合为基础,以服务创新为驱动"的公共物流服务平台,填补了行业空白,开辟了公路物流的一片蓝海。

近几年来,制造业大资本财团纷纷进入农业领域,颇为壮观。运用大资本的力量和成熟的市场运作体系进入农业,成为许多制造企业新的进入领域和未来的产业发展方向。大企业资本的进入在促进农村合作组织成员的规范经营行为、获取外部资源、降低交易成本、提高管理效能等方面具有重要的作用,将突破农户种植(养殖)规模小、产品附加价值低的局限,从单一的"种植＋收购商"的模式转为"种植＋加工＋出售"一体化模式,实现三产融合。万向集团投资控股的浙江大洋世家股份有限公司,主营远洋捕捞、水产品加工和进出口贸易。公司拥有三大船队和三个大型水产加工基地,自2010年底着手拓展国内市场以来,公司重点在团队建设、产品建设、网络建设、物流建设和品牌建设上下功夫,在全国大中城市建立了商超海鲜专柜、品牌专卖店、专营批发店、大型餐饮连锁及商超采购集团直供和电子商务等五种销售模式。公司形成从捕捞、运输、加工到销售的"专业化经营、国际化运作、渔工贸结合、上下游连通"的经营模式,实现了一、二、三产业的自然融合。同样的企业还有海亮集团有限公司旗下的明康汇健康食品集团,是一家集生鲜食品生产、加工、储运、销售为一体的现代食品集团。西子联合控股旗下的西子三农集团完成了从农业产品原生态生产、农残检测、展销,再到物流配送的一体化。横店集团以横店烟草业为龙头,以高起点、高科技、规模化、产业化、连锁化发展形成了烟草种植、畜牧加工、乳制品生产及营销服务连锁化的现代大农业的发展格局。

(五)两化持续深度融合,智能制造步伐加快

《2014年浙江省区域"两化融合"发展水平评估报告》指出,浙江龙头企业带头加大信息化投入,在智能装备技术改造、管理信息系统建设、管理咨询、电子商务等方面进行投资,2014年浙江1677家龙头骨干企业平均信息化投资达到286万元,其中软件和信息化服务投资达到199万元,占总投资的69.6%。浙江企业数控化率达到40%以上的地区增加至31个,智能制造模式不断得到深化应用。从本研究调研的企业来看,早几年开始,由于浙江劳动力成本的快速提高,已经倒逼浙江制造企业,尤其是劳动密集型制造企业加快了工业机器人应用和自动化工艺改造的步伐。浙江制造企业对于标准化工位机器人的运用已成燎原之势,正在迅速蔓延,并正在向以联网工程为代表的智能制造迈进。

今飞机械是一家生产电动车轮毂、摩托车轮毂、铝合金汽车轮毂的企业,2013年实现销售收入52亿元,出口1.47亿美元。2013年,今飞集团投入上千万元进行信息化建设。2014年,公司引进了杭州力太物联网管理系统,实施铝合金汽车轮毂智能化物联生产线改造项目,该项目的实施在减少劳动用量、降低操作难度的同时,实现了对生产计划和进度的实时监控以及对加工工艺参数的在线设定、自动采集、自动预警等功能。今飞机械在对自己的生产线进行机器换人的建设过程中,一方面通过项目外包等手段提高效率,一方面采取了自主研发力量的跟进。目前,公司正在实施的"机加工柔性生产线开发项目"采取了机械手零部件硬件外购,并根据企业实际生产需求和特点对应用软件、自动量具、运输线等进行自主开发,最终建成了自主集成系统。今飞集团已形成行业领先的汽车、摩托车轮毂机加工柔性

生产线,这个生产线的上马,劳动用工减少了 2/3 之多。以年产 100 万件轮毂生产线为例,从原用工近 1000 人减少到 300 余人。整个集团 2013 年销售额增加了23％,而人员同比减少了 10％。通过自动化、信息化的实施,公司培育、带动了一个新的装备制造产业。目前,今飞集团除数控机床外,所有铝合金汽车轮毂生产装备都已实现自主生产,汽车轮毂生产装备已面向国际、国内市场供应,2014 年装备出口额近 1 亿元人民币,2015 年至今在实施 4 个海外项目,出口额预计可达 2.5 亿元。

目前,万丰奥特也正在加快机器人的应用,并自主研发了机器人自动化浇铸系统,单台机械手控制 6 台铸造机,打破了国际上单台机械手控制 4 台铸造机的纪录,还研发出了应用于铝合金车轮、缸盖等汽车零部件领域的浇注机器人、精密铸造机器人、铸件去飞边机器人、机加工搬运机器人等七大类工业机器人系统集成单元,这些机器人承担了一整套的搬运、传输、浇铸、打磨等工位的工作。机器人的应用,一是大大节省了人力,如一个浇注机器人能顶替 16 个工人;二是可以把工人从恶劣的环境中解放出来,如浇铸工位非常艰苦,刚浇铸出来的轮毂温度高达 500度,需要工人带上厚厚的石棉手套快速搬运到下一个工位;三是可以大大提高产品精度。万丰奥特计划在四年之内建成“无人工厂”。万丰奥特的机器人项目弥补了现有国内工业机器人功能单一的技术不足,适用于浇铸、锻造、冲压、精密铸造、砂型铸造、国家大飞机部件等 10 多个行业。当前万丰机器人浇注自动化装备单元国内市场占有率超过 70％,并且万丰成为了国家机器人重力浇注标准的起草单位。

(六)加紧融入涉绿行业,开展绿色安全制造

以牺牲环境换取经济增长的时代已经过去,新常态下,环境友好型的健康可持续发展是大势所趋。但是经济的迅猛发展已经过度透支了环境的承载能力,生态环保问题随着一系列雾霾事件的爆发受到全社会的高度关注。浙江省对环境保护、节能减排、生态治理的决心和投入一直走在前列,2014 年全省相继淘汰了 20

多个行业的 3500 多家企业,印染等六大重污染高耗能行业关停淘汰企业超过 1000 多家。在关停并转政策的驱动和倒逼下,浙江的环保产业近年来迅速崛起,逐渐冒出了几家行业龙头企业,他们凭借敏锐的市场嗅觉,牢牢抓住生态工业化发展的历史机遇,正逐步融入涉绿行业和绿色安全制造。海正生物医药、正泰太阳能、吉利和万向电动汽车等快速发展,已成为浙江制造业转型升级的核心力量,菲达环保和聚光科技等则在环境治理领域脱颖而出,显现出良好的发展势头和后劲。

浙江菲达环保科技股份有限公司是中国最早从事电除尘器设计研发、生产制造的企业。国有企业的身份并没有阻止企业快速创新、抢占市场的步伐,目前,其电除尘器出口 30 个国家和地区,占印度电除尘器市场的 30%、土耳其市场的 50%。早在 2007 年,菲达环保就着手实施燃煤烟气 PM2.5 治理技术与装备研发平台建设,先后开发出低温电除尘器、湿式电除尘器等具有自主知识产权的核心减排技术,《高效控制 PM2.5 电除尘技术与装备》获浙江省科学技术一等奖,《大型燃煤电站锅炉烟气电袋复合除尘技术与装备》获浙江省环境保护科学技术一等奖,《燃煤电站 PM2.5 捕集增效与优化技术与装备研制》列入国家高技术研究发展"863 计划"项目、《低温电除尘及余热利用集成系统研究和工程示范》列入浙江省重大科技专项。2014 年,菲达环保承建的舟山电厂新建 350MW 机组湿式电除尘器成功投运,粉尘排放浓度为 2.46mg/m3,仅为燃气轮机组排放标准的一半,是中国首个燃煤电站"超低排放"工程,通过采用菲达环保的机械设备,燃烧煤炭的发电机组排放能够做到比燃烧天然气还低,菲达环保通过技术创新将 PM2.5 用于陶瓷工业、基础设施建设等领域,不少电站在技术改造后不仅降低了污染物排放,每年还能通过销售收集的细颗粒物粉尘获得收益。

作为海归高科技创业的典型代表,聚光科技已经是世界领先的环境与安全分析检测仪器生产商与系统解决方案供应商。凭借一流的研发、营销、应用服务和供应链团队,十余年来,公司致力于业界最前沿的各种分析检测技术研究与应用开发,产品广泛应用于环保、冶金、石化、化工、能源、食品、农业、交通、水利、建筑、制药、酿造、航空及科学研究等众多行业,2006 年推出了技术世界领先的废气污染源监测系统 CEMS,正式进入环境监测市场。2008 年,公司废气污染源监测系统市场占有率第一,同年推出了废水污染源监测系统和数字环保信息系统,完善行业解决方案。从 2008 年以来,聚光科技一直在工业过程气体分析产品市场占有率稳居第一。2009 年以后公司在废水污染源监测系统和环境在线监测市场占有率也稳居第一。虽然企业营业收入刚刚跨入 10 亿门槛,但聚光科技的创新综合实力居于创新百强的第 28 位,是浙江制造业中创新型企业的典型代表。

(七)高端海归人才创业,直接切入高新领域

近年来,数以千计的"海归"在国内创新创业的大好形势下,选择了"归国创业"。《中国海归创业发展报告(2012)》显示,互联网、IT 和通信等高新产业领域创业成功的"海归"占到了 70% 以上,还有 20% 的"海归"集中在咨询、法律服务和教育等知识服务经济领域。调研发现,浙江的海归创业领域大多是直接切入生物医药、TMT 等高科技领域,以及新能源、新材料、环保节能等战略性新兴领域。浙江省坚持以一流的环境吸引一流的人才,以一流的人才创造一流的业绩,通过深化改革、积极创新、出台政策、加大投入,吸引和集聚海外高端人才来"浙"创业,催生了中控、聚光科技等一大批海归创业群体。

王健和姚纳新是浙江海归创业的佼佼者,他们一手缔造的聚光科技已经成功上市,发展为中国分析仪器行业和环保监测仪器行业龙头企业。在斯坦福大学求学期间,王健就敏锐地认识到半导体激光气体分析技术具有代替传统采样气体分析技术的发展趋势和应用前景。光机电一体化气体分析技术不仅在生产工艺优化、工业窑炉节能降污分析方面会大有作为,在能源气回收、安全生产及环保监测等领域,也将产生巨大的经济和社会效益。中国研发和生产高端分析仪器能力的

企业非常少,每年超过 100 亿美元的市场份额,基本上被国外的大公司所占领。技术痴迷者王健在一次聚会上遇到了浙江籍校友——斯坦福大学商学院研读斯隆管理硕士课程的姚纳新,两人对未来的光电一体化气体分析技术的巨大应用前景产生了共鸣。在宁波同乡、斯坦福大学校友朱敏的帮助下,2002 年,聚光科技(杭州)有限公司注册成立,次年,在国内首次成功研制"基于 TDLAS 技术的激光在线气体分析系统",并迅速打开市场。2008 年,聚光科技公司代表中国牵头起草"可调谐激光气体分析仪"IEC 的国际标准,连续两届被评为"中国最具生命力百强企业",被评为"清科 2008 年中国最具投资价值企业 50 强"。2011 年,公司成功上市登陆创业板,王健和姚纳新的创业取得了巨大成功,成为新时期海归高科技创业的典型代表。

(八)周边带动效应突出,引领产业集聚发展

用工荒、附加值低、缺乏核心技术一直是悬在浙江制造业头上的"达摩克利斯之剑",在日趋严峻的资源要素环境条件下,如何促进浙江块状经济向现代产业集群转型升级成为目前浙江制造业发展面临的亟待解决的问题。和江苏、山东、广东等先进省以大企业为主的发展模式不同,浙江形成了中小企业为主角的区域产业发展模式,块状经济占据工业总产值的 50% 以上。调研发现,发挥大型制造企业对周边配套产业带动效应,对促进块状经济向现代产业集群转型升级具有重要现实意义。

大型制造企业在产业集群内处于核心地位,在技术创新、专利、标准、研发、品牌或营销渠道等方面具有较强的控制能力,与作为各级供应商的中小企业形成了多层外包、分包协作的专业化的分工与紧密的联系。大型制造企业通过具有正外部性投资以及与其他企业之间的协作可以促进集群内部资源的共享;通过不断创新形成"新鲜产业空气"可以带动其他企业的创新;通过与集群其他企业的交流合

作可以实现知识在不同企业间的转移和扩散;通过品牌扩展并主导树立地区声誉可以为集群中其他企业提供营销支持。

以上虞的电子装备制造业为例,其起步于 20 世纪 80 年代,经过 30 年的发展壮大,目前已成为上虞极具活力和发展潜力的战略性新兴产业。上虞电气装备制造企业近 160 家,其中年销售收入 2000 万元以上企业 60 余家、上市企业 2 家,从业人数达 3 万余人。卧龙和春晖是上虞电子装备制造产业集群中的领导者,作为核心企业,卧龙和春晖主要负责产品的开发、最终组装,以及一些技术难度高、附加值大、对规模经济反应灵敏的配套产品,而大量的卫星小企业多分工生产技术要求较低、批量大、专业分工度高的相关零部件与半成品。除以卧龙、春晖等为代表的行业龙头企业外,电气装备制造产业内又涌现出了金凤凰、锋龙等一批新兴力量。重点优势企业与中小企业在生产、销售、质量、标准、管理等方面不断加强协同制造创新,产业集群间的协作配套格局基本形成。依靠产业集群龙头带动、优胜劣汰的自我进化功能,目前上虞的电气装备制造业产业链不断完善,产品涉足各类变压器及输变电成套工程、各类电机及其控制系统、电源电池、电动车辆驱动及控制系统等多个领域,已基本形成较为完整的产业链。

六、基于现状看浙江省制造企业发展短板

尽管百强企业已经呈现出上述八大向好趋势,但不能忽视的是,浙江制造企业依旧存在一些严重制约企业转型升级、不利于构筑持续竞争优势的问题。这些问题一部分是企业自身条件所决定的,还有一部分与整个产业大环境密切相关。因此,本研究立足百强企业,放眼全省制造业,着重指出浙江制造业发展的五大短板。

(一)终端产品品牌匮乏,附加价值被链条两端盘剥

浙江制造业企业多为民营中小企业起步,通过为大企业提供配套逐步成长壮

大。因此浙江制造业产品大多为中间产品,面向的直接客户往往是企业而不是大众消费者。浙江制造业拥有不少知名品牌,但多以中间产品为主,尽管中间产品的品牌建设有利于扩展销售网络和减少营销成本,但中间产品的品牌附加价值与终端产品品牌的附加值相比,其附加值能力要逊色很多,品牌效应在价格维度上体现不明显。在创新百强企业中,很多企业已成长为细分行业的龙头,其产品在国内和国际市场的占有率都达到了垄断甚至是独家垄断的地位,但真正拥有广大消费者耳熟能详的品牌仅有娃哈哈、纳爱斯等几个屈指可数的企业。这些隐形冠军的品牌占有率却远远落后于产品的市场占有率,也就是说,这些企业在努力推广自主品牌的同时,其生产线上还有大批 OEM 贴牌产品源源不断地下线。这种批发型的盈利模式,容易受上下游价格和市场等要素制约,无法催生坚挺的品牌,也无法拥有话语权。随着人们的生活方式和消费习惯越来越互联网化,消费者与生产者之间的距离缩短、环节减少、渠道扁平化,直接面向终端的品牌效应将愈发重要。我省亟待涌现一批像西门子、博世、丰田、三星这样的既覆盖产业链全环节、拥有先进制造技术,又在终端消费者心中家喻户晓的真正的名牌企业,制造企业的品牌建设亟须需加紧加快。

(二)高端人才储备不足,工人素质未形成智造支撑

代表着浙江制造业最强创新水平的百强企业中,每家企业平均拥有博士人数为 11 人,高级技术职称人数占员工数比例平均数为 1.6％。可见,浙江制造业整体高端人才严重短缺。2013 年,浙江 R&D 活动人员的数量与广东、江苏相比差距明显,山东与浙江非常接近,大有赶超之势(见表 25)。

表 25　浙江等四省的 R&D 人数比较

省份	R&D 人数(千人/年)
广东	50_.7
江苏	466.2
浙江	311.0
山东	279.3

从地区构成看，2013 年，近五成高技术产业企业集中在杭州、绍兴、宁波三市。高技术产业主营业务收入最高的杭州市达 1476 亿元，而最低的舟山仅为 28.5 亿元，两市悬殊极大。从 R&D 活动人员分布来看，主要集中在杭州、宁波、台州、绍兴和嘉兴等，而其他地区拥有的 R&D 活动人员资源则明显要少得多。由此可见，不同地区对人才的吸引力直接导致了不同区域发展的不平衡。

随着浙江"两化深度融合"，制造业对基层员工素质提出了更高的要求。但目前产业工人素质难以适应高度机械化、自动化和信息化对操作人员提出的要求。尽管企业想方设法吸引人才，但是，因为地处相对偏僻的县城，缺乏区位优势，吸引人才难度较大。比如，新昌县有不少具有活力的上市企业，如浙江三花股份有限公司、浙江医药股份有限公司、万丰奥特控股集团等，都苦恼于所处县市难以吸引人才的困局。

(三)服务融合能力落后，产业链整体优势有待提高

浙江制造产业以集群经济特色发展而闻名，但细究集群内部结构，可发现纵向分工不足，大量企业堆积集中在一条产业链条上的某几个加工环节，企业产品存在单一、同质的特点，向上下游延展不多，市场竞争激烈。创新综合百强企业情况相对较好，基本有完整的覆盖研发设计、生产制造和营销售后等职能单元，但其研发设计和售前售后等服务职能基本只为配合本企业的生产制造，远远没有发挥其自

身价值创造和价值增值的巨大潜能。由此也导致浙江百强企业在对外竞争中还没有上升到基于产业链的竞争，难以形成整体竞争优势。引入和培育空缺环节，实现完整链条覆盖，是浙江打造制造业集群式升级的重要手段。对于百强企业这样的龙头制造企业来说，需要突破关键技术、掌握核心优势、强化服务融合能力，由提供产品向提供整体解决方案提升。

(四)创业一代年龄走高,企业持续创新驱动力不足

浙江制造业能迅猛发展与浙商企业家敏锐的战略嗅觉密切相关。百强企业家关注国内外经济和产业发展趋势，以丰富的阅历、睿智的眼光和浙商创新创业精神，引领企业的发展和腾飞。但是，他们的平均年龄已超过 55 岁，如果按 60 岁退休，他们大多数继续引领企业发展的时间不足 5 年。如何培养新一代浙商，在新一代浙商接班时顺利完成企业的传承和创新，是浙江相当一部分制造企业发展面临的现实问题。

浙江制造业企业对技术的消化和吸收能力非常强。近几年来，通过企业联合、合资、并购国内外优秀企业，快速提高了企业的管理和技术水平。但是，就总体而言，浙江制造业自主研发的投入和技术成果还是偏少(见表 26、表 27)。浙江 R&D 投入和科技成果与兄弟省份相比还是存在着较大差距。2013 年，浙江 R&D 经费只占广东的 56.6%、江苏的 54.9%，国内发明专利申请授权量只有广东的 55.5%、江苏的 66.3%。浙江制造企业在房地产业形势大好的年代纷纷进入房地产业，近几年来又纷纷进入金融投资领域，从一个侧面反映出浙江的企业兴趣点广泛，制造企业在逐利的同时，减少了对制造业更持续的专注和更大手笔的研发投入。

表 26　浙江等四省的 R&D 经费支出比较

单位:亿元

省份	R&D 经费支出	地方财政科技支出
广东	1443.5	344.9
江苏	1487.4	302.6
浙江	817.3	191.9
山东	1175.8	149.1

表 27　浙江等四省的科技成果比较

单位:项

指标	江苏	广东	山东	浙江
国内专利申请受理	504500	264265	155170	294014
国内发明专利申请受理量	141259	68990	67642	42744
国内实用新型专利申请受理量	128898	93592	73862	127122
国内外观设计专利申请受理量	234343	101683	13666	124148
国内专利申请授权量	239645	170430	76976	202350
国内发明专利申请授权量	16790	20084	8913	11139
国内实用新型专利申请授权量	98246	77503	58938	106238
国内外观设计专利申请授权量	124609	72843	9125	84973

(五)传统要素依赖较高,当前结构下调整空间有限

2013 年浙江省《政府工作报告》中明确指出,浙江"经济增长过多依赖低端产业、过多依赖低成本劳动力、过多依赖资源环境消耗等问题尚未根本改变"。从产业水电气等能耗指标来看,纺织、化工等易污染和高能耗产业在全省工业经济中占比依然过高,2014 年全省非金属矿物制品、造纸、化学原料、化学纤维、纺织业、石

油加工业、电力和黑色金属冶炼业八大高能耗产业增加值共 4496 亿元,占全部工业增加值的 35.8%,该比例高于高新技术产业、战略新兴产业、装备制造业和电子信息产业任一分类产业的占比,创新综合百强中高能耗行业企业所占比例更高。并且全省还相继上马投产了几个高能耗行业,如造纸、化学原料制造的大型企业项目,明显拉高了当地能耗。从劳动力成本来看,中国在 2012 年就已跨过人口数量红利的拐点,产业工人劳动力成本持续上升与大量返乡回流给浙江造成的"用工荒"困扰不断加剧。而土地资源在浙江历来紧张,如果不尽早摆脱产业增长对传统资源要素的过度依赖,在这样的结构下,深化绿色发展的空间有限,企业未来将面临生存问题,转型升级迫在眉睫。

七、浙江制造企业转型升级路径建议

身处新一轮科技革命与产业变革浪潮中,又面临"三期叠加"的复杂经济形势,"创新综合百强"企业持续发展正历经多重挑战,同时也有大量机遇涌现。在这个历史节点,企业唯有吐故纳新、转型发展,才能历久弥坚、基业长青。伴随《中国制造 2025》和"一带一路"两大强国长期战略的发布,制造企业转型升级的方向、目标与路径已经明朗。以"创新综合百强"为代表的浙江制造业龙头企业,必须在以下几条战略路径上开创前行,成为全省乃至全国的引领。

(一)精心雕琢产品品质

符合市场需求和客户满意的产品是企业立足的根本,而实现这一目标核心是要提升产品的品质,即品牌与质量。其中,质量是本质,品牌是表征。

1. 全面提升产品质量

百强企业主要应当从两个层面来提升产品质量。一是依托已有的国家和省级创新平台,不断研发功能性更加突出的新产品;二是持续提升标准化管理水平,积极采用国际标准或国外先进标准,完善贯穿设计开发、生产制造、售后服务全过程的质量检测认证、贯标、质量管理体系,从而严格控制产品质量。

2. 努力提升品牌含金量

作为大部分国内已有较高知名度的百强企业,应更注重通过转型升级来提升品牌的含金量。阶段性来看,其内容大致包含三个层面:第一个层面,成为专业领域知名甚至首选品牌;第二个层面,积极参与"浙江制造精品"标准建设,通过筛选重点产品,量身制定其标准计量、检验检测、认证认可等全方位指标,达到"浙江制造"在品牌卓越、自主创新、产业协同、社会责任等方面的要求,成为浙江制造的标准;第三个层面,通过品牌运营,积极"走出去"拓展国际市场,发展成为具有较强国际竞争能力的知名品牌,成为"浙江制造"全球化的形象代言。

(二)智能升级制造方式

信息化、智慧化手段以及互联网在传统制造方式中的应用,使得生产的效率、产品的性能等指标比以往实现了飞跃。德国的"工业4.0"以及美国的先进制造等,其核心都是智能制造,智能制造更是"中国制造2025"推出的重点工程。对于创新综合百强企业来说,除了可以开发智能装备和智能化新产品以外,传统制造方式的升级也大有可为。

1. 推进制造过程智能化

对于企业新扩张的产能,流程型制造建设智能工厂,离散型制造打造数字化车间,在积累经验的基础上逐步实施对原有加工设备的智能化改造;加快人机智能交互、工业机器人、智能物流管理、增材制造等技术和装备在生产过程中的应用,促进制造工艺的仿真优化、数字化控制、状态信息实时监测和自适应控制。加快产品全生命周期管理、客户关系管理、供应链管理系统的推广应用,促进集团管控、设计与制造、产供销一体、业务和财务衔接等关键环节集成,实现智能管控。

2. 积极发展工业物联网

深化互联网在制造领域的应用,发展基于互联网的个性化定制、众包设计、云制造等新型制造模式,推动形成基于消费需求动态感知的研发和制造。加快开展物联网技术研发,培育智能监测、远程诊断管理、全产业链追溯等工业互联网新应用。积极争取工业云及工业大数据创新应用试点,建设高质量的工业云服务和工业大数据平台,实现软件与服务、设计与制造资源、关键技术与标准的开放共享。

(三)加强跨界融合联动

百强企业应顺应产业融合联动发展的趋势,以显著提升工业发展的现代素质和满足消费者的现代需求为重点,推进制造业与生产性服务业、现代农业深度融合,充分发挥生产性服务业在研发设计、流程优化、市场营销、物流配送、节能降耗等方面的引领带动作用,加快从单纯生产型向"生产+服务"型转变,跳出制造业发展制造业。

1. 企业服务链条延伸

有条件的制造业企业应增加服务环节投入,延伸服务链条,从主要提供产品制造向提供产品和服务转变。更具体地,机械制造、电子信息等领域企业应积极发展全生命周期管理、在线支持服务,由提供设备向提供系统集成总承包服务转变,由提供产品向提供整体解决方案转变;传统纺织、轻工等产业企业可发展个性化定制服务、网络精准营销;医药企业探索提供健康管理解决方案。

2. 支持服务环节"裂变"发展

企业应当鼓励内部服务环节通过业务流程再造,"裂变"分离出专业优势的服务环境,面向行业提供社会化、专业化服务。主要是企业研究院、售后和运维等服务部门的独立运作,形式上包括前端的工业设计平台搭建以及后端检测机构的专业化运作。符合条件的龙头制造业企业可建立企业财务公司、金融租赁公司等金融机构,推广大型制造设备、生产线等融资租赁服务。

3. 开发与国际接轨的现代化农业

推动云计算、大数据、物联网等技术在现代农业的应用,将企业在制造环节掌握的技术应用到农业生产与加工过程中,指导农业企业开展科技创新、产品创新、管理创新、市场创新和商业模式创新,发展健康农业、观光农业、生态农业,创造新的经济增长点。

(四)挖掘新型驱动要素

传统要素资源如低成本的土地、劳动力等,一方面在浙江存在严重短缺的现状,另一方面也已无法支撑当今企业的转型升级。创新综合百强企业作为强企的代表,必须带头实现企业由要素驱动转向创新驱动转变,深入挖掘信息、智力、金融资本等有助于创新发展的新型要素资源。

1. 信息要素

拓展社交网络、互联网用户行为研究、入网设备等收集消费者数据的新渠道,加强对产品、客户、流程、设计、运维的数据采集,建立起企业的数据分析与挖掘体系,对研发设计、生产、交易、融资、流通等各个环节改造与重塑。通过设备、互联网和大数据的结合,形成更先进的连接能力和更完善的服务,提升生产率,建立起高度灵活的个性化和数字化的产品与服务的生产模式,提升信息管理的效率和效益。

2. 智力要素

智力要素是创新发展的重要驱动源,包含优质专业人才和知识产权。在优质专业人才的利用上,一是要坚持单向精英式参与的集中开发,即招募一些具有专业技能的工程师、研发专家形成研发团队,集中攻克核心关键技术;二是探索全互动人人参与的众包开发,使领先用户直接参与产品研发,将研发过程作为企业把用户需求"变现"的过程,推动产品进行快速迭代。在知识产权的利用上,要做好知识产权的标准化,树立技术权威,最大化知识产权的经济效益和技术效益。

(五)提升国际合作水平

浙江制造业对外依存度较高,"创新综合百强"企业中几乎都开展了国际合作,历史较久,经验丰富,并在国际市场上具备一定影响力。但以往多数企业的国际合作停留在加工制造环节,未来应注重丰富合作形式、提升合作层次,走新型国际化道路。

1. 提升跨国经营能力和国际竞争力

利用跨国公司优势,通过全球资源利用、业务流程再造、产业链整合、资本市场运作等方式,加快提升核心竞争力。积极在境外开展并购和股权投资、创业投资、建立研发中心、实验基地和全球营销及服务体系。依托互联网开展网络协同设计、精准营销、增值服务创新、媒体品牌推广等,建立全球产业链体系,提高国际化经营能力和服务水平。融入当地文化,增强社会责任意识,加强投资和经营风险管理,提高企业境外本土化能力。

2. 深化产业国际合作

积极参与和推动国际产能合作,贯彻落实丝绸之路经济带和 21 世纪海上丝绸之路等重大战略部署,借助以往承接发达国家产业转移的经验,加快与周边国家产能合作。在有条件的国家和地区建设或参建境外工业合作园区,将高端装备、先进技术、优势产能向境外转移。同时,推动原有与发达国家和地区的产业合作由加工制造环节为主向合作研发、联合设计、市场营销、品牌培育等高端环节延伸。

八、附件

附录1：浙江省制造业创新综合百强排行榜（2013）

企业创新综合排名	销售收入排行	企业名称	区域	行业	企业规模	企业规模排位	研发经费投入	研发投入排名	创新人才	创新人才排名	创新平台	创新平台排名	创新产出	创新产出排名	总得分
1	1	浙江吉利控股集团有限公司	杭州市	机械	0.671247	2	0.690733	1	0.551055	5	0.442768	4	0.448030	3	0.575631
2	2	万向集团公司	萧山区	机械	0.386786	5	0.305189	2	0.608034	2	0.600056	1	0.450479	2	0.463924
3	14	正泰集团股份有限公司	乐清市	电子	0.225628	13	0.131326	17	0.595888	3	0.234011	24	0.562923	1	0.372345
4	54	横店集团控股有限公司	东阳市	电子	0.112960	36	0.099074	33	0.730315	1	0.571695	2	0.248301	9	0.338158
5	6	杭州娃哈哈集团有限公司	杭州市	轻工.Ⅱ	0.704458	1	0.032003	313	0.185993	27	0.242768	21	0.061693	94	0.299252
6	47	中电海康集团有限公司	杭州市	电子	0.242300	9	0.231314	6	0.475651	6	0.142655	76	0.167799	20	0.274125
7	106	中控科技集团有限公司	杭州市	电子	0.045156	98	0.162874	10	0.585904	4	0.265650	13	0.186639	14	0.248347
8	12	盾安控股集团有限公司	诸暨市	机械	0.222496	14	0.136377	14	0.264616	13	0.265198	14	0.338895	5	0.247658
9	23	西子联合控股有限公司	杭州市	机械	0.395251	4	0.060513	203	0.189018	25	0.156045	50	0.098104	52	0.210132
10	55	浙江海正药业股份有限公司	台州市	医药	0.063267	67	0.115845	24	0.455982	7	0.253955	17	0.166066	22	0.208961
11	4	海亮集团有限公司	诸暨市	冶金	0.401380	3	0.065259	148	0.081968	107	0.196723	38	0.187953	13	0.207958
12	37	华立集团股份有限公司	余杭区	机械	0.084825	50	0.030093	319	0.329620	9	0.221977	29	0.341666	4	0.202898
13	11	奥克斯集团有限公司	宁波市	机械	0.234382	10	0.082086	75	0.167734	33	0.125085	88	0.283469	6	0.193763
14	8	杭州汽轮动力集团有限公司	杭州市	机械	0.233033	11	0.026451	329	0.261702	14	0.240395	22	0.139803	28	0.191303

续表

企业创新综合排名	销售收入排行	企业名称	区域	行业	企业规模排位	企业规模排名	研发经费投入	研发投入排名	创新人才	创新人才排名	创新平台	创新平台排名	创新产出	创新产出排名	总得分
15	9	雅戈尔集团股份有限公司	宁波市	纺织	0.294946	7	0.043417	282	0.168913	32	0.118475	95	0.178644	17	0.184801
16	124	浙江华海药业股份有限公司	临海市	医药	0.046407	95	0.137555	13	0.414910	8	0.164689	48	0.118798	40	0.178511
17	5	浙江恒逸集团有限公司	萧山区	化工	0.285713	8	0.033464	309	0.131507	54	0.016949	215	0.253790	7	0.176063
18	50	万丰奥特控股集团有限公司	新昌县	机械	0.091309	42	0.150923	12	0.238832	18	0.489435	3	0.084005	65	0.175484
19	32	卧龙控股集团有限公司	上虞区	机械	0.153791	22	0.115967	23	0.184886	28	0.205198	35	0.212158	11	0.172705
20	31	巨化集团公司	衢州市	化工	0.097981	39	0.053743	247	0.253208	17	0.276384	11	0.207414	12	0.169879
21	3	杭州钢铁集团有限公司	浙江省	冶金	0.359480	6	0.038231	292	0.080859	110	0.163672	49	0.087667	62	0.167694
22	66	浙江医药股份有限公司	新昌县	医药	0.060729	70	0.086361	59	0.310388	11	0.233333	25	0.157959	24	0.163695
23	24	浙江龙盛控股有限公司	上虞区	化工	0.177880	19	0.073355	100	0.093382	87	0.260282	16	0.248411	8	0.163423
24	21	桐昆集团股份有限公司	桐乡市	纺织	0.103831	38	0.033296	310	0.315758	10	0.116780	96	0.129473	34	0.152656
25	52	三花控股集团有限公司	新昌县	机械	0.092944	41	0.039793	288	0.230616	19	0.262147	15	0.170178	19	0.151756
26	35	天能电池集团有限公司	长兴县	轻工Ⅰ	0.147220	24	0.091440	53	0.179887	29	0.179774	43	0.152012	25	0.151234
27	63	浙江大华技术股份有限公司	杭州市	电子	0.104529	37	0.155440	11	0.297375	12	0.090960	120	0.052130	122	0.148541
28	245	聚光科技(杭州)股份有限公司	杭州市	电子	0.029567	177	0.235769	5	0.158797	37	0.402090	5	0.107661	45	0.145676
29	29	升华集团控股有限公司	德清县	医药	0.089909	46	0.093244	48	0.256536	15	0.170452	46	0.089761	58	0.140091
30	19	天正集团有限公司	乐清市	机械	0.157080	21	0.035441	301	0.255354	16	0.081186	164	0.073770	75	0.139151
31	20	传化集团有限公司	萧山区	化工	0.145649	26	0.054489	244	0.092729	88	0.150113	58	0.234513	10	0.136964
32	18	德力西集团有限公司	乐清市	机械	0.179719	18	0.034977	303	0.141095	48	0.155198	51	0.106836	47	0.131323

续表

企业创新综合排名	销售收入排行	企业名称	区域	行业	企业规模	企业规模排位	研发经费投入	研发投入排名	创新人才	创新人才排名	创新平台	创新平台排名	创新产出	创新产出排名	总得分
33	42	华峰集团有限公司	瑞安市	纺织	0.117876	34	0.111599	28	0.145278	47	0.147571	64	0.129760	33	0.129131
34	25	精功集团有限公司	柯桥区	机械	0.133581	28	0.098461	37	0.227393	20	0.082881	162	0.044937	157	0.128967
35	15	宁波金田铜业（集团）股份有限公司	宁波市	有色	0.125317	29	0.017631	343	0.200626	22	0.053390	204	0.165146	23	0.128765
36	72	浙江新和成股份有限公司	新昌县	医药	0.085245	49	0.097493	40	0.206614	21	0.125706	87	0.107285	46	0.125879
37	26	杭州华东医药集团有限公司	杭州市	医药	0.146267	25	0.042614	283	0.157998	38	0.107062	103	0.090763	57	0.118631
38	16	杭州橡胶（集团）公司	杭州市	化工	0.204912	16	0.115584	25	0.025845	312	0.065932	177	0.125366	37	0.116939
39	17	人民电器集团有限公司	乐清市	机械	0.182536	17	0.134798	16	0.106989	74	0.021186	211	0.058390	102	0.115524
40	146	菲达集团有限公司	诸暨市	机械	0.025457	239	0.040821	286	0.157552	39	0.266215	12	0.170433	18	0.113856
41	7	浙江荣盛控股集团有限公司	萧山区	化工	0.218801	15	0.085713	60	0.033069	274	0.054237	203	0.093354	56	0.110859
42	180	浙江禾欣实业集团股份有限公司	嘉兴市	轻工II	0.024594	255	0.096741	42	0.166272	34	0.323672	6	0.070881	78	0.110001
43	62	杭州制氧机集团有限公司	杭州市	机械	0.048852	88	0.074741	94	0.189142	24	0.227062	27	0.067491	82	0.109357
44	39	富通集团有限公司	富阳市	机械	0.087396	48	0.063849	159	0.129111	57	0.101977	107	0.139532	29	0.106178
45	102	浙江新安化工集团股份有限公司	建德市	化工	0.053036	79	0.129618	19	0.146380	44	0.101977	106	0.113358	42	0.104818
46	154	杭州前进齿轮箱集团股份有限公司	萧山区	机械	0.024089	265	0.093643	47	0.138089	49	0.247006	19	0.120636	38	0.104623
47	13	超威电源有限公司	长兴县	轻工II	0.162751	20	0.052392	252	0.057942	170	0.122316	92	0.104338	48	0.104269
48	120	宁波方太厨具有限公司	宁波市	轻工I	0.080440	54	0.076448	90	0.069258	140	0.143729	74	0.181660	16	0.103619

企业创新综合排名	销售收入排行	企业名称	区域	行业	企业规模	企业规模排位	研发经费投入	研发投入排名	创新人才	创新人才排名	创新平台	创新平台排名	创新产出	创新产出排名	总得分
49	40	浙江东南网架股份有限公司	萧山区	建材	0.064425	64	0.042151	284	0.148555	42	0.149435	61	0.111132	43	0.099959
50	58	宁波海天集团股份有限公司	宁波市	机械	0.121489	32	0.135526	15	0.069347	139	0.139266	79	0.049822	130	0.098003
51	65	杭叉集团股份有限公司	临安市	机械	0.073692	58	0.089441	56	0.040545	233	0.225367	28	0.148696	26	0.097936
52	49	宁波华翔集团	宁波市	机械	0.151709	23	0.060810	198	0.105377	77	0.107627	102	0.029020	237	0.097545
53	61	舜宇集团有限公司	宁波市	机械	0.070714	60	0.048103	271	0.085047	103	0.202542	36	0.129369	35	0.095819
54	10	青山控股集团有限公司	青田县	冶金	0.228028	12	0.017740	342	0.041804	227	0.066780	173	0.037557	194	0.095710
55	93	巨石集团有限公司	桐乡市	建材	0.047983	91	0.065592	147	0.127805	59	0.235989	23	0.065329	87	0.092850
56	78	浙江南都电源动力股份有限公司	杭州市	轻工II	0.039013	116	0.082293	74	0.159507	36	0.154350	54	0.062132	91	0.091786
57	155	浙江利欧股份有限公司	温岭市	机械	0.026061	227	0.074890	93	0.109070	71	0.283164	10	0.081581	69	0.090952
58	75	加西贝拉压缩机有限公司	嘉兴市	轻工II	0.041692	104	0.069113	121	0.155561	40	0.176554	44	0.055842	110	0.090588
59	33	浙江大东南集团有限公司	诸暨市	轻工II	0.119110	33	0.081211	77	0.065966	149	0.000000	355	0.128669	36	0.090140
60	187	浙江运达风电股份有限公司	杭州市	机械	0.021411	324	0.218512	7	0.092013	90	0.145876	69	0.061311	95	0.089053
61	92	浙江今飞机械集团有限公司	金华市	机械	0.046514	94	0.078500	85	0.130036	55	0.209435	34	0.048982	135	0.088978
62	99	浙江康恩贝制药股份有限公司	兰溪市	医药	0.052063	81	0.065185	150	0.128852	58	0.116780	97	0.093370	55	0.087961
63	89	浙江阳光集团股份有限公司	上虞区	轻工II	0.041302	106	0.066673	137	0.057426	172	0.250113	18	0.130771	32	0.087914
64	68	杭州诺贝尔集团有限公司	余杭区	建材	0.052621	80	0.083370	70	0.151056	41	0.104520	104	0.045904	152	0.085688
65	104	浙江久立特材科技股份有限公司	湖州市	冶金	0.038862	117	0.062979	170	0.129423	56	0.151808	56	0.082844	66	0.085211

续表

企业创新综合排行	销售收入排行	企业名称	区域	行业	企业规模	企业规模排位	研发经费投入	研发投入排名	创新人才	创新人才排名	创新平台	创新平台排名	创新产出	创新产出排名	总得分
66	234	浙江伟星集团	临海市	建材	0.038400	119	0.065049	151	0.088886	96	0.212655	32	0.098183	51	0.084401
67	196	浙江皇马化工集团有限公司	上虞区	化工	0.026709	219	0.058298	221	0.072853	131	0.146723	66	0.167169	21	0.083077
68	108	杭州巨星科技股份有限公司	杭州市	轻工Ⅱ	0.051801	82	0.036939	296	0.046645	210	0.126949	86	0.186526	15	0.082743
69	274	三维通信股份有限公司	杭州市	电子	0.010761	366	0.251409	4	0.091158	93	0.138418	80	0.024379	269	0.082447
70	100	梅力集团有限公司	宁波市	轻工Ⅰ	0.060021	68	0.060621	257	0.051703	189	0.180028	40	0.117080	41	0.081209
71	287	上虞颖泰精细化工有限公司	上虞区	化工	0.025192	244	0.064252	158	0.198770	23	0.087571	134	0.027444	248	0.081134
72	129	浙江鶿宇科技股份有限公司	杭州市	轻工Ⅱ	0.027335	210	0.055647	237	0.086280	102	0.246780	20	0.082564	67	0.079308
73	82	联化科技股份有限公司	台州市	化工	0.055505	74	0.084925	63	0.145917	45	0.091808	116	0.020099	293	0.079070
74	27	青年汽车集团有限公司	金华市	机械	0.077362	55	0.011723	352	0.136919	50	0.086723	136	0.053020	117	0.078473
75	149	浙江银轮机械股份有限公司	天台县	机械	0.028817	191	0.066550	139	0.132151	52	0.153672	55	0.054654	111	0.077963
76	142	浙江天马轴承股份有限公司	杭州市	机械	0.025125	246	0.083929	67	0.177722	30	0.073559	165	0.028198	240	0.077553
77	314	宁波赛尔电子有限公司	宁波市	电子	0.028045	198	0.091889	51	0.072599	133	0.299266	9	0.030554	225	0.076384
78	57	众泰控股集团有限公司	永康市	机械	0.070084	62	0.071834	107	0.077088	118	0.142655	77	0.054129	114	0.076164
79	38	新凤鸣集团股份有限公司	桐乡市	纺织	0.063702	66	0.083416	69	0.091581	91	0.096045	113	0.058868	100	0.075897
80	319	浙江昂利康制药有限公司	嵊州市	医药	0.022386	299	0.068562	124	0.131784	53	0.215198	31	0.019520	297	0.075370
81	294	浙江越剑机械制造有限公司	柯桥区	轻工Ⅰ	0.029707	175	0.098841	35	0.188019	26	0.005932	243	0.018111	305	0.074959
82	83	宁波博威集团有限公司	宁波市	有色	0.035780	131	0.067461	128	0.080994	109	0.131017	85	0.102199	49	0.074643
83	87	浙江星鹏铜材集团有限公司	上虞区	冶金	0.039346	113	0.072169	103	0.024514	316	0.303390	8	0.075849	72	0.074266
84	118	宁波中华纸业有限公司	宁波市	轻工Ⅰ	0.058910	72	0.192774	8	0.029366	293	0.060000	197	0.071583	77	0.074247

续表

企业创新综合排名	销售收入排行	企业名称	区域	行业	企业规模	企业规模排位	研发经费投入	研发投入排名	创新人才	创新人才排名	创新平台	创新平台排名	创新产出	创新产出排名	总得分
85	193	浙江九洲药业股份有限公司	台州市	医药	0.033640	143	0.049008	266	0.145797	46	0.101130	108	0.043527	162	0.072711
86	45	胜达集团有限公司	萧山区	轻工I	0.090828	44	0.081228	76	0.094570	85	0.007627	230	0.043324	164	0.072503
87	184	浙江新柴股份有限公司	新昌县	机械	0.087838	47	0.049833	263	0.076573	120	0.092655	115	0.043703	160	0.070976
88	44	浙江富春江通信集团	富阳市	电子	0.081211	53	0.044300	280	0.105113	78	0.014407	217	0.060106	98	0.070748
89	130	金洲集团有限公司	湖州市	冶金	0.031669	156	0.180779	9	0.020121	332	0.085876	144	0.099268	50	0.070089
90	327	艾博生物医药（杭州）有限公司	杭州市	医药	0.025167	245	0.279332	3	0.043484	222	0.007627	233	0.042155	168	0.069515
91	36	纳爱斯集团有限公司	丽水市	轻工II	0.121769	31	0.057010	230	0.050367	197	0.066949	172	0.023704	274	0.069110
92	207	天通控股股份有限公司	海宁市	电子	0.021437	323	0.113045	26	0.051435	191	0.228362	26	0.049251	132	0.068933
93	51	人本集团有限公司	温州市	机械	0.059388	71	0.013792	350	0.083663	104	0.221017	30	0.029471	234	0.068797
94	107	杭州老板电器股份有限公司	余杭区	轻工II	0.049211	86	0.061939	183	0.112518	69	0.082881	163	0.038072	191	0.068086
95	199	宁波王龙科技股份有限公司	宁波市	化工	0.022687	293	0.080810	78	0.169878	31	0.003390	271	0.029862	229	0.067709
96	73	开山集团	衢州市	机械	0.053620	78	0.020334	337	0.106936	75	0.139266	78	0.037441	195	0.067285
97	133	浙江亚太机电股份有限公司	萧山区	机械	0.032892	148	0.071974	104	0.066664	147	0.155198	53	0.069298	81	0.066709
98	174	杭州海兴电力科技股份有限公司	杭州市	机械	0.055148	75	0.097408	41	0.059783	165	0.143333	75	0.027590	246	0.065953
99	182	宁波圣龙（集团）有限公司	宁波市	机械	0.029924	173	0.097752	38	0.077268	116	0.115254	98	0.056604	106	0.065803
100	67	浙江万马集团有限公司	临安市	机械	0.051787	83	0.057774	225	0.122985	62	0.002542	296	0.052792	118	0.065761

附录 2：浙江省制造业创新综合百强人才竞争力排行（2013）

排名	企业名称（简称）	研究与试验人员		博士学位人数		高级职称比例		创新人才竞争力得分
		绝对值	相对值	绝对值	相对值	绝对值	相对值	
1	横店集团控股	2365	0.782551	54	1	312	0.086476	0.730315448
2	万向集团	2611	0.864469	34	0.62963	168	0.051973	0.608034023
3	正泰集团	2845	0.942391	17	0.31481	1322	0.46503	0.505888376
4	中控科技集团	1077	0.353646	33	0.61111	454	1.000003	0.585903659
5	浙江吉利控股	2273	0.751915	33	0.61111	149	0.029221	0.5510545434
6	杭州海康威视	3018	1	9	0.16667	53	0.04492	0.475650624
7	浙江海正药业	588	0.190809	50	0.92593	48	0.046441	0.455982186
8	浙江华海药业	645	0.20979	42	0.77778	47	0.099416	0.414910359
9	华立集团	849	0.277722	28	0.51852	71	0.05562	0.329620328
10	桐昆集团	1923	0.635365	6	0.11111	160	0.085839	0.315758191
11	浙江医药	840	0.274725	25	0.46296	52	0.076565	0.31038837
12	浙江大华技术	1800	0.594406	8	0.14815	1	0.001769	0.297375336
13	温州瑞明工业	312	0.098901	29	0.53704	47	0.140796	0.285345488
14	盾安控股集团	451	0.145188	27	0.5	77	0.032702	0.264615616
15	杭州汽轮动力	879	0.287712	11	0.2037	213	0.325679	0.26170224
16	升华集团控股	395	0.12654	25	0.46296	72	0.103674	0.256535945
17	浙江天正	807	0.263736	17	0.31481	136	0.119669	0.255354237

续表

排名	企业名称（简称）	研究与试验人员		博士学位人数		高级职称比例		创新人才竞争力得分
		绝对值	相对值	绝对值	相对值	绝对值	相对值	
18	巨化集团公司	859	0.281052	13	0.24074	415	0.222456	0.253208376
19	万丰奥特	1038	0.340659	12	0.22222	83	0.068398	0.238832254
20	三花控股集团	641	0.208458	19	0.35185	18	0.032458	0.230615657
21	精功集团	357	0.113886	23	0.42593	104	0.057342	0.227393314
22	哈尔斯真空	207	0.063936	6	0.11111	172	0.762242	0.22246719
23	浙江新和成	658	0.214119	14	0.25926	57	0.086312	0.206613789
24	民丰特种纸	163	0.049284	5	0.09259	157	0.740435	0.204837569
25	宁波金田铜业	372	0.118881	17	0.31481	83	0.13574	0.200626373
26	上虞颖泰化工	106	0.030303	17	0.31481	14	0.303614	0.198769997
27	浙江众合机电	205	0.06327	13	0.24074	40	0.361205	0.193845407
28	杭氧机械集团	709	0.231102	7	0.12963	113	0.224246	0.189141905
29	西子电梯集团	842	0.275391	8	0.14815	142	0.098011	0.189017905
30	浙江美欣达	165	0.04995	20	0.37037	35	0.099476	0.188023423
31	浙江越剑机械	85	0.02331	7	0.12963	35	0.634217	0.18819166
32	娃哈哈集团	326	0.103563	19	0.35185	71	0.019133	0.185992606
33	卧龙电气	699	0.227772	9	0.16667	90	0.135552	0.1848598
34	浙江东华纤维	66	0.016983	2	0.03704	32	0.815421	0.18469271

续表

排名	企业名称（简称）	研究与试验人员		博士学位人数		高级职称比例		创新人才竞争力得分
		绝对值	相对值	绝对值	相对值	绝对值	相对值	
35	天能电池集团	763	0.249084	10	0.18519	45	0.030898	0.179887288
36	浙江天马轴承	695	0.22644	10	0.18519	59	0.065358	0.177721718
37	雅戈尔集团	582	0.188811	12	0.22222	127	0.022499	0.168913071
38	奥克斯集团	700	0.228105	10	0.18519	30	0.012089	0.167734019
39	浙江天欣实业	258	0.080919	15	0.27778	31	0.113968	0.166272304
40	浙江南都电源	216	0.066933	11	0.2037	50	0.256261	0.159506829
41	聚光科技	389	0.124542	8	0.14815	45	0.248604	0.158796917
42	华东医药集团	283	0.089244	15	0.27778	55	0.055948	0.15799841
43	菲达集团	342	0.108891	9	0.16667	59	0.236645	0.157552036
44	加西贝拉压缩	293	0.092574	9	0.16667	81	0.259321	0.155560553
45	杭州诺贝尔	477	0.153846	11	0.2037	20	0.040178	0.151055629
46	浙江东南网架	201	0.061938	16	0.2963	28	0.026304	0.14854526
47	浙江新安化工	242	0.075591	13	0.24074	65	0.099237	0.146380089
48	联化科技	243	0.075924	15	0.27778	12	0.022183	0.14917402
49	浙江九洲药业	188	0.057609	15	0.27778	12	0.05821	0.145796679
50	华峰集团	493	0.159174	10	0.18519	18	0.037673	0.145278431
51	德力西集团	335	0.10656	13	0.24074	30	0.010872	0.141094796

续表

排名	企业名称（简称）	研究与试验人员		博士学位人数		高级职称比例		创新人才竞争力得分
		绝对值	相对值	绝对值	相对值	绝对值	相对值	
52	前进岳轮箱	475	0.15318	3	0.05556	78	0.272974	0.138089011
53	青年汽车集团	620	0.201465	1	0.01852	120	0.244626	0.136918763
54	浙江银轮机械	266	0.083583	12	0.22222	24	0.049146	0.132151409
55	昂利康制药	69	0.017982	3	0.05556	29	0.511845	0.131783931
56	浙江恒逸集团	376	0.120213	10	0.18519	47	0.046738	0.131506834
57	今飞机械集团	187	0.057276	12	0.22222	28	0.091181	0.13003557
58	久立特材科技	284	0.089577	12	0.22222	7	0.023519	0.129423432
59	富通集团	346	0.110223	9	0.16667	66	0.091777	0.129911232
60	康恩贝制药	501	0.161838	6	0.11111	89	0.098363	0.128852382
61	巨石集团	493	0.159174	8	0.14815	13	0.02438	0.127804947
62	中捷控股集团	374	0.119547	7	0.12963	37	0.130214	0.125713502
63	浙江利欧	253	0.079254	10	0.18519	8	0.016469	0.109069505
64	人民电器集团	418	0.134199	7	0.12963	21	0.007287	0.106988854
65	宁波华翔集团	622	0.202131	3	0.05556	12	0.011512	0.105377069
66	富春江通信	194	0.059607	8	0.14815	44	0.110057	0.105113454
67	海宁蒙努集团	372	0.118881	6	0.11111	25	0.056548	0.103306479
68	胜达集团	240	0.074925	8	0.14815	15	0.026706	0.094570476

续表

排名	企业名称（简称）	研究与试验人员		博士学位人数		高级职称比例		创新人才竞争力得分
		绝对值	相对值	绝对值	相对值	绝对值	相对值	
69	浙江龙盛集团	520	0.168165	3	0.05556	24	0.019467	0.093381677
70	浙江传化	117	0.033966	10	0.18519	23	0.025344	0.092729322
71	浙江运达风电	119	0.034632	1	0.01852	20	0.353762	0.092012607
72	新凤鸣集团	228	0.070929	8	0.14815	16	0.019753	0.091581452
73	三维通信	358	0.114219	4	0.07407	21	0.079204	0.091158021
74	浙江伟星集团	340	0.108225	4	0.07407	7	0.079831	0.088885963
75	浙江赞宇科技	73	0.019314	2	0.03704	29	0.318696	0.08627955
76	孚宇集团	456	0.146853	3	0.05556	29	0.020417	0.085046924
77	浙江海亮	207	0.063936	7	0.12963	35	0.022706	0.081967568
78	宁波博威集团	333	0.105894	4	0.07407	13	0.045032	0.080993624
79	杭州钢铁股份集团	198	0.060939	7	0.12963	48	0.02316	0.080859455
80	众泰控股集团	325	0.10323	4	0.07407	15	0.030833	0.077088204
81	浙江新柴	217	0.067266	5	0.09259	8	0.06315	0.076573415
82	皇马化工集团	79	0.021312	4	0.07407	10	0.173494	0.07283215
83	宁波赛尔富	79	0.021312	0	0	42	0.320371	0.072599069
84	宁波海天集团	409	0.131202	2	0.03704	9	0.010257	0.069347042
85	宁波方太厨具	252	0.078921	3	0.05556	16	0.077337	0.06925804

续表

排名	企业名称（简称）	研究与试验人员		博士学位人数		高级职称比例		创新人才竞争力得分
		绝对值	相对值	绝对值	相对值	绝对值	相对值	
86	华仪电气	260	0.081585	1	0.01852	25	0.144681	0.068977609
87	浙江大东南	95	0.02664	3	0.05556	52	0.165439	0.065965946
88	超威电源	165	0.04995	5	0.09259	12	0.004627	0.057942401
89	浙江阳光	314	0.099567	2	0.03704	14	0.013924	0.057426359
90	得力集团	341	0.108858	1	0.01852	4	0.00466	0.051762694
91	杭州巨星科技	285	0.08991	1	0.01852	8	0.01637	0.04664546
92	艾博生物	209	0.064602	1	0.01852	3	0.051177	0.04348646
93	浙江青山钢铁	103	0.029304	4	0.07407	5	0.002265	0.041804253
94	杭叉集团	198	0.060939	0	0	21	0.080849	0.04054545
95	荣盛石化	141	0.041958	2	0.03704	8	0.007354	0.033068915
96	宁波中华纸业	182	0.055611	0	0	7	0.035608	0.029366005
97	杭州橡胶	72	0.018981	2	0.03704	51	0.01719	0.025845258
98	浙江星鹏铜材	21	0.001998	2	0.03704	4	0.044498	0.024513565
99	金洲集团	74	0.019647	0	0	5	0.06131	0.020120781
100	浙江远东化纤	52	0.012321	1	0.01852	8	0.032699	0.018875532

附录 3：百强企业拥有国家和国际组织认证的实验室名单

排名	企业名称	实验室数量
1	浙江星鹏铜材集团有限公司	5
2	万丰奥特控股集团有限公司	4
2	浙江赞宇科技股份有限公司	4
4	万向集团公司	3
5	横店集团控股有限公司	2
5	盾安控股集团有限公司	2
5	华立集团股份有限公司	2
5	奥克斯集团有限公司	2
5	浙江禾欣实业集团股份有限公司	2
5	杭州制氧机集团有限公司	2
5	宁波方太厨具有限公司	2
5	杭叉集团股份有限公司	2
5	浙江伟星集团	2
5	浙江昂利康制药有限公司	2
5	宁波博威集团有限公司	2
16	浙江吉利控股集团有限公司	1
16	正泰集团股份有限公司	1
16	杭州娃哈哈集团有限公司	1
16	中控科技集团有限公司	1
16	西子电梯集团有限公司(西子联合控股有限公司)	1
16	浙江海亮股份有限公司(海亮集团有限公司)	1
16	雅戈尔集团股份有限公司	1
16	卧龙电气集团股份有限公司(卧龙控股集团有限公司)	1
16	巨化集团公司	1
16	杭州钢铁集团公司	1
16	浙江龙盛集团股份有限公司(浙江龙盛控股有限公司)	1

续表

排名	企业名称	实验室数量
16	桐昆集团股份有限公司	1
16	天能电池集团有限公司	1
16	聚光科技（杭州）股份有限公司	1
16	升华集团控股有限公司	1
16	浙江天正电气股份有限公司（天正集团有限公司）	1
16	浙江传化股份有限公司（传化集团有限公司）	1
16	德力西集团有限公司	1
16	华峰集团有限公司	1
16	精功集团有限公司	1
16	杭州橡胶（集团）公司	1
16	菲达集团有限公司	1
16	杭州前进齿轮箱集团股份有限公司	1
16	浙江青山钢铁有限公司（青山控股集团有限公司）	1
16	巨石集团有限公司	1
16	浙江南都电源动力股份有限公司	1
16	浙江利欧股份有限公司	1
16	浙江运达风电股份有限公司	1
16	浙江今飞机械集团有限公司	1
16	浙江康恩贝制药股份有限公司	1
16	浙江阳光集团股份有限公司	1
16	浙江久立特材科技股份有限公司	1
16	浙江皇马化工集团有限公司	1
16	杭州巨星科技股份有限公司	1
16	浙江天马轴承股份有限公司	1
16	宁波赛尔富电子有限公司	1
16	宁波中华纸业有限公司	1

附录 4：百强企业拥有省级重点实验室名单

序号	企业名称	重点实验室名称	批准时间
1	海正药业股份有限公司	浙江省抗真菌药物省级重点实验室	2007 年
2	聚光科技(杭州)有限公司	浙江省环境与安全检测技术重点实验室	2008 年
3	杭州汽轮机股份有限公司	浙江省工业汽轮机转子动力学研究重点实验室	2008 年
4	浙江运达风电股份有限公司	浙江省风力发电技术重点实验室	2009 年
5	巨石集团有限公司	浙江省玻璃纤维重点实验室	2009 年
6	正泰集团股份有限公司	浙江省薄膜发电技术重点实验室	2009 年
7	杭州娃哈哈集团有限公司	浙江省食品生物工程重点实验室	2009 年
8	中控科技集团有限公司	浙江省流程工业与自动化系统重点实验室	2009 年
9	康恩贝制药股份公司	浙江省中药制药技术重点实验室	2009 年

附录 5：百强企业拥有省级中试基地名单

序号	企业名称	中试基地名称	批准时间
1	杭州前进齿轮箱集团公司	浙江省纸基摩擦材料试验基地	1996 年
2	万向集团公司	浙江省汽车零部件试验基地	2003 年
3	横店集团控股有限公司	浙江省磁性材料试验基地	2004 年
4	富通集团有限公司	浙江省光纤制备技术工程技术研究中心	2009 年
5	浙江吉利控股集团有限公司	浙江省汽车安全控制工程技术研究中心	2009 年
6	杭州钢铁集团公司	浙江省先进钢铁材料工程技术研究中心	2010 年
7	杭州海康威视数字技术股份有限公司	浙江省监控图像处理工程技术研究中心	2010 年
8	横店集团控股有限公司	浙江省小模数齿轮减速机构工程技术研究中心	2011 年
9	杭叉集团股份有限公司	浙江省工业车辆工程技术研究中心	2011 年

附录6：百强企业海外研发机构统计列表

排名	企业名称	海外研发机构数量	所属行业	所属地区
1	舜宇集团有限公司	4	机械	宁波
2	聚光科技（杭州）股份有限公司	3	信息	杭州
2	万丰奥特控股集团有限公司	3	机械	新昌
2	浙江吉利控股集团有限公司	3	机械	杭州
2	宁波赛尔富电子有限公司	3	电子	宁波
2	横店集团控股有限公司	3	电子	东阳
2	三花控股集团有限公司	3	机械	新昌
2	万向集团有限公司	3	机械	萧山
9	浙江禾欣实业集团股份有限公司	2	轻工	嘉兴
9	浙江利欧集团股份有限公司	2	机械	温岭
9	浙江阳光集团股份有限公司	2	轻工	上虞
9	得力集团有限公司	2	电子	轻工
9	宁波华翔集团	2	电子	宁波
9	浙江龙盛集团股份有限公司	2	化工	上虞
9	浙江菲达环保科技股份有限公司	2	机械	诸暨
9	巨化集团公司	2	化工	衢州
17	三维通信股份有限公司	1	信息	杭州
17	中电海康集团有限公司	1	电子	杭州
17	浙江华海药业股份有限公司	1	制药	台州
17	宁波海天集团股份有限公司	1	机械	宁波
17	浙江海正药业股份有限公司	1	医药	台州
17	卧龙控股集团有限公司	1	机械	上虞
17	浙江今飞机械集团有限公司	1	机械	金华
17	浙江银轮机械股份有限公司	1	机械	天台
17	加西贝拉压缩机有限公司	1	轻工	嘉兴
17	正泰集团股份有限公司	1	电子	乐清

排名	企业名称	海外研发机构数量	所属行业	所属地区
17	众泰控股集团有限公司	1	机械	永康
17	盾安控股集团有限公司	1	机械	诸暨
17	杭州巨星科技股份有限公司	1	轻工	杭州
17	浙江荣盛控股集团有限公司	1	化工	萧山
17	浙江桐昆控股集团有限公司	1	纺织	桐乡
17	雅戈尔集团股份有限公司	1	纺织	宁波
17	海亮集团有限公司	1	冶金	诸暨
17	杭州汽轮动力集团有限公司	1	机械	杭州

后　记

　　在考虑出版本书的时候,正值"十二五"收官、"十三五"启幕之际,亦是浙江省工业经济研究所"撤所建院"的智库升级之际。我国正处于全球经济增长乏力、贸易变革加剧、产业革命加快与金融风险频发的挑战之际,亦处于国家战略部署实施"中国制造2025"、"互联网＋"行动计划的机会之中,如何在风云变幻之间抢占先机、拔得头筹,成为区域经济转型过程中不断求索的重大课题。习近平主席谈新型智库建设时说"改革发展任务越重越需要智力支持",浙江省工业和信息化研究院的成立响应了中央建设更高水平、有影响力的新型智库的要求,我们当竭力做好政府的"第四部门"、大众的"思想者"、人才的蓄水池与引力场,敢于主张、敢于发声,做出更具独创性和重要性的、更高质量的知识和思想贡献。

　　本着这样的初衷,围绕区域经济转型样本的探索,本书收录了笔者近两年在各大报纸、期刊公开发表过的文章,在电视栏目上发表过的评论和观点,以及部分未公开发表的短文和案例研究。本书与2014年12月出版的《问道中国经济转型升级》一脉相承,在继承前书观点性、争论性、代表性、公开性特点的基础上,进一步深化研究"中国模式的浙江版本",窥探区域经济转型的奥秘,希望能为政府宏观经济决策、行业发展引导、企业经营管理、学者理论实证研究提供有益参考。

按照从整体到局部、从一般到特殊的原则,全书分为观点篇、思考篇、路径篇、漫谈篇、专题篇五个部分。观点篇重点阐述了区域经济转型的宏观思路,思考篇主要分析了"经济新常态"背景下对区域发展面临的矛盾和选择,路径篇探讨了引领区域经济转型升级的对策和建议,漫谈篇从微观层面解读了区域、产业、企业、政策的转型方向,专题篇聚焦"创新综合百强"研究了浙江制造业转型升级之路。

自本书编辑工作开展以来,得到了各界专家学者、高等院校、媒体、出版社的大力支持,在此表示由衷的感谢。浙江工业大学与浙江省工业和信息化研究院合作开展了哲学社会科学规划立项课题《基于"创新综合百强"分析的浙江省制造业转型升级研究》,为本书专题篇的完善做出了重要贡献。中组部干部教育培训浙江大学基地、浙江大学继教学院、《中国制造 2025 浙江行动纲要》和浙江省信息经济联合会的有关专家,以及浙江省工业和信息化研究院的研究团队都为本书的出版提出了很好的建议。浙江卫视《今日评说》栏目、《浙江日报》理论版、《今日浙江》杂志、《浙江经济》杂志为本书多篇文章的完善和发表提供了媒体支持。浙江大学出版社的陈佩钰老师为本书的编辑出版工作掌舵。在此一并表示感谢。

笔者由衷希望与广大读者一起探索区域经济转型的样本,为中国经济发展出谋划策。由于时间有限、资料繁多,不足和疏漏之处,敬请指正。

兰建平(Jnlan@aliyun.com)

2016 年 6 月 16 日于杭州